장애정책의 이해

나운환, 권선진, 박경순, 남정휘, 이혜경, 송창근 공저

정민사

30년 이상 장애분야에서 일을 하면서 대학에 입학하는 신입생이나 장애에 대해 처음 관계하는 사람들에게 나는 늘 장애라는 단어를 들었을 때 가장 먼저 떠오르는 이미지에 대하여 질문하곤 하였다. 특히, 대학에서 신입생들의 첫 강의인 직업재활개론 첫 수업에 이 같은 질문을 하였을 때 대부분의 학생들은 도움을 필요로 하는 사람이나 휠체어 이미지를 연상하였다. 이 상황을 오랜 동안 지켜보면서 나는 과연 장애정책은 무엇을 위한 것인가?라는 질문을 스스로에게 하면서 복지정책이 늘 그렇게 해 왔듯이 장애가 없는 사람들보다 취약하고 어려운 사람들을 원조하거나 이들을 위한 전달체계를 구축하는 것인가, 아니면 정책이 추구하는 이상적인 목표인 장애인의 삶을 증진시키고 이를 통해 진정한 사회성원이 되도록 하는 것인가....

나는 이 책을 집필하면서 장애정책은 정책의 이상적 목표를 현실화하는 것이 지금 추구해야 하는 가장 가치 있는 일이라고 자신 있게 주장할 수 있을 것 같다. 국제사회의 영향이 있었겠지만 이제 우리 사회의 장애를 가진 사람들의 사회문제에서 가장 뜨거운 관심을 받고 있는 것은 이미지, 즉, 장애를 가진 사람들에 대한 장애가 없는 사람들의 인식이다. 그리고 인식의 문제에서 가장 중요한 것은 장애는 개인이 가진 문제가 아니라 사회의 문제이자 우리 사회 모두가 한번은 경험할 수 있는 하나의 사건에 불과하다는 것이다. 많은 사람들이 생각하는 장애인에 대한 이미지는 지금까지 잘못된 선입견이나 고정관념 때문에 발생되었고 이 결과는 장애를 가진 사람들이 삶의 모든 영역에서 다른 삶을 살거나 사회로부터 격리 혹은 배제된 삶을 살아갈 수밖에 없게 만들었다.

우리는 과거의 잘못된 장애에 대한 이미지를 바꾸고 장애를 가진 사람들이 우리 사회의 보통의 시민과 동등한 삶을 살아가는 사회를 만들기 위해서는 복지정책이 장애를 가진 사람들의 사회문제를 그들만의 문제가 아닌 한 사람의 국민으로서 기본적 권리와 인권의 문제로 바라보는 관점의 변화와 장애에 대한 논의가 필요한 시점이다.

“정애정책의 이해”라는 제목의 교재를 집필하는 주목적은 지금까지의 장애를 가진 사람들을 위한 정책이 잘못되었음을 비판하고 장애정책이 4P, 즉, 정책(Policy)이 특히, 공공영역(Public)에서 장애를 가진 사람(Persons with Disabilities)과 장애가 없는 사람(Persons without Disabilities)을 분리해서 접근할 것이 아니라 같은 위치에서 평등한 위치에서 바라보고 접근하는 노력이 필요하다는 사실을 주지하고자 하는 것이다.

이 책의 구조는 기본적으로 4P의 중요성을 인식하면서 정책학이 추구하는 기본적인 구조와 요소를 이해하고 장애정책이 다루는 현상의 분석과 변화의 맥락을 짚어 보고자 하였다.

제1부는 장애정책과 정책학의 구조와 요소로 구성되는데 제1장에서 정책학이 장애정책에서 갖는 의미와 중요성을 비판적 관점에서 조명하고 중요한 의미를 가질 수밖에 없는 맥락들을 정리하였다. 그리고 비판적 관점으로 조명하는 기준과 이유를 장애관점에서 바라보았으며 이 관점의 변화가 장애정책의 변천과정에서 어떻게 작용되고 영향을 주었으며 결과적으로 정책이 어떠한 양상으로 전개되었는지를 역사적 사실을 통해 바라보았다. 또한 사실적 양상들이 정책의 새로운 유형들을 만들어 가면서 결과적으로 장애를 가진 사람들은 정책의 구조 속에서 어떠한 영향력이나 결정과정에 목소리도 내지 못하고 철저히 정책의 소외집단이 될 수밖에 없는 양상들을 고찰하였다.

제2장에서는 정책의 본질적인 질문들을 다루었다. 정책은 누구를 무엇을 위한 것인지 그리고 정책이라고 한다면 어떤 내용이 포함되어야 하며, 어떤 과정을 통해 정책으로 만들어지는지, 그리고 이 과정에서 다양한 이해당사자들이 어떤 위치에서 영향을 주고받으며 그리고 장애를 가진 사람들은 어떤 위치에서 개입되는 것이지 등에 대해 살펴보았다. 또한 장애를 가진 사람들이 생각하는 사회문제가 정책으로 전환되는 결정 경로는 다른 특성을 가지고 있는 것인지, 집행과 평가과정에서 장애정책은 특별한 맥락을 고려해야 하고 학문적으로 논의가 필요한 것인지도 광범위하게 다루어 보았다.

제2부는 정책학의 기본적인 구조와 요소를 토대로 전개되고 있는 한국의 장애정책에 대해 살펴보았다. 한국의 장애정책은 지금까지 장애라는 특수한 상황에 처해 있는 소수의 사람들이 가지는 사회문제라고 생각하고 이 문제들을 해결하기 위한

정책적 개입도 특수하거나 보편적 정책구조와는 다른 방식의 중재를 하였다. 만약 지금보다 더 일찍 정책의 사회문제를 소수의 문제가 아닌 우리 사회 성원 모두가 해당될 수 있는 보편적 사회문제라 생각하고 정책이 개입되었으면 장애를 가진 사람들의 차별이나 소외 문제들은 상당부분 해소될 수 있었을 것이다. 이런 측면에서 제2부는 장애정책의 하나하나의 요소들을 이 같은 관점에서 사실적 상황을 정리하고 전망해 보았다.

먼저, 한국 장애정책의 기본정책이라고 할 수 있는 장애인정책종합계획을 1980년부터의 과정들을 기점으로 정리하고 현재기간에 포함되는 사항들은 보다 구체적인 내용으로 정리하였다. 이 같은 방식으로 장애정책의 전반을 장애인복지, 평등과 차별금지, 직업재활, 자립지원, 활동지원, 연금, 접근성, 장애아동 복지, 발달장애인 권리보장 및 지원 등으로 구분하여 정리하고 개선방안을 전망해 보았다.

마지막은 장애정책의 국제적 동향으로 대한민국 장애정책은 국제사회의 강력한 영향요인에 의해 변화될 수밖에 없는 상황과 맥락을 토대로 국제사회의 협약이 국회비준을 거쳐 국내에서 효력을 가지는 내용을 정리하였으며 특히, 국회비준이 되었음에도 국내에서 이행하고 있지 않는 상황들과 이로 인해 장애를 가진 사람들이 얻게 될 불공정과 효과를 주목하였다.

나는 집필을 마무리하면서 장애정책의 방향성을 몇 가지로 요약하고자 한다.

첫째, 장애정책은 장애인을 주목할 것이 아니라 장애를 가지게 하는 장애요소에 초점을 맞추어야 한다는 것이다. 장애인은 우리 사회를 구성하는 사람들 중에 어느 특정인을 지명하는 것이 아니라 우리 모두가 해당되는 것이다. 때문에 정책이 접근하는 사회문제는 사람이 아니라 장애요소가 문제이며 이를 해결하는 방향에서 접근되어야 하는 것이다.

둘째, 장애정책은 정책의 보편적 구조와 요소로 만들어지는 것이다. 장애정책은 교육, 국세, 국방 등의 정책과 마찬가지로 우리 사회가 구조적으로 가지고 있는 사회문제를 해결하기 위한 하나의 영역인 것이다. 때문에 장애정책만이 특별하고 다른 정책과 구분해서 만들어지고 집행되는 것이 아니고 보편적으로 접근되어야 정책의 목표를 달성할 수 있는 것이다.

셋째, 결론적으로 장애정책은 장애인을 사회로부터 소외시키거나 특별한 대우를 하는 것이 아니라 보통의 시민으로 삶을 살아갈 수 있도록 하는 것이 목표가 되어야 한다. 따라서 이 책은 장애정책의 기본적 이념으로 국민의 기본권이 정책이 추구하는 가장 중요한 이념이 되어야 함을 주지하고자 하는 것이다.

끝으로 이 책이 출판되기까지 공동저자와 편집 등의 노력을 해준 도유미 박사과정 학생과 하나의 지식창고로 탄생할 수 있도록 지원을 해주신 정민사 박세원 대표 그리고 방학기간 중에 하루도 가족과 함께 하지 못함에도 이해해 준 가족들에게 감사의 인사를 드리면서 이 책이 재활상담을 공부하는 학생들과 이 분야에 관심을 가지고 있는 많은 이해당사자들에게 비판적 사고로 다가갈 수 있는 소중한 자료가 되었으면 하는 바램을 가져본다.

2020년 2월

햇살이 가득한 어느 날 대구대학교 문천지호를 바라보면서....

나운환, 권선진, 박경순, 남정휘, 이혜경, 송창근

제2장 정책의 기초이론 (나운환) / 61

제3장 정책의 과정 (나운환) / 99

제2부 장애정책론

장애정책의 이해

PART 01

정책론

1 장애정책의 이해

제1절 장애정책의 중요성

장애를 가진 사람들은 지난 수 세기 동안 지역사회의 다른 구성원들과 실질적이고도 동등한 삶을 살기 위하여 많은 노력을 해 왔으나 큰 성과를 거두지 못하다가 지난 수년 동안 비록 궁극적인 목표 달성을 이루었다고 말을 하기는 어렵지만 상당한 성과를 찾을 수 있었다. 이러한 성과를 얻을 수 있었던 원동력은 장애를 가진 사람들 입장에서 정책이 형성되고 이를 위한 자금이 투여되었기 때문으로 많은 성과분석 연구는 입증하고 있다(Drake, 1999; Racino, 1999; Hagglund & Heinemann, 2006; 나운환, 2019).

장애를 가진 사람들을 위한 서비스를 처음 시작하던 시기의 서비스의 목표와 주된 관심사는 장애를 가진 개개인의 케어와 주거에 초점을 맞추어 왔다. 1600년대의 영국을 비롯한 많은 유럽 국가들과 1900년대 미국, 1981년 이후 한국 등과 같은 국가들은 이를 위해 수용보호시설의 설립과 특별한 케어시설에서 장애를 가진 사람들을 수용, 케어하는 것이 가장 인도주의적이고 삶을 위해 시급한 일이라 생각했던 것이다. 케어와 주거 초점에서 시작된 장애와 관련한 서비스들은 점차 교육, 직업훈련, 고용 등의 영역에서도 이와 같은 패러다임을 견지하면서 장애를 가진 사람들은 지역사회의 성원으로서의 삶을 살아가기보다 점차 지역사회에서 소외되고 장애를 가진 사람들이 모여 사는 또 다른 하나의 문화를 만들어가면서 점차 이 방식에 문제제기를 하게 되었으며, 이와 함께 사회와 산업환경의 변화를 기점으로 장애관점에 대한 새로운 논의 속에 장애를 가진 사람들이 폭발적으로 증가하는 상황 속에서 지금까지의 재활서비스 관점은 새로운 전환점을 맞이하게 되었다. 이와 같이 장애를 가진 사람들을 지역사회로부터 분리시키는 관점은 아마도 1601년의 영국의 구빈법(Poor Law)과 1920년 미국의 직업재활법(Vocational Rehabilitation Act), 1981년 한국의 심신장애자복지법의 영향일 것이다.

탈시설화와 자립생활, 주류화, 평등관점 등은 장애를 가진 사람들을 위한 모든 서비스들은 주류화 혹은 지역사회 성원의 한 사람으로 접근되는 포괄적 관점에서 재활서비스가 고려되어야 함을 강조하기 시작한 것으로 이 같은 영향은 아마도 1981년 UN의 세계장애인의 해와 2006년의 장애인 권리협약, 1990면 미국의 장애인법, 2010년 영국의 평등법, 2008년 한국의 장애인차별금지 및 권리구제에 관한 법률 등의 영향일 것이다.

이와 같이 장애를 가진 사람들을 위한 국제사회나 국가의 정책은 전 세계 및 각 국가의 장애를 가진 사림들이나 장애를 갖지 않은 사람들에게 까지 영향을 주고 관련한 서비스들을 확대시키는 효과를 지닌다. 정책이 많은 변화를 일으키는 원인이 되는 것은 정책효과의 파급효과가 크기 때문이며 또한 국제사회나 국가의 하나의 기준 혹은 지침으로 작용되기 때문이다. 따라서 정책은 인간 삶의 중요한 영향을 미치게 되며 장애를 가진 사람들을 위한 정책도 장애를 가진 사람에게만 영향을 주는 것이 아니라 국민 전체에 영향을 주기 때문에 우리는 정책에 항상 민감하게 반응할 필요가 있다. 어떤 측면에서는 재활서비스 현장에서의 장애인재활상담사들과 이용자들의 기술적, 전문적 협력체계에 의한 변화보다는 때로는 국가나 국제사회의 기준이나 지침들이 장애를 가진 사람들에게 더 큰 영향을 준다는 사실을 기억해야 할 필요가 있다. 장애를 가진 사람들을 위한 정책의 오늘날 상황은 그동안 오랜 역사동안 온정주의적 차원(Paternalism)에서의 시설중심 정책에서 개인의 선택과 권리기반의 정책의 변화가 혼재하면서 정책이 혼란스러운 상황이며 이러한 상황에서 정책학의 등장과 역할은 더욱 중요할 수밖에 없다.

장애를 가진 사람들을 위한 정책이 중요한 이유는 여러 가지 측면에서 이해될 수 있는데 이에 대해 정리하면 다음과 같이 요약할 수 있다.

1. 재활서비스와 비용의 확대 요구

산업혁명 이후 현대사회의 재활서비스와 이에 필요한 비용은 예측할 수 없을 정도로 확대되고 있다. 미국 정부는 장애를 가진 사람들이 받을 수 있는 사회보장장애보험(Social Security Disability Insurance: SSDI)과 보충보장소득(Supplement Security Income: SSI)을 비롯한 각 생활 영역의 정당한 편의제공을 위한 비용 그리고 전쟁으로 인한 장애를 가진 사람들의 보상연금 등이 예측할 수 없을 정도로 확대되고 있음을 시사하고 있고 영국 정부도 증가하는 복지비용 감소를 위해 2008년 사회보장급여자의 근로자로서의 지원을 전제로 하는 고용과 지원수당(Employment and Support Allowance: ESA)의 도입, 한국 정부도 장애인 활동보조와 장애연금 비용의 확대 등으로 비용의 효과적인 집행과 검증 등의 요구가 커지는 등 전 세계 많은 국가들에서 같은 현상을 나타내고 있다. 따라서 비용 확대만 아니라 비용의 적절한 지출과 이에 따른 효과가 극대화되고 궁극적으로 장애를 가진 사람들이 이 확대를 통해 지역사회의 자연스러운 성원으로 자리매김할 수 있도록 하는 정책적 개입의 중요성은 점점 더 커지고 있다. 재활서비스와 비용 확대가 장애를 가진 사람들의 탈시설, 자립, 지역사회의 자연스러운 통합이라는 목표를 달성하기 위해서는 정책의제 설정이나 정책결정과정, 정책집행, 정책 평가 등의 과정을 통해 과학적인 접근이 전제될 때 가능한 일이기 때문에 정책의 중요성은 확대 요구가 커지는 만큼 중요해질 것으로 예측된다.

2. 정책대상자들의 욕구의 다양성과 역동성 확대

장애를 가진 사람들은 그가 가진 장애정도와 증상에 따른 욕구들이 다양하게 나타나고 있으며 국가는 적절한 정책의 기준들을 통해 이들의 다양한 욕구에 접근하게 된다. 그러나 이 과정에서 다양한 정책들이 만들어지고 수많은 요소들에 의해 끈임 없이 변화해 가면서 오히려 이용자들에게는 이 서비스들과 급여 접근이 복잡하게 되었다. 또한 미국이나 한국은 정부에서 제공되는 서비스나 급여도 있지만 주나 지역에서 제공되는 서비스와 사회보장 급여까지 더 해지면서 장애를 가진 사람들에게 제공되는 서비스나 비용의 가지 수는 더욱 복잡하게 되었고 매년 새로운 사업과 비용을 추계하는데 각 서비스의 대상자들은 확대를 요구함으로써 역동성도 더 큰 상황이 전개되었다.

따라서 재활서비스와 비용의 확대, 전환 속에서 정책의 비용집단과 이용자 집단은 각기 다른 관점에서 정책의 필요성과 효율성에 대해 접근하게 되고 이로 인해 국가의 정책민감도는 달라질 수밖에 없다. 결국 이 같은 상황은 장애정책의 중요성을 더욱 부각시키고 정책이해당사자를 비롯한 관련 분야는 장애정책에 대한 학문의 정립과 이론개발을 요구하는 것이다.

3. 이해당사자들의 확대

초기의 정책은 정책결정자나 전문 고급관료들에 의해 정책의제가 만들어지고 집행 및 평가가 이루어졌다. 그러나 재활패러다임 변화는 장애 정책의 이해당사자의 다양성이 확대되었다. 몇 사람들에 의해 정책의제가 형성되고 정책 결정과 평가가 이루어지던 과정에서 장애를 가진 사람들과 이들이 회원으로 있는 장애인 단체, 그리고 이들에게 전문적인 서비스를 제공하는 재활상담사와 같은 전문가 집단, 부모, 지역사회 성원 등 장애정책의 이해당사자들이 확대되어 가는 상황에서 이해당사자들의 협의와 합의를 위한 노력은 중요해지고 있다. 이 과정에서 정책의제 형성에서 정책결정 과정 등 정책의 과정들은 이해당사자들이 어느 정도 공감대를 형성해 가면서 관련한 정책의제를 형성하게 하고 정책결정과 집행에 영향을 줌으로써 정책성과에 미치는 영향이나 결과에 대한 반응이 점점 향상될 수밖에 없게 만든다. 따라서 이러한 추세는 점점 확대될 가능성이 있으며 더욱이 비용이 확대되는 만큼 이제는 비용집단 예를 들어, 의무고용제도나 노동기본권이라는 측면에서 사용자와 이들 집단들이 중요한 이해당사자로 등장하고 있으며 이들이 미치는 영향력도 점차 커지고 있다. 따라서 다양한 이해당사자들의 각기 다른 상황들에 민감하게 반응하기 위해서는 정책과정은 더욱 중요해질 수밖에 없다.

4. 새로운 서비스와 미래지향성에 대한 요구

한국을 비롯한 미국, 영국 등 세계의 모든 국가들은 장애를 가진 사람들 중 전쟁이나 산업재해로 인한 신체장애를 가진 사람들에게 필요한 서비스를 제공하는 것에서 시작하여 정신장애와 만성 질환 등 최근 세계보건기구의 사회참여나 활동의 제한을 가진 사람들에게까지 필요한 서비스가 제공되고 이들을 위한 접근이 시도되었다. 이러한 새로운 서비스와 미래 지향성은 정책의 변화에서 시작되기 때문에 정책과정에서 역할을 담당하는 사람들은 항상 장애를 가진 사람들의 탈시설, 자립, 지역사회 성원으로서 자연스러운 통합이라는 목표를 달성하기 위하여 필요한 서비스가 무엇인지 그리고 미래사회에 사회참여나 활동의 제한을 예상한 선제적인 필요한 조치나 서비스가 무엇인지를 고민하고 정책의제화해야 된다. 따라서 궁극적으로 장애를 가진 사람들의 삶을 변화시키고 사회 전체를 변화시키는 원동력은 정책이라는 영역과 과정에서 만들어지는 것이기 때문에 이와 같은 정책의 중요성을 모두 인지할 필요가 있고 특히, 재활상담사들은 정책의 중요성을 간과하지 않도록 해야 한다.

제2절 장애의 의미와 정책의 출현

1. 정책에서의 장애관점

정책과 정책학이 무엇을 추가하던지 간에 모든 것에 장애가 고려되어야 한다. 정책의 목표가 무엇이든 상관없이 장애는 이를 불가능하게 하거나 어렵게 하는 하나의 장벽이 될 수 있기 때문이다. 이 장에서는 정책이 추구하는 목적을 달성하기 위해 장애에 대한 일반 사회와 타인의 관점에 대해 알아보고자 한다. 이러한 관점은 매우 광범위하겠지만 대체적으로 긍정적인 측면과 부정적인 측면의 관점으로 대별할 수 있다. 정책에서 장애에 대한 관점이 중요한 이유는 장애를 가진 사람들을 위한 정책을 결정하는 과정에 아직도 장애를 경험해 보지 못한 사람들이 관여하기 때문이다. 만약 지금 같은 상황에서 장애를 가진 사람들을 위한 좋은 정책이 만들어지기 위해서는 장애가 없는 사람들이 가급적 장애에 대한 경험을 많이 해야 한다. 이에 대한 경험이 없는 사람들은 자신의 삶과 가치관 가운데서 장애를 가진 사람들을 위한 정책에 관여하게 되고 결과적으로 장애를 가진 사람들은 이 정책의 필요성에 공감하지 못하게 되고 이는 결과적으로 장애를 가진 사람들의 삶을 더욱 어렵게 할 수 있기 때문이다.

인류가 시작된 고대사회에서의 장애관점은 초기 호모사피엔스에 관한 고고학 연구에서는 가장 역사적으로 오래된 원시사회가 관절염이나 사지가 부러진 사람들을 돌본 흔적이 있다고 증언하고 있다. 즉, 두개골의 상태로 보아 일부는 타인의 도움이 없이는 생존할 수 없을 정도의 손상이 있는 것도 있어 사망자의 일부는 공동체의 원조와 종교적 의식에 따라 매장되는 등 케어가 있었던 것으로 추측하고 있다.

이와 같은 초기의 케어나 원조는 지속적으로 이어오다가 상당한 박해의 흔적도 보고되었다. 유럽에서는 다양한 장애집단이 자체적으로 길드처럼 조직되었고 경우에 따라 자원을 공유하고 서로를 도왔다. 장애가 있거나 혹은 장애가 있는 것처럼 위장했던 광대(Fools)들은 공공의 즐거움이나 타인에 대한 솔직한 조언을 제공하는 능력으로 가치를 인정 받았다. 그러나 이들도 멸시를 받기는 마찬가지였고 때로는 가혹하고 공정하지 못한 처벌을 받기도 했다. 어떤 경우에는 장애를 가진 아이와 어른들이 공동체에서 추방되기도 하고 자살을 하기도 했다. 장애인들의 실제 삶은 특히, 도시에서는 대부분 거리의 걸인 신세였다. 공동체의 영주나 담당 수도원장의 성향에 따라 장애인들의 운명이 좌지우지되곤 하였다. 때로는 장애인들은 악마로 여겨져 화형이나 수장을 당하기도 하였으며 정상의 범주에서 벗어난 특징을 가진 사람들은 여전히 소외되거나 공동체에서 제거되는 대상이었다. 전반적으로 이 시대의 장애관점은 유기되고 무시되며, 경멸당하고 박해받는 사람들로서 인식되곤 하였다.

산업혁명 이후 미국과 유럽은 르네상스 영향으로 인간에 대한 연구가 많은 연구자들에 의해 수행되었다. 이러한 연구는 시간이 지나면서 인간도 사회의 구성품의 하나로 여겨지기 시작하였으며 이 부속품은 새로운 연구와 개발을 통해 그 기능이 향상될 수 있다고 확신하면서 하나의 이상적인 새로운 사회를 건설할 것을 제안하였다.

이 과정에서 장애를 가진 사람도 사회라고 통용되는 거대한 기계의 하나의 부속품이었고 특히, 비효율적이고 정상적이지 못한 부속품의 하나로 인식되면서 장애를 가진 사람들을 사회로부터 분리해야 할 필요가 있지만 분리된 보호시설에서 보호함으로써 새로운 사회를 건설하고 장애를 가진 사람들에게는 최선의 삶을 가져다 줄 수 있을 것이라 생각하던 관점도 있었다.

19세기 등장한 진화론은 사회적 진화의 개념을 등장시켰다. 이 개념은 사회를 식물이나 동물처럼 아날로그 방식으로 보는 것으로 시간이 흐르면서 진화하고 특정시대 특정 환경에 조합해야 된다는 것이다. 이를 위해 우생학은 사회를 개선시킬 목적으로 유전적 구성에 합목적적 영향을 미친 과학적 실체이다. 즉, 인간의 모든 유전적 구성을 개선함으로써 발달을 저해하는 무능한 구성원이 줄어들고 능력을 가진 구성원이 많아지기 때문에 사회가 진보할 수 있는 유리한 위치에 놓일 수 있다는 것이다. 이런 영향으로 많은 서구사회에서는 사회적으로 다소 바람직하지 못하다고 여겨지는 하위 계층의 다산을 억제하고 미래 사회에 보다 가치 있다고 여겨지는 사람들의 출산을 높은 수준으로 끌어 올리는 등의 우생학적 신념이 우리 사회에 팽배하면서 지적장애와 같은 사람들이 특히, 대상이 되었고 이들을 대상으로 하는 불임수술이 적극적으로 시행되는 등 장애에 대한 부정적 관점이 팽배하게 되었다.

그러나 1990년 중반부터 사회과학자들에 의해 장애에 대한 과학적 이해와 사회학적 측면에서 연구들이 활발하게 수행되어져 왔으며 이 연구들에서 장애는 사회를 구성하는 잘못된 구성품이라기보다는 사회를 구성하는 자연스러운 현상일 뿐이며 더욱이 이 같은 현상을 초래하게 된 이유는 우리 사회가 가지고 있는 비정상적인 구조가 문제라는 것이다. 그리고 활발한 사회과학적 연구들은 장애관련 상태의 원인과 특징, 이를 제거하기 위한 교육적·심리적 중재, 의료적 처지, 보조기기나 다양한 편의의 개발 등은 장애에 대한 관점을 새롭게 인식시키게 되었다.

이와 같은 영향으로 우리 사회는 장애인이 사회에 자연스럽게 적응할 수 있도록 하는 관점의 변화, 예를 들어 평등의식의 강화, 자기옹호, 탈시설화, 정상화, 지역사회 통합 등과 같은 긍정적 관점에서의 장애관점이 시작되었다는 것이다.

따라서 장애를 가진 사람들을 위한 정책은 이와 같은 장애관점의 변화를 의식해야 하며 이 관점이 정책과정에서 토대가 되어야 하는 것은 당연한 일이다. 이러한 측면에서 장애와 장애인이라는 용어는 장애 관점의 변화를 시도하는 현 시점에서 적절한 용어인가를 고민할 필요가 있다. 용어에 대해 재논의가 필요한 이유는 아마도 이 용어가 장애에 대한 관점을 부정적인 측면으로 오인하는 영향을 주었을 개연성이 크기 때문이며 이 같은 생각을 하게 되는 것은 세 가지 이유에서이다(Brown & Brown, 2003).

첫째, 점점 더 많은 사람들이 장애를 가진 사람으로 여겨지기 때문에 장애라는 용어가 갖는 본연의 분류적 의미를 상실해 가고 있음을 인식하기 시작했다는 것이다. 사실 이 용어는 다양한 대안적 학습방식, 신체적 및 정서적 속성, 나이, 특정한 능력 손실 등을 가진 사람들을 의미하고 있으며 때로는 쉽게 제거될 수 있는 행동이나 특징을 의미하기도 한다. 만약 불리한 상태나 어떤 것을 할 수 없는 것을 장애라고 생각하고 오늘날 사회참여의 제한을 중요한 장애기준으로 본다면 우리 사회의 대다수 사람들은 어떤 시기나 상황에서 한 가지 이상의 장애를 가질 수밖에 없는 사람이라는 것이다. 예를 들어 발전하고 있는 인공지능기술을 활용할 수 없어 관련 분야에서 도태될 수밖에 없는 상황에 처한 사람은 그 순간 사회참여의 제한을 가진 사람이 될 수밖에 없기 때문에 이들 모두를 특정 분류로 분류하는 장애라는 용어를 사용한다면 이것은 또 다른 사회문제가 된다는 것이다. 우리들 대부분은 방향을 잘 기억하지 못하거나 색맹이거나 음치 등과 같이 특정한 삶의 과제를 수행하는 데 제한점을 갖고 있다. 그렇다면 우리 모두 장애를 가지고 있는 것인가? 아니면 우리 모두가 단순히 능력이나 행동하는 방식이 서로 다른 것인가?라는 고민에서 우리는 장애라는 용어의 부적절성을 고민해 보아야 할 것이다.

둘째, 비록 우리가 협소한 의미의 장애관점을 사용한다 하더라도 지금과 같은 문명과 과학기술의 발전은 매우 많은 사람들이 어떠한 방식으로든 장애로 여겨지는 상태를 만들 수밖에 없다는 것이다. 예를 들어 읽기장애(Dyslexia)의 개념은 사람들이 우리가 발명한 읽기 기호에 의존하지 않는 장소에서는 필요가 없다. 이러한 개념이라면 오늘날 컴맹은 관련한 평가와 진단을 통해 장애로 간주될 가능성이 커졌으며 이와 유사한 문명화와 과학기술 발전이 야기하는 사회적 참여나 활동의 제한으로 발생할 수 있는 장애인의 수는 급속도로 증가할 것이며 이것을 보다 의학적인 손상과 구분하는 것이 항상 쉽지만은 않기 때문에 장애라는 용어를 인간이 만든 기준에 의해 분류하기 위해 사용한다는 것은 한계에 왔다는 것이다.

셋째, 오늘날 많은 사람들이 강력하게 견지하고 있는 인식은 장애를 가진 모든 사람들을 사회적 기능의 모든 측면 속에 포함시키는 것은 사회적 책무라는 점이다. 만약 이것이 사회의 이상적 의미라고 생각된다면 사회는 장애가 있거나 없거나 관계없이 모든 사람에게 편의를 제공하게 되고 따라서 사회의 어떠한 구성원이라 할지라도 접근이 곤란하거나 참여가 어려운 경우는 거의 없을 것이라는 것이다. 따라서 사회를 살아가는 모든 구성원들은 삶을 살아가기 위하여 어떠한 도전에 직면하게 되고 이 도전에 대처하는 과정은 장애와 관계없이 정상적인 삶의 하나의 과정이 되어야 하기 때문에 장애라는 특정한 용어를 칭하여 이들에게 특별히 제공하는 특혜로 포장해서는 안 된다는 것이다.

2. 장애정책의 출현

정책의 출현은 인간이 공동체를 형성하여 살던 시대부터 출현하였을 것이다. 그러나 체계적인 이론에 의한 정책학의 등장은 아마도 1951년에 발표된 Lasswell의 정책지향이라는 논문에서 정책학적 경향이 당시 여러 분야에서 진전되고 있다고 하면서 크게 두 가지 방향을 지적하였다. 첫째는 정책과정에 대한 것이며, 둘째는 정책에 필요한 지식에 대한 것이라는 방향성에서 출발한다(정정길 외, 2003). 여기서 정책과정은 정책이 어떤 과정에서 의제형성과 정책결정 및 집행이 이루어지는지에 대한 과학적 연구이며, 정책에 필요한 지식에 관한 것은 정책결정자들이 이용하는 정보의 구체적 내용과 해석을 개선시키는 것이며, 정책과정의 합리성을 향상시키는 것으로 사회과학이나 심리학의 영역에만 국한 하는 것이 아니다. 따라서 정책학은 상황에 따라 문제를 연구하는 것이 아니라 사회 속에 인간이 당면하는 근본적 문제에 초점을 두고 인간의 존엄성을 충분히 실현시키기 위한 지식과 기술개발에 중점을 둘 것이라 예측하였다.

정책과 정책학의 궁극적인 목적은 인간사회의 근본적인 문제 등을 해결하여 인간존엄성을 보다 충분하게 실현시키는 것이라고 할 수 있다.

장애를 가진 사람들의 문제를 해결하기 위한 정책적 접근은 20세기 중·후반부터 시작되었으며, 장애 정책도 복잡하고 다중적인 요인들과 관련되어 있다. 물론 장애정책의 기본정신은 인간의 존엄성과 가치에 기초한 사회생활에 있어서의 "완전한 평등과 참여"라 할 수 있으나 이와 같은 관점은 시대에 따라 혹은 지역에 따라 약간의 차이가 있을 수 있으나 기본 형태는 다음의 네 가지로 대별할 수 있다.

첫째, 무시, 특별한 조치의 거부, 책임의 거부 등의 무정책으로 일관함으로써 장애를 가진 사람들의 인간으로의 존엄성과 가치를 철저히 무시하는 것이다.

둘째, 격리, 분리, 박해와 온정주의적 지원 등으로 장애를 가진 사람들의 인간으로서의 존엄성과 가치를 인정하기보다는 장애가 없는 사람들의 온정주의적 측면에서 이루어지는 사회적 서비스가 제공되는 것이다.

셋째, 보상, 의무의 면제, 적극적 우대정책의 실현으로 장애를 가진 사람들의 인간으로서의 존엄성과 가치를 인정하기는 하나 평등이라는 관점보다는 장애가 없는 사람들의 우월성이라는 관점에서 공공정책이 만들어지고 제공되는 것이다.

넷째, 적응, 정상화, 통합, 평등, 즉, 장애를 가지고 살아가는 사람들의 평등한 입장에서의 존엄성과 가치를 구현하고자하는 시민권적 측면에서의 정책이 만들어지고 제공되는 것이다.

위의 네 가지 측면에서 전자의 두 가지는 종교적 혹은 시대의 문화적 관점에서의 온정주의와 관련이 되어 있으며, 후자의 두 가지는 정치적인 조직화에 따른 탈시설화, 인권운동 등과 관련이 있다. 그러나 최근 장애정책의 경향은 장애조직화, 특히 장애운동과 정치세력화, 국제사회의 활동들과 깊은 관련성을 가지고 있다.

따라서 장애를 가진 사람들의 인간으로서의 존엄성과 가치를 무시하거나 온정주의적 측면에서 접근하는 상황에서는 장애와 관련한 정책이기보다는 가진 자들의 시혜적 조치이며, 대표적인 것이 1601년 영국 왕실에 의해 주도된 구빈법에서 시작된 온정주의적 측면의 사회복지와 사회복지서비스이다.

이 같은 온정주의적 사회복지정책과 서비스구조에서 장애를 가진 사람들을 위한 정책이 시작된 것은 아마도 1차, 2차 세계대전 이후 엄청난 규모의 전쟁으로 인한 장애를 가진 사람들이 나타나기 시작한 이후부터이다. 전쟁 이전과 전쟁이후 초기에도 장애를 가진 사람들은 정책의 관심 밖에 있었고 국가는 장애를 가진 사람들에 대하여 관심조차 없었으며 단순히 수용시설에서 사회로부터 격리하여 보호하는 수준에 지나지 않았으며 이것을 정책으로 만족해야 했다. 전쟁 이후에도 각 국가에서는 장애측면보다는 오히려 다른 맥락에서 장애를 가진 사람들의 삶에 영향을 주는 제한적이고도 불연속적인 제도들을 만들었다. 영국과 유럽 국가들은 사회복지나 사회복지서비스라는 정책, 미국이나 캐나다 같은 국가들은 보건정책이나 보건서비스라는 우산아래 장애를 가진 사람들에 대하여 불연속적이고 단편적인 정책적 접근이 시도된 것이다.

영국은 1919년 일종의 전쟁으로 인한 상이퇴역군인들에게 의무고용을 제공하는 제도인 The King's National Roll Scheme(KNRS)가 제정되어 이들에게 고용을 통한 인간으로서의 존엄성 회복이라는 정책이 시도되었으며, 독일도 1919년 최초의 장애인복지법령인 "중증장애자 고용에 관한 명령"을 제정하고, 1920년 전쟁상해자를 위해 "중증상해자 고용법"을 도입하였으며, 미국의 경우도 1918년 The Soldier's Rehabilitation Act을 통해 퇴역 연방직업교육위원회에 상이군인들을 위한 직업재활프로그램 수립의 일차적인 책임을 규정하고 프로그램을 실시하였다.

이와 같이 불연속적이고 단편적인 장애정책이 시도되다가 장애를 가진 사람들을 위한 종합적이고 보편적인 정책의 출현은 최근의 일이기 때문에 장애정책이 추구하는 이념이나 목적에 대해서는 구체적이지 못하다. 그러나 일반적인 정책이 추구하는 이념이 바림직한 사회건설을 위한 개인의 행동에 영향을 주거나 사회자원을 통제하거나 사회 및 경제시스템에 영향을 주는 국가의 중재라고 본다면 장애정책의 주요 관심사는 인구전체보다는 장애를 가진 개인의 문제라는 것과 사회의 구조가 장애를 악화시키거나 회생시키는지에 대해 관심을 갖는다는 것이다.

즉, 초기의 장애정책 출현은 온정주의, 박애주의적인 가치관에서 시작되어 산업혁명과 제1차 세계대전, 그리고 세계보건기구의 국제질병분류표의 장애개념이 보다 중립적이고 포괄적인 사회적, 보편적 관점으로 전환되면서 정치집단이나 권력을 가진 자들에 의해 주요한 정책으로 주목 받기 시작하였다는 것이다.

정책의 목적이 인간의 존엄성과 가치를 모든 사람이 공유하는 것이라고 한다면 인간의 존엄성과 가치관에 대한 실현은 어떤 과정이나 체계를 통해 흐르는 권력의 집행에 의해 실현되며 장애에 대한 관점을 반영하여 어떤 유형의 정책으로 전환시키는 것이 바로 국가 혹은 국가권력이다. 이런 측면에서 국가 혹은 국가권력은 장애정책을 논함에 있어 중요한 요인이면서 민감하게 반응해야 하는 용어라는 사실을 주지해야 한다. 주장하는 학자들 마다 국가 혹은 국가권력이 의미하는 바에 대한 이론이 다양하고 정책에 어떤 과정으로 작용하는지에 대한 의견들이 다르게 나타나고 있으나 장애정책 역시 국가나 국가권력에 의해 영향을 받을 수밖에 없으며 이 요인에 의해 발전되어 왔다.

□ 국가 이론

정책에 국가가 어떤 의미를 가지며 어떻게 작용되는지에 대해서는 그동안 소개된 학자들의 주장을 정리하면 크게 다원이론과 구조이론, 관료이론으로 설명할 수 있다.

먼저, 다원이론은 Schwarzmantel(1994)의 주장을 살펴볼 필요가 있는데 국가란 다양한 권력집단과 이익집단으로 구성되어 있으며 상호 동의한 범위 내에서 경쟁과 협의 혹은 연합을 통하여 각자 자신의 목표를 추구할 수 있는 정치적 환경을 만들기 위한 협상이 이루어지는 장이라는 것이다. 이러한 상황에서 다양성은 사회적, 정치적 삶에 있어서 긍정적인 차원으로 다루어지는데 특히 중앙집권이 취약한 국가에서는 서로의 이익이 상충되고 타협할 수 없게 되는 때가 있다. 정파간 정쟁과 같이 분열의 위험이 존재하고 심하면 완전히 분열될 수도 있다. 민주주의 국가에서 더더욱 이런 상황이 문제가 되는 것은 새로운 힘과 새로운 집단, 새로운 정치권력 협의체가 만들어질 때는 권력 분배에 있어 안정적인 장치가 있어야 하는데 이 장치가 명확하지 않은 경우가 많다는 것이다. 이외에도 다원론적 국가이론은 권력 집행의 불평등으로 인해 장애를 가진 사람들과 같이 소수집단에의 이익을 무시하고 간과할 수 있는데 이를 보완하기 위하여는 이들을 항시 고려할 수 있도록 역동적이어야 한다는 것이다.

국가가 어떻게 작용하는지에 대한 다원이론의 전제는 국가구조 즉, 권력, 계층, 계층 간의 관계, 제도 등이 상호 권력을 추구하는 집단들의 연합이나 협상의 결과이며 권력의 불평등은 국가의 구조보다 우선할 수밖에 없기 때문에 국가의 구조를 지속적으로 혁신하고 개혁해 나가야 한다.

구조이론을 이해하기 위해서는 우선 Karl Max의 현존하는 사회구조는 사회계급과 집단과 개인들의 상호지위에 결정적인 영향을 주며 타인을 배제하고 있는 특정계급의 권력을 강화한다고 생각하는 측면을 가장 먼저 이해해야 한다. 이런 의미에서 그는 국가란 추상적인 개념이며 오로지 인민(국민)만이 구체적인 개념이라고 주장하면서 구조는 사회의 권력 분배결정에 대하여 책임을 지지 않는데 이에 대하여 책임이 있는 요소는 경제적 결정주의 즉, 자본과 일의 본질이 사회부문과 권력의 분배 및 정책선택에 본질적인 영향을 주고 있다고 Hill(1997)은 주장하고 있다. 다원이론이 다양한 이익집단이 어떻게 국가와 정부 그리고 정책을 창출하는데 권력을 집행하는지에 대한 접근이라면 구조이론은 권력이 어떻게 국가의 구조에 연관되어 있고 어떻게 해서 인간의 의지와 상관없는 통로를 갖게 되는지에 대해 접근하는 것이다.

상기의 두 가지 이론은 완전히 불일치하는 것이라 할지라도 조화시킬 수 없는 것은 아니다. 특정시대의 국가의 본질이 구조와 인간의지 사이의 상호작용에 의해 결정된다는 사실을 인지하는 것은 가능한 일이기 때문이다. 우리는 지배집단의 권력 집행이 어떤 사회적 제도와 정책구조를 만들고 이것이 정책의제 설정이나 정책집행을 통하여 일련의 권력 집행에 연결되거나 영향을 주는 지속적인 관계 망을 상상해 볼 수도 있다. 분명한 것은 구조이론과 다원이론은 정책결정자가 자신의 이익을 실현하고 사회의 상대적 위치에 있는 집단에게 영향을 줄 수 있는 권력을 행사할 수 있다는 점에 대해서 서로 의견이 상반되는 것이다. 이러한 학문적인 불일치와 관계없이 우리 사회의 많은 장애를 가진 사람들의 삶의 주요한 상황을 결정하는 것은 바로 정책의 생산과 집행을 통해서이기 때문에 이 두 가지 측면을 장애정책에 있어서는 고려해야 할 필요가 있다.

관료이론은 정책은 비교적 독립적인 위치에 있는 관료들에 의해 이루어지는 정치 · 행정의 결과라는 것으로 당연히 정책결정에 참여한 관료들 개개인이 서로가 자기에게 보다 유리한 방향으로 정책을 결정하기 위하여 정치적 게임의 규칙에 따라 상대방과 경쟁 · 협상 · 타협 · 지배 등을 하게 되며, 그 결과로 이루어진 산물이 정책이라는 것이다. 여기서 정치적 게임의 규칙이란 정책결정 과정에서 협상 · 타협 · 지배 등에 필요로 하는 헌법 · 법률 · 판례 · 관행 등을 말하는 것으로 결국 장애정책도 이와 관련한 관료들의 정치적 게임에서 어떤 관점을 유지하느냐에 달려있기 때문에 중요한 측면이 있다.

결과적으로 국가이론이 어떤 관점을 유지하든 국가는 일종의 권력자이며 이와 관련한 다양한 이해관계자 집단 모두는 장애정책에 영향을 줄 수밖에 없으며 결국, 이들이 장애관점을 어떻게 가지고 있느냐가 중요하다고 볼 수 있다.

이러한 이론을 토대로 국가차원에서 정책은 법을 통해 투명하게 만들어지게 되며, 각국의 장애정책 출현은 이와 같은 장애를 가진 사람들을 위한 법률의 발전과정을 통해 구체화된다고 본다면 장애정책의 출현은 20세기 초의 전쟁 상이군인을 위한 불연속적이고 단편적인 접근이 시작이라고 볼 수 있다.

제3절 한국에서의 장애정책의 발달

이 장은 역사적으로 장애를 위한 사람들의 정책이 어떠한 과정으로 변화해 왔는지를 알아보고자 한다. 전장에서와 같이 장애정책은 시대적 · 문화적 상황을 반영하여 정책의 이념과 수단들이 전개되어 왔다. 장애를 가진 사람들을 사회의 성원으로 부정하던 시기에서 국가와 사회의 한 성원으로서 평등한 삶을 추구하는 정책으로 발전해 왔다. 한국의 경우도 이러한 국제적인 장애정책의 유형과 동등한 상황이 전개되어 왔다.

한국의 장애정책도 정책의 유형에서와 같이 오랜 세월동안 장애가 없는 사람들을 위한 그들을 위한 정책적 접근이 시작되므로 장애를 가진 사람들은 사회로부터 부정되거나 분리와 격리된 상황에서 살아갈 수밖에 없는 역사적 과정을 거치면서 산업화와 6.25 전쟁은 다수의 장애를 발생시키면서 국가나 사회가 더 이상 격리나 부정의 방법으로 이들을 보호한다는 것에 한계를 느끼고 단편적으로 구제하기 위한 보상위주의 정책, 그리고 UN, 국제노동기구(ILO), 세계보건기구(WHO) 등과 같은 국제사회의 장애를 가진 사람들의 완전 참여와 평등이라는 사회통합을 지원하기 위한 다양한 복지정책, 그리고 최근에는 장애를 가진 사람들이 차별 받지 않도록 하는 정책들이 전개되어 왔다.

따라서 이 장에서는 한국의 장애정책을 부정과 분리의 정책, 보상의 정책, 복지서비스 정책, 권리기반의 정책으로 구분하여 살펴보았다.

1. 부정과 분리 정책

부정과 사회적 배제 혹은 분리(Social exclusion)는 개인, 가정, 특정 지역, 혹은 주류집단과 관련된 특정한 사회적, 경제적 혹은 정치적 활동과 관련하여 차별을 나타내는 복잡한 개념으로 종종 불이익, 정의롭지 못함, 차별, 빈곤, 특히, 빈곤 상태를 대신하는 용어로서 사용되기도 하며, 사회통합(Social inclusion)이나 사회적 자본(Social capital)과 반대되는 개념으로 사용된다(Rimmerman, 2013).

경제적 측면에서의 사회적 배제는 소득의 결핍과 실업으로 대변되며, 정치적 측면에서는 참여하는 사람들의 능력이나 그들의 삶에 영향을 끼치는 결정 과정에서의 약화를 의미하며, 사회적 측면에서의 부정과 분리는 범죄와 일탈로 표현된다. 즉, 모든 측면의 사회적 부정과 분리는 개인의 건강, 교육, 경력 개발, 자존감 등의 부정적 영향을 준다.

이러한 부정과 분리정책은 크게 국가적 수준(Demos)과 공동체 수준(Ethnos)에서 일어나는데 국가적 수준에서의 사회적 부정이나 분리정책은 정부가 국민에게 모든 부분의 기회 균등을 보장하지 않는 것이며, 공동체 수준에서는 일상적 생활에서의 참여와 수용을 어렵게 하는 심리적 측면이 강하다(Coleman, 1990).

사회적 분리는 일반적으로 가장 친숙한 주변에서 시작되어 암묵적으로 사회적 합의가 이루어지면서 일어나는데, 한 개인에 치우치지 않고 한 범주에 속하는 사람들의 공통된 특성으로 받아들여지며 사회적 부정과 분리는 그 집단에 대해 낙인화(Stigmatisation)하는 과정으로 진행된다. 이를 바탕으로 낙인을 경험한 사람들은 여러 가지 반응을 보이게 되는데 먼저, 다른 사람들에 대한 자신의 사회적 역할 가치를 향상시키거나 자신들의 입장을 내세울 또 다른 부류의 관계를 추구하거나 반대로 좌절감과 배제를 회피하기 위하여 개인적, 사회적 접촉으로부터 더욱 물러서는 입장을 보이게 되는데 후자의 경우가 강하게 나타난다.

1954년 이후에서 1963년까지의 한국 장애 정책은 우리 사회가 집단적으로 장애인들을 사회에서 부정 혹은 분리시키려 노력하였고 우생학과 더불어 장애인을 회피나 고립을 통해 낙인화시킨 시기이다.

전쟁 이후 많은 선교단체와 외원 기관에 의해 장애 정책에 대한 관심이 있었지만 이 시기는 선교단체와 사회지도층이 참여하는 주로 민간에서의 활동이 주류였다.

장애를 가진 사람들이 사회에서 부정되거나 분리되게 된 이유를 가장 강력하게 설명할 수 있는 증거는 종교와 우생학 발전 그리고 산업화이다.

우리는 성경에서 장애를 가진 사람들을 사회의 성원으로 지칭하기보다는 보호와 격리, 분리를 강요하는 내용들이 등장한다. 레위기에는 하나님의 명령으로 청각장애인과 시각장애인을 보호하고 있는 내용이 있는 가하면 레위기 21장 16절에는 "여호와께서 모세에게 말씀하여 이르시되 아론에게 말하여 이르라 누구든지 너의 자손 중 대대로 육체에 흠이 있는 자는 그 하나님의 음식을 드리려고 가까이 오지 못할 것 이니라 누구든지 흠이 있는 자는 가까이 하지 못할지니 곧 시각장애인이나 다리 저는 자나 코가 불완전한 자나 지체장애가 있는 자나, 발 부러진 자나 손 부러진 자나 등 굽은 자나 키가 작은 자나 눈에 백막이 있는 자나 습진이나 버짐이 있는 자나 고환 상한 자나 제사장 아론의 자손 중에 흠이 있는 자는 나와 여호와께 화제를 드리지 못할지니 그는 흠이 있는 즉 나와서 그의 하나님께 음식을 드리지 못하니라 그는 그의 하나님의 음식이 지성물이든지 성물이든지 먹을 것이나 휘장 안에 들어가지 못할 것이요 제단에 가까이 하지 못할지니 이는 그가 흠이 있음이니라 이와 같이 그가 내 성소를 더럽히지 못할 것은 나는 그들을 거룩하게 하는 여호와임이니라"와 같이 장애인을 격리시키는 장도 있다. 기독교에서 성경은 신성한 법전이며 이 법전에서 장애를 가진 사람들은 종교적 의식에 있어서도 장애로 인하여 배제 당하였다.

성경은 때로는 장애인에 대한 편견을 가진다는 인상을 가지게 하는데 이사야(Isaiah)는 그의 임무가가 이스라엘의 눈을 흐리게 만들고 그들을 보지 못하게 만들어 후회를 통해 회계하게 만드는 것이라고 하였다. 성경은 눈이 머는 것을 신체적 결손이라고 여기며 때로는 신에 의해서 발생하거나 신이 가지는 연민의 대상이라고 표현하는 것이다.

이와 같은 초기의 기독교는 가난한 자와 환자, 죄를 지었거나 죄와 관련이 있는 장애인에 대하여 연민이나 동정심을 불러일으키는 많은 표현들이 있다. 이 과정에서 예수의 마법과 같은 힘은 환자를 치유하고 장애인은 예수의 힘이 사악한 힘을 뛰어 넘는 상징적인 존재로 나타났다. 기독교는 한국에 선교가 시작된 이후 급속도로 신도가 확대되어 불교 중심의 종교를 가진 우리나라에 많은 영향을 주었으며 또한 장애와 관련 학문이 서양에서 들어왔고 이를 중심으로 발전해 왔기 때문에 기독교나 이슬람 중심의 성경이나 코란 등의 종교적 사상은 장애인을 우리 사회가 부정하거나 분리시키는 데 중요하게 작용하였을 것이다.

오히려 우리 사회를 오랜 세월동안 지배해 왔던 불교의 경우는 장애인을 부정하거나 분리시키기보다는 자선의 관점에서 접근하거나 사회성원의 한 사람으로 바라보려는 입장이었다. 그 예로 앞을 볼 수 없는 바라문이 있었는데 그가 어느 날 부처님께 설법을 요청했다. "부처님, 사람들은 세상에 빛이 있다, 색깔이 있다고 말하는데 나는 믿을 수가 없습니다. 청컨대 부처님께서 빛이 있는지 없는지 말씀해주시고 있다면 제가 알 수 있도록 설명해주십시오." 그때 부처님은 설법을 하지 않으시고 지바라는 의사를 불러 그 바라문의 눈을 치료해주도록 했다. 다행히 수술로 시력을 되찾을 수 있었는데 시력을 찾은 바라문은 자기 눈으로 빛과 색이 있음을 확인했고, 그것이 무엇인지도 스스로 깨닫게 되었다. 이렇게 부처님은 장애인을 부정하거나 동정의 대상으로 보지 않았다(방귀희, 2008).

불교의 보살(菩薩)은 보제살(菩提薩)의 약어로 Bodhi와 Sattva의 복합어이다. Bodhi는 깨닫는다는 뜻이고 Sattva는 존재라는 뜻으로 중생을 가리킨다. 즉, 보살은 깨달음을 구하는 중생이다. 경전에서는 보살을 《도행반야경(道行般若經)》에서는 "보살은 많은 중생을 완전한 열반으로 이끌어 들인다."고 하며, 《대지도론(大智度論)》에서는 "자기를 이롭게 하는 동시에 남을 이롭게 하는 마음이 보살의 마음이다." 혹은 "보살은 큰 서원을 세워 마음이 부동하며 정진하여 물러서지 말아야 한다.", 《범망경(梵網經)》에서는 "보살은 불성(佛性)의 자비심을 내어 항상 모든 사람을 도와서 복되게 하며 즐겁게 해야 한다." "보살은 모든 중생을 대신해서 고통을 감수해야 하며 나쁜 일은 자기에게 돌리고 좋은 일은 타인에게 주어야 한다.", 《소품반야경(小品般若經)》에서는 "보살은 비록 집에 있더라도 모든 욕망을 조절하여 탐욕과 인색함이 없이 목숨을 버릴지라도 사람을 해치지 않는다. 보살은 집에 있으면서 마땅히 중생을 안락하게 해야 한다", 《대방광불화엄경(大方廣佛華嚴經)》에서는 "보살은 중생들의 부모가 되어 그 괴로움을 제거해 준다."고 정의하는 것을 보면 보살행은 남을 위해 자비심을 내어 자비행을 실천하기로 마음먹고 남을 이롭게 하기 위해 끊임없이 노력하는 최대의 선행을 가리킨다. 그런데 보살은 항상 고통 속에서 필요한 존재라는 것을 알아야 한다. 《유일마니보경(遺日摩尼寶經)》에서는 "광야나 산에는 연꽃이 피어나지 않고 방죽의 진흙탕 속에서 연꽃이 피어나듯이 열반 속에서는 보살이 생겨나지 않고 애욕 속에 보살법이 생긴다." "중생의 고통이 있기 때문에 보살이 있는 것이고 그 고통을 덜어주는 것이 보살이 할 일이며, 그런 행동을 보살행이라고 한다."고 말한다. 다시 말해 보살은 사회 속에 뛰어들어 복지증진을 위해 함께 노력하는 사람이다. 그래서 보살의 자세에 대해 불교에서는 다음과 같은 조건을 붙였다.

《화엄경》에서는 "한 사람의 중생을 위함도 같고 일체중생을 위함도 같아서 큰 자비심을 일으켜 모든 중생으로 하여금 깨달음에 안주하게 한다." 그리고 "보살은 한 생각도 피곤하고 염증을 일으키지 않는다. 한 사람을 위해서라도 최선을 다해야 하고 피곤하다거나 싫어졌다거나 하는 마음을 갖지 않아야 한다."고 하였다.

불교가 지향하는 종교적 관점은 장애를 부정하거나 격리시키기보다는 오히려 온정적인 봉사로 표현될 수 있을 것이나 이 불교사상이 장애정책에 큰 영향을 주지 못한 것은 장애정책이 대부분 서구화 영향이며 이 영향이 주류가 되었기 때문이다.

Francis Galton(1908)은 우생학이라는 용어를 인간개선(Well-born)에 대한 학문이라고 정의하면서 시작되었고 그가 의미하는 우생학은 "인류는 연민과 동정심 등과 같은 것들을 신에게 선물 받았고 다양한 고통을 이겨낼 수 있는 힘을 가지고 있다. 나는 인류학 분야에서 좀 더 자비롭고 보다 효과적인 진화과정으로서의 자연선택설을 재배치하는 것에 대하여 생각하였다. 자연선택설은 대규모 생산과 다량의 파괴에 달려 있으며 우생학은 후손들이 제대로 보살핌을 받을 수 있도록 개별적인 형질의 변화를 다루어야 한다고 하였다."

결국 Galton의 주장은 우생학 운동으로 전 세계에 확산되었으며 DNA라고 칭하는 양질의 아이를 태어나게 할 수 있는 활발한 연구들이 이루어지게 되었다. 우생학운동은 결함이 있는 신생아에 대하여는 유아 살해와 다른 인종끼리의 결혼을 막는 인종보전법(Racial integrity laws) 등이 만들어져 우생학을 정책적 측면에서 정당화하였다.

1907년 미국 인디나나 주에서의 단종법(Sterilisation Law), 1933년의 나치 독일의 단종법 등은 단종수술에서 안락사와 지적장애나 정신장애를 가진 사람들을 더욱 철저하게 사회에서 부정하고 격리시키는 수단으로 활용하였으며 히틀러의 경우 우생학적 이념을 유지하기 위하여 단종수술에서 안락사와 지적장애 또는 선천성 정신장애로 고통 받는 사람들과 신체적 장애를 가지고 태어난 사람들을 살해하는 것으로 확대하였다. 히틀러는 자신의 주치의와 관료들을 통해 베를린에 Tiergartenstrasse 4번가 지역에 T4프로그램이라는 명명하에 왜곡된 치료 및 보호를 제공하는 시설을 설치하여 장애가 있는 아이들을 이 시설에서 안락사와 단종수술을 실시하였다 (Drake, 1999).

이와 같은 우생학 운동은 우리나라에서도 같은 방식으로 나타났으며 거주시설 장애인을 대상으로 한 불임 수술과 장애를 가진 사람들을 거주시설 혹은 특수교육 등의 방법으로 우리 사회로부터 격리시키려는 정책들이 만들어졌다.

서구적인 영향 외에도 한민족이라는 오랜 역사적 흐름 속에서의 지역사회 공동체라는 문화적 가치관이 만들어졌으며 이 흐름은 삼국시대, 고려시대, 조선시대 등의 근세 이전의 역사에서 장애를 가진 사람들을 비롯한 우리 사회의 소외계층을 왕실을 비롯한 가진 자들이 시혜적인 차원에서 자선을 베푸는 구휼정책으로 나타났다(나운환, 2016).

삼국시대의 구제사업인 관곡의 진급(賑給), 사궁구휼(四窮救恤), 조조감면(租調減免), 대곡자모구면(貸穀子母俱免), 경형방수(輕刑放囚), 종자 및 식량의 급여, 이재민에 대한 군주의 친선 및 위문, 왕의 책기감선(責己減善), 역농방재(力農防災), 종묘(宗廟) 및 불사기도(佛寺祈禱) 등은 각종의 재해로 인한 이재민구휼 정책이며, 이외에 환과고독의 사궁 또는 병들고 자립불능한 자에 대한 구제 등의 정책들이 제공되었다. 이들은 생산력을 가진 장년이 아니고 노·유·병약자로 무의탁한 사람들이며, 노동력을 가진 자는 아니다.

고려시대에도 삼국시대의 민생과 구휼의 여러 제도가 계속 이어졌으며, 특히 고려 태조 이래로 역대 군주가 불교의 자비심에 입각하여 선정을 베풀게 됨으로써 구제사업은 일층 더 확장되고 제도화되었다. 고려시대의 구제사업으로는 은면지제

(恩免之制), 재면지제(災免之制), 환과고독진대지제, 수한질려진대지제(水旱疾癘賑貸之制), 납속보관지제(納粟補官之制) 등이 있고, 고려시대의 구제기관으로는 흑창, 의창, 상평창, 제위보(濟危寶), 구제도감, 진제도감, 동서대비원, 혜민국, 혜민전약국, 유비창, 연호미법(煙戶米法)이 있다.

그러나 고려시대는 왕건의 즉위로부터 고종 18년(1231) 몽고의 침입에 이르기까지 약 300년까지는 좋은 제도와 시책이 채택되고 실시되어 구제사업이 활발하게 진행되었으나 그 이후 후반기에 이르러서는 국내외의 여러 곤란한 문제로 인하여 국가재정은 빈약하게 되고 사회는 일대 혼란에 빠져 구제기관들의 기능이 정체되었을 뿐 아니라 각종 재해가 연달아 발생하여 백성들이 생계가 큰 곤경에 처하게 되었다.

고려시대의 장애를 가진 사람들을 위한 정책으로 휼형제도가 적용되어 80세 이상 10세 이하의 독·폐질자에 대한 규례에 의하여 장애인이 죄를 지을 경우에는 감형되었다. 또한 장애인에게는 요역(徭役)을 면제해주었다.

특히 고려시대는 복업(卜業)을 과거제도에 포함시켜 복인을 선발함으로써 복업이 제도화되었다. 이 복업은 광종 9년에 과거제도에 포함되었고, 공양왕 원년(1839)에는 장학을 십학으로 확대 설치하며 관학으로 발전하게 되어 일부 시각장애인들은 자섬부사(종 5품)와 강안전 시위호군(종 4품)의 벼슬을 주는 등 미력하나마 장애인을 위한 직업재활 흔적을 찾아볼 수 있다.

조선시대는 개국 초부터 유교의 정치이념인 왕도정치를 실시하여 고려시대에 문란했던 제도를 쇄신하고 국가 행정의 새로운 기틀을 잡았다. 구휼제도도 고려시대보다 체계화되었고 치료와 질병의 예방에 힘을 기울였으며 기민(飢民)과 장애인을 수용, 보호하는 데에도 발전을 보였다. 실록에 나타난 기록을 보면 다음과 같다.

세종 원년(1419) 4월에는 구휼을 위하여 묵은 쌀과 콩 600가마를 환과고독(鰥寡孤獨), 폐질자에게 주었으며, 세종 2년(1521)에는 장애인의 구휼을 서울일 경우에는 호조에서 맡고, 외방은 감사 책임으로 그 업무를 이양시켰다. 그러나 지방수령에게 이양된 장애인 구휼사업은 각 수령의 의무사항이 아니라 재량사항이었기 때문에 그 사업이 효과적으로 이루어지지 않았다.

조선시대에는 기민 및 장애인들을 수용 보호하였는데 그 대표적인 기관은 진제장(賑齊場)과 동서활인원이다. 진제장은 한성부에서 설치, 운영하는 빈민을 위한 응급 구제기관으로 그 업무내용은 기류민에 대한 구급 시식을 주로 하였다. 동서활인원은 가난한 사람들의 의료와 의식을 맡았던 기관이다. 이들 기관의 활동의 예를 보면 다음과 같다.

세종 17년(1435)에 도성내의 병든 노비와 경외의 병든 행걸인을 모두 활인원으로 송치하여 구제케 하였고, 동왕 18년에는 진제장의 기민들 중 병든 자를 동서활인원으로 보내어 구제케 하였는데 활인원의 환자가 너무 많아 구호가 소홀하게 되어 사망자가 늘어나게 되자 왕은 진제장 곁에 건물을 증축하여 환자들을 그곳에 유치, 수용케 하고 무녀, 노비(奴婢)들로 하여금 구호하도록 했다.

위와 같은 독·폐질자에 대한 구호사업 외에 이들에게는 모두 역을 면제하였다. 16~60세의 양인 남자는 누구나 국역에 종사할 의무를 가지고 있었는데 관직을 가진 사람은 직사(職事) 자체로서 국역에 대신하는 것이고 대부분의 사람들은 군역을 맡았다. 그러나 장애인은 복지대책으로 국역을 면제해 주었다. 태조 2년(1393)에 환과고독, 노약, 폐질로 자존하지 못하는 자를 잡역이나 요역에서 면제하고 구휼했으며, 세조 4년(1459) 병조에서는 시각장애인의 독녀는 차역함이 옳지 않으니 소거부(所居部: 살고 있는 부락)에서 천리(千里)안의 잡요는 일체 면해 주었다.

형률에서도 독·폐질자들에 대해서는 관대했다. 즉 나병환자가 처와 간통한 사람을 살해했을 경우에 감사정배(減死定配)했고, 정신이상으로 사람을 살해한 경우에도 감사정배했다.

조선 후기에는 사상적으로나 제도적으로 다소 발전되었음을 볼 수 있다. 예를 들면 실학의 대가인 정약용(1762~1836)은 폐질과 독질에 걸려 제 힘으로 먹고 살아갈 수 없는 자에게는 의지할 곳과 살아갈 길을 마련해 주어야 하고, 장님·절름발이·손발병신·나병환자로 육친이 없어 떠도는 사람은 그 친척에게 타이르고 관에서 그들에게 맡겨 안착하게 해야 하나, 그들 중 전혀 의지할 데가 없는 경우에는 고을의 유덕한 자를 선택하여 맡기고 그의 잡역을 면제하고 그 경비를 관에서 부담하게 해야 한다"고 함으로써 보다 진보적인 정책을 제시했다.

사회가 불안정하고 빈민과 유기아가 점점 증가되므로 정조 7년(1783)에 자휼전칙(字恤典則)을 제정하였다. 이는 무 의탁한 사궁의 구제에 관한 진휼청의 구호사업 준칙으로 유기아의 나이 및 구제기관, 구제방법 등 9절목으로 된 내용이다. 장애인과는 직접적인 관련이 없는 것 같으나 자휼전칙이 공포된 정조 6~7년의 연이은 극심한 흉년으로 많은 아이를 버리는 상황이었다. 이때 장애아동도 함께 유기되었을 것이다. 이 전칙은 이전의 다른 구휼법령에 비하여 국가의 보호, 책임을 강조하고 있다는 점이 그 특징이라고 할 수 있다.

이와 같이 삼국시대에서 고려시대, 조선시대의 장애를 가진 사람들을 위한 정책은 장애를 가진 사람들을 위한 정책이라고 보기는 어렵겠지만 구휼행정이라는 범위 안에서 각종 재해로 인하여 영농생산에 장해를 받고 있는 이재민을 구호 보호하며 재생산에 복귀시킴과 동시에 농업생산과는 전혀 관계없는 무 의탁한 사궁을 구호하는 장애인을 위한 정책과 이들을 위한 구호시설의 운영 등 시혜적인 차원의 복지정책의 출발이 된 정책들이 주류를 이루고 있다.

2. 보상 정책

산업사회로의 발전과 두 차례의 세계전쟁은 지금까지와는 다른 많은 장애를 가진 사람들이 산업화와 전쟁이라는 후천적 원인으로 발생하게 되었고 각 국은 이들을 종래의 온정주의적인 방식으로 해결하기에는 재원이나 장애발생의 국가책임이라는 측면에서 적용하기 어려웠다. 따라서 각국은 이런 장애를 가진 사람들을 위한 정책을 구상하게 되었고 이 정책의 핵심이 바로 필요한 서비스와 현금 급여를 통한 보상정책이었다.

이전까지 장애를 가진 사람들을 위한 온정주의적 정책을 확대하였던 대표적인 국가인 영국도 1897년 근로자보상법(Workermen's Compensation Acts)의 제정과 1900, 1906년 개정을 통해 산업재해로 장애를 가진 사람들의 치료와 보상의 원칙을 확립하였다.

또한 1차 세계대전 이후 엄청난 규모의 부상자와 상이군인들이 발생하였고 이들에게 보상을 제공하기 위한 제도들이 장애를 가진 사람들을 위한 정책의 주류가 되었다. 1914년 이들에게 전쟁연금(War pensions)을 지급하고 부상자에게는 보상을 하고 이들 중 혼자가 된 사람들에게는 필요한 지원서비스를 제공하고 70세 이상에게만 지급하던 고령연금을 50세 이상의 전쟁으로 인한 시각장애인들에게까지 확대하는 법을 만들었으며, 1919년 (고용을 위한) 시설법(Disabled Men[Facilities foe Employment] Act)이 만들어지기까지 되었다. 전쟁연금은 1897년 근로자보상법에 의해 제공되었던 산업재해 장애인을 위한 보상시스템과 유사한 형태이다. 2차 세계대전 후는 이들 정책들이 구체화되어 1940년 전쟁보조금법(War Charities Act), 1941년 욕구측정법(Determination of Need Act), 1944년 장애인(고용)법(Disabled Persons〈Employment〉Act) 등이 제정되었다.

같은 유럽국가인 독일의 경우도 1920년 전쟁으로 인해 장애를 가지게 된 사람들을 지원하기 위하여 중증상해자 고용법을 제정하였고 이들의 고용을 의무화 하였었다. 또한 1884년 산재보험법을 제정하여 선업재해를 당한 사람과 장애를 입게 된 자들의 보상을 규정하였으며 1923년에는 산업재해로 장애를 가지게 된 사람들의 계속 고용을 지원하기 위하여 중증재해 장애인을 해고로부터 보호하는 조항과 20인 이상 업체에 대한 2%의 고용할당 의무조항이 제정되었다.

미국의 산업재해를 입은 장애인들을 위한 정책적 접근은 1900년초 대공황에 따른 정부의 산업화정책과 맥을 함께 하는데 1908년 근로자보상법(Worker's Compensation)을 제정하여 산업재해에 대한 장애나 신체적 손실에 대하여 재정적 보상을 규정하였으며, 1917년의 Smith-Hughes Act은 제1차 세계대전으로 장애를 입은 상이군인들의 직업재활프로그램을 제공하는 연방직업교육위원회를 규정하고 산업재해나 상인군인들을 위한 다양한 교육이나 지원서비스들에 대한 계획수립과 실행에 관여하게 되고 1918년 군인재활법(Soldier's Rehabilitation Act)이 제정되는데 큰 역할을 하게 된다. 군인재활법은 상인군인의 재활을 위한 다양한 재활, 특히 직업재활프로그램 시행을 규정하고 있다.

우리나라의 역사에서 일제와 미군사정부 후의 근세의 장애인정책은 6.25전쟁과

제3공화국의 산업화에 따른 산업재해 장애인의 보상정책으로 출발한다.

해방 이후 우리나라는 남과 북한이 전시상태를 유지하면서 군인들이나 지역경찰들의 재해를 보상하기 위한 정책들이 형성되게 된다. 1950년 4월 14일 공포된 군사원호법과 1951년 4월 12일 공포된 경찰원호법은 상병군인, 상이경찰관의 생계부조, 직업보호, 수용보호 등을 규정하고 이들이 신체와 정신에 현저한 장애가 있을 때 의료시설에 수용하여 치료할 수 있는 제도를 마련하였다. 이외에도 1952년 군사원호대상자 임용법과 군사원보원보상급여법 등이 있었다.

한국전쟁 이후는 많은 상이군인들이 발생되었고 이들을 단순한 지원으로 보상하기에는 제한점이 있다는 것을 고려하여 단순한 보상정책 외의 고용, 자녀나 가족지원 등의 다양한 보상정책들이 형성되었다. 1961년 제정된 군사원호보상법과 군사원호대상자고용법, 군사원호대상자정책대부법, 군사원호대상자자녀교육보호법 등이 있으며 이 정책들은 1984년 국가유공자예우 등에 관한 법률에 모두 흡수하여 단일 법률로 제도화되었다.

또한 5 · 16 군사혁명, 6 · 3사태 등을 거치면서 우리 정부는 정치의 정통성 확보와 정책유지를 목적으로 경제성장 일변도의 경제정책을 형성하였으며 이 결과 상당한 수준의 경제성장 결과가 나타났으나 상대적으로 이 정책으로 인한 많은 부작용이 발생되었고 이 부작용 중의 하나가 바로 산업재해로 인해 매년 3만 명 이상의 사람들이 장애를 가지게 된다는 것이다. 따라서 우리 정부는 1963년 산업재해보상보험법을 제정하여 요양급여, 휴업급여, 장해급여, 유족급여, 장제급여를 규정하여 보상하고 사업주의 산업재해보상보험의 보험가입자가 되도록 법제화하여 산업재해로 장애를 갖게 된 사람들의 보상과 재활 및 사회복귀를 촉진하는 정책을 구현하였다.

이와 같은 보상정책도 부정과 격리정책과 같은 맥락에 있는 정책이었음을 알 수 있다. 즉, 전쟁이나 산업재해를 당한 많은 사람들을 다시 사회참여 기회를 증진시키기보다는 가정 내에서 생활을 전제로 한 다양한 보상정책이 주가 되었다는 사실에서 보상정책도 장애인을 자연스럽게 사회통합시키기보다는 분리시키는 역할을 한 정책이라고 볼 수 있다.

3. 복지서비스 정책

전쟁이나 산업재해로 인한 장애를 가진 사람들에게 보상에서 출발한 정책들이 점차 다양한 복지서비스로 확대하면서 특히, 고용의 기회를 제공하는 정책에서 점차 다양한 사회복귀를 지원하는 복지서비스들이 등장하기 시작하였다. 또한 1601년 영국의 구빈법이후 영국을 비롯한 유럽 국가들과 1935년의 미국사회보장법은 각국의 사회사업 혹은 사회복지학이 등장하게 되고 이 학문이 추구하는 가치가 모든 사람들의 행복한 삶을 살아가기 위한 복지사회구현이라는 명제하에 다양한 복지서비스들이 만들어지는 계기가 되었다. 장애를 가진 사람들을 위한 다양한 복지서비스는 특히, 2차 세계대전 이후 급속히 발전하기 시작하였다. 종래의 보상정책으로는 많은 전쟁상이 군인들에 의해 늘 비난의 대상이 되자 특히, 보건서비스와 다양한 복지서비스를 함께 제공하는 사회보장제도가 등장하게 되며 더욱 장애인들에게 밀착된 서비스 형태로 제공되기 시작하였다.

장애인을 위한 복지서비스의 최우선의 목적은 재활(Rehabilitation)이었다. 재활은 "신체적으로 장애를 가지고 있는 사람으로 하여금 그가 가지고 있는 잔존기능을 최대한으로 발휘시킴으로써 신체적, 정신적, 사회적, 직업적 그리고 경제적인 능력을 회복시켜주는 것"으로 정의된 이후 각국의 장애정책에 주요한 목표가 되었다. 영국은 1941년 독립적인 기구인 장애인을 위한 재활위원회(Tomlinson Committee on the Rehabilitation and Resettlement of the Disabled)를 설치하고 이 위원회는 장애인의 재활을 위한 종합적인 발전계획을 수립하도록 하였으며 이 위원회는 1944년 영국 장애인고용법(Disabled Perscns〈Employment〉Act) 제정의 중요한 구조를 만들었다. 이 법은 고용을 유지하는 본질적으로 영향을 받는 사람들을 장애인으로 규정하고 이들의 직업 상담과 다양한 재활프로그램들을 제공하도록 하였으며, 장애등록제도도 도입하였다. 물론 이 제도는 1995년 장애차별법 제정으로 폐지되었으나 영국에 있어 장애인들에게 다양한 복지지원시스템이 만들어지는 계기가 되었다. 이 외에도 영국은 직업이 없는 장애를 가진 사람들을 위한 소득지원과 보상 등의 복지서비스 제도를 지속적으로 발전시키고 성장하도록 하였다. 크게 두 가지 방향으로 복지서비스들이 만들어지게 되는데 첫째는 현금지급이 장애연금 형태로 지급되는 시스템이다.

둘째, 면세와 같은 세금감면이나 감세 같은 정책들이다. 예를 들어 장애인의 세금공제(Disabled People's Tax Credit) 정책 같은 것으로 이 서비스는 16세 이상인 자로 질환 혹은 장애 때문에 일의 형태나 근로시간에 제한을 받아 주당 평균 16시간 혹은 그 이상의 일을 하는 자로 최소 182일 동안 단기 무능력자급여나 장기 무능력자급여, 중증장애수당, 자산조사에 의한 수당 중 하나 이상을 받거나 질환 혹은 장애 때문에 장애생계수당, 개호수당, 산업재해장애급여, 전쟁장애연금 중 하나를 받는 자를 대상으로 근로소득세를 공제하는 제도나 1943년 욕구측정 및 연금법(Pension and Determination of Needs Act)에서 시각장애인들은 자산조사를 위한 최소한의 기준선을 400만 파운드 이하로 예외로 허가하는 제도 등이다.

1942년의 비버리지의 보고서(Beveridge's Report)의 사회보장 및 관련서비스는 사회에 기여할 수 없는 장애인들의 다양한 생활지원과 재활서비스 제공의 필요성을 강조하였고 이 영향으로 1948년 국가부조법(National Assistance Act)을 통해 보험기록이 없거나 능력이 제한된 장애인들을 국가가 생활비 지원을 규정하는 정책을 도입하였고 1944년 장애인고용법과 함께 교육법(Education Act)을 통해 장애아동의 초, 중등교육과정에서 비장애 또래들과 함께 교육의 기회를 받도록 하였으며, 1946년 국민연금법(National Insurance Act)과 1948년의 국민보건서비스법(National Health Service Act) 등을 통해 장애생계수당(Disability living Allowance: DLA)과 장애근로수당(Disability Working Allowance: DWA)과 같은 각종 수당제도들이 등장하였다. 장애생계수당은 1995년 무능력자 급여(Incapacity Benefit: ICB)로 통합되고 2008년 조건부복지(Conditionality Welfare)라는 영국정부의 장애정책의 전환으로 고용 및 지원수당(Employment and Support Allowance: ESA)으로 통합되었다(Grover & Piggott, 2015).

경제성장을 토대로 한 많은 사회보장 서비스들은 1970중, 후반부터 경제상황이 어려워지면서 각종 현금 급여 형식의 재정지원에 한계에 다다르자 대처(Margaret Thatcher)정부는 사회복지 서비스 지장에 시장원칙을 도입하기 시작하면서 정책이나 서비스의 적격성 요건을 엄격하게 적용하고 이를 관리하는 전문가들에 의해 효과성과 효율성이 있는 정책의 도입을 강조하게 되었다. 이제까지는 장애를 가진 당사자들에게 국한되었던 많은 서비스들이 사회환경을 변화시키기거나 장애발생 원인의 예방과 같은 측면들이 강조되기 시작한 것이다. 1970년의 만성질환 및 장애인법(Chronically Sick and Disabled Persons Act), 1977년의 사회보장법개정(Social Security Act), 1977년의 무주택자를 위한 주거법(Housiging<Homeless Persons>Act), 1979년의 건축물의 장애인을 위한 접근성 지침(Code or Practice for Access for the Disabled Bulidings) 등이다. 이 제도에서 제공하는 서비스들은 예를 들어, 수리비 보조금(Renovation Grants)은 전열, 가정 난방, 기타 수리 또는 개량을 위해 수리비용을 신청할 수 있다. 보조금은 의회의 재량으로 제공되며, 보조금의 액수는 소득이나 저축의 정도에 따라 달라지는데, 소득이 낮으면 전액을 지원하고 소득이 높으면 일부만 지원하였다. 장애인시설 보조금(Disabled Facilities Grants)은 장애인 시설에 난방시스템 개량비용이나, 장애인의 삶의 수준을 향상시키기 위한 리프트, 휠체어 접근로 등과 같은 설비를 제공하기 위해 만들어진 것이다. 이 서비스를 제공하기 위해 재활담당관이 시설을 방문하여 평가하게 된다. 주택수리비보조금(Minor Works Assistance)은 주택소유 또는 임대인이면서 소득보조(Income Support), 가족크레디트(Family Credit), 주택급여(Housing Benefit), Council Tax Benefit, 장애노동수당(Disability Working Allowance)을 받고 있는 사람은 주택수리비 보조금의 수혜자격을 가진다. 수리의 범위는 지붕, 벽, 물탱크, 파이프 등 설계와 수리까지 포함한다.

장애인들의 고용을 위한 다양한 서비스와 통합고용이 어려운 장애인들의 고용을 위한 보호작업장 형식인 램프로이(Remploy) 운영과 다양한 보조기구지원서비스, 상담서비스 등의 다양한 복지서비스와 프로그램이 이루어진다.

미국은 1935년 사회보장법(Social Security Act) 제정 이후 장애를 가진 사람들을 위한 급여제도를 도입하였다. 사회보장법 초기에는 고령자를 위한 노령연금을 지급하는 것에서 시작하여 1939년 퇴직노동자의 부양가족, 유족을 위한 급여, 1956년에는 장해급여(Social Security Disability Insurance), 그리고 1958년에는 장해근로자의 부양가족, 유족을 위한 급여를 추가하게 되었으며, 이와는 별도로 장애를 가진 사람들에게는 보충보장소득(Supplement Security Income: SSI) 제도의 적용을 받는 체계로 제도화되어 있다. 사회보장 장애급여(SSDI)는 사회보장국(Social Security Administration)에서 관리하고 있는데, 이는 장애로 인하여 근로가 어려운 장애인의 실소득의 일부를 보장해 주기 위해 마련된 제도이며, 보충보장소득(SSI)은 개정된 사회보장법(1972)에 의해 입법화되어 1974년부터 실시한 제도로 이는 사회보험으로 충분히 보호 받지 못하는 노령과 장애로 인해 노동력을 상실한 사람의 소득을 보장하기 위한 제도로 역시 연방 사회보장국에서 관리한다. 또한 1965년의 확립된 의료보장정책에 의해 건강보험의 하나인 Medicare와 의료부조 서비스인 Medicaid가 제공되고 있으며 Medicare는 65세 이상의 노인과 65세 이하의 장애인, 그리고 말기 신장질환을 가진 사람들의 병원비용과 의료비용을 보장해 주기 위한 건강보험 프로그램이다. 이 프로그램은 두 개의 부분, 즉 병원보험(Hospital Insurance: HI)과 의료보험(Supplemental Medical Insurance: SM)으로 이루어진다. Medicaid는 우리나라의 의료보호제도와 유사한 제도로 보통 주의 보건복지성에서 운영하며, 요보호아동을 가진 가정, 노인, 장애인들을 위한 프로그램으로 수혜자격은 주마다 약간은 차이가 있지만 보충보장소득 수혜자의 경우 자동으로 주어진다.

미국의 경우 재활서비스들은 1920년 제정된 직업재활법의 개정 과정에서 직업은 근간으로 하는 다양한 지원서비스들이 만들어지게 된다. 이 법률은 장애인들이 평등한 고용기회 보장을 통해 사회에 통합될 수 있도록 하고 연방정부가 장애인들의 고용기회 증진을 위한 주도적인 역할을 하도록 책임성을 부여하는 것이다. 따라서 이 법률의 주요내용은 첫째, 연방기관이 승인한 주 계획(state plan)의 개발을 장려하고, 둘째, 연방 직업교육위원회에 직업재활에 대한 연례보고서를 제출토록 하며, 셋째, 주 정부 직업교육위원회의 통제 · 조정 하에 주 프로그램이 진행되도록 하고, 넷째, 서비스 내용은 진로지도, 직업훈련, 직업적응, 직업배치이며 연방정부는 이에 필요한 비용의 80%를 주 정부에 보조하도록 한다는 것으로 이 법률에 의해 장애인들의 통합고용, 보호고용, 지원고용, 최근의 맞춤식 고용 등 다양한 고용서비스들이 이루어지고 있다.

이와 함께 장애인들의 고용기회를 증진시키기 위하여 특수교육과 다양한 보조공학 서비스도 개발되어 진행되고 있다. 미국의 연방 및 주 정부의 특수교육 정책은

1960년대 중반 이후 크게 변화되어 오고 있다. 1960년대 중반 이전까지 장애아동을 위한 특수교육은 주로 그 지역의 교육구청의 책임하에 이루어져 왔고, 많은 장애아동들은 특수교육 및 관련서비스를 받지 못한 채 학교교육의 대상에서 제외되었다. 그러나 1960년대에 들어와서, 장애아동들에게 교육의 기회를 부여하지 않았던 기존의 정책에 변화가 일기 시작하면서 장애아동에 대한 교육권이 장애아동의 부모와 전문 관련 단체들에 의하여 제기되었고, 이러한 요구는 연방 및 주 정부가 새로운 특수교육 정책을 입안하게 되는 계기가 되었다. 특수교육 정책이 새로이 입안됨에 따라 특수교육의 체제, 프로그램, 재정지원방안에도 변화가 따르게 되었다.

1965년 초중등교육법(Elementary and Secondary Education Act)이 제정됨으로써 미연방정부는 교육에 대한 지원책을 확립되게 되는데 전통적으로 미국에서의 교육은 주정부의 관할사항이었고 연방정부에서의 지원책은 미비하였다. 그러나 동 법이 제정됨으로써 연방정부의 교육에 대한 지원과 관여가 동시에 시작되었다. 본 법은 주로 교육 결손 아동들에게 보상교육 프로그램을 제공하는 데 그 목적이 있었다. 경제적으로 하위계층인 장애아동의 경우에도 이 법의 혜택을 받았으나 경제적으로 불리한 아동들의 일반교육에 대부분의 지원이 주어졌다. 그러므로 장애아동을 지원하기 위한 보다 직접적인 정책이 필요하게 되었다. 초등교육법은 1966년에 개정되어 장애아동을 위한 교육(Education of the Handicapped Children)이라는 조항이 첨가되었고, 그 주요 내용은 첫째, 유치원, 초 · 중등학교에서의 장애아동 교육프로그램을 확대하고, 질적 향상을 도모할 수 있도록 하기 위해 교육부장관으로 하여금 주정부에 재정을 지원할 수 있게 하였으며, 둘째, 장애아동을 정신지체, 난청, 농, 언어장애, 시각장애, 정서장애, 신체장애, 기타 건강상의 장애로 인하여 특수교육 및 관련 보조서비스를 요하는 아동으로 규정하였으며, 셋째, 연방정부의 재정지원은 각 주정부에서 특수교육을 제공하는 3세에서 21세까지 장애아동의 수에 비례하여 제공하였으며, 넷째, 연방정부의 재정지원을 받기 위하여 각 주정부는 특수교육 계획안을 교육부장관에게 제출하도록 하였으며, 다섯째, 장애아동의 교육을 위한 동 개정조항의 시행을 검토하고 자문하기 위하여 교육부 산하에 장애아동을 위한 자문위원회(National Advisory Committee on Handicapped Children)를 설치하도록 하였으며, 여섯째, 장애아동의 교육 및 훈련과 관련된 프로그램과 과제의 시행을 담당하도록 하기 위해 장애아교육국(Bureau of Education for the Handicapped)을 설치하도록 하였다. 기존 초등교육법의 장애아동 교육관련 조항은 1970년 장애아교육법(Education of the Handicapped Act, PL91-230)으로 개정되었으며 이 법률은 1975년, 1984년 1986년, 1990년, 1997년 개정(Individuals with Disabilities Education Act: IDEA)되면서 전환고용을 개인을 위한 성과 중심적 과정에서 고안된 교육활동으로 보고, 고등교육, 직업훈련, 지원고용, 지속적인 성인교육, 성인서비스, 독립생활 또는 지역사회 참여를 포함하는 학교에서 사회로의 전환을 촉진하는 통합적인 활동이라 정의하였다. 그리고 모든 장애학생을 위한 개별화된 교육과정(Individualized Educational Program: IEP)에 전환고용계획을 반드시 포함시키고 전환고용 대상을 14세 이하로 하향 조정하는 등 전환고용을 의무화하는 등으로 발전하였다.

보조공학의 경우도 1973년과 1986년 개정 재활법, 1982년 장애인통신법(Telecommunications for the Disabled Act), 1988년 보청기호환법(Hearing Aid Compatibility Act), 통신접근증진법(The Telecomunications Accessbility Enhancement Act) 등에서 부분적으로 청각언어장애인들을 위한 보조공학 접근을 시도하였지만 1988년 장애인공학관련지원법(Technology-Related Assistance for Individuals with Disabilities Act)을 통해 장애인의 서비스와 재활공학적 이용도를 넓힐 것을 강조하였으며 장애인의 삶에 보조기술(Assistive technology)과 보조기술 서비스(Assistive technology service)가 얼마나 중요한지 확인시켜 주는 계기가 되었다.

동법에서는 보조기술을 "장애인의 기술적 능력을 증대, 유지, 향상시키는 모든 물품, 장비, 생산시스템"으로 정의하고 있으며, 그러한 보조기술에는 표준화된 제품, 그것을 개조한 제품, 개별적으로 맞추어진 제품 모두가 해당된다고 명시하였다. 또한 보조기술 서비스는 "장애인이 보조기기(Assistive technology device)를 선택, 획득, 이용하는데 직접적으로 도움을 주는 모든 서비스"라고 정의하였다. 이러한 정의에 따라 정보통신과 관련된 모든 제품과 서비스들이 보조기술과 보조기술 서비스에 포함되게 되었다. 또한 이 법률은 1994년과 1998년 개정을 통해 영역과 범위가 더욱 확대 되었다.

한국은 보상을 중심으로 한 상이군인이나 산업재해장애인을 위한 정책외의 국내적으로는 경제개발이라는 정책이슈에 가려져서 일반 장애인들을 위한 정책형성은 1976년 UN이 선포한 1981년 세계장애인의 해(International Year of Disabled Persons)준비과정에서 시작되었으며 또한 1983~1992년 UN이 정한 세계장애인 10년과 이에 따른 세계장애인 10년 행동계획(the world programme of action disabled persons), 1988년 장애인올림픽(Paralympics) 서울 개최 등이 한국의 장애인 복지서비스가 확대되는 계기가 되었다. 이 같은 국제적인 움직임을 같이한 한국 정부는 제3공화국에서 제5공화국, 제6공화국, 제7문민정부, 국민의 정부로 이어져 왔고, 1979년 10월 26일 사태 이후 1981년 대통령 당선자인 전두환은 취임연설에서 직장위협으로부터 해방, 빈곤으로부터 해방, 정치적 탄압과 권력남용으로부터 해방 등 3대 해방론을 주창하여 국민들의 복지에 대해 기대욕구를 상승케 하였으며 더욱이 그동안 경제성장일변도 정책의 후유증이 나타나기 시작하여 소득격차의 심화, 지역 간의 개발격차, 산업화, 도시화에 따른 사회문제, 가치관의 분열, 광주사태에 따른 후유증, 민주화를 위한 민주화 세력의 반정부 투쟁에 따른 정국 불안 등을 수습하기 위해 5공화국은 4가지 국정목표를 제시하였다.

즉 민주주의 토착화, 복지사회건설, 정의사회 구현, 교육개혁과 문화창달 등의 영향으로 사회복지정책은 많은 변화를 겪게 되는데, 특히 헌법 개정을 통해 생존권의 신장과 복지국가 지향을 위한 정책의지를 표명(헌법 제9조에 국민의 행복추구권과 국가의무 명시)함과 동시에 1981년 심신장애자복지법을 제정하고 1989년도 전면개정과 동시에 1990년 장애인고용촉진 등에 관한 법률이 제정되어 장애인을 위한 소득보장에서 고용기회 증진, 사회참여를 위한 다양한 서비스들이 이 정책에 포함되어 실행되었다. 1987년부터 장애정책 수립을 위한 장애등록제도가 시범 실시를 거쳐 1988년부터 도입되었고 장애발생을 위한 모자보건 및 산업재해, 교통사고 예방정책과 1961년 제정된 생활보호법(현, 국민기초생활보장법)과 1988년 국민연금법에 의한 소득보장정책, 장애인수당 및 장애연금제도, 세금감면제도를 비롯한 경제적 부담 경감제도, 국민건강보험법에 의한 건강보험제도와 의료부조제도, 장애인 의료비 지원제도, 장애인을 위한 다양한 재활보조기구 지원 및 건강보험 급여품목 확대, 2010년의 장애인연금법 도입, 특수교육기회 확대와 무상교육 지원, 의무고용제도를 통한 통합고용과 장애인 직업재활시설 운영과 생산품 우선구매제도 확대, 사회참여를 위한 이동편의와 편의와 관련 정책, 발달장애인과 장애아동을 위한 필요한 서비스 제공과 지원 등 다양한 정책들이 짧은 기간 동안 정부와 지방정부에 의해 다양하게 제공되고 있다.

결과적으로 이와 같이 다양한 복지서비스 제공에도 불구하고 장애를 가진 사람들은 여전이 삶의 만족도가 개선되지 않았으며 지역사회에 자연스럽게 통합되기보다는 때로는 강화된 복지서비스와 정책으로 장애가 없는 사람들로부터 낙인화되므로 사회로부터 오히려 격리되고 분리될 수 있었으며 아직까지 교육과 노동시장 등에서는 장애를 이유로 하는 차별이 여전히 존재하고 있다는 것이다. 분명 이 정책들을 설계할 당시는 정책의 효과는 삶의 개선과 통합이었을 것인데 만족스러운 정책의 성과가 나오지 않은 것이다. 이에 대한 정책결정자와 다양한 참여집단들은 끊임없는 이유에 대한 토론을 전개하고 결과적으로 이 같은 현상은 장애를 가진 사람들과 장애를 갖지 않은 사람들의 장애인의 삶과 사회통합에 대한 관점의 차이에서 발생된 것이며 결국 이 관점의 초점은 장애관점으로 연결된다는 것이다.

장애를 어떤 이유에서 갖게 되는 특별하거나 특정한 사람을 의미하는 것이 아니라 우리가 일상생활에서 누구나 경험할 수 있는 하나의 보편적인 시각으로 이해하면 장애를 가진 사람들을 위한 정책도 장애를 위한 사람들을 위한 특별한 정책이 아니라 보통 시민의 보편적 권리라는 측면에서 다루어질 수 있다는 것이다. 따라서 다양한 복지서비스를 포함하는 복지정책은 분명 장애를 가진 사람들을 변화시킨 중요한 의미를 가지지만 상당한 제한점도 있었다는 사실을 우리 모두는 간과해서 안 된다.

4. 권리기반 정책

1960년대에 시작된 미국의 시민권 운동은 장애를 가진 사람들에 대한 태도와 관점에 중요한 변화가 시작된 계기이다. 이 운동은 장애를 가진 사람들에게도 조직적인 자조운동을 할 수 있는 시발점이 되었다. 1973년 개정 재활법 시 장애인 단체들은 의회를 압박하여 장애를 가진 사람들의 시민권을 포함하는 내용을 규정할 것을 요청하였지만 닉슨 정부에 의해 거부되자 장애인단체들은 워싱턴에서 시위와 집회를 하였고 결국 1973년 재활법은 일부를 반영한 개정법이 통과되었다. 이후 교육적 서비스 접근을 위하여 장애아동의 가족들과 이해당사자들이 보다 적극적인 장애인 권리운동을 시작하였고 이 영향으로 1990년 장애아교육법이 개정되었고 1990년 미국 장애인법(Americans with Disabilities Act: ADA)이 제정되었다. 이 법률들은 연방정부 차원에서 고용을 비롯한 삶의 관련된 다양한 분야에서 장애인의 기회균등을 규정하고 있으며 장애를 가진 사람들이 기회균등과 이를 보장하기 위한 적절한 배려(Reasonable accommodations)를 규정하였다. 이 법률이 장애인의 완전한 기회균등을 보장하고 있는지는 추후에 다루기로 하더라도 이 정책은 장애정책의 목표를 장애인의 완전참여와 평등을 추구하고 있다는 측면에서 중요한 의미를 갖는다.

미국의 시민권 운동은 영국을 중심으로 한 유럽에도 상당한 영향을 주게 되며 영국은 1995년 장애차별법(Disability Discrimination Act: DDA)을 제정하고 장애를 가진 사람들의 심각하게 제한 받던 시민적 권리를 회복할 수 있는 정책을 도입하게 되고 미국과 마찬가지로 장애인들의 삶의 모든 영역에서 시민으로서 권리가 회복될 수 있도록 하는 정책을 형성하였다.

그러나 이 같은 움직임과 함께 장애를 가진 사람들이 평등한 시민의 한 사람으로 살아갈 수 있도록 보장하는 정책은 2006년 UN이 채택한 장애인권리협약(Convention on Right of Persons with Disabilities: CRPD)이다. 이 협약은 장애를 가진 사람들이 직면하고 장벽으로 느끼고 있는 다양한 장애물들을 제거하기 위하여 각국의 기본권으로서 권리에 대하여 분명하게 적시하고 있다.

이 같은 세계 각국과 UN의 권리중심으로의 재활패러다임 전환은 한국에도 당연히 영향을 주게 되고 장애인권리협약의 UN통과과정에서는 한국정부의 대표로 당시 보건복지부 장관이 참여하여 동의하였으며 이 협약은 2009년 국회 비준을 통해 우리나라에도 발효가 됨으로써 20세기의 부정, 분리, 보상, 복지정책에서 21세기 초 한국은 권리기반 중심의 장애정책으로 전환되는 중요한 전환점을 맞이하게 되었다.

2007년 4월 10일 제정된 장애인차별금지 및 권리구제에 관한 법률은 장애를 가진 사람들이 모든 생활영역에서 장애를 이유로 한 차별을 금지하고 장애를 이유로 차별받은 사람의 권익을 효과적으로 구제함으로써 장애인의 완전한 사회참여와 평등권 실현을 통해 인간으로서의 존엄과 가치를 구현하려는 것으로 이 법 제정과 함께 2017년 초안되어 2018년부터 2022년까지 추진될 제5차 장애인정책종합계획은 정책목표를 장애인의 자립생활이 이루어지는 포용사회로 설정하고 하위목표로 장애인과 비장애인의 삶의 격차를 완화하기 위한 5개 분야의 22개 중점과제와 69개 세부과제를 설정하여 추진하는 과정에서 권리기반 중심으로의 정책 전환을 추진하고 있다. 이 외에도 2011년에는 장애아동들의 전인적인 재활을 지원하기 위하여 장애아동 복지 지원법을 제정하였으며 2014년 11월은 발달장애인들의 권리와 복지 지원을 위하여 발달장애인 권리보장 및 지원에 관한 법률을 제정하는 등 권리기반 정책들이 점차 범위와 영역을 확대하고 있다.

그러나 우리나라의 경우 아직도 온정주의 중심의 장애정책에서 보상, 분리, 다양한 복지서비스를 통한 정책들이 혼재됨으로써 장애정책이 복잡, 다양화 짐으로 정책의 방향성을 이분법적으로 권리기반 혹은 복지 혹은 온정주의로만 구분하기는 어려운 실정이다. 그럼에도 분명한 것은 우리나라의 경우도 장애를 가진 사람들의 삶의 행복을 권리기반에서 시작하게 된 점이며 이 같은 추세가 지속적으로 이어진다면 장애와 비장애인들이 함께하는 사회로 나갈 수 있을 것이다.

제4절 장애정책의 유형

정책은 국가 혹은 국가권력에 의해 의제화되고 결정되어 간다고 전제하면 정책의 목적은 바람직한 사회형성이나 인간의 존엄성과 가치실현이라는 큰 목적에는 일치하지만 구체적으로는 정책결정자들의 신념과 성향, 장애정책의 경우에는 이들의 장애관점에 따라 정책의 목적이 달라지게 된다. 따라서 20세기 초반부터의 장애정책도 구체적인 목적인 국가 혹은 국가권력을 행사하는 관점에 따라 다르게 발전해 왔으며 이 장에서는 지금까지 어떤 장애정책 목적을 추구하는 유형이 있었으며 이 정책 유형이 장애인들에게 미치는 영향을 어떻게 평가할 수 있는지를 살펴보는 것이다.

국가나 국가권력이 장애를 이해하는 관점은 장애를 가진 사람들의 삶의 질을 개선시키기 위한 정책, 즉, 법률과 제도의 형성과 결정, 집행 등에 상당한 영향을 주게 된다. 즉, 국가에 의해 추진되는 정책 유형은 기본적으로 해당 국가나 사회의 장애에 대한 지배적인 관점일 가능성이 있고 이를 뒷받침하는 이론적 토대도 이를 벗어나기가 어려울 것이며, 정책을 집행하는 관료들 역시 같은 행태에서 정책이 이루어질 가능성이 있기 때문에 정책유형을 이해하는 것은 중요한 의미가 있다.

이 장에서 장애정책의 유형은 Drake(1999)의 다섯 가지 정책유형에 UN 장애인권리협약을 통해 나타나고 있는 보편적 유형을 추가하여 살펴 볼 것이다. 그는 장애정책 출현 이후 정책의 유형은 크게 부정적 유형(Negative model), 자유방임적 유형(Laissez-faire model), 단편적 유형(Piecemal model), 최대정책 유형(Maximal model), 사회적 및 권리 유형(Social or right based model)으로 구분하였다.

1. 부정 유형

장애인의 인권이나 시민권을 적극적으로 부정하는 유형이다. 이 유형은 국가는 유전공학, 태아감별, 초음파 등의 공학기술을 이용하여 장애를 가지고 태어나는 아동의 출산을 최소화시켜야 한다는 정책 유형이다. 즉, 인간의 완전체를 강조하는 모델이다. 따라서 이 유형은 장애인을 정책에서 부인하는 유형이라 볼 수 있다.

예를 들면 미국에서 반낙태주의 활동가들이 산부인과 클리닉을 공격하여 의료진들에게 총격을 가하는 사건이나 인간의 삶은 임신에서 시작된다는 관점을 가진 가카톨릭 교회나 태아를 보호하는 사회, 각국의 낙태운동을 반대하는 정치인과 정치세력에게는 결론적으로 낙태는 살해에 해당한다. 그러나 낙태찬성론자들은 인간의 삶은 만약 태어나지 않았다면 그 때는 태아가 어머니에게서 독립적으로 살아갈 수 있는 명확한 시점에서 다시 출발할 수 있다고 주장한다. 즉, 태아는 독립된 인격체가 아니라 여성의 몸의 일부로서 간주될 수 있고 따라서 어머니는 선택할 수 있으며 재생산에 대한 자율적인 통제를 시험할 수 있는 권리를 가진다는 것이다. 이러한 관점에서 볼 때 낙태는 오직 피임의 한 방법에 해당된다. 오늘날 100개국 이상의 국가에서 낙태를 허용하고 낙태의 기준에 있어서는 다소간의 제한적인 기준을 적용하고 있다. 즉, 심각한 장애를 가졌다는 과학적인 근거에 의해서만 낙태가 가능하다는 것인데 이 기준 역시 장애를 가진 사람들을 평등한 인간으로서 가치 절하하는 결과를 가져오게 하는 것이다.

이 정책 유형의 대표적인 것이 독일 나치 정부이다. 히틀러의 체제는 우생학에 기초한 정책을 수립하였고 히틀러 정부의 이 같은 관점의 순수혈통주의 사상은 정책의 가장 주요한 관심사였다. 따라서 순수혈통주의에 반하는 불치병환자를 비롯한 정신장애를 가진 사람들을 가려내기 위한 분류작업이 1939년 정신병원에 의해 시도되었으며 1940년부터 실제 교도소에서 사망하였다. 이들 중 살아남았다 하더라도 이들은 강제 불임프로그램의 희생자가 되었다.

스웨덴의 경우도 인지장애인의 불임을 위한 정책이 1935년 시작되었으며 1970년 초 미국, 캐나다까지 불임정책이 이들의 동의 없이 만들어졌다. 그러나 이들 국가들도 20세기 중 · 후반기로 넘어가면서 이러한 정책을 중단하고 장애인의 시민권을 보호하려는 유형으로 전환하고 있다.

우리나라는 정부수립 이후 1961년 생활보호법을 제정하여 장애를 가진 사람들을 포함하여 갖지 못한 자에게 최소한의 생활비를 지원해 주는 차원의 정책이 이루어지기 전까지 이 유형에 해당하는 정책이 이루어진 것으로 볼 수 있다.

2. 자유방임 유형

이 유형은 장애정책에서 국가의 역할을 최소화하고, 장애인의 삶과 권리확보는 장애인 스스로의 역할과 책임이며, 정책은 장애관련 문제를 부정하거나 무시하는 자유방임으로 일관해야 한다는 정책유형이다. 따라서 이 유형에서 장애인은 경제적 곤란, 장애인에 대한 이해부족, 정책의 부재로 인해 차별 속에서 살아갈 수밖에 없으며 고용정책도 있을 수 없게 되어 있다. 이 유형의 대표적인 예로 1995년 6월 중국에서 제정된, 선천적인 기형아를 출산할 가능성이 있는 남·여의 결혼을 금지하는 결혼예고법(A law banning marry ages)제도와, 매년 버려지는 30만 명의 인지아동, 유전적 손상을 가진 장애아의 유산을 강요하는 법률 등을 들 수 있다.

중국의 장애를 가진 사람들을 위한 정책은 전통적으로 부정적이다. 이 같은 이유는 장애아의 출현으로 발생하는 경제적 어려움과 한 아동만을 가질 수 있는 중국의 출산정책이다. 비단 이와 같은 자유방임형 유형은 중국과 같은 국가에만 나타나는 것이 아니라 대다수의 개발도상국의 문제라고 볼 수 있다. 이들 국가들은 장애를 가진 사람들 중 90%이상이 고용과 직업재활에 접근할 수 없고 국가권력에 의한 정책의 접근이 어렵다. 그러나 중국을 비롯한 많은 개발도상국들도 시장경제의 도입과 장애인단체들의 정치적인 조직화 등으로 장애정책을 긍정적으로 전환하려 하고 있다.

한국은 1961년 생활보호법 제정으로 국가개입이 시작되었으나 최소한의 접근이었으며 이 시기는 장애를 가진 사람들을 위한 정책은 국가보다는 장애인 자신이나 가족, 종교기관과 같은 자선단체들이 온정주의적 측면에서 접근이 시작되었으며 1981년 세계장애인의 해에 "심신장애의 발생예방과 심신장애자의 의료·직업재활 및 생활보호 등 복지시책을 효과적으로 추진함으로써 장애자의 재활·자립과 그

가족의 정상적인 경제 · 사회활동을 도와주며, 나아가 사회복지의 증진에 기여" 함을 목적으로 심신장애자복지법을 제정하기 전까지는 철저하게 국가는 자유방임한 시기라고 볼 수 있어 이 유형에 해당한다고 볼 수 있다. 당시 이 법률은 다음과 같은 사항을 규정함으로써 최소한의 국가책임을 이행할 것을 규정하였다.

표 1-1 1981년 심신장애자복지법 제정 시의 법안 주요내용

① 심신장애자의 복지를 위한 상담 및 지도업무를 담당하게 하기 위하여 시 · 군 · 구에 심신장애자복지지도원을 둘 수 있도록 함.
② 보건사회부장관 · 서울특별시장 · 직할시장 · 도지사 또는 시장 · 군수(복지실시기관)는 심신장애자에 대한 검진 또는 재활상담을 실시하고, 의료 · 보건지도 또는 심신장애자복지시설에의 입소 · 통원등의 조치를 하도록 함.
③ 복지실시기관은 심신장애자에 대하여 보장구를 교부 또는 수리하여 주거나 그에 필요한 비용을 지급할 수 있도록 함.
④ 국가 또는 지방자치단체는 심신장애자의 고용을 촉진하기 위하여 적성직종의 개발 · 보급, 적성검사, 적응훈련 및 직업지도를 실시하도록 함.
⑤ 도로 · 공공건물 · 교통 · 통신시설등 공중이 이용하는 시설을 설치하는 자는 심신장애자를 위한 편의시설의 설치에 노력하도록 함.
⑥ 국가 또는 지방자치단체는 심신장애의 정도가 중하여 자립하기가 심히 곤란한 심신장애자를 부양 또는 보호하는 자에 대하여 부양수당을 지급할 수 있도록 함.
⑦ 심신장애자복지시설을 장애종류별로 다양화하도록 함.
⑧ 국가 또는 지방자치단체는 심신장애자복지시설을 설치할 수 있도록 하고 사회복지법인 기타 비영리법인은 도지사의 허가를 받아 심신장애자복지시설을 설치할 수 있도록 함.
⑨ 국가 또는 지방자치단체는 심신장애자복지시설에 대하여 그 설치 또는 운영에 필요한 비용을 보조할 수 있도록 함.

3. 단편 유형

장애정책을 전략적이고 종합적인 계획에 의해 추진하는 것이 아니라 상황과 장애집단의 압력에 의해 어쩔 수 없이 부분적으로 접근을 시도하는 정책유형이다. 비장애인의 주류로 이루어진 사회에서 그들을 위한 정책이 우선되는 경우이며 대부

분의 국가가 이 유형을 유지하고 있다. 장애를 가진 사람들은 가능한 주류 사회에서 다른 거주지나 공공시설에 격리시키거나 장기적으로 체류시켰다. 1912년 영국 자유당에 의해 주도된 Mental Deficiency Bill은 정신장애인을 정신병동과 같은 특정 시설에 영원히 격리시키는 것을 포함하는 정책인데 영국의 지도층과 존경 받는 인도주의자들의 반대에 폐지되었다. 이 같은 영향으로 영국에서는 정신병원, 수용시설 등과 같은 기관들은 장애를 가진 사람들에게 긍정적이기보다는 부정적인 이미지로 작용되게 되었으며 아직까지 이 영향은 미치고 있다.

이와같은 단편적 유형의 정책유형은 대표적으로 시설위주의 정책, 특수교육 정책, 일반고용 중심의 할당고용 정책 등이 여기에 해당되며, 우리나라도 최근까지 이 유형에 의해 정책이 이루어 졌다고 볼 수 있다.

우리나라의 경우 1981년 심신장애자복지법 제정과 1977년 특수교육진흥법 등의 제정과 함께 국가가 최소한의 개입을 통해 정책접근을 시도하다가 1999년 장애인복지법 전면개정, 2000년 장애인고용촉진 및 직업재활법의 개정 등을 통해 장애범주 확대와 근로능력과 의욕이 있는 모든 장애를 가진 사람들의 소득활동을 통한 사회통합을 주요한 정책목표로 제시하면서 국가의 개입을 확대하기 전 까지는 시설위주의 정책, 분리중심의 특수교육 정책, 일반고용 중심의 할당고용 정책 등 국가개입이 최소한으로 이루어지는 정책접근이 이루어졌다.

4. 최대정책 유형

장애정책이 통합을 추구하기는 하나 특수한 서비스 내에서 특정한 개인들을 지원하기 위한 목표로 닮은 자원과 체계를 통해 이루어지기는 하나 실제적으로는 부분적인 접근이 상당부분 이루어진다. 우리 사회는 이미 오랜 세월동안 비장애인들에 의해 만들어지고 이들에 의해 사회, 물리적 환경이 구성되므로 아무리 장애를 가진 사람들을 위한 정책을 구현한다 하더라도 한계에 부딪힌다는 것이다. 장애인은 이미 사회에서 분리되어 있고 사회의 주류인 비장애인은 사회의 물리적 환경을 소유하고 있으며, 따라서 이 상황에서 장애인의 불이익을 최소화하기 위하여 장애인이 지역사회에 잘 적응할 수 있는 특별한 서비스를 지원한다. 고용에서는 스웨덴의 삼할이나 보조금 고용, 영국의 램프로이 등과 같이 국가가 적극적으로 개입하여 장애인의 고용, 직업훈련, 배치 등에 관여한다.

이 유형은 궁극적으로 장애인에 대한 편견과 차별에 대해 최대한 보상해 주고, 장애인의 개인적인 차원에서의 변화를 위하여 지원하지만 실제적인 장애를 가진 사람들의 삶은 비장애인과 평등하지 않으며 지속적으로 삶의 어려움과 장벽에 부딪히게 된다. 이 유형의 대표적인 국가는 스웨덴과 같은 북유럽국가들이며, 이들 국가들은 복지적인 측면에서 최상의 서비스를 제공하지만 시민권 확립은 미약하다고 볼 수 있다. 스웨덴은 장애인들에게 보다 좋은 삶을 만들어 주기 위하여 환경의 개선과 사회적 급여, 직업기회의 제공 등의 다양한 지원을 한다. 스웨덴의 사회민주적인 전통은 광범위한 사회복지 서비스의 개발에 이끌려 많은 복지서비스를 제공하고 점차 개선해 나가고 있다. 스웨덴의 복지서비스는 정부와 국가노동시장위원회(Arbetsmarknadsstyrelsen: AMS)에서 공식화되고 결정한다. 국가노동시장위원회의 목적은 장애를 가진 사람들이 가능한 가장 높은 고용의 수준을 유지할 수 있도록 지원하는 것이며 이를 위한 정책들을 주도하며 이 정책에는 장애로 인해 생산성이 저하되는 경우는 장애보조금제도 등을 통해 장애로 인한 추가 비용을 보상한다. 이와 같이 스웨덴은 장애인들의 완전고용과 이것이 가능하도록 다양한 복지서비스를 제공하고 있으나 그러나 자원의 제한으로 많은 어려움을 겪고 있다.

최근 스웨덴만이 아니라 많은 유럽 국가들도 최상의 복지체계로서는 장애를 가진 사람들의 평등과 삶의 가치를 보장하기에는 제한점이 있다는 사실을 고려하여 권리기반 유형을 추구하는 경향으로 변화해 가고 있다.

우리나라의 경우도 1999년 장애인복지법 개정과 2000년 장애인고용촉진 및 직업재활법 개정을 통해 국가의 개입을 최대화하고 있으며 또한 이 정책의 기조를 아직까지 유지하면서 2008년 장애인차별금지 및 권리구제에 관한 법률 제정과 2009년 장애인권리협약의 비준 등을 통해 권리기반 정책을 동시에 추구하고 있다.

5. 사회적 및 권리기반 유형

이 유형은 장애인을 시민권과 정치적·사회적 권리를 소유한 시민으로 수용하고, 국가의 사회적 책임성을 인정하며, 장애(Impairment)의 요인은 장애를 가진 사람들에게 있는 것이 아니라 비장애인 위주로 되어 있는 사회의 산물이라는 인식에서 출발한다. 따라서 정책은 개인의 변화보다는 사회의 변화에 초점을 맞추며 장애정책과 고용정책은 완전참여와 평등(시민권보장)을 목표로 국가적으로 계획되고 수립된다. 이 유형의 대표적인 국가는 미국과 호주이며 최근의 영국도 이와 같은 추세를 유지하고 있다.

장애를 가진 사람들만이 아니라 인간이 소속한 국가나 사회에서 한사람의 시민이 되고 시민권을 얻는다는 것은 사회의 변화나 문화적 수준과 관련이 있다. 그 이유는 먼저, 시민권은 불평등에 대한 직접적인 충동이며, 둘째, 사회나 사회구조의 권력에 대한 직접적인 충돌이 되기 때문이다. 따라서 어떠한 사회이던지 만약 차별이 없어지고 자연스러운 지역사회 통합이 보장되어진다면 보편적인 시민권은 획득되어지고 충분히 자연스럽게 유지될 수 있을 것이다.

따라서 장애정책의 가치를 평가하는 데 사용할 수 있는 가장 적절한 평가기준은 그러한 정책이 시민권에 대한 장애를 가진 사람들의 접근을 어느 정도까지 넓혀주고 있는지 평등한 수준이 어느 정도인지를 평가하는 것이다.

장애정책은 장애를 가진 사람들의 시민권의 범위를 결정하는데 중요한 역할을 하는 반면 물질적인 상태나 지배적인 정치적 이데올로기에도 중요한 영향을 미친다. 높은 실업률, 단기적인 비용/편익과 효과를 강조한 결과 공공지출의 삭감, 경쟁적인 다름을 강조하는 문화는 불평등을 강조하고 차별을 심화시킨다.

시민권이라는 기본적 이념을 가지고 각 국가나 시대적 정책을 평가하면 장애정책이 추구하는 이념은 명확히 달라진다. 즉, 시민권이 선택을 의미하는 것으로 사용되어졌다면 그 정책은 오히려 장애를 가진 사람들에게 차별로 작용되며 사회의 구성원이 아닌 다른 사람을 만들어 가는 것이며 이와 같은 단편적인 정책이나 서비스 제공은 장애를 가진 사람들에게 어떠한 편익도 주지 못한다. 그러나 시민권이 사회구성원 사이의 동등한 시민의 정치적, 사회적 지위로 언급되어졌다면 이 정책은 장애를 가진 사람들의 삶이나 환경을 변화시켜 자연스러운 사회 성원이 되는 힘이나 통제력을 가질 수 있을 것이다.

아마도 이와 같이 시민권이라는 기본 이념에 의해 정책이 처음 시도된 것은 1990년 미국의 장애인법과 1993년 UN의 장애인의 기회균등에 관한 표준규칙(Standard Rules on the Equalization of Opportunities for Disabled Persons), 1992년 호주의 장애차별법, 1995년의 영국의 장애차별법(2010년 평등법으로 통합), 2006년 UN의 국제장애인권리협약(Convention on Right of Persons with Disabilities)일 것이다.

이와 같은 정책유형은 많은 국가들에서 의미를 공유하고 변화시키기 위하여 노력하지만 아직은 제한적이다. 특히, 시민권이라는 측면에서 장애를 가진 사람들의 빈곤과 참여 문제를 해결하기 위한 일자리 문제가 중요한 권리로 다루어지고 있고 일을 할 수 있는지에 대한 판단은 장애를 가진 사람들을 고용하게 되는 사업주가 적절한 배려(Reasonable accommodation)를 함에도 직무의 본질적인 기능을 수행할 수 있는지를 가지고 판단하게 하는 등이 좋은 예가 될 것이다.

우리나라의 경우도 2008년 장애인차별금지 및 권리구제에 관한 법률 제정과 UN 장애인권리협약비준 이후 헌법에서 규정하고 있는 평등권과 국민으로서 기본적 권리를 보장할 수 있도록 하는 권리기반 정책을 추진하고 있으나 아직은 제한된 판례와 장애를 가진 사람들의 권리에 대한 정책이해당사자들의 이해 부족 등으로 효과는 미진한 상태이다.

6. 보편적 유형

이 유형은 장애 관점의 보편적 관점에 따라 장애정책을 장애인이라는 특정 집단을 위한 산물로 인지하는 것이 아니라 정책의 보편성 원칙에 의해 접근하는 것이다. 따라서 장애정책이 한 국가나 특정 대상을 대상으로 하는 분리된 정책으로 구현되기보다는 정책이 추구하는 모든 사람들을 위한 공공정책에 포함되어 보편성

원칙, 포괄성 원칙에 의해 접근되는 것이다. 이 유형을 지향하는 대표적인 정책유형은 UN 장애인권리협약을 비롯한 지속가능한 개발목표(Sustainable Development Goals: SDGs)이다. 이런 보편적 유형을 위해서 장애정책은 개인, 사회·환경을 총체적 개념으로 보고 접근하는 변화가 필요하다. 쉽게는 장애를 가진 사람들을 위한 정책의 비중은 감소하고 각 국의 국민들을 위한 정책에서 장애를 가진 사람들의 요구가 반영되는 것이다. 즉, 국가와 지방자치단체가 국민과 지역주민을 위한 정책을 형성하고 정책결정과 집행과정에서 장애를 가진 사람이 정책 집단에 포함되어 있음을 인식하고 접근하는 것이다.

한국의 경우도 장애인권리협약과 지속가능한 개발 목표의 이행계획을 추진하기 위하여 모니터하고 국제사회에 한국의 상황을 보고하는 과정에서 포괄적(Inclusive) 관점에서 정책을 시도하기 위한 노력을 하고 있으나 아직은 시도단계로 이 유형이 정착하기 위하여는 정책의제 형성과정에서부터 모든 정책에서 장애를 포함하는 접근이 이루어져야 한다.

장애를 가진 사람들이 국가나 사회에서 어느 위치에 있으며 어떠한 삶을 살아가는 지는 국가와 시대적인 상황에 따라 너무나 다른 양상이 전개된다는 것을 우리는 상기의 장애정책 유형을 통해서 살펴보았다. 지금 전개되고 있는 장애정책의 중요한 양상은 장애를 가진 사람들이 다른 보통의 사람들처럼 동등한 권리를 가지고 살아갈 수 있느냐이다.

따라서 앞으로의 장애 정책의 목적은 장애를 가진 사람들이 다른 시민들처럼 대등한 권리를 찾아주는 것에 맞추어져야 하고, 정책의 다양한 내용들은 이를 증진할 수 있는 측면에서 특별하고 분리되어 추진되고 접근되기보다는 보편적 관점에서 접근되고 추진되어야 한다.

2 정책의 기초이론

제1절 정책의 개념과 장애정책의 특성

1. 정책의 개념

정책이 한마디로 무엇이라고 말하기란 어렵다. 주장하는 학자들과 보는 관점에 따라 다양하기도 하지만 여러 가지 용어들이 혼용되어 사용되기 때문이다. 즉, 대책, 시책, 기획, 계획, 방침, 지침 등 다양하게 사용되고 있으나 이와 같은 유사한 용어들을 명확하게 정의하기는 어려우나 혼용되는 대다수의 용어들은 정책이 의미하는 하위내용들을 포함하는 용어로 이해하는 것이 정확할 것이다. 따라서 정책이라는 개념을 이해하기 위해서는 몇몇 대표적인 학자들의 견해를 중심으로 그 개념을 살펴 볼 필요가 있다.

Lasswell(1970)은 정책이란 목표와 가치 그리고 실제를 포함하는 제안된 계획(a projected program of goals, values, and practices)이라고 하였고 Eston(1963)은 사회 전체를 위한 제 가치의 권위적 배분을 정책이라고 하였다. 또한 Lindblom(1965)은 여러 사회집단이 상호 타협을 거쳐 도달한 결정을 정책이라 하였으며, Etzioni(1983)는 근본적인 결정(fundamental decision)으로서 전반적인 결정체계를 고려하면서 단편적인 일에 관한 구체적인 결정들 간의 관련성을 검토하는 데 사용되는 것이 정책이라고 하였으며, Dror(1968)는 매우 복잡하고 역동적인 과정을 통하여 주로 정부기관에 의해 만들어지는 미래지향적인 행동지침이라고 하였으며, Wildavsky와 Pressman(1979)은 목표와 그것의 실현을 위한 행동으로 구성된 것이 정책이라 정의하였다.

Levin(1997)은 보다 구체적으로 정책을 정의하고 있는데 정책이라는 용어의 의미에 대하여 네 가지의 가능한 해석으로 설명하고 있다.

첫째, 정책은 선거이전에 정책정당에서 발표하는 성명서상의 공약을 의미한다.

둘째, 정책은 현재 또는 과거의 어떤 행동을 언급할 때 사용될 수 있으며, 정부의 활동을 이끌어 가는 원칙들을 의미하는 것으로 이런 의미에서 현재에 추진되고 있는 정책은 당연하며 과거의 정책결정도 이 의미에 포함되는 것으로 구체적인 결정이나 행동보다는 오히려 행동방향으로서 이해하는 것이 바람직하다는 것이다.

셋째, 정책은 조직적 실행을 의미하는 것으로 조직이 어떤 특정 사건이나 상황에 반응하는 양식이나 대처하는 방법을 의미하는 것이다.

넷째, 정책은 행동의 과거, 현재 또는 미래 제안 방향의 공식적인 상태를 의미하는 경향이 있다는 것이다.

이런 의미에서 정책은 다양한 목적에 의해 개발되며 이 목적의 유형을 분류하면 첫째, 권력과 권리를 부여하거나 제거하거나 수정하는 법률적 수단들이며,

둘째, 정책은 공공부문 세출의 수준과 목적의 가이드라인을 정하기 위하여 만들어지며,

셋째, 일련의 법률들과 함께 정책은 조직이나 구조를 만들기도 하고 폐지하기도 하며, 마지막으로 정책은 지침 같은 것을 통해 기한을 정하거나 목표를 설정하는 것과 같은 관리활동을 통제한다.

이와 같은 정의를 종합적으로 검토해 볼 때 정책은 개념은 대단히 포괄적인 관점으로 정의하고 있으며 이 포괄적인 개념은 현재와 과거, 미래까지를 포함하는 국가계획이나 사회 전체를 위한 일련의 종합적 계획이라고 볼 수 있으나 협의적인 측면에서는 과거보다는 현재와 미래의 내용들을 포함하고 있는 것으로 정의된다.

2. 장애정책의 개념

정책이라는 용어가 다양한 관점이 있는 것처럼 장애정책도 복잡하고 다양한 관점의 개념이다. 사회보장정책이나 교통정책, 주택정책, 금융정책 등과 같이 관련되는 일과 담당하는 조직 등이 정해져 있는 분야가 아니기 때문에 이를 정의하고 일반화하기는 대단히 어려운 과정이다. 분명 20세기 이전에는 장애를 가진 사람들에 대한 정책은 사회나 정책이해당사자들의 관심 밖에 있었고 오로지 온정주의적 차원에서 지역사회의 가진 자나 종교단체 등에 의해 자선이나 수용시설에 격리되는 것 외에는 없었다. 아마도 장애정책이 사회나 정책이해당사자들이 관심을 갖게 된 것은 두 차례의 세계대전 이후 유럽이나 미국과 같은 국가에서 사회복지라는 현수막아래 장애를 가진 사람들에 대한 정책의제를 형성하기 시작한 것이 계기가 되었을 것이다.

장애정책은 동정이나 도움에서부터 친절과 배려까지 인간의 가치들에 대한 자기분석을 시도하거나 부모로서, 장애당사자로서, 옹호자로서, 또는 보다 최근에는 전문적인 보호자들처럼 장애를 가진 사람들의 견지에서 개인의 삶에 관여하거나 확인하고자 한다. 전자의 동정이나 도움 등의 과정은 본질적으로 종교적 또는 문화적인 관습 및 가치들과 관련되고 후자의 친절과 배려 등은 보통 정치적인 조직화와 관련된다.

Kleinman과 Piachaud(1993)는 사회정책이란 어떤 방식으로 사회를 형성하기 위하여 개인의 행동에 영향을 주거나 사회자원을 통제하거나 경제시스템에 영향을 주는 정부의 중재라고 정의하였다. 이에 대해 Drake(1999)는 이 정의를 장애정책과 공유할 수 있지만 다음 두 가지 측면에서 부정하고 있다. 첫째, 우리의 관심이 인구전체보다는 장애를 가진 개인에 대한 정부정책의 영향 속에 놓여 있다는 것이며,

둘째, 사회의 재형성이 장애를 가진 사람들의 삶에 있어 장애를 심화시키는지 감소시키는지를 알아야 한다는 것이다. 이 같은 주장을 고려할 때 지금까지의 많은 사회정책들이나 장애정책들이 장애를 오히려 심화시키거나 사회참여를 어렵게 하는 측면들이 있었기 때문에 이를 단순히 정책의 부작용으로 보아야 할지 아니면

정책외의 다른 문제로 보아야 할지는 우리 모두가 고려해볼만한 일이다.

미국에서 장애에 관한 정책은 거대한 하나의 산업으로 인식되고 있기 때문에 유럽 국가들처럼 정치적인 정책 이해당사자들 간의 결정되는 정치적인 행동도 있지만 산업의 규칙을 정하는 기준들을 가지는 시민 서비스로 여겨지는 경우도 있다. 이와 같은 시민서비스를 제외하고 대부분의 미국 장애정책들은 보건정책의 일부로 고려되어 지다가 주택, 교통수단, 일자리 참여, 그리고 지역사회 생활의 모든 영역에서의 양상들에 대한 공공의 접근들로 발전해 왔다. 이 과정에서 연방 법률이 중요한 역할을 하면서 장애정책은 미국 시민의 한 사람으로서 삶을 살아가는 데 필요한 권리를 보장하기 위한 영역들로 인식되어져 왔다(Burkhauser, 1991).

이런 의미에서 장애정책은 장애를 가진 사람들이 사회의 구성원으로서 다른 성원들처럼 평등한 삶을 살 수 있도록 국가가 중재 혹은 개입하는 모든 상황들로 정의 할 수 있으며 이 행위가 구분되지 않은 사회라 한다면 일종의 사회정책 자체가 장애정책이라고 볼 수 있지만 지금의 상황에서는 사회정책들이 장애를 가진 사람들의 영향까지 정책에 내재시키지 못하기 때문에 장애정책이 필요하며 결과적으로 장애정책을 장애를 가진 사람들에게 영향을 주는 국가의 개입 혹은 기준으로 정의할 수 있을 것이다.

3. 장애정책의 특성

장애정책은 장애인의 삶과 사회성원으로서 참여를 위한 전반적인 국가의 계획을 결정하는 것으로 정의된다면 장애와 관련한 다양한 상황들이 영향을 미치게 될 것이다. 우리나라의 상황에서는 먼저, 국제적 상황들이 많은 영향을 주었다. UN을 비롯한 세계보건기구, 국제노동기구 등에서 채택하고 있는 국제법에서의 의무조항이나 움직임에 영향을 받고 때로는 장애정책을 집행하는 행정 자체에도 영향을 받을 수도 있다. 특히, 모든 공공정책에 요구되는 정책영향평가나 경제성 평가 등은 정책비용집단이나 정책반대 집단에 의해 영향요인으로 활용되는데 그 이유는 첫째, 지출을 상쇄할 만큼 충분한 편익에 대하여 설명이 없이 비용을 평가하는 방식이 활용될 수 있고, 둘째, 어떤 경우에서는 확실한 증거보다는 불확실한 증거에 의존하는 경우들이 있기 때문이다. 많은 국가들이나 우리나라의 예산을 총괄하는 기획예산처 등에서 실시하고 있는 비용편익분석이나 타당성 분석에서 사용하는 도구들이 이와 같은 장애를 가진 사람들의 정책이나 사업을 증거기반해서 평가하기보다는 영리적 조직이나 사업을 평가하거나 유사정책을 평가하는 도구들을 활용하여 평가를 하는 경우가 대부분이다. 또한 장애정책이 갖는 특성을 이해하는 전문가들에 의해 수행되기보다는 공공행정이나 공공정책에 관여하는 사람들에 의해 평가가 이루어짐으로 항시 장애정책에 긍정적이기보다는 부정적 영향을 미치게 된다.

장애정책은 때로는 대다수의 장애를 가진 사람들에게 삶의 긍정적인 영향력을 발휘할 수도 있지만 반대의 과정이 될 수도 있다. 따라서 장애정책을 이해하고자 하는 사람들은 장애정책에 접근하고자 할 때 매우 신중할 필요가 있으며 장애정책이 가지게 되는 여러 가지 특성들을 이해하는 것이 필요하다. 그리고 장애정책은 분명 장애를 가진 사람들의 삶에 직접적이고 기초적인 영향을 주고 있지만 그들의 이익에 손해를 끼치고 있는 일부 집단들에 의해 여전히 정책이 형성되고 집행되고 있다는 사실도 간과해서는 안 된다. 즉, 정책의 목표와 수단, 대상 집단들이 잘못된 증거에 의해 의제화되고 나아가 정책결정과 집행, 평가과정이 동일하게 진행된다면 오히려 긍정적인 영향력을 발휘하기보다는 부정적인 영향력을 발휘하게 되고 이를 수정하려면 더 많은 비용이 지출될 수 있기 때문에 장애정책이 갖는 특성과 기능을 이해할 필요가 있다.

표 2-1 장애정책의 특성

- 주체가 국가 및 지방자치단체와 같은 공공기관이다.
- 공익을 추구한다.
- 정치적 · 행정적 과정을 거치는 복잡하고 동태적인 과정이다.
- 당위적 목표인 장애인의 사회통합을 성취하고자 한다.
- 미래지향적이며 장기적 지침을 제고해 준다.

- 장애정책은 정치체계의 산출물이다.
- 현실적으로 요구되거나 바람직한 것을 찾아서 구현시키려는 의도이다.
- 미래의 가치와 행동을 추구한다.
- 당위적 가치를 현실적인 행동으로 실현시키고자 하는 것이다.
- 사회의 양적 · 질적 변화를 유발시킨다.
- 인본주의적인 가치를 내재한다.
- 기계적, 경제적 합리성뿐만 아니라 비합리성, 초합리성, 우연성을 포함한다.

이와 같은 특성을 가지기 때문에 장애정책은 다음과 같은 다양한 기능을 가져야 장애정책이 갖는 특성을 구현할 수 있다.

표 2-2 장애정책의 기능

- 장애문제를 해결하기 위한 임시, 단편적보다는 지속적인 기능을 가져야 한다.
- 일관성 있는 행동지침을 제시하는 기능을 가져야 한다.
- 사회변화를 고려하고 환경에 적극 대응하는 기능을 가져야 한다.
- 사회를 모든 구성원들이 함께 살아갈 수 있도록 재구성하는 기능을 가져야 한다.
- 재활적 기능을 가져야 한다.
- 사회 제이익을 조정 · 통합하는 기능을 가져야 한다.
- 포괄적(주류화) 관점에서 기능정립이 이루어져야 한다.
- 사회를 통합하는 방법으로 안정화시키는 기능을 가져야 한다.
- 장애보다는 시민의 입장에서 접근하는 기능을 가져야 한다.

제2절 정책의 구성요소

장애정책은 여러 가지 중요한 요소들이 포함되어 있다. 장애정책은 종종 지역사회의 존재, 참여, 선택, 반영 및 존엄, 그리고 역량 개발들에 기초하여 지속적인 전략적 계획과정으로 다루어져 왔다. 그리고 장애정책과 관련된 주요한 조직들은 정부, 지방정부, 국제적 조직 등 여러 관련 조직들이 관련되어 있고 이 모든 조직들은 장애정책의 목표를 소속되어 있는 사회의 긍정적 변화로 설정하고 있다. 그러나 이러한 조직들과 조직사이의 관계에 대하여 장애정책은 의문을 갖지 않을 수 없다. 정책수립과 집행의 메카니즘에서 행정이나 정책가들에 의해 영향을 받는 정도와 본질에 대해 유사한 불확실성이 있다. 그러한 불확실성으로 인해 정책결정이 제도나 개인 특히, 계획과정에서 주는 영향을 정확하게 평가하기가 쉽지 않다. 적어도 이와 같은 불확실성에는 세 가지 이유가 있다.

첫째, 정책이 각기 다른 조직, 부처에서 각기 다른 시간에 만들어지고 그 목표도 상충되어 있어 실제로는 정책들 중에 어느 하나를 선택해야 할 상황이 발생한다.

둘째, 중앙의 정책지침에도 불구하고 계획과 통제결정이 원칙적으로 지역에서 이루어지고 이로 인해 적용에 불일치가 발생한다.

셋째, 정책결정과정에는 서로 다른 이해를 갖고 있는 당사자들이 관여하고 있다. 국회의원과 지방의회 의원들은 고려해야 할 불가피한 사안들을 가지고 있을 수 있다. 일반적으로 공무원들은 정책적인 고려보다는 오히려 직업적인 접근법을 취할 것이기 때문에 행동의 재량이 주어지는 정도에 따라 권위와 실제 정책 사이는 차이가 있을 수밖에 없다.

따라서 정책을 이해하기 위해서는 정책을 구성하는 요소들에 대한 살펴볼 필요가 있다. 정책을 구성하는 요소들에 대하여는 주장하는 학자들에 따라 차이가 있겠지만 정책의 구성요소를 다음의 세 가지로 구분하고 있는 주장이 가장 설득력을 얻고 있다.

첫째, 정책은 정책목표를 지닌다. 비록 그 내용이 분명하지 않거나 표면상으로는 보이지 않는 경우도 있지만 원칙적으로 정책은 정책을 통해서 달성하고자 하는 목표를 지니고 있다.

둘째, 정책목표를 달성하기 위한 정책수단이 정책의 또 다른 중요한 구성요소이다.

셋째, 정책목표와 정책수단의 세밀한 부분까지 정책 속에 구체화되는 경우도 있지만 이는 원칙적으로 정책의 집행과정에서 일어나는 현상이며 정책은 원칙적으로 정책목표와 수단의 기본방침만 포함하는 것으로 정의하기로 한다.

넷째, 정책은 권위 있는 정부기관에 의하여 결정된 것이며 보통의 경우에는 공식적으로 천명된 것이다.

이들 하나 하나를 검토하면 정책의 의미를 어느 정도 이해하게 되며, 이들 중에서 첫째와 둘째, 즉 정책목표와 정책수단이 가장 핵심적 요소이며 이들과 정책대상집단을 합하여 정책의 구성요소라고 볼 수 있다(정정길 외, 2014).

정책의 개념에서 살펴보았듯이 정책의 개념을 다양성이라는 측면에서 이해할 때 적어도 정책의 기본요 소는 다섯 가지로 도출해 낼 수 있다(김상균, 1993). 첫째, 정책의 실행주체로서 정부이다. 정당의 정책 또는 어떤 단체의 정책 심지어는 개인의 정책제안이 있을 수 있겠지만 이 모두에 있어서 궁극적인 목표는 정부가 입법을 통해 정책을 시행한다는 뜻을 내포하고 있는 것이다. 둘째, 정책은 행동에 대한 지침이라는 점이다. 정책을 수립하거나 논의할 때 실시를 염두에 두지 않는다면 그것을 탁상공론이나 국민을 기만하기 위한 정치적 수사나 술책에 지나지 않을 뿐 정책이라 부를 수 없다. 정책의 세 번째 요소는 정책은 어떤 결정이란 점을 지적할 수 있겠다. 정책결정자라고 하는 개인 또는 집단이 있고 결정에 영향을 미치는 정책영향자가 있다. 정책 영향자가 정책결정자에게 상당한 영향을 가할 수 있는지 모르지만 정책수행의 결과에 대한 책임은 정책결정자가 지게 된다는 것이다. 네 번째 요소는 정책은 가치의 집합이란 사실이다. 동일 문제의 해결이나 대책을 놓고 몇 개의 대안이 경합을 벌이는 현상이 바로 이 정책으로서 가치의 요소를 잘 말해 주고 있다. 결국 정책결정자는 우선 그가 갖고 있는 가치관에 따라 특정의 정책 대안을 선택하고자 하기 때문에 흔히 정책의 결정과정을 선택의 과정이라 일컫는다. 마지막 다섯 번째 요소로서 비용을 들 수 있다. 실행을 전제로 하는 것이 정책이라면 그것을 위한 비용은 필수불가결한 요소가 된다. 발전된 계획 기술이나 고도의 행정 테크닉이 정책 수립과정에서 중요한 것과 마찬가지로 재원의 조달은 정책시행의 운명을 좌우할 뿐 아니라 심지어 정책 자체의 질을 결정짓게 되는 것이다. 정책이 정부의 활동을 의미한다면 국민의 동의 없는 재원조달은 민주주의 국가에서 상상할 수 없게 된다. 따라서 정책 문제는 정치와 불가분의 관계를 맺게 되는 것이다.

이와 같은 정책의 구성요소 중에 장애정책은 장애를 가진 사람들을 위해 추구하는 이념적 가치 즉, 정책 목표와 이를 이행하기 위한 수단, 그리고 목표와 수단에 포함되는 대상 집단과 비용을 부담하는 비용 집단이라는 정책의 세 가지 구성요소가 중요한 의미를 갖는다고 보고 이를 중심으로 살펴보았다.

1. 정책목표

정책목표는 정책을 통하여 이룩하고자 하는 바람직한 상태(Desirable state)를 의미한다. 바람직한 상태라는 것은 장애를 가지고 있는 사람들의 상태와 관련성이 있으며 이들의 생활과 관련 다양한 분야에서 바람직한 상태는 다를 것이다.

예를 들면 장애인 고용정책의 목표는 완전고용이고, 장애인의 접근성정책의 목표는 차별 없는 보편적 설계이며, 교육정책의 목표는 인간으로서 자아실현이며, 전체적인 장애정책이 추구하는 목표는 지역사회 통합인 것과 같다.

따라서 정책목표는 미래성과 방향성을 가지고 있다. 즉, 시간적으로 보아서 미래에 도달하고자 하는 바람직한 상태이며 그대로 방치할 경우 도달할 수 없는 상태를 정책을 통해서 실현코자 하는 발전 지향적 성격 또는 의지를 나타낸다. 장애정책이 장애정책의 유형에서 살펴보았듯이 부정유형에서 권리기반 모형으로 변화한 것은 아마도 정책목표가 갖는 미래성과 방향성으로 설명할 수 있을 것이며 이 방향성은 현재는 권리기반 유형이지만 미래의 방향성이 어디로 갈 것인지는 지속적으로 추적해 보아야 할 것이다.

일반적으로 장애정책은 장애를 가진 사람들의 기본적 권리(시민권)을 보장할 수 있도록 기회균등과 권리보장을 목표로 해야 한다. 여기서 기본적 권리(시민권)의 개념은 상당히 중요하다. 시민이 된다는 것은 기본적으로 사회의 구성원이 되어 사회를 형성하거나 재형성하는 결정과정에 참가할 수 있다는 의미이다. 즉 시민은 일, 여가, 정치적 참여, 여행, 종교적 자유와 같은 중요한 권리를 갖는다. 이러한 시민권의 반대 개념은 사회적인 차별이나 배제이다.

Barbulet(1988)은 시민권을 그 사람이 사회의 구성원인지 아닌지를 한정짓는 것이라 했고, Marshall(1963)은 불평등을 평등하게 해 주는 것이라 정의하면서 결과적 평등과 기회의 평등을 강조하면서 시민적 권리는 3가지 권리로 구성되며, 즉 시민(Civil), 정치적(Political), 사회적(Social) 권리로 구성되어 있다고 하였다. 여기에서 시민과 정치적 권리는 개인의 시민으로서의 자유보호와 공평성(Justice)의 접근을 보장하는 것이고, 사회적 권리는 시민과 정치적 권리를 위협하는 사회적 불평등에 직접적으로 공격하고 반응하는 것이다. 그리고 대부분의 민주주의 사회에서의 시민권은 투표권을 행사할 수 있는 사람이나 보통 선거권을 가진 법적 구성원을 의미한다.

그러나 시민권을 획득하는 것은 쉬운 문제가 아니다. 왜냐하면 사회적 편견이나 차별과 같은 불평등에 대응해야 하고, 이를 방조하는 사회나 사회구조의 권력자들과 충돌해야 하기 때문이다. 그러므로 당연하게 누려야 할 시민권의 보장은 상당히 어렵다. 특히 장애를 가진 사람의 경우에는 의료적 관점에서 장애를 이해하는 관념 때문에 더욱 어렵다.

장애인에게 시민권이 선택(Choice)의 의미로 해석된다면 이는 장애인에게 또 다른 종류의 장애가 될 뿐이다. 따라서 시민권이 사회구성원 사이의 동등한 관계와 정치적 · 사회적 참여의 권리를 보장할 때 장애인이 그들의 삶이나 환경을 순화시킬 수 있는 충분한 권리가 된다.

두 차례의 세계대전 이후 20세기 중반 유럽 및 미국 등 세계 각국은 시민권과 사회적 권리를 둘러싼 논쟁들이 있었으며 특히, 장애정책에서 주요한 이슈로 다루어지기 시작했다. 이때가지만 하더라도 장애를 가진 사람들을 위한 정책은 지역사회 보호나 지역사회로부터 분리를 토대로 한 정책들이 주류를 이루었다. 그러나 사회적 권리에 대한 인식이 확대되고 장애 당사자들의 이에 대한 적극적인 사회행동과 운동은 장애정책에서 시민권, 특히 사회적 권리의 중요성을 부각시키게 되었고 장애정책은 지역사회 통합이나 주류화(Mainstream) 관점에서 장애를 가진 사람들을 위한 정책과 행정이 이루어지기 시작하였다. 즉, 정책에서 정책목표는 정책의 존재 이유가 되는 것이며, 특히, 장애를 가진 사람들을 위한 장애정책은 더욱 의미가 크다. 특히, 정책은 장기적 방향이기 때문에 정책 목표가 단기적 측면에서 이해된다면 더욱 정책은 심각해질 수밖에 없다. 때문에 우리나라의 5년 동안 추진되는 장애인정책계획은 정책목표가 어떻게 설정되느냐에 따라 수단과 비용은 확연히 다른 상황으로 전개될 것이기 때문에 정책목표에 대한 지속적인 논의와 논쟁이 필요한 것이다.

그러나 이와 같은 정책목표는 어떠한 정책이든 한 가지 목표로 제시하기에는 제한점이 있기 때문에 다루고자 하는 분야와 내용에 따라 분류될 수 있다.

가. 정책목표의 종류

정책목표는 여러 가지 기준에 따라 분류가 가능하다. 예를 들면 달성하고자 하는 상태의 내용이 무엇이냐에 따라서 의료적 목표, 교육적 목표, 직업적 목표, 사회·심리적 목표, 접근성 목표, 이동편의 목표, 소득보장 정도 등으로 나눌 수 있는데 여기서는 두 가지 분류만을 보기로 한다.

1) 소극적 목표와 적극적 목표

정책이 추구하는 목표의 정도에 따라 분류하는 것으로 소극적 목표는 문제 발생 이전에 존재하던 상태를 정책목표로 삼는 경우이며, 적극적 목표는 과거에 경험해 보지 않은 새로운 상태를 창조하려는 것이다. 소극적 목표는 당장 문제가 되는 정책의제를 해소하려는 것이고 적극적 목표는 지금의 사회문제만이 아니라 문제의 원인이 될 만한 요소까지를 포함한 보다 근원적인 사회문제 해결을 목표로 하는 것이다. 예를 들어서 장애발생의 예방을 정책목표로 하는 경우에는 장애발생이 되지 않았던 상태로 환원하려는 목표를 지니는 것을 의미하며 적극적 목표는 창조적 목표로 예견되지 않은 장애발생 예방까지를 목표로 한다던가, 장애에 대한 관점을 다른 관점으로 전환하여 장애에 대한 우려를 잠식시키는 것이다. 즉, 사회통합은 장애발생과는 무관할 수도 있지만 목표를 이에 두면 장애발생을 근원적으로 해결하는 목표를 성취할 수 있다는 것이다. 산업재해나 교통사고 등의 후천적 원인으로 장애를 갖게 된 사람들의 직업재활의 목표를 원직복귀로 한다면 이것은 소극적 목표로 해석될 수 있지만 완전고용이나 적합 직무고용을 목표로 한다면 원직에서의 장애 당사자가 가지고 있었던 문제점과 함께 직업의 문제를 해결하려는 보다 적극적인 목표가 될 수 있다는 것이다.

그러나 양자의 구별이 언제나 뚜렷한 것이 아니기 때문에 우리는 목표 설정에서 많은 고민을 할 필요가 있으며 이런 문제로 정부의 정책 목표는 목표와 목적으로 구분하던지 아니면 단계적 목표로 목표를 서열화하는 경우가 있다.

2) 계층적 목표

정책이 추구하는 목표를 상호 관련성에 의해 분류하는 방식으로 정책목표는 경우에 따라서는 상호 모순, 충돌하기도 하고 서로 보완적이기도 하며 때로는 독립적이기도 하다. 또 어떤 경우에는 동일한 수준에 있는가 하면 어떤 경우에는 상·하 관계에 있는 수도 있다. 즉 목표의 상·하나 수평관계로 분류할 수 있다.

먼저 정책목표들은 상·하 관계를 지니고 있을 수 있으며 이는 목표-수단(ends-means hierarchy) 계층제로 표현되는데 [그림 2-1]은 장애인 직업재활정책을 예를 들어 이러한 관계를 나타낸 것이다.

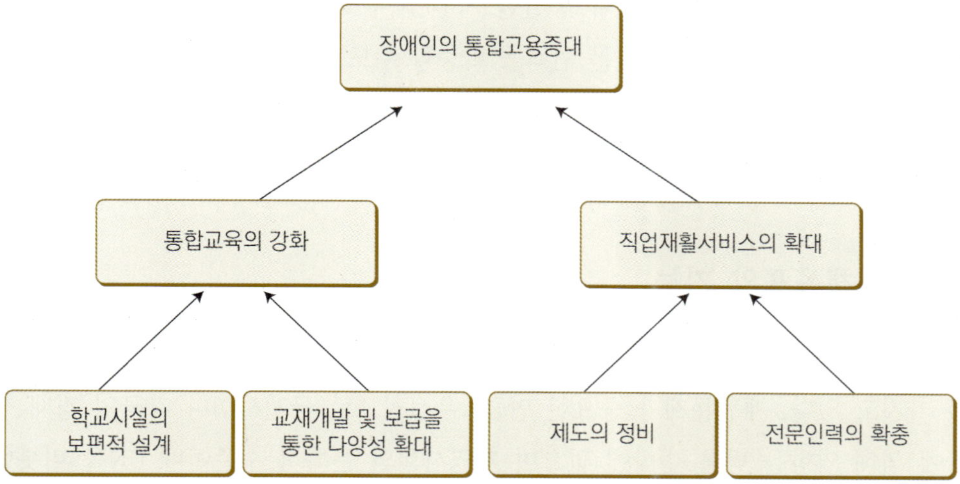

그림 2-1 목표-수단의 계층제

[그림 2-1]에서 보는 바와 같이 장애학생을 위해 교재 개발과 학교시설의 보편적 설계는 통합교육을 통해 장애 학생들이 역량개발을 지원하고 궁극적으로 직업적 역량을 향상시켜 고용에 이르게 하는 것이다. 즉 학교시설의 보편적 설계는 장애학생들이 지역에서 학교까지의 이동과 학교 내의 모든 시설에서의 접근성을 보장함으로써 본인이 특수학교가 아닌 모든 학교들을 선택할 수 있도록 하여 교육의 모방(Imitation) 효과를 극대화하여 역량을 개발하자는 것이며, 교재개발 및 보급을 하는 목표는 다양한 장애학생들의 교육적 요구를 반영하여 이들이 장애가 없는 사람들과 동등한 조건에서 교육이 이루어지고 모든 교육현장에서 접근성이 보장되도록 한다면 장애가 없는 학생들과 통합교육이 가능할 것이고 통합교육은 나아가 장애가 없는 학생들 입장에서는 자연스럽게 장애를 가진 사람들에 대한 인식이 개선될 것이며, 장애를 가진 사람들 입장에서는 교육의 효과가 극대화되어 궁극적으로 장애인의 통합고용 기회를 확대해 보고자 하는 상위목표를 위한 수단으로서의 역할을 한다. 바로 이것이 수단-목표 또는 목표-수단의 계층제라고 하는 것이다.

[그림 2-1]에서 볼 때 직업재활서비스의 확대는 하위수준의 것에 대해서 목표로서의 역할을 하면서 동일한 상위목표를 지니고 있는데 이러한 목표가 동위수준의 목표라고 할 수 있다. 그러나 동위 수준의 목표는 개념상 정의가 어렵고 목표들

간에 상호 모순·충돌이 있거나 동일한 자원을 두고 상호 경쟁적인 관계에 있을 수 있다. 즉, 제도의 정비는 전문 인력을 확충할 수도 있지만 오히려 제도의 정비로 전문 인력이 축소되거나 왜곡될 수도 있으며 이 영향은 나아가 직업재활서비스가 확대되어야 하는데 반대의 현상이 나타날 수도 있다.

나. 정책목표의 기능

장애정책은 다양한 영향요인들에 의해 영향을 받을 수밖에 없는 가변적인 요소를 가지고 있다. 재원문제가 중요한 만큼, 우선적으로 국제사회나 각국의 경제 상황에 의해 영향을 받을 수밖에 없으며 지역사회의 문화적 수준이나 UN을 비롯한 국제사회의 장애를 가진 사람들을 위한 정책의 방향성 같은 것들 역시 중요한 변인이 된다. 특히, 이와 같은 영향요인들은 정책의 수단적 측면에서 많은 부분 반영이 되겠지만 정책목표에서 우선적으로 고려되어지며 결국 정책목표는 수단과 집단을 구분하는 중요한 가이드라인으로 작용된다. 따라서 정책목표는 다른 두 가지요인에 대해, 일반국민들이나 정책이해 당사자들에게서 의미하는 중요한 두 가지 기능을 가진다.

1) 사회적 기능

국민의 기본권(시민권)을 주창한 Marshall(1963)은 장애정책을 포함하는 사회정책을 시민들에게 필요한 서비스와 소득지원을 함으로써 궁극적으로 그들의 삶을 수준을 향상시키고자 하는 일련의 공공정책으로 설명하고 있다. 즉 장애정책의 목표는 장애를 가진 사람들의 삶의 증진 나아가 시민으로서 삶의 수준을 지원해주기 위한 것이라고 본다면 정책의 목표는 사회적 기능을 가진다고 이해할 수 있다.

정책의 사회적 기능은 정책목표가 달성되어 사회의 상태를 바람직한 방향으로 변화시키는 기능이다. 이것은 정책 목표가 지니는 본래적 또는 1차적 기능이라고 볼 수 있으며, 이 기능은 결국 정책효과로서 나타나는 것이며 구체적으로는 경제적 가치의 증대(장애인의 고용증대), 사회적 가치의 증대(사회적 참여, 평등의 달성), 문화적 가치의 증대(장애인에 대한 인식 개선), 정치적 가치의 증대(국민적 사회연대의식 공유) 등으로 나타난다.

2) 정책적 기능

정책목표가 의미하는 두 번째 기능은 정책과정상의 제 활동에 대한 기능으로 정책목표는 정책의 존재이유가 되기 때문에 정책에 관련된 제 과정이나 활동에서 길잡이(Guide) 또는 목표물의 기능을 하는 것이다. 정책이라는 용어에 대해 기본지침, 기획, 계획, 프로그램이라는 용어와 혼용하여 사용되는 이유도 정책이 의미하는 본연의 기능 중의 하나가 바로 정책 기능이기 때문이다. 이런 의미의 정책 목표가 갖는 기능은 구체적으로 다음과 같은 기능을 가지는 것이다.

첫째, 최선의 정책수단선정의 기준이 된다.

즉, 정책 목표가 의미하는 이념에 따라 정책수단을 선정하는 기준이 될 수밖에 없다. 예를 들어 중증장애인생산품 우선구매 특별법은 제1조(목적)는 "이 법은 경쟁고용이 어려운 중증장애인들을 고용하는 직업재활시설 등의 생산품에 대한 우선구매를 지원함으로써 중증장애인의 직업재활을 돕고 국민경제발전에 기여함을 목적"으로 함을 규정함으로써 이 정책의 수단은 우선구매라는 수단을 선정할 수밖에 없으며 이에 따라 이 정책은 공공기관에 매 해년도 구매 총액의 1%를 구매하는 수단을 설정하는 것이다.

둘째, 정책집행의 지침이 된다.

정책 목표가 의미하는 이념에 따라 대상 집단을 선정하는 중요한 지침의 역할을 할 수밖에 없다. 예를 들어 장애인고용촉진 및 직업법의 제1조 목적은 이 정책의 목적을 "장애인이 그 능력에 맞는 직업생활을 통하여 인간다운 생활을 할 수 있도록 장애인의 고용촉진 및 직업재활을 꾀하는 것"이라 규정하고 있다. 만약 장애인이 아니고 중증장애인으로 명시하였다면 당연히 우리나라 의무고용제도가 직업적 능력이 있는 장애인 중심으로 고용이 이루어지지 않고 직업적 능력이 떨어지는 중증장애인들의 직업재활과정이나 서비스라는 정책 수단이 중심이 되었을 것이다.

셋째, 정책평가의 기준이 된다.

정책 목표는 정책을 평가하는 기준이 되기도 하는데 정책집행의 지침에서의 중증장애인생산품 우선구매 정책에서 정책의 평가기준은 공공기관의 우선구매 목표액의 달성여부를 가지고 평가하게 된다. 물론 평가가 갖는 의미가 여러 가지가 있겠지만 우선적으로 정책의 총괄평가라는 입장에서 계량적인 방법을 우선적으로 활용하게 되며 이 기준에서 우선구매 목표 1%는 중요한 평가기준이 되는 것이다.

2. 정책수단

정책수단은 문자 그대로 정책목표달성을 위한 방법론적인 측면으로 어떤 내용과 수단으로 목표를 달성할 것이냐와 관련된다. 장애인정책의 목표가 사회통합이라면 이 같은 정책목표를 달성하기 위해서 장애인의 사회참여를 위한 각종 편의지원 제도를 보편적 설계라는 측면에서 만들고 우리 사회의 모든 서비스가 평등하게 장애를 가진 사람들에게도 이용 가능하도록 하는 것 등이 정책수단이 된다.

흔히 정책수단은 정책이라는 말과 혼동되어 사용된다. "모든 정책은 달성하려는 목표를 지니고 있다"라든가 "목표는 좋은데 정책이 틀렸다"라는 표현이 그 예인데 이러한 상식적인 표현은 혼란을 가져오기 때문에 피하는 것이 좋다. 다만, 이러한 표현에서도 볼 수 있듯이 정책수단은 정책의 실질적 내용으로서 가장 중요한 정책의 구성요소가 된다.

장애정책에서 정책수단은 모든 장애를 가진 사람들에게 영향을 미치기 때문에 장애정책 이해당사자들 간의 갈등은 예상될 수밖에 없다. 사실상 장애정책에서 장애당사자와 정책결정자 그리고 비용부담자 사이의 갈등은 대부분 정책수단과 관련한 것이다. 최근 논란이 되고 있는 활동보조서비스 관련한 정책도 중요한 이슈는 활동시간의 인정 범위와 활동의 영역범주와 관련 한 내용들이며 의무고용제도에서 항시 이슈가 되는 것은 의무고용 적용사업체 규모나 의무고용률과 같은 내용들이며 장애연금 정책에서는 연금액의 크기와 이를 결정하는 기준의 합리성과 관련한 것

등 정책수단이 중요한 내용이 된다. 정책을 결정할 때는 정책 이해 당사자들 간의 합의도 중요하지만 정책이 갖는 적절성, 효과성, 효율성, 이용자 만족성 등 여러 가지 요소들이 고려되어야 한다. 아무리 좋은 정책을 여러 과정을 통해 결정하고 기준이 마련되었다 하더라도 정책 집행으로 일부 피해를 보거나 불공정하다고 생각하는 경우가 많다. 장애인 의무고용제도의 경우 상대적으로 노동시장의 취약계층인 여성이나 유보고용제도가 적용되는 안마사 직종의 경우는 마사지 업계의 종사하는 장애가 없는 사람들은 이 정책이 헌법의 직업선택권을 보장하지 않는다고 주장할 수 있는 것이다. 따라서 정책수단은 이와 같은 다양한 측면을 고려하여야 하며 정책 수단이 갖는 의미에 따라 정책 수단을 결정하는 합리적 과정이 필요한 것이다.

가. 정책수단의 종류

정책수단은 정책의 구성요소 중에서 극히 중요한 부분임에도 불구하고 이 부분에 대한 체계적인 접근이 부족하다. 그러므로 여기서 몇 가지 측면에 대해서 간단하게 살펴보기로 한다.

정책수단은 성질상 몇 가지로 구분되는데 가장 일반적인 분류는 실질적 정책수단과 실행적 정책수단에 관한 것이다.

1) 실질적 정책수단(Substantive policy means)

실질적 정책수단은 정책 목표달성의 실질적인 수단을 의미하는 것으로 상위목표에 대해서는 정책수단으로서, 하위수단에 대해서는 목표로서 역할을 하기 때문에 도구적 정책목표 또는 도구적 정책수단이라고 부른다. 예를 들면 [그림 2-2]의 예에서와 같이 장애를 가진 사람들의 헌법 제32조의 근로의 권리와 제34조의 인간다운 생활을 할 권리를 보장하기 위한 적정임금의 보장과 생활권 보장을 위해 소득보장정책을 계획하고 실행한다면, 이 정책의 실질적 정책수단은 구체적인 정책의 실질적인 내용에 관한 것으로서 장애인의 소득 보장을 위해 고용확대나 사회보장제도를 실시하는 것은 여기에 해당하는 것이다.

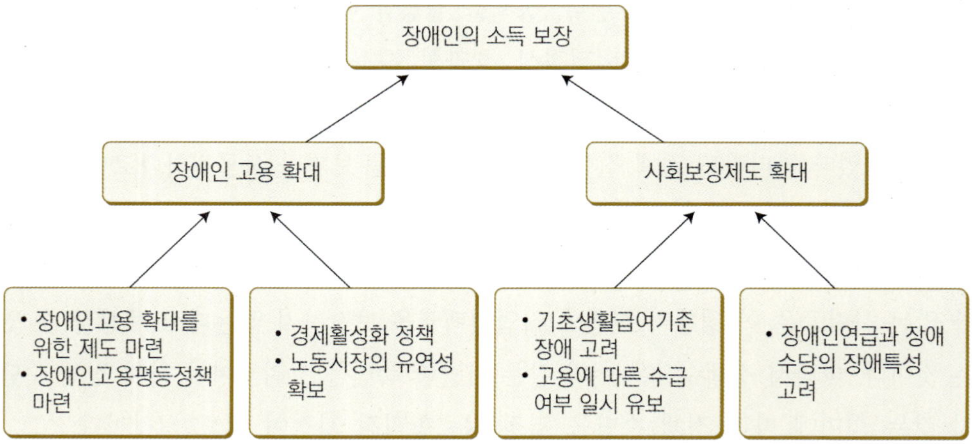

그림 2-2 실질적 정책수단의 예

2) 실행적 정책수단(Practice policy means)

실행적 정책수단은 실질적 정책수단을 현실로 실현시키기 위하여 필요한 수단으로서, 위에서 본 실질적 정책수단을 실현시키기 위해서는 목표-수단의 계층제를 따라 하위 수준으로 내려오면서 실질적 정책수단을 계속적으로 구체화시키면 이것이 실행적 정책수단이 되며 이 수단은 지속적으로 하위요인으로 계층화된다.

[그림 2-2]에서 장애인고용확대라는 정책수단을 보다 구체화시켜서 장애인고용을 의무적으로 고용하게 하는 의무고용제도를 규정 혹은 확대하는 수단이나 노동시장에서 장애를 가진 사람들의 기회, 조건, 결과적 평등이 유지될 수 있도록 노동기본권을 강화하여 실질적 평등정책을 실행하는 것이다. 또한 장애를 가진 사람들을 포함하여 고용은 기업이 활성화되어야 하는 것인 만큼 경제활성화 정책을 통해 기업이 적극적으로 고용 기회를 창출할 수 있도록 지원하는 정책이나 채용과 퇴직, 그리고 근로자의 지위에 대한 상당한 유연성을 통해 노동시장의 구인 및 구직이 역동성을 가질 수 있도록 하는 등의 정책수단으로 보다 구체화하는 것이 정책수단이 될 수 있다.

사회보장제도 확대의 경우도 기초생활보장대상자의 장애를 가진 사람들에 대하여는 적경성 판단기준을 결정할 경우 장애 특성을 감안하여 추가적인 비용을 인정하거나 장애를 가진 사람들이 고용을 통해 사회보장제도의 수급여부를 판단할 시 일정기간 유예하여 일자리를 통한 기초생활이 보장되도록 하거나 장애연금이나 장애수당 급여 결정 시 장애유형과 정도에 따른 추가비용을 인정하여 차별화, 현실화된 급여기준을 결정하는 등의 정책수단들이 실행적 정책 수단에 해당한다고 할 수 있을 것이다.

결과적으로 실질적 정책수단은 정책의 목표에 따라 내용들이 다르게 나타나지만 실행적 수단들은 실질적 수단의 실행적 의미를 가지기 때문에 내용과 적격성, 방법, 전달체계 등에 있어 유사한 경우가 많다.

나. 정책수단의 개발

최선의 정책수단을 개발하기 위해서는 우선 광범위하게 정책목표에 부응할 수 있는 수단들을 탐색하고 개발해야 한다. 최선의 정책수단을 개발하기 위한 방법은 과거의 정책이나 다른 국가의 유사정책수단 비교분석, 인과모형의 활용을 통한 탐색, 직관적 방법 등이 활용된다.

1) 과거의 정책분석

정책목표에 적합한 정책수단을 탐색하는 방법으로 가장 쉽고 많이 활용되는 방법 중의 하나는 과거나 현재의 정책을 비교, 분석하는 것이다.

모든 정부는 사회문제를 해결하기 위하여 정책과정에 의해 정책을 만들고 이 정책에는 최선의 정책수단들이 채택되어 실행되고 있다. 그러나 이 정책들은 관련 이해당사자들에게 새로운 사회문제로 제기가 되거나 수정, 보완을 요청 받게 되게 되는데 오늘 제안된 정책의제는 이 과정 속에 있는 정책들이 대부분이다. 이 경우에 지금까지의 집행되어 온 정책들이 새로운 정책수단을 개발하기 위한 가장 좋은 자료가 될 수 있다. 특히, 과거나 현재의 정책수단들을 최선의 정책대안으로 선택하는 경우는 몇 가지 장점이 있다.

첫째, 정책결정자들이 정책결정을 쉽게 할 수 있다. 왜냐하면 정책수단들이 가져올 결과에 대해 미리 예측하고 성과를 추정해 볼 수 있기 때문이다.

둘째, 정책과정의 일련의 상황들을 예측하여 선제적으로 대응할 수 있다. 최선의 정책수단이라 하더라도 많은 이해당사자들의 입장을 충족할 수 있는 것이 아니기 때문에 이를 설득하고 이해시켜 나가는 것은 정책과정에서 중요한 일인데 이 과정에서 정책결정자나 정책집행자들이 미리 대응할 수 있다는 것이다.

셋째, 정책집행으로 발생할 수 있는 시행착오나 부작용을 최소화할 수 있다. 과거나 현재의 정책은 지속적으로 정책 평가가 이루어지고 모니터가 되고 있기 때문에 정책으로 발생할 수 있는 부작용이나 부수효과는 미리 예측될 수 있으며 이를 사전에 예방할 수 있다.

그러나 과거나 현재의 정책수단들이 갖는 장점이 있음에도 이 방법은 처음 사회문제를 제안한 집단이나 이해당사자들에게 새로운 것이 아니기 때문에 최선의 경우라 하더라도 고려되지 않거나 무시당할 수도 있는 단점이 있다.

장애정책에서 최선의 정책수단을 개발하기 위해 과거의 정책을 분석한다면 관련한 정책의 목표, 실행하기 위한 실행적 수단, 소요예산, 대상 집단 등으로 비교 · 분석하여 합의점을 도출하는 방식으로 활용할 수 있다.

2) 다른 국가의 사례분석

최선의 정책수단을 탐색하는 또 다른 좋은 방법 중의 하나는 세계 각국에서 도입하려는 정책목표와 유사한 사례들을 비교, 분석하는 것이다. 특히, 장애정책은 우리나라보다 앞서서 선제적으로 정책과정이 도입된 나라들이 많이 있다. 미국을 중심으로 한 개인의 역량개발과 사회참여를 목표로 하는 정책과 영국, 독일 등과 같은 유럽 국가들의 다양한 사회보장 정책들은 비슷한 정책수단을 도입하려는 우리나라의 경우 중요한 자료가 될 수 있다. 이 방법을 활용하는 경우에는 이미 최선의 정책수단이 도입된 과정에서 정책 수단의 구체적 내용, 소요재원과 전달체계, 그리고 어떤 경우에는 중간평가와 같은 정책평가를 통한 효과성도 어느 정도 검증된 정책수단들이 많기 때문에 참조하는 입장에서는 활용가치가 높다.

그러나 다른 국가의 사례분석을 참조하는 경우 단점은 국가마다 당면한 사회문제의 양상이 다를 수 있다는 것이다. 같은 사회문제라 하더라도 관계하는 이해당사자와 이를 둘러싸고 있는 사회, 문화, 환경의 차이로 사회문제의 특성이 다를 수 있고 이를 해결하기 위한 정책목표나 수단 등도 당연히 다를 수밖에 없다. 예를 들어 장애인의 고용과 직업재활정책을 수년간 집행이 이루어졌음에도 크게 달라지지 않은 것에 대한 정책평가 결과는 정책의 효과적인 측면도 있겠지만 우리나라의 특이한 장애를 가진 사람들에 대한 인식, 다름에 대한 차이 등 문화적 가치가 중요한 요인이라는 것과 같은 것은 간과해서는 안 될 것이다.

3) 인과모형을 활용한 탐색

최선의 정책수단을 활용하기 위한 과학적 방법 중의 하나는 사회문제의 발생 원인을 찾아 근본적인 원인을 해결하는 것이다. 소위 정책문제 해결을 위한 과학적 방법이나 관련 이론을 활용하는 것이다. 예를 들어 국제유가 상승이나 금값상승, 긍융 변동성 확대와 같은 상황에서 장애인들을 위한 고용정책은 보다 적극적인 우대정책이 필요한 것은 전자의 상황들은 국제 경제를 어렵게 하기 때문에 이 같은 상황이 지속되면 장애를 가진 사람들과 같은 노동시장의 취약계층은 일자리 기회가 더욱 제한될 수밖에 없기 때문에 보다 적극적인 노동시장 우대정책이 필요하다는 이론에 따른 것이다.

또한 장애정책에서 새로운 사회문제에 대처하기 위한 정책 목표가 설정되고 정책수단을 마련하기 위하여 정책담당부서는 관련한 연구프로젝트를 실시하게 되고 이 과제에서는 정책목표 해결을 위한 최선의 정책모델을 개발하게 되는데 이 같은 것이 일종의 인과모형을 활용한 탐색과정이다. 최근의 정책과정에서 증거기반이 강조되기 때문에 과거의 정책이나 각국의 사례보다는 과학적 방법이 많이 활용되고 있는 추세이다.

4) 직관적 방법

과거의 정책이나 각국의 사례, 인과모형을 활용한 탐색 등의 활동은 비교적 과학적 방법 중의 하나라고 본다면 이 방법은 주관적 방법의 하나이다. 정책결정자나 도입하고자 하는 정책목표를 잘 알고 있는 사람들이 직관적으로 정책수단을 결정하는 것이다. 물론 직관적 방법의 경우도 관련한 다양한 사람들의 의견을 청취하여 논리적으로 정책수단을 선택하는 브레인스토밍이나 델파이 같은 방법도 과학적 방법의 하나이긴 하나 이 방법은 주로 정책결정자들이나 정책수단을 집행하는 관료 혹은 관련 전문가들의 경험과 그간의 지식을 활용하여 정책수단을 선택하는 방법이다.

3. 정책의 대상

정책은 정책목표와 정책수단이 필수적 요소이지만 정책별로 정책대상 집단(Policy target group)을 명시하는 경우도 있다.

정책대상 집단 또는 정책대상자는 정책의 적용을 받는 집단이나 사람들을 의미한다. 이에는 크게 두 가지 서로 다른 집단이 있다. 첫째는 정책의 혜택을 받는 자들이고 둘째는 정책 때문에 기여를 하거나 때로는 희생을 당하는 자들이다. 정책의 혜택을 받는 자들을 흔히 수혜집단(Beneficiary group)이라고 부르는데. 이들은 정책에서 제공하는 서비스나 재화를 받는 자들이다. 예를 들면, 장애인의 생계안정을 목표로 하는 사회정책에서 그 수단으로 정부가 기초생활이 어려운자에게 생계급여나 건강급여를 지원한다면 이 기초수급 대상자들이 이 정책의 수혜집단이 된다. 이와 같은 예들은 주로 정책수단의 하나로서 좀 더 구체적으로 앞에서 본 실행적 정책수단의 하나로서 정부에서 서비스나 재화를 일정집단에게 제공하는 경우이다. 이런 경우는 정책에서 수혜자를 명백히 밝혀서 집행단계에서 집행자가 마음대로 수혜자를 선택하지 못하도록 해 주는 것이 일반적이다. 그러나 정책내용에 명시되지 않은 수혜집단도 있다. 정책목표를 달성함으로써 얻게 되는 효과를 향유할 수 있는 자들은 수혜자임에 틀림없지만 이들이 특정집단에 속하지 않고 광범위하며 정책 속에 명시하지 않는 경우가 많다. 예를 들어 장애인의 접근성을 위한 보편적 설계 정책은 대상 집단은 장애인으로 명시 되는 경우가 많지만 노인, 임산부, 그 외 대다수의 시민들이 수혜자가 되는 경우이다. 대구대학교의 경우 모든 학교건물이 장애인을 위한 경사로가 설치되는데 이 경사로의 이용 대상 집단은 장애인을 위해 설계 되었지만 모든 학생이 계단보다는 이를 이용함으로써 효과를 향유하는 것이다. 실제 장애를 가진 사람들을 위한 정책은 대상 집단측면에서는 이와 같은 것들이 많다. 장애를 가진 사람들을 위한 직업재활정책도 장애를 가진 사람들을 위한 고용 그들을 위한 생산품 판매라고 볼 수 있지만 실제 이들이 일자리를 통해 자립하지 않는다면 비용집단은 더 많은 비용을 부담하거나 가족과 같은 보호자 집단이 이들을 케어하기 위해 기회비용이 상당히 발생할 것이기 때문에 이 정책들은 모든 사람들이 향유하는 것이다.

두 번째의 정책대상 집단은 정책 때문에 희생을 당하거나 기여를 하는 사람들로서 넓은 의미의 정책비용 부담자이다. 이 희생을 당하는 집단은 주로 정책수단의 실현과정에서 피해를 입게 되는데, 예를 들면 장애인 의무고용제 때문에 기업에서 장애인을 억지로 고용한다면 나름대로 고용주나 이 정책으로 인해 고용기회를 놓치게 되는 집단이 여기에 해당한다고 볼 수 있을 것이다. 따라서 국가에서는 이에 대한 적절한 보상이나 대체 정책을 가지고 있어야 하는 것이다. 장애인고용촉진 및 직업재활 정책에서 장애인을 고용하는 사업주에 대한 다양한 지원정책을 동시에 규정하고 있는 경우도 이 같은 측면을 고려한 경우이다. 그러나 장애정책에서 비용을 부담하는 집단은 희생을 당하는 집단이기보다는 기여를 하거나 향유하는 집단으로 명시하는 것이 바람직할 것이다. 전술한 바와 같이 장애정책은 장애를 가진 사람들에게만 정책의 효과가 나타나는 것이 아니라 가족과 주변인을 비롯한 모든 사람들에게 효과가 나타나기 때문에 향유집단인 것이다. 문제는 장애정책이 가지고 있는 이 같은 정책효과에 대해 정책 이해당사자들도 인지하지 못하며 나아가 국민들이 이해하지 못하고 있다는 것이다. 따라서 장애정책은 국민들이 장애를 가진 사람만을 위한 정책이 아니라 모든 사람들을 위한 보편적 서비스와 정책이라는 사실을 인지할 수 있도록 대국민 홍보나 정책의제 설정이나 결정과정에서 가능한 많은 참여자들이 참여하여 공감할 수 있도록 하는 과정이 필요한 것이다.

제3절 정책의 유형과 분류

정책은 정책이 추구하는 분야와 성질에 따라 그리고 여러 가지 기준에 따라 다양하게 분류되는데 가장 일반적으로 기능별로 분류하는 실질적 분류방식과 재원의 분배방식에 의한 배분 · 규제 · 재분배정책의 분류(정정길 외, 2014), 그리고 이 같은 분류방식의 혼용이나 장애정책의 경우 장애정책이 추구하는 이념에 따라 분리, 보상, 복지, 권리 등으로 분류하는 분류방식(Drake, 1999) 등이 있다.

1. 실질적 기능별 분류

정책의 분류에서 가장 일반적인 방법으로 실질적, 기능별분류는 정책이 갖는 기능에 따라 분류하는 방법으로 정부조직이나 국회 상임위원회가 기능별로 분류되어 있다.

이 분류는 정책의 효과 또는 정책목표의 실질적 목표에 따라 분류한 것이라고 볼 수 있는데 실질적 정책(Substantive policy)의 내용을 기준으로 한 분류이다. 장애를 가진 사람들의 일자리 문제를 비롯한 국민의 노동기본권 보장을 목표로 하는 노동정책, 장애를 가진 사람들과 노약자 등 이동의 불편함을 가진 사람들의 이동이나 주거문제를 해결하기 위한 교통 및 주거정책, 장애를 가진 사람들의 사회참여와 통합을 목표로 하는 복지정책 등에서 알 수 있듯이 기능별분류는 정부의 기능 또는 정책목표나 이를 달성하여 얻고자 하는 효과를 기준으로 분류한 것이기 때문에 이 측면에서 실질적인 차이가 있을 뿐만 아니라 이를 달성하기 위한 정책수단 면에서도, 특히 실질적 정책수단에서 커다란 차이가 있다. 노동기본권이라는 정책목표달성을 위한 최선의 실질적 정책수단을 알기 위해서는 노동경제학이나 노동문제에 대한 이론이나 논리가 필요하고, 장애인의 사회참여를 위해서는 재활상담학이나 장애학, 특수교육학, 사회학, 사회복지 등의 이론이나 논리가 필요하다.

이러한 실질적 분류는 유용성이 있는 반면에 몇 가지 단점이 있다. 첫째, 정부조직이 담당하는 기능 중에는 이에 해당되지 않는 것이 있어서 정책의 실질적 내용과 정부 조직 기능이 일치하지 않는 경우가 있다. 예를 들면 실행적 · 보조적 기능을 담당하는 조달청, 총무처, 국세청 등과 같은 경우이다.

둘째, 수많은 정책은 그 실질적 내용이 서로 다르므로 이들 모두를 하나하나 연구하는 것은 그 나름대로 중요하고 여러 학문분야의 이론들을 이용하는 데는 편리하지만, 여러 가지 정책들에 관한 보편적인 원리를 발견하고자 하는 정책학의 목적에는 적합하지 않다. 즉, 여러 가지 잡다한 정책에 공통되는 원리나 법칙을 발견하는 것이 정책학의 하나의 목적이므로 개별정책 하나 하나의 특성을 밝히는 것으로는 이 목적을 달성할 수 없다.

한편 이와 반대로 앞에서 지적한 바와 같이 모든 정책에 보편적인 것만이 아니라 정책의 차이에 따라 어느 정도 틀리는 여러 가지 특징을 밝히는 것도 정책학의 또 다른 측면에서 강조하는 목적의 하나이다. 이 상반되는 목적을 동시에 달성할 수 있는 방법이 정책을 분류하되 지나치게 잡다하게 하지 않으면서 몇 가지 의미 있는 종류로 분류하는 방법이다.

이를 달성할 수 있는 방법으로 크게 두 가지를 생각할 수 있는데, 첫째, 위의 실질적 정책들을 대 분류하는 것으로 대외정책과 국내정책으로 나누거나 국내정책을 경제 · 사회 · 문화정책 등으로 대 분류하는 방법이다.

둘째, 정책의 다른 측면으로 나누는 것인데, 예를 들면 단기적인 정책과 장기적인 정책으로 구분하던지 이해 당자 집단이 많은 정책과 그렇지 않은 정책, 국민 모두에 크게 영향을 미치는 정책과 그렇지 않은 정책 등이다.

기능별, 실질적 분류를 가장 정확하게 이해하려면 우리 정부와 국회의 분류방식을 보면 이해가 쉬울 것이다.

2. Lowi의 분류

Lowi(1964)는 정책의 유형을 자원의 분배방식에 따라 배분정책, 규제정책, 재분배정책, 구성정책 등으로 분류하였다.

가. 배분정책(Distribute policy)

배분정책은 정책의 대상 집단인 국민들에게 권리나 이익, 또는 서비스를 배분, 즉, 서비스를 제공하는 정책을 의미한다. 이는 19세기 미국의 국유지불하 정책과 같이 이익을 배분하는(Distribute) 정책이라고 하여 Lowi가 명명한 것이다. 이러한 국유지불하 정책 외에도, 하천 · 항만 사업, 농민에 대한 4-H식의 서비스 제공, 연구개발사업, 군수품구매 등의 내용을 지닌 정책으로서 우리나라 경제 개발 추진에서 보았던 정부에 의한 저수지, 고속도로, 항만시설 등의 사회간접 자본 구축, 기업에 대한 수출보조금 · 융자금지원, 농어촌 소득증대사업지원뿐만 아니라 정부에 의한 수출정보의 제공, 국공립학교를 통한 교육 서비스제공 등이 모두 여기에 포함된다. 이와 같이 배분정책은 정부가 적극적으로 국민들이 필요로 하는 재화와 서비스를 산출 · 제공하는 것을 그 내용으로 한다. 장애정책에서 장애를 가진 사람들의 사회참여를 지원하기 위한 다양한 재활서비스들은 이 정책에 포함된다고 할 수 있다.

이러한 배분정책은 몇 가지 특징이 있는데, 첫째, 구체적인 내용을 보면 여러 가지 사업들로 구성되고 이 사업들은 상호 커다란 연계 없이 독립적으로 집행될 수 있기 때문에 이러한 세부사업들의 집합이 하나의 정책을 구성한다. 환언하면 정책의 내용이 쉽게 하위세부단위로 분해되고 다른 단위와 별개로 또 일반원칙과 독립적으로 처리될 수 있다는 것이다. 그래서 이들은 고도로 개별화된 의사결정이며 정책으로 보기가 어렵고 이 세부사업들의 집합이 하나의 정책을 구성한다.

둘째, 이 정책의 세부의사결정들은 그 결정과정이 갈라먹기 다툼으로 특정 지워지는데 장애정책에서 때로는 장애유형별로 다툼을 벌이거나 혜택을 더 받기 위해서 압력을 행사하는 것과 같다.

셋째, 이러한 다툼이 있는데도 승자(수혜자)와 패자가 정면대결을 벌일 필요가 없음을 Lowi는 강조하고 있다.

나. 규제정책(Rregulatory policy)

규제정책은 개인이나 일부집단에 대해 재산권행사나 행동의 자유를 구속, 억제하며 반사적으로 많은 다른 사람들을 보호하려는 목적을 지닌 정책이다. 장애인 의무고용 정책이나 중증장애인생산품 우선구매정책, 기업의 과대광고 통제 등이 그 예이다.

Lowi는 정부에 의한 강압에의 적응을 중시했는데 일반의사결정과 정책결정의 차이를 강제력(Coercion)의 존재 여부에서 찾고 정책의 정의 자체도 강압을 중심으로 하고 있다. 이 강제력이 직접적으로 이용되는 부분 중의 하나가 규제정책 분야인데, 규제는 정부가 개인이나 사회를 통제하기 위한 방법의 하나이다. 구체적으로 보면

첫째, 정책의 불응자에게 강제력을 행사하는 것이 규제정책의 가장 큰 특징이다.

둘째, 과거 전제 군주시대에는 이를 함부로 남용하였으나, 이러한 규제정책은 국민 개개인의 권리나 자유를 제한하기 때문에 국가권력에 의한 남용을 두려워한 자유민주주의 국가가 성립한 이래로 반드시 국민의 대표기관인 국회의 의결을 얻도록 하고 있다. 즉 법률의 형태를 취하도록 하는 것이 원칙이다.

셋째, 정책으로부터 혜택을 보는 자와 피해를 보는 자(피규제자)를 정책결정시에 선택하게 된다는 점이다. 그래서 양자 간의 갈등이 심각하게 된다. 근로자를 보호하기 위해서 사용주를 규제하는 것이 그 예이다.

Ripley와 Franklin(1980)은 이 규제정책을 보호적 규제정책과 경쟁적 규제정책이라는 두 종류로 나누었다. 보호적 규제정책(Protective regulatory policy)은 "사적인 활동을 제약하는 조건을 설정함으로써 일차대상을 보호하려는 것"이며, 대중에게 해로운 것(공해, 허위광고)은 금지되고, 도움이 되는 것(융자금리의 공표) 등은 요구된다. 즉 소비자나 사회적 약자, 일반대중을 보호하기 위하여 개인이나 집단의 권리행사, 또는 행동의 자유를 구속·통제하는 정책이다. 보호적 규제정책의 예는 무수한데 장애인 사회참여를 지원하고 장애인의 인간다운 생활을 보장하기 위해 모든 영역에서

장애인의 복지증진과 지원을 규정하는 장애인복지정책과 근로조건과 최저임금이나 복지를 규제하는 근로기준정책, 음식물의 위생 상태를 규제하는 식품위생정책 등 보호적 규제정책의 예는 헤아릴 수 없을 정도로 많으며, 규제정책이라면 거의 대부분이 여기에 해당된다. 경쟁적 규제정책(Competitive regulatory policy)은 "많은 수의 경쟁자들 중에서 몇 몇 개인이나 집단에게 일정한 재화나 용역을 공급할 수 있도록 제한하려는 정책이나 사업"인데 승리한 경쟁자에게 공급권을 부여하는 대신에 공공이익을 위해서 서비스 제공의 일정한 측면을 규제하려는 것이다. 예를 들면 여러 경쟁자 가운데에서 몇몇 기업에게 라디오나 TV 방송권을 부여하면서 대신에 방송윤리규정을 준수하도록 하는 것이나, 공공기관의 구매정책에서 우선구매제도를 실시하면서 중증장애인생산품 시설은 우선구매 하도록 하는 규정이다. 이러한 TV · 라디오 방송권의 부여, 우선 납품권의 부여 등에서 알 수 있듯이 이 정책은 분배정책적 성격과 규제 정책적 성격을 동시에 지니고 있지만 그 목표가 대중의 보호에 있고 수단이 규제적인 요소가 많기 때문에 규제정책으로 보는 것이 일반적이다.

다. 재분배정책(Redistributive policy)

재분배정책은 고소득층으로부터 저소득층으로의 소득이전을 목적으로 하는 정책으로 누진세에 의하여 고소득층으로부터 보다 많은 조세를 징수하여 저소득층에게 사회보장지출을 하여 소득의 재분배를 도모하는 정책이다.

재분배정책은 첫째, 계급 대립적 성격을 지니는 것이 가장 큰 특징이다. 가진 자와 갖지 못한 자, 노동자계급과 사용자계급의 대립으로 이 정책의 결정은 계급정치의 전형적인 것이며, 따라서 계급정책(Class policy)이라고 부를 수 있다.

둘째, 이 정책은 규제정책에서나 배분정책에서와는 달리 재산권의 행사에 관련된 것이 아니라 재산 자체를 그리고 평등한 대우가 문제가 아니라 평등한 소유를 문제로 삼고 있는 등의 특징을 지닌다. 이 정책은 대표적으로 세금관련 정책들이 여기에 포함되며 일부 정보통신과 관련한 정책에도 정보격차 해소를 위하여 요금설정이나 기기설계에서 이를 적용하고 있다.

라. 구성정책(Constitutional policy)

이에 대해서는 Lowi 스스로 깊은 검토를 하지 않았고, 개념도 명백히 하지 않은데, 구체적인 내용으로 선거구의 조정, 정부의 새로운 기구나 조직의 설립뿐만 아니라 공직자 보수와 군인 퇴직 연금에 관한 정책을 모두 포함시키고 있다. 즉 구성정책은 상기의 배분, 규제, 재분배정책에 포함되지 않은 공공정책을 구현하기 위하여 기본적으로 필요한 기반이 되는 정책을 의미하는 것이다. 그래서 정치체제에서 투입을 조직화하고 체계의 구조와 운영에 관련된 정책이라고 볼 수 있다. Lowi는 이 정책은 정당이 그 결정에 중요한 영향을 미친다는 것만 지적하고 있다.

3. Almond와 Powell의 분류

Almond와 Powell(1980)은 정책의 유형을 배분 · 규제 · 추출 · 상징정책 등으로 분류하였는데, 배분 · 규제정책은 로위의 내용과 유사하므로 추출정책과 상징정책을 살펴보면 다음과 같다(정정길, 2014).

가. 추출정책(Extractive performance)

이는 자원을 민간부문에서 추출하는 내용을 지닌 정책을 말한다. 인적 자원에 대해서는 징병, 물적 자원에 대해서는 조세정책 같은 것이 대표적인 예이다. 우리나라의 경우에 흔히 보는 토지수용 등과 같이 정부에서 토지를 강제 매입하는 것도 여기에 해당되며, 공식조세만 아니라 방위 성금 등 각종 성금도 여기에 포함될 수 있다. 장애인 의무고용정책에서 장애인을 고용하지 않을 경우 사업주가 부담하게 되는 고용부담금의 경우도 벌금의 성격이 아니기 때문에 이 정책의 하나로 이해해야 한다.

나. 상징정책(Symbolic performance)

이 정책은 정치지도자들이 역사, 용기, 과감성, 지혜 등이나 평등, 자유, 민주주의 공산주의 등의 이념에 대해 호소를 하거나, 미래의 업적 또는 보상을 약속하는 것 등을 의미하는 것이다. 이러한 상징적 산출물들은 다른 정책의 성공적 추진을 위해서도 이용이 된다. 예를 들면 국민들이 조세납부를 잘하도록 하거나 규제정책에 순응하도록 하기 위해서 또는 전쟁, 대홍수, 천재지변 등의 위기 시에 정치지도자들이 국민들의 지원을 얻기 위하여 이용되는 경우 등이다. 공공건물이나 동상, 광장 등의 상징적 물체만이 아니라 국경일, 사열식, 국민윤리교육을 통한 애국심 양양, 장애인복지정책에서 장애인의 인식개선정책 등이 모두 이에 포함된다. 이 상징정책은 크게 두 가지 목적을 지니는데 첫째, 국민들 사이에 정치체제 및 정부의 정통성(Legitimacy)에 대한 인식을 좋게 하고,

둘째, 다른 정책(특히 규제정책)에 대한 순응(Compliance)을 확보하기 위해서이다. 우리나라의 10.26사태이후 전두환 정부가 복지사현 구현이라는 이념을 기조로 한 것은 나름 정부의 정통성 확보를 위한 상징적인 정책이라는 것이다.

Almond와 Powell의 정책분류는 Lowi의 분류 방식보다는 두 가지 큰 약점이 있다. 첫째는 Lowi의 경우는 정책분류의 뚜렷한 목적이 있었는데 Almond와 Powell의 분류는 단순히 정치체제의 업적 또는 산출물을 나누어 본다는 의미 이외의 뚜렷한 목적이 없다는 것과 둘째는 Almond와 Powell의 분류는 Lowi의 분류에 비해 더 포괄적이지만 상식적으로 널리 알려지고 아주 중요한 정책인 재분배정책을 효과로 취급한다는 것이다. 재분배정책은 배분 및 규제정책과 함께 정부가 무엇을 하는가에 따라 분류하는 것이 아니라 누구를 위하여 라는 측면 때문에 등장하는 것이고 또한 여러 정책의 추진 결과로서 나타나기 때문에 재분배정책을 제외시키는 것은 큰 약점이다.

4. Drake의 장애정책 분류

Drake는 장애정책이 역사적인 변천과정을 거치면서 각기 역사적으로 다른 이념의 정책을 구사하였으며 이 정책을 설명하기 위해서는 정책의 이념이 표방하는 기조에 따라 정책을 분류하여 이해할 필요가 있는데 이를 위해 네 가지 유형의 분류체계를 정립하였다. 이것은 봉쇄와 분리정책, 보상정책, 복지정책, 인권과 시민권 정책이다.

가. 봉쇄와 분리정책(Containment and segregation policy)

봉쇄와 분리정책은 장애를 가진 사람들을 장애가 없는 사람들에게 위협이라 생각하고 봉쇄하고 분리하려고 하는 정책이다. 이는 세계대전 이후 냉전시대에 미국이 방어와 견제를 위주로 한 대 공산권 봉쇄정책과 유사하며, 우리나라의 경우도 외부로 부터의 위협이나 전염성 질환, 도덕적 위험(Moral hazard)으로부터 봉쇄와 분리정책을 자주 시도한 것과 유사하다. 근세 이전과 근세 초기의 우리나라의 장애를 가진 사람들을 위한 복지정책은 이 유형에 의해 다양한 정책, 예를 들어 시설중심의 재활정책이나, 특수교육, 정신병동에서의 입원 치료정책 등과 우생학의 발전과 함께 불임수술의 시행이나 태아감별정책 등이 대표적으로 이 유형에 해당한다고 할 수 있다. 그러나 이 같은 정책은 일시적이고 단편적인, 일과성의 정책이기 때문에 정책의 유형으로 분류하고 이해하는 것은 제한점이 있으나 아직도 봉쇄와 분리를 위한 정책이 있기 때문에 분류되는 것이다.

나. 보상정책(Compensation policy)

보상정책은 20세기 이후 세계적으로 복지에 대한 인식이 강화되고 산업화로 인한 급격한 경제성장으로 인한 재원의 확충 등의 여건은 산업재해나 교통사고, 기타 사고나 전쟁 등으로 발생하는 의학적인 손상을 가진 사람들이 어떤 측면에서는 사회 참여 기회를 박탈당하는 등의 사회문제 등이 있음으로 이를 보상하여야 하며 이와 관련한 다양한 정책들이 의제화됨으로써 나타나기 시작하였다. 보상정책의 대표적인 예는 교통사고와 산업재해, 전쟁 상이군인들에게 보상해주는 정책이 대표적인 예이며 공공시설이나 주택건설 시 토지 수용에 따른 보상정책 등이 이 정책유형에 해당한다고 볼 수 있다.

다. 복지정책(Welfare policy)

복지정책은 보상정책에서 한발 나아가 장애원인이 분명하지 않은 경우도 이에 대하여는 정부나 관련 전문가들이 전문적인 측면에서 지원할 수 있는 방안을 찾아야 하며 이를 위해 세계 각국은 다양한 복지정책들이 등장하게 되었고 이 유형이 복지정책에 해당하는 것이다. 그러나 이 복지정책은 대부분 장애를 가진 사람들의 입장은 고려하지 못하고 정부나 전문가와 같은 가진 자들에 의해 만들어지기 시작하였으며 이는 온정주의적 관점으로 접근할 수밖에 없었고 이 복지정책유형은 바로 온정주의적 복지정책을 의미하는 것이다.

라. 권리와 시민권정책(Right and citizenship policy)

권리와 시민권정책은 온정주의적 복지정책이 오래 동안 지속되면서 자연스럽게 정책의 대상 집단인 장애를 가진 사람들에게서부터 도전이 시작되었다. 장애를 가진 사람들의 삶의 주체는 장애당사자이며 이들을 위한 사회정책은 장애를 가진 사람들이 시민으로서 주어지는 모든 권리를 누릴 수 있느냐와 관련되는 것이며 이와 같은 인식들이 점차 확대되면서 장애정책의 유형은 권리와 시민권을 토대로 나타나기 시작하였다. 즉 장애정책의 분류는 장애를 가진 사람들의 기본적 권리와 시민권을 인정하고 보장하는 정책과 이를 부정하는 정책유형으로 구분할 수 있다는 것이다.

제4절 장애정책의 제한점과 과제

인간은 혼자서 살아갈 수 없는 존재이기 때문에 타인과의 상호작용이나 타인과 함께 살아가는 공동체에서 일련의 의도된 지침이나 가이드라인에 의해 최소한의 통제와 자율성을 가지고 살아가게 되며 이 가운데 정책이 중요한 역할을 하게 된다. 그러나 장애정책이 시작된 이후 많은 세월이 흘렀음에도 장애를 가진 사람들의 삶은 장애가 없는 사람들에 비해 평등하지 못하였으며 점점 나아지고 있지만 정책의 효과가 정책대상 집단의 입장에서는 피부에 와닿지 않기 때문에 정책 효과에 대하여 의구심을 나타내고 있으며 미래의 정책 방향성에도 신뢰하지 못하는 등 정책이 지니고 있는 다양한 한계와 과제를 살펴볼 필요가 있다.

1. 장애정책의 제한점

장애정책이 가지는 제한점은 우선적으로 정책효과의 제한성과 정책의 부작용, 정책외의 영향요인에 대한 통제력 부재, 장애정책 연구의 제한 등을 들 수 있다.

가. 정책효과의 제한성

장애정책은 정책의제형성에서 결정, 집행에 이르기까지 다양한 이해당사자들이 관여하게 되고 각 이해당사자들이 추구하는 정책효과는 다양할 수밖에 없으며 이 모든 요인들을 고려하기도 어려운 실정이다. 또한 지금까지의 장애정책에서 활용하는 기법이나 유형들도 이해당사자들의 욕구를 충족시키지 못하였으며 정책의 시작될 당시 추정한 목표달성도 제한점이 있었던 것이 사실이다.

장애정책의 경우 민감한 부분임에도 불구하고 장애당사자들의 충분한 의견수렴과정이 제한되다 보니 전달과 서비스과정에서도 정책수단이 제대로 이행되지 못하였으며 결국 전체적인 정책효과가 감소하는 현상이 나타날 수밖에 없다.

이 같은 점을 최소한 해소하려면 정책의제형성에서 정책결정, 집행, 정책평가에 이르기까지 다양한 이해당사자들의 의견수렴과 정책학에 대한 체계적인 과정과 접근이 이루어져야 정책효과의 누수현상을 최소화할 수 있다. 이런 측면에서 장애정책이 가지는 제한점은 정책효과가 나타나지 않는다는 점과 특히, 이 현상은 정책대상집단이 더욱 크게 느끼고 있다는 점을 상기할 필요가 있다.

나. 정책의 부작용

장애정책은 장애를 가진 사람들의 기본적 권리와 시민권을 보장하는 것이 중요한 목표이며 정책수단들은 이를 뒷받침 하고자 하는 것이다. 그러나 정책의제형성에서 결정에 이르기까지 다음과 같은 측면에서 부작용이나 오남용이 발생할 수 있기 때문에 이에 대한 고려가 있어야 하며 항시 모니터할 필요가 있다.

첫째, 장애정책의 형성과정에서 장애를 가진 사람들보다 정부의 입장을 옹호하는 정책이 만들어질 수 있고 결국 이 같은 정책은 장애인에 대한 낙인효과를 증대시킨다거나 장애를 가진 사람들이 정책에 의존적으로 만들 수 있는 부작용이 초래될 수 있다는 것이다. 따라서 장애정책 과정에서 장애를 가진 사람들을 위한 정책인지 정부나 정치세력을 위한 정책인지를 지속적으로 모니터 할 필요가 있다.

둘째, 정책결정과정이 때로는 기술이나 기계론적 입장에서 결정되고 집행되는 경우가 많다. 아무리 욕구가 크고 시급히 해결되어야 할 정책의제들도 기획예산담당부서의 기계론적 예산 증, 감소에 따라 정책이 결정되는 시스템이 강하게 나타나면 정책효과보다는 잘못된 정책으로 인한 부작용만 초래할 수 있는 것이다. 이 문제를 해결하기 위해서는 장애정책은 기존의 정책 시스템에만 의존하기보다는 장애를 가진 사람들의 문제는 아직 보편적인 문제가 아니라는 점을 고려하여 이들의 욕구를 충분히 반영하고 정책수단의 경우는 시스템적으로 접근하는 방식 등의 정책적 접근이 고려되어야 할 것이다.

다. 정책영향요인에 대한 통제력 부재

장애정책에 영향을 주는 요인은 국가와 권력배분, 국민들의 문화적 인식수준, 경제력과 노동시장, 물리적 환경 등을 포함하는 사회적 환경요인, 장애관점 등 다양한 요인을 포함하고 있다. 특히, 장애를 가진 사람들에 대한 국민들의 문화적 수준, 즉, 장애를 가진 사람들에 대한 인식은 장애 관점과 함께 장애정책에 미치는 영향요인이 절대적인 경우가 많은데 이를 통제할 수도 없고 변화시키는데 상당한 시간과 비용이 소모된다는 것이다. 오늘날 우리나라 장애정책의 다양한 영역에서 늘 제한점으로 등장하는 요인 중의 하나가 인식문제라는 점을 고려하더라도 이 요인에 대한 통제력이 빈약하다는 사실은 정애정책이 가지는 주요한 제한점이 될 수 있다. 따라서 이 문제를 해결하기 위해서는 장, 단기적 해결과제를 동시에 접근하려는 정책적 접근이 필요하다.

2. 장애정책의 과제

세계 각국을 포함하여 우리나라의 장애정책은 역동적으로 변화되어 왔다. 미국과 영국, 호주 등 서구 국가들이 지난 100년의 역사에서 발전해 온 장애인의 삶의 변화를 우리나라는 상대적으로 짧은 기간 동안 정책적 노력으로 그 격차를 줄여놓은 것이 사실이다. 지금까지와 마찬가지로 미래 우리나라 장애정책이 장애를 가진 사람들의 삶을 확연히 변화시킬 수 있는가? 라는 질문에는 쉽게 답을 내놓지 못할 것 같다. 왜냐하면 장애정책이 해결하여야 할 과제가 산적해 있기 때문이다.

다가올 미래의 장애인 삶의 변화에 대해 예측한 연구는 많지 않다. 2011년 Shah & Priestley(2011)는 영국 장애인의 삶의 변화는 장애인에 대한 사회 인식과 태도, 환경 접근성, 새로운 기술, 이용자 중심의 지원서비스, 평등정책이 얼마나 총체적으로 접근되느냐에 달려 있다고 한 보고서는 한국 장애인의 삶의 변화를 예측하는데 참고할 만하다.

장애를 가진 사람들이 앞으로 대한민국 국민으로 다시 태어나고 보통의 시민으로 살아가기 위해서는 장애정책이 상당부분 전술한 제한점을 극복하고 변화시켜 나아가야 한다. 이를 위해 장애정책이 해결해야 할 과제는 다음과 같다.

먼저, 보편적 장애 관점을 조속히 정착시켜야 한다.

지난 장애인정책 변화 과정에서 변화의 중요한 영향요인은 장애 관점이었다. 장애가 특정 개인이나 특정 집단의 문제로 인식될 때 이들의 문제는 우리 사회가 특별히 접근을 해야 하는 것으로 인식되어 왔으며 이 과정에서 사회적 배제와 낙인이 형성되었다. 근본적으로 장애인에 대한 사회적 배제와 낙인을 없애기 위해서는 장애가 특정인의 문제가 아닌 우리 사회를 살아가는 누구나의 문제로 인식되고 인류의 보편적인 경험으로 받아 들여져야 한다. 이를 위해 장기적으로는 장애의 보편적 관점에 대한 지속적인 이해와 교육, 사회적 시스템의 재설계가 필요하며, 단기적으로는 장애인의 역량강화를 위한 ICT 접근, 보조기술에 대한 접근, 교육 접근등의 다양한 적극적 우대 정책이 마련되고 실행되어야 한다.

둘째, 재활 패러다임을 총체적, 보편적 서비스를 강조하는 흐름으로 변화시켜야 한다.

재활이 갖는 원래의 의미는 특정한 사람의 자립과 사회 통합을 지원하는 것이 아니라 우리 사회의 구성원들이 보편적으로 삶을 살아가는 데 필요한 지원과 능력을 키워나가는 일련의 과정임에도 이에 대한 용어의 잘못된 사용과 해석으로 용어에 대한 낙인화가 등장하였다. 이렇게 낙인화가 된 이유는 지난 장애정책의 패러다임이 전문가의 치료나 교육, 훈련을 지나치게 강조한 결과이기 때문에 지난 2004년 세계재활대회와 2006년 장애인 권리협약 선포 이후 재활은 총체적 재활이라는 관점에서 장애를 가진 사람들을 위한 것이 아니라 우리 사회를 살아가는 모든 사람들을 위한 과정으로 패러다임의 변화를 요청하고 있다. 따라서 미래 장애정책은 우선적으로 총체적 관점에서 재활 패러다임이 전개될 수 있도록 시스템이 변화되어야 한다. 우선적으로 장애정책이 총체적 관점에서 접근될 수 있도록 모든 부처에 이를 전담하는 담당관 혹은 부서를 지정할 필요가 있으며 재활서비스나 민간의 경우도 총체적 관점에서 접근될 수 있도록 포괄적인 사례관리 체계가 구축될 필요가 있다. 또한 모든 부처의 공공정책이나 공적 서비스, 대중 서비스 등은 보편적 설계와 보편적 서비스라는 측면에서 설계되고 제공될 수 있도록 해야 한다.

셋째, 장애정책의 목표는 평등, 정책 수단과 대상은 보편적 서비스에 강조점을 두어야 한다.

장애정책이 추구해야 하는 목표는 ① 보편성의 원칙이다. 장애를 가진 사람들이 한국 국민으로 우리 사회의 일원으로 보편적인 삶을 살기 위해서는 헌법의 평등권이 보장되어야 하는 것이다. 차별을 금지하는 것이 아니라 평등을 보장하는 포괄적 관점의 정책 목표가 설정되어야 하고 이 목표를 근거로 모든 분야에서 보편적 서비스가 제공되어야 한다. 모든 분야에서 이런 노력이 필요하겠지만 미래 장애인의 보편적 삶에 영향을 줄 수 있는 우선 변인은 먼저, 사회의 변화 요인에 대한 대응이다. 오늘날 융합사회에 장애인들이 보편적인 삶을 살아가기 위해서는 기술의 진보, 기술과 문화의 융합에 어떻게 대처하느냐에 달려 있다. 특히, 우리 사회 전체를 바꾸는 ICT 기술이나 기술의 진보는 보편적 서비스를 가능하게 하는 수단이지만 이를 방해하는 장벽이 될 수도 있다. 따라서 정부와 우리 사회는 이에 대한 투자와 선제적 대응을 위한 수단을 강구하는 것이 급선무이다. ② 접근성의 개선이다. 건축이나 대중서비스의 접근성만이 아니라 우리 사회를 구성하는 모든 영역에 장애인들이 쉽고 편리하게 접근할 수 있도록 개선이 이루어져야 하며 이를 위한 모든 영역의 보편적 설계와 보편적 서비스에 대한 단계적이고 종합적인 개선전략이 마련되어야 한다. ③ 이용자 중심의 지원서비스가 이루어질 수 있도록 개선되어야 한다. 보편적 모델이나 보편적 서비스가 정착되기 위해서는 상당 시간의 노력과 투자가 필요할 것이다. 이 과정에서 장애인을 위한 다양한 지원 서비스는 필요 불가결한 사항인데 이 서비스가 이용자인 장애인 개인이 스스로 선택하고 결정하며, 통제할 수 있는 범위에서 이루어질 수 있도록 개선되어야 한다. 이를 위해서는 지원서비스의 적격성 기준과 지원 서비스, 지원 범위 등이 유연성을 가질 수 있도록 개선되어야 할 것이다.

넷째, 장애정책 이해당사자들은 총체적 서비스를 위한 융합서비스 개발과 국제사회의 변화와 반응에 부응하기 위해 사회 · 환경에 선제적으로 대응하는 역할을 수행해야 한다.

특히 장애인단체 등과 같은 이익집단은 지난 장애정책 변화과정에서 선구자적인 역할을 수행하면서 철저하게 장애정책 발전에 중립적이고 객관적인 입장에서 역할을 수행해 왔다. 다가오는 미래 이익집단들의 역할은 지금까지의 장애정책 변천과 정과는 다를 것으로 전망된다. 모든 이익단체들이 분열과 대립보다는 협력과 파트너십을 통해 정책네트워크를 강화하는 것이다. 따라서 이익집단들은 정부조직이 선제적으로 투자하기에 제한점이 있는 정책, 우선적으로 ICT나 기술진보, 보조공학 등의 변화에 대한 대응과 이를 기반으로 한 융합사업, 국제개발 등 미래사회에서 요구하는 사회변화에 선제적인 사업을 수행해야 한다. ② 이익집단으로서 체제를 더욱 공고히 하는 것이다. 총체적 재활이라는 관점에서 보편적 서비스와 정책이 만들어지기 위해서는 증거기반의 전문가적인 접근이 이용자 관점과 함께 접근되어야 하는데 이에 대한 총체적 접근을 시도하는 이익단체로서 정체성을 확고하게 확립해야 할 것이다.

3 정책의 과정

제1절 정책 과정

정책의 과정은 학자들마다 조금 다른 견해를 보이고 있다. Simon(1957)과 같은 학자는 정책과정은 합리적인 결과를 추구하는 전문가에 의해 추진되는 합리적인 의사결정이라고 주장하면서 그 과정에서는 전략채택과 그에 따른 결과에 대한 논리적인 과정들이 포함된다고 하였으며, Lindblom(1965)과 같은 학자는 바림직한 결과에 대한 전략적 계획의 합리성을 부인하지는 않지만 정책과정의 실제는 그렇게 논리적이지 않으며 다양한 목표와 권력과 영향력을 가진 경쟁적인 주체들이 존재하는 실제 세계에서의 복잡미묘한 관계를 통해 이루어진다고 정의하고 있으며, Drake(1999)는 국가권력과 기준에 의해 비교적 투명하게 만들어지는 과정으로 정의하였으며, 정정길 외(2006)는 정책과정은 정책 활동의 연속적인 과정으로 정의하고 있다.

종합하면 정책과정은 사회문제가 정부에 귀속되어 정책문제로 채택되어 가는 과정을 의미한다. 즉 장애정책은 장애인 개인이 가지고 있는 문제에서 사회문제로 되고 이 문제 해결을 위해 정부가 정책으로 준비하는 과정을 의미한다고 볼 수 있다.

정책과정은 사회문제가 정책화되어 가는 과정으로 [그림 3-1]

과 같이 정책의제설정, 정책결정, 정책집행, 정책평가단계로 이루어진다고 볼 수 있다(정정길 외, 2006).

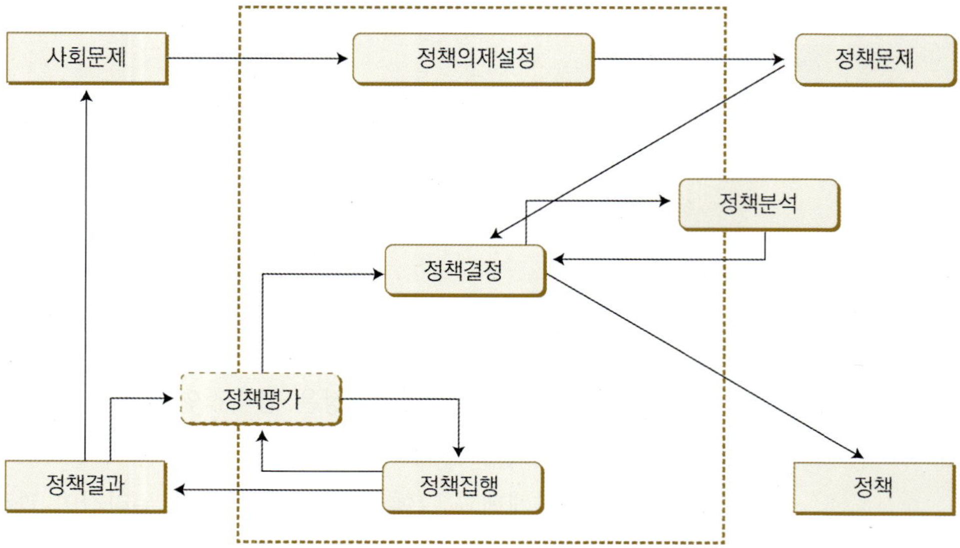

그림 3-1 정책과정

[그림 3-1]에서의 사회문제는 사회제도나 사회구조의 결함이나 모순에서 생기는 문제를 의미하는 것으로 장애정책에서의 사회문제는 장애를 가진 사람들이 해결을 요구하는 욕구들이다. 정책의제설정은 장애를 가진 사람들이 가지고 있는 사회문제들을 공식적인 정책문제로 만들어 가는 과정이며, 이 과정을 통해 공식화된 의제를 정책문제라고 한다. 정책분석은 정책문제를 결정하기 위하여 문제점을 파악하고 탐색하는 활동을 의미하며, 정책결정은 이를 담당하는 행정기관이 국가 목표를 설정하고, 그것을 달성하기 위한 정책대안을 작성해 그 결과를 예측 · 분석하고 채택하는 동태적인 과정을 말한다. 즉 정책결정은 정책이 추구하는 미래의 바람직한 상태 즉 목표 상태를 결정할 뿐만 아니라, 정책목표 달성의 수단으로서의 정책대안을 개발 · 분석 · 채택하는 일련의 과정을 의미하며, 정책집행은 정책 수단들을 동원해 정책을 실질적으로 집행하는 것을 말한다. 정책 속에 포함되어 있는 수많은 정책 수단과 계획들은 집행 작업을 거쳐 현실로 나타나야만 원하는 목표를 달성할

수 있고 정책문제를 해결할 수 있다. 정책집행은 오랜 시간, 여러 장소, 복합적인 상황 속에서 발생하는 일련의 행정적 · 정치적 결정과 활동으로 이루어진다. 정책집행에 영향을 미치는 요인은 정책의 내용, 정책문제의 성격, 집행환경과 맥락, 집행기관의 성격 등으로 나누어 볼 수 있다. 정책평가는 정책의 내용과 집행 및 그 영향 등을 추정하거나 평정하는 것을 의미하는 것으로 정책집행 과정에서 등장하는 여러 가지 문제점을 해결해 더 나은 집행전략과 방법을 모색하기 위해 실시되는 형성적 평가(Formative evaluation)와 정책집행 후 당초 의도했던 효과를 성취했는지 여부를 판단하는 총괄적 평가(Summative evaluation)로 나누어 볼 수 있다.

따라서 정책형성과정은 정책의제설정, 정책결정, 정책집행, 정책평가단계로 이루어진다고 볼 수 있다.

제2절 정책과정의 참여자

정책은 정책과정을 통해 만들어지며 이 과정에서 많은 영향요인들이 있으며 정책효과는 모든 국민들에게 영향을 주게 된다. 따라서 정책은 많은 이해당사자들이 참여하게 되며 이들 참여자들은 당연하게 자신의 요구를 정책에 반영하기 위해 노력한다. 그러나 정책과정에 참여하는 사람들은 실제 정책 당국자라고 표현되는 국회나 행정부에 참여하는 정치인이나 행정 관료들이며 장애정책에 참여하게 되는 장애당사자나 관련 전문가, 장애인 단체들은 비공식적이며 간접적인 방식으로 참여하게 된다. 따라서 이 장에서는 정책과정의 참여자를 공식적 참여자와 비공식적 참여자로 구분하여 살펴보았다.

1. 공식적 참여자

정책과정의 공식적 참여자는 대한민국 헌법에 의한 국회와 대통령과 대통령 비서실, 행정부, 사법부 등이다.

가. 국회

국회는 국민의 대표기관으로 헌법 제3장 제40조 규정에 의해 입법권과 제54조에 의한 예산 심의, 확정, 제61조에 의한 국정감사 등의 역할을 하는 국가기관이다. 물론 이 같은 역할을 하는 국회도 우리나라와 같이 대통령중심제인 경우 이러한 권력은 약화되고 행정부의 권한이 강화되는 상황이 발생하지만 여전히 국회는 정책의제설정, 정책결정, 정책집행과 평가과정에 상당한 영향을 미치는 영향요인이다.

정책의제설정과정에서는 각 지역구에서 활동하는 의원이나 전문영역에서 진출하는 비례대표들은 지역주민이나 활동하는 전문영역의 국민들에게 많은 사회문제를 청취하게 되며, 이 과정에서 정책의제로 전환하는 사례가 점차 증가하고 있다. 특히 선거연령의 하향 추세와 피선거권자들의 의원의 역할에 대한 인식변화 등으로 국회의 정책의제설정에서의 역할은 점점 더 증가하는 추세를 보이고 있다. 예를 들어 장애정책에서 많은 장애당사자들이나 장애인단체들은 수시로 지역의원이나 비례대표 의원을 초청하여 각종 장애 사회문제를 정책 의제하기 위한 노력을 하고 있으며 최근의 장애정책들이 정책의제가 되는 과정은 대부분 이 과정을 통해 정책의제가 되고 있다. 매년 개정되는 장애인복지정책이나 장애인고용촉진 및 직업재활정책, 기타 발달장애정책이나 다양한 장애정책들이 역동성을 가지며 변화하는 것은 국회의 정책의제 영향요인이 상대적으로 크기 때문에 나타난 현상이다.

정책결정과정에서의 국회의 영향요인은 절대적이다. 왜냐하면 중요한 모든 장애정책들은 국회를 통해 결정되기 때문이다. 즉 헌법 제40조는 대한민국의 입법권을 국회에 두고 있기 때문이다. 입법권이 모든 정책을 의미하는 것이냐는 다른 문제이지만 행정부가 집행하는 정책의 방향도 대부분 법률을 기준으로 만들어지기 때문에 법률이 곧 정책이라 해도 무방할 것이다. 우리나라에서 만들어진 대부분의 장애정책들은 초기에 만들어진 장애인복지정책이나 특수교육정책을 제외하고 정책의제를 국회에 의해 이루어진 경우이기 때문에 이 같은 상황에서 정책결정과정의 국회의 영향력은 더욱 클 수밖에 없다. 특히, 우리나라와 같이 장애를 가진 사람들에 대한 인식수준이 낮고 다름에 대한 문화적 수준이 높지 않은 상황에서 정책의제가 정책결정이 되기 위해서는 국회의 영향력이 더욱 중요시 될 수밖에 없다. 그러나 정책결정과정에서의 실제 영향요인은 의원 개인이기보다는 정당이 되는 경우가 많다. 여당이나 다수당이 장애정책에 대해 어떻게 생각하고 있느냐가 중요한 영향요인이 되기 때문에 장애정책이 합리적 수단으로 만들어 지기 위해서는 대통령 선거나 국회의원 선거과정에서 여당이나 다수당을 집중하는 전략이 필요할 수 있다.

정책집행과정에서의 국회의 영향요인은 정책의제나 결정과정보다는 다소 미약하다. 왜냐하면 정책집행은 헌법에 의해 행정부의 고유 기능이기 때문이다. 단지 국회가 정책집행과정에서 미치는 영향요인은 헌법에 규정하고 있는 간접적인 방식, 예를 들어 예산심의, 국정감사, 법률제, 개정 등의 역할을 통해 행정부를 통제하는 방식으로 영향을 끼치는 것이다. 행정부가 아무리 정책을 집행하려고 해도 국회가 예산심의 과정에서 관련 예산을 승인하지 않으면 정책집행은 영향을 받을 수 밖에 없다. 장애정책에 있어 특히, 장애인정책5개년 계획과 같은 장기정책들이 성과를 내지 못하는 경우가 관련한 예산이 국회에서 승인이 되지 않기 때문에 정책집행이 이루어지지 않는 것이다. 또한 국회는 헌법 제61조에 의해 국정감사 기능을 가지고 있다. 행정부의 모든 정책을 감시하는 기능을 통해 정책집행의 속도나 수정 등의 영향을 주는 것이다. 장애정책에서 국정감사에 늘 등장하는 내용들은 의무고용비율이나 중증장애인생산품우선구매 목표 비율, 장애인인식개선교육 등이 이슈화되는 경우도 국회가 국정감사를 통해 정책집행에 영향을 주는 경우이다. 또한 법률의 제, 개정을 통해 영향을 주게 된다. 법률의 제정보다는 개정을 통해 영향을 주게 되는데 정책집행과정에서 예상하지 못한 사회문제나 잘못된 집행이라고 분석되면 관련 법률 개정을 통해 정책집행에 영향을 주게 되는 것이다.

정책평가과정에서의 영향요인은 정책집행과정에서 언급한 국정감사와 헌법 제61조의 국정조사를 통해 관련 한 정책을 평가할 수 있다. 국정감사나 국정조사과정에서 행정부에 적절한 정부집행 여부를 판단하기 위해서는 의원이나 정당은 관련 정책에 대한 정책평가를 실시하고 이를 근거로 국정감사나 조사에서 질의를 하기 때문에 정책평가에 있어서도 영향을 미치게 된다. 이 과정에서 국회 상임위원회와 전문가들이 적절한 파트너십을 형성하게 되고 이 과정에서 증거기반은 정책평가 기능이 활성화될 수 있도록 한다.

나. 대통령과 대통령비서실

대통령은 헌법 제66조에 의해 국가의 원수이며 행정권을 갖는 행정부의 수반이며 제53조에 의해 국회가 결정한 정책(법률)의 재의를 요구할 수 있는 권한을 가지고 있다. 따라서 대통령은 정책의제설정에서 정책집행에 이르기까지 상당한 영향을 미치는 요인이다. 특히, 우리나라와 같이 대통령중심제 국가에서 대통령은 실제 헌법에서 규정하고 있는 국가원수로서의 행정수반 이상의 영향력을 발휘하는 경우가 많다. 예를 들어 미국의 경우 같은 대통령중심제 국가이지만 대통령을 견제하는 여러 가지 장치들이 있다. 주정부는 자치권을 가지고 있으며, 연방정부 내에서도 의회와 사법부가 우리나라보다 훨씬 대통령을 견제하는 역할을 하고 있다.

먼저, 정책의제 과정에서의 대통령과 대통령비서실의 영향요인은 대통령은 대통령 선거과정에서 다양한 정책의제를 공약하게 되고 당선이 되면 이 정책의제를 정책으로 만들기 위하여 대통령 비서실을 통해 만들어가게 된다. 따라서 대통령의 선거공약은 결국 정책으로 전환되는 가장 강력한 힘을 가지는 경우가 많다. 박정희대통령의 경제성장 중심의 정책이나 김대중 대통령의 생산적 복지정책, 문제인정부의 100대 공약 등은 실제 당선이후 상당부분 정책이 만들어지는 데 기여하게 된다. 장애정책의 경우 김대중 대통령이 선거공약에서 장애를 가진 사람들의 차별해소와 삶의 질 향상을 공약하였고 당선이후 이와 관련한 정책, 예를 들어 장애인고용촉진정책을 직업재활정책으로 전환하고 장애인복지정책에서 장애범주 확대 등 상당히 많은 정책들이 만들어 지게 된 것을 보면 대통령과 비서실은 정책의제 과정에서 가장 확실한 영향요인이다.

정책결정과정에서의 대통령과 비시설의 영향요인은 어떻게 보면 국회에 비해 크지 않을 것이라 생각하지만 대통령의 경우도 정당에 소속이 되고 대통령은 소속된 정당인 여당을 통해 정책결정과정에 막강한 영향력을 발휘하게 된다. 또한 국회가 결정한 중요한 정책에 대해 헌법 제75조에 의해 정책집행에 필요한 사항을 대통령령으로 만들도록 하고 있기 때문에 실제 정책집행을 위한 결정과정에도 상당한 관여를 하게 되고 권한을 행사하고 있다. 대통령중심제 국가에서 우리나라와 같이 비교적 국회의 기능이 약화되어 있는 경우 대통령이 소속된 여당은 대통령이나 행정부와의 정책협의를 통해 정책결정에 강력한 동인이 되는 경우가 많다. 김대중 대통령이 재임하던 국민의 정부에서 장애정책이 많이 만들어지고 발전할 수 있었던 계기는 국회의 역할보다는 대통령의 의중이 반영된 결과로 보이는 경우가 정책결정과정에 대통령과 비서실이 가지고 있는 영향요인의 크기를 의미하는 것이다.

정책집행과정에서의 대통령과 비서실의 영향요인은 행정부와 함께 절대적인 영향요인일 것이다. 특히, 대통령중심제 국가에서 대통령이 가지고 있는 정책집행의 막강한 힘은 실제 정책집행의 성공 여부를 결정한다. 국회가 결정한 정책이라 하더라도 실행을 위한 필요한 사항에서 집행에 영향을 줄 수 있으며 특히, 정부의 권한에 속하는 중요한 정책을 심의하는 국무회의 의장으로 국무회의 과정에서 대통령의 의중은 정책집행에 즉각적으로 영향을 미칠 수 있기 때문에 정책집행에 대통령과 비서실은 중요한 영향요인이 되는 것이다.

다. 행정부

행정부는 헌법 제4장 제2절의 규정에 의해 국무회의나 행정각부의 소관업무를 통해 정책과정에 영향을 미치게 된다. 물론 행정부의 수반은 대통령이기 때문에 행정부가 독자적으로 미치는 영향요인이기보다는 대통령의 의중이나 대통령의 국정철학에 기초하여 정책과정에 영향을 미치게 된다. 특히, 국무총리나 행정 각료를 대통령이 임명하도록 하는 우리나라의 헌법은 행정부의 영향요인이 더욱 대통령과 밀접하게 관련될 수밖에 없다.

정책의제과정에서 행정부의 영향요인은 모든 정책의 실제 집행은 행정각부가 담당하기 때문에 집행과정에서 행정각부는 누구보다도 정책의 문제점에 대해 잘 인지할 수 있으며 끊임없이 개선을 위한 의제를 준비하게 된다. 이 과정에서 정책을 집행하는 공무원이나 이용자, 그리고 전문가들에게 정책의 개선이나 새로운 사회문제를 탐색하는 활동을 하기 때문에 행정각부는 각 분야의 새로운 정책의제를 제안하는 역할을 하게 된다. 장애정책의 경우 상당부분 보건복지부 장애정책국과 지방자치단체 관련국과 시 · 군 · 구 그리고 읍 · 면 · 동사무소의 행정관료를 통해 사회문제를 청취하고 필요한 경우 정책의제를 개발하는 역할을 함으로써 정책의제에 영향을 지속적으로 미치게 된다.

정책결정과정에서도 행정부는 다양한 방법으로 영향을 미치게 된다. 먼저, 새로운 정책이나 정책의 개선이 이루어지는 과정에서 국회는 관련 행정각부의 의견을 청취하기 때문에 이 과정에서 정책결정에 영향을 미치게 되며, 또한 엘리트 집단인 행정 각료들은 정책결정을 위한 증거기반을 만드는 과정을 통해서 정책결정에 영향을 미치게 된다. 예를 들어 중증장애인생산품우선구매 정책의 확대를 반대하는 행정 관료들은 관련부서를 통해 정책집행의 문제점을 부각시키거나 같은 의견을 가진 전문가나 이익단체에게 이와 관련한 증거기반을 만들어 의견을 개진하도록 하는 등의 방법을 통해 정책결정에 영향을 미친다.

정책집행과정에서의 행정부의 영향요인은 결정적인 요인이다. 모든 정책들은 행정 각 부와 행정 관료들에 의해 이루어지기 때문에 정책집행에 대한 가이드라인에 대한 과대 혹은 과소한 해석을 통한 집행이나 행정 관료들의 관련 지식이나 의식수준에 따른 정책집행의 오 · 남용 등의 집행과정에서 많은 영향을 주게 된다. 특히, 장애정책의 경우 아무리 좋은 정책이 결정되더라도 집행과정에서 행정부나 행정 관료들이 장애관점이나 인식이 부족하여 정책효과를 둔화시키는 경우가 많다. 결국 이는 정책집행에 부정적 영향을 미치는 효과로 작용하여 정책 전반에 영향을 미치게 되는 것이다.

정책평가과정에서의 영향요인은 행정각부가 정책의 이행정도를 평가하는 기능을 가지고 있지만 헌법에서 규정하고 있는 대통령 소속하에 감사원을 통해 감찰하는 과정에서 정책효과와 평가기능을 일부 담당하므로 정책평가과정에도 영향을 미친다고 볼 수 있다.

라. 사법부

사법부는 헌법 제5장에 의한 사법권의 권한을 행사하는 독립된 기구로 법원과 헌법재판소로 구성되어 있는 국가기관이다. 사법권은 사법작용을 행하는 국가 통치권의 한 영역으로 입법권, 행정권과 함께 삼권분립을 구성하는 하나의 축으로서 법원은 헌법과 법률에 의하여 그 양심에 따라 독립하여 심판하는 국가기관이며 헌법재판소는 헌법 제6장에 의하여 법령의 합헌성을 심판하는 것으로 헌법에 의해 법원의 제청에 의한 법률의 위헌여부 심판, 탄핵의 심판, 정당의 해산 심판, 국가기관 상호간, 국가기관과 지방자치단체 간 및 지방자치단체 상호간의 권한쟁의에 관한 심판, 법률이 정하는 헌법소원에 관한 심판 등을 관장하는 국가기관이다. 국민의 기본권이 종중되고 시민의식이 낮은 시대적 상황에서는 사법부의 역할이 미흡하지만 우리나라의 경우 민주화 이후 최근은 국민들 스스로가 기본권의 중요성을 인식하고 이에 대한 법원과 헌법재판소의 역할을 중시하고 있는 상황이라 시간이 갈수록 사법부의 정책과정에서의 역할은 점점 더 강화되고 있다.

사업부의 정책과정상의 역할은 전술한 행정부나 국회와는 다르게 사후적인 경우가 많다. 즉, 정책집행이 이루어지는 과정에서 정책이 국민의 기본권을 침해하거나 해당 정책이 헌법과 상출될 때 사법부의 소가 제기되고 이에 대하여 심판을 하는 상황이기 때문에 다른 영향요인들과는 다른 양상을 보이게 된다. 기본적으로 사법부가 정책과정에서의 영향은 재판의 결과 판례에 의해 이루어지는데 재판은 이해당사자 중에서 소송이나 청구가 이루어져야 하고 재판의 결과는 판례의 특성에 따라 다르게 나타나기 때문에 영향력의 범위도 가름하기가 어렵다. 그러나 헌법재판소의 판단은 정책전반에 상당한 영향을 줄 수도 있다. 헌법재판소가 특정 사건에 대하여 위헌이라고 판단하면 그 정책은 반드시 수정해야 하는 상황이기 때문에 정책과정 전체에 영향을 주게 된다.

예를 들어, 제대군인에 관한 법률에서 공무원 채용과정에서 군 복무자에게 주어지는 군 가산점은 헌법 제15조의 직업선택의 자유와 제11조의 법 앞의 평등조항에 위반한다는 헌법소원이 있었고 이 결과 위헌으로 판단됨에 따라 이 정책은 즉시 효력을 상실하게 되고 군복무자에 대한 새로운 정책의제가 만들어지게 된다. 장애정책의 경우에도 장애인고용촉진 및 직업재활법에서 시각장애인들에게 허용하는 안마사 직종이 헌법소원에서 인용과 기각이 번갈아 판단되면서 관련 법률의 개정의 필요성이 제기되는 것과 동일하다. 이 같은 상황을 종합해 보면 사법부의 정책의제과정에서의 영향요인은 아무리 대다수가 동의하는 정책이라 하더라도 위헌여부에 따라 정책의제를 수정해야 하기 때문에 때에 따라서는 위헌적인 소지가 있는 정책의제에 있어서는 절대적인 영향력을 발휘하게 된다. 물론 정책 전체에 미치는 영향력은 다소 제한되지만 법원이나 헌법재판소에 소가 제기되어 판단을 구하게 되는 정책들은 제한적이지만 영향을 받을 수밖에 없다. 장애정책의 경우 헌법의 평등권을 위반하는 정책들이 있다. 대표적으로 장애인고용촉진 및 직업재활법의 의무고용제도나 중증장애인생산품우선구매 특별법의 우선구매조항, 장애인대학특례입학 정책 등 적극적 우대(Affirmative action)조치[1)]들은 차별적 소지가 가지고 있기 때문에 앞으로 헌법소원의 판단 대상이 될 수 있는 정책들이며 판단 결과에 따라서는 정책의제를 수정해야 하는 경우도 있다.

정책결정과정에서의 영향요인은 사법의 판단, 특히, 헌법재판소의 위헌여부는 정책의 변화나 개선을 전제로 하는 것이기 때문에 판단 자체가 정책결정이라고 보아야 한다. 예를 들어 전술한 안마시 직종의 경우 안마사 자격을 가지고 있는 시각장애인만이 하도록 규정하고 있음에도 장애가 없는 사람들이 마사지 직종에서 일을 하고 있는 경우는 이 정책의 해당 조항이 헌법에서 규정한 직업선택의 자유와 평등권에 위헌 소지가 있다와 없다의 헌법재판소의 판단이 다르게 나타나고 있기 때문에 정책결정에 혼선을 주고 있는 것이다. 영국의 1955년 제정된 장애인고용법의 의무고용제도의 경우 1995년 장애차별금지법을 제정하면서 폐지한 경우는 평등권에 위헌적인 소지가 있기 때문에 폐지한 사례에 해당하는데 한국의 의무고용제도의 경우도 장기적으로 동일한 사유가 될 수도 있으며 위헌판단이 내려진다면 의무고용정책을 새로운 정책결정이 이루어져야 한다. 따라서 사법부는 정책결정에

1) 장애를 가진 사람들에게 적용되는 우대조치들은 영미권 법률에서 우호적 차별, 즉, 그동안의 차별을 보상하기 위한 조치로서 차별적 소지가 있지만 차별로 보지 않는다는 행위임으로 일정기간 위헌의 가능성은 낮음.

있어 사법판단에 해당하는 정책에 한해서는 절대적인 영향요인이 되는 것이다.

정책집행이나 정책평가과정에서의 사법의 영향요인은 비교적 제한된다. 물론 정책집행과정에서 법률적인 소송이 되어 사법부가 정책의 집행이나 중단여부나 수정명령을 할 수 있기 때문에 일부 정책집행과정에 관여하는 부분도 있으나 이 같은 영향요인은 극히 제한적인 경우이며 이 과정에서의 사법부의 영향요인은 미미하다고 볼 수 있다.

2. 비공식적 참여자

정책과정의 비공식적 참여자는 헌법에 규정된 공식적인 참여자 외에도 다양한 이익집단과 중립적이고 공공성이 있는 조직이나 사람들이 참여하게 되는데 대표적으로 장애인당사자와 장애인단체로 해석되는 이익집단, 장애인단체와 공동의 사회이슈에 대응하는 많은 비정부 시민단체, 일반국민, 전문가, 언론기관 등이 대표적이다.

가. 장애인과 장애인단체

장애정책은 장애를 가진 사람들이 생각하는 사회문제를 정책과정을 통해서 나타나는 정책적 산출물을 의미한다. 따라서 장애를 가진 사람들이 장애정책의 중요한 영향요인인 것은 부정할 수 없는 사실이다. 장애를 가진 사람에 대한 정의는 국제적으로는 세계보건기구(WHO)의 국제질병분류표에 의해서 정의되지만 우리나라의 경우 정책유형에 따라 다소 차이가 있지만 일반적으로 장애정책에서의 장애인은 장애인복지법 제2조의 장애인 규정에 의한다. 그리고 이 기준에 부합하는 경우도 이 법률 32조의 규정에 의해 장애인 등록이 된 경우에 한해 정책의 대상인 장애인으로 인정한다. 그리고 이 기준과 등록제도에 의한 장애유형과 정도는 다르기 때문에 등록된 장애인들이 유사한 사회문제를 가지는 경우도 있지만 각기 장애유형과 정도에 따른 독특한 욕구를 가지는 경우가 많다. 때문에 장애정책에서는 이 같은 다양한 유형과 정도의 장애를 가진 사람들의 욕구를 알아보아야 하고 이를 기반으로 정책을 만들어야 한다. 물론 지금까지 우리나라는 이 같은 장애인 중 자기의사를 구체적이고 강하게 주장하는 시각장애나 지체장애 중심으로 정책이 발전해 온 것은 정책과정에서 이들의 욕구 중심으로 정책의제가 출발되었기 때문이다.

장애인단체의 경우도 장애유형별 혹은 분야별 단체의 설립목적에 따라 그들의 공통의 이익을 위해 정책을 만들기 위한 노력을 하며 이런 측면에서 장애인단체는 장애정책에서 중요한 이익집단(Interest group)으로서 역할을 하게 된다. 장애인단체는 단체설립목적에 근거해서 이 목적을 달성하기 위하여 다양한 정책 활동을 하게 된다. 특히, 장애인단체는 장애를 가진 개인이 하는 활동이 아니라 집단적으로 이익을 추구하는 집단이기 때문에 공식적 정책영향요인인 국회나 대통령, 행정부 등의 강한 영향력을 발휘하게 된다. 최근 장애인단체들은 다른 시민단체들과 연계하여 조직적으로 이익집단으로서 역할을 하기 때문에 시간이 갈수록 정책과정에서 영향력이 증대되고 있다. 그리고 이 장애인단체들은 공동의 관심사나 장애문제에 있어서는 정책네트워크를 통해 연대활동을 하기 때문에 파급 영향요인 더욱 클 수밖에 없다. 예를 들어 1988년 서울장애자올림픽 개최와 맞물려 장애인단체들이 공동대책위원회를 결성하고 접근성과 종합적인 장애인복지정책을 강하게 요구하거나 1990년 장애인고용촉진 등에 관한 법률, 이 법률의 2000년 장애인고용촉진 및 직업재활법의 개정, 2009년 장애차별금지 및 권리구제에 관한 정책 등의 정책결정과정에 강력한 영향력을 발휘한 것은 이익단체로서의 역할을 보여준 것이다.

장애당사자와 장애인단체들이 정책의제 설정과정에서 미치는 영향력은 장애인들의 경우 자신의 욕구를 적극적으로 표출함으로써 영향을 미치게 된다. 예를 들어 성공한 장애인이나 언론에 이미지 메이킹할 수 있는 장애당사자가 자신의 욕구를 설득력 있게 표현하거나 정책당국자가 사회문제를 파악하기 위하여 실시하는 장애인실태조사나 고용패널 조사 등의 각종 실태조사나 욕구조사에 참여하는 등의 과정에서 상당한 영향을 미치게 된다. 예를 들어 우리나라 장애정책에서 의제설정의 중요한 증거기반으로 3년마다 실시하는 장애인실태조사나 매년 실시하는 장애인 고용패널조사가 활용되는 것은 장애인 당사자의 욕구를 통계적 방법으로 구체화한 자료이기 때문이다.

장애인단체의 경우는 이익집단으로서 단체의 설립 목적에 따른 이익을 표명함으로써 의제설정에 영향을 미치게 된다. 장애정책에서 장애인단체는 단체에 속한 회원, 즉, 특정 장애유형이나 분야의 어려운 해결과제를 공식적인 영향요인에 요구하거나 협상과정에서 집단적인 실력행사를 통해 보다 적극적으로 영향을 미친다. 특히, 공식적 영향요인들은 개인보다 장애인단체와 같은 집단적 조직에서 여론화하고 집단적 행위를 하는 것에 민감하게 반응하기 때문에 장애인단체들은 점점 적극적으로 이익을 표출하는 것이다. 종래에는 정책의제를 요구하기만 하지만 점차적으로 정책의제를 위한 해결책, 즉, 다양한 정책수단들까지를 고려하여 요구하는 경향이 증가하고 있으며 이 같은 방식이 때로는 정책집행과정에서 많은 오류를 발생시키기도 한다. 결론적으로 장애인당사자와 장애인단체는 장애정책의 비공식적 영향요인 중 가장 강력한 요인임은 분명하다.

정책결정과정에서의 장애인당사자와 장애인단체는 주로 장애인단체와 같은 이익집단으로서 영향을 미치게 된다. 장애정책은 대상 집단의 규모나 사회에 미치는 파급효과가 제한적일 수밖에 없기 때문에 공식적 영향요인들은 정책과정에 깊이 개입하기를 꺼려한다. 이 과정에서 장애인단체들은 장애를 가진 사람들이 가지고 있는 문제들이 정책의제설정이 될 수 있도록 증거기반의 정책을 만들 수 있도록 정책보고서를 만들 수도 있으며 때로는 정책결정과정에서 강력한 압력단체로서의 역할을 통해 정책결정에 영향을 주게 된다. 주요한 장애정책이 공식적 영향요인에 의해 결정이 미루어지는 경우 장애인단체들이 정책네트워크를 통해 집단적 행동을 하던가 조직적 접근을 통해 장애인단체가 요구하는 정책이 결정될 수 있도록 한다. 따라서 특히, 장애인단체는 정책결정과정에 많은 영향을 미치게 된다.

정책집행 및 평가과정에서의 장애인당사자와 장애인단체의 영향요인은 정책집행의 경우는 장애정책의 대상 집단이 장애인당사자들이기 때문에 집행과정에서 정책의 효과를 가장 민감하게 체감할 수 있기 때문에 현장에서 정책집행에 개입될 수 있으며 장애인단체의 경우는 정책평가 기능도 담당하게 된다. 우리나라 장애인단체들이 정부의 장애정책을 중간평가하거나 장애인권리협약이나 인천전략 등을 모니터하는 활동들이 모두 정책평가에 영향을 미치기 위한 활동이다. 따라서 제한적이지만 장애인당사자와 장애인단체는 정책집행과 평가과정에 자연스럽게 영향을 주게 되며 점차 사회가 개인의 인권을 존중하고 기본권을 충실하게 보장하려는 움직임과 함께 정책집행과 정책평가활동의 영향요인은 점차 증대될 것으로 예상된다.

나. 비정부 시민단체(Non-governmental organization)

비정부 시민단체는 시민사회의 시민들의 자발적인 행동을 기초로 하여 시민의 공동의 이익을 추구하는 순수 민간기관으로 지역 · 국가 · 국제적으로 조직된 자발적인 비영리 시민단체로, '비정부성'이 강조된 정부기구 이외의 기구를 말한다. NGO 용어는 국제연합(UN)에 의해 공식적으로 사용된 개념으로, 국가주권의 범위를 벗어나 사회적 연대와 공공목적을 실현하기 위해 1946년에 설립된 각국의 비정부단체에서부터 출발한다. 국제기구와 관계를 맺고 협의하는 자발적인 비공식조직으로서, 공동의 이해를 가진 사람들이 특정한 목적을 위해 조직하여 다양한 서비스와 인도주의적 기능을 수행한다. 이에 따라 정부의 정책을 감시하고, 정보 제공을 통해 시민의 정치 참여를 장려하며, 인권 · 환경 · 보건 · 성차별 등의 특정 부문을 중점적으로 추구하기도 한다. 1863년 스위스에서 시작된 국제적십자사 운동을 효시로, 1970년대 초부터 UN이 주관하는 국제회의에 민간단체들이 참가, NGO포럼을 열면서 'NGO'라는 용어가 널리 사용되었다. 장애분야의 대표적인 NGO는 1922년 설립된 세계재활협회(Global Rehabilitation International)와 1981년 설립된 세계장애인연맹(Disabled Peoples' International)이다. 특히 RI는 대표적인 국제적인 비영리 순수민간기구로 UN이 1981년을 세계장애인의 해로 선포하도록 하고 1976년 세계장애인인권선언, 2006년 장애인권리선언 등을 채택하는데 주도적인 역할을 하였으며 장애인올림픽, 장애인기능경기대회 등의 장애와 관련한 국제대회가 만들어 지는데 선구자적인 역할을 하였다. 한국은 RI의 지원으로 1954년 한국 RI가 설립되었으나 설립된 이후, 1972년부터 4월 20일을 장애인의 날로 지정하여 기념행사를 개최하였으며 전국장애인체육대회, 전국기능경기대회 등 한국에서 장애인의 권리와 사회참여를 위한 많은 시민운동에 선구자적인 역할을 하였다.

NGO의 조직적 특성은 먼저, 시민들의 자발적인 조직이라는 것이며, 둘째, 조직구조는 네트워크형으로 협력과 연대활동이 가능하도록 구성되며, 셋째, 회원 개인의 이익이나 사익보다는 집단이익이나 공익을 추구하며, 넷째, 영리보다는 비영리를 추구하며, 다섯째, 조직운영은 회원의 회비나 후원금 등 비정부 재원으로 운영된다는 특성을 가지고 있다.

장애정책의 경우 특히, 국가와 같은 공조직에서 담당해야 하나 범위와 내용이 너무 많기 때문에 어느 국가에서든 국가가 모든 것을 책임질 수가 없는 상황이기 때문에 NGO의 역할은 점점 더 증가하고 있고 이와 같은 상황에서 정책과정에서 NGO의 역할들도 같이 중요해 지고 있는 상황이다. 장애인단체들이 장애영역에서 대표적인 NGO이지만 이들 단체들은 앞부분에서 다루었기 때문에 여기서의 NGO는 장애인단체를 제외한 순수 민간 시민단체에 국한하여 역할을 정리하였다.

먼저, 정책의제형성에서의 NGO의 역할은 장애인당사자와 장애인단체들의 욕구를 대변하거나 지지하는 역할을 통해 정책의제에 영향을 준다. 사회문제가 정책의제가 되기 위해서는 장애를 가진 사람들의 문제가 그들의 문제만이 아닌 우리 사회가 함께 고민해야 할 문제라는 공감대와 지지기반을 확산할 필요가 있는데 장애인단체는 이 부분이 제한될 수밖에 없다. 정책과정에서 정책결정에 강하게 영향을 미치는 것은 공식적 조직인 국회나 대통령, 행정 각료와 같은 공식적 조직과 여기서 일하는 엘리트집단인데 이들은 정책의제를 판단함에 있어 대상 집단의 규모나 문제의 심각성 등을 중요한 기준으로 판달 할 것이기 때문에 이 판단에 영향을 주기 위해서는 문제의 심각성과 범위를 장애인단체와 함께 NGO가 역할을 하는 것이다. NGO는 장애인단체보다 사회문제를 정책이슈화 하는 기술과 방법을 가지고 있기 때문에 장애인단체들은 NGO와 적극적인 연대활동을 하거나 활용하게 된다. 따라서 이 같은 장애인단체의 의견을 대변하거나 연대하는 역할을 통해서 정책의제에 영향을 준다.

정책결정에서의 NGO의 역할은 NGO는 다양한 전문가들과 같은 생각을 가지고 있는 회원들이 자발적으로 참여하는 유연성 있는 조직이니 만큼 정책결정자가 증거기반의 결정을 할 수 있도록 장애인단체와 연대하여 정책결정이 이루어질 수 있도록 증거기반의 자료를 만들고 공식적 영향요인들이 공유할 수 있도록 확산하는 역할을 통해 영향을 주게 된다. 또한 정책결정과정에서 공식적 영향요인의 반대집단에게는 정치적 압력을 가하는 입력집단으로서 역할을 통해 조기에 정책결정이 이루어질 수 있도록 역할을 할 수 있다. 특히, 정치적 압력의 경우 많은 시민단체와 장애인단체가 연대를 하게 됨으로써 언론과 시민들의 관심을 더욱 유발시키게 되기 때문에 정책결정에 강한 영향을 주게 된다.

정책집행 및 평가과정에서의 영향요인은 NGO는 중재자, 협조자, 감시로서의 역할을 통해 영향을 미치게 된다. 먼저, 중재자의 역할은 정책집행과정에서 예상하지 못한 기준과 지침으로 서비스 제공자와 장애인당사자가 대립하는 상황이 발생하거나 예기치 못한 상황이 전개되는 상황에서 NGO는 자연스럽게 정부나 장애인단체를 대신해서 중재자로서 역할을 하는 방식으로 영향을 미치게 되며 협조자로서의 역할은 장애정책이 집행되어 가는 과정에서 일반 국민들이나 이해당사자 들의 이익추구로 인해 집행이 어려운 경우 NGO는 정책의 협조자로서 영향을 미치게 된다. 예를 들어 장애인 거주시설이나 특수학교 건립예정지 지역주민들이 건축허가가 있음에도 물리적 방법으로 건축을 방해하고 집단 활동을 하게 되면 공식적 조직을 대신해 NGO가 정부의 협조자로서 중재역할을 하게 된다. 또한 감시자로서의 역할은 NGO의 중요한 기능 중의 하나가 정책의 감시자 역할이다. 주기적, 지속적으로 정책모니터링을 통해 정책평가과정에 영향을 주게 되는 것이다. 그러나 최근 들어 NGO가 직접 정책 위탁사업을 하는 조직들이 증가하므로 NGO의 감시자로서의 역할에 대해 의문을 제기하는 사람들이 많다. 과연 객관적 입장에서 정책의 감시 기능을 수행할 수 있을 것인지에 대한 논란이다. 장애인단체의 경우 자생적인 회비로 운영될 수 없는 NGO가 많기 때문에 모든 장애인단체들이 정부 위탁사업을 통해 운영되는 시스템에서 객관적인 감시자 기능을 수행하고 있는 지는 의문이다. 그러나 NGO는 이와 같은 감시자의 역할을 통해 정책평가과정에도 영향을 주게 된다.

다. 시민들의 장애에 대한 인식

인식이란 대상을 하나의 통일체로서 파악하고자 하는 우리의 의식의 활동 혹은 그와 같은 활동에 의해 파악된 내용을 의미하는 것으로 장애인에 대한 인식이란 장애를 가진 사람들에 대해 장애가 없는 시민들의 장애를 가진 사람들에 대한 사회적 역할지각(Social role perception)을 의미한다. 사회적 역할지각은 개인이 외부환경에서 주어지는 여러 가지 역할을 주관적으로 인식하는 것을 말한다. 즉, 개인마다 똑같은 사회적 지위나 위치에 있어도 역할을 수행하는 행동은 다르다. 왜냐하면 개인마다 성격, 능력, 흥미, 경험, 동기 등 개인적 요인이 역할지각에 영향을 미치기 때문이다. 따라서 역할기대와 역할지각이 일치할수록 집단이나 사회에 잘 적응한다고 할 수 있다. 사람들은 모르는 다른 사람을 관찰할 때 그들의 직업과 같은 외형적으로 들어난 사회적 역할에 주의를 기울이게 되는데 직업은 그 사람의 역할기대인 것이다. 이와 같은 역할기대는 그 사람의 역할지각으로 인식되고 궁극적으로 그 사람의 사회적 역할을 왜곡시킨다는 것이다. 장애인에 대한 장애가 없는 사람들의 사회적 역할지각은 이와 같은 방식으로 왜곡되어 있어 이들의 삶과 사회참여를 어렵게 한다. 즉, 장애를 가진 사람들의 사회참여와 삶을 개선시키기 위해서는 사회적 역할지각을 바꾸어야 하는데 이를 바꾸기 위해서는 Wolfensberger(1973)에 따르면 “가능한 한 사람들에게 가치 있는 사회적 역할을 습득, 유지시키기 위하여 문화적으로 가치 있는 수단을 이용하거나” 또는 “사람들이 문화적으로 가치 있는 삶을 영위할 수 있도록 수단들을 활용”해야 한다고 한다. 즉 장애를 가진 사람들의 사회적 역할이 사회적으로 가치 있는 것이라면 그 사람이 속한 사회의 환경이나 규범 내에서 다른 것들은 거의 자동적으로 바람직한 것으로 여겨진다는 사실에 기초하고 있다. 사실 가치 있는 사회적 역할을 수행할 수 있도록 하는 것은 가치 이하로 평가되는 것을 방지하는 것이다. 왜냐하면 사회적으로 가치 있는 역할을 갖고 있지 않다는 것은 자동적으로 가치 이하로 평가되기 때문이다.

어떤 사람이 그 사회에서 가치 이하로 평가된다는 것은 다음 세 가지 중요한 사실을 나타낸다. 첫째, 가치 이하로 평가된 사람은 형편없이 취급될 것이다. 이들은 사회로부터 배척되고 학대받기도 하며, 그들의 존엄성, 적응력, 성장, 능력, 건강, 부, 수명 등이 감소되는 방향으로 취급될 것이다. 둘째, 가치 이하로 평가된 사람을 형편없이 취급하는 것은 이러한 개인, 집단에 대한 사회적 역할지각 나타내는 것일 것이다. 그러므로 이들은 사회로부터 격리된 환경 속에서 살 수밖에 없을 것이다. 셋째, 어떤 사람이 다른 사람들에 의해 어떻게 인식되고 취급되느냐 하는 것은 그 사람이 다음에 어떻게 행동할 것인가를 결정하게 될 것이며 가치이하로 평가된 사람의 행동은 부정적일 것이라고 판단하는 것이다.

따라서 이와 같은 장애를 가진 사람들에 대한 시민들의 사회적 역할인지는 정책의제형성과 정책결정, 정책집행 및 평가과정에 이르기까지 나와 동등한 시민으로서가 아니라 가치이하로 평가된 사람이라는 측면에서 다양한 방식으로 영향을 주게 된다.

라. 전문가

전문가는 특정한 영역에 대한 전문적인 지식과 능력이 있는 사람을 의미하는데 장애정책에 있어 전문가는 장애인재활상담을 비롯한 재활과학, 특수교육, 사회복지 등의 전문지식을 가지고 있는 교수나 연구자 그리고 이 분야에 상당한 임상경험을 가지고 있는 사람들이라 할 수 있다. 이와 같은 전문가는 정책과정 전반에 많은 영향을 미치게 된다. 특히, 장애정책은 정책이해당사자들이 잘 알 수 없는 비교적 최근에 진일보하기 시작한 분야이기 때문에 정책결정의 공식적인 조직이나 인력들은 장애와 관련한 전문지식이나 능력이 제한되어 있다. 때문에 장애정책에서 전문가는 직, 간접적으로 정책과정에 영향을 미치게 된다.

장애정책의 경우 정책의 증거기반이 될 수 있는 기본 자료와 지식이 부족하기 때문에 공식적, 비공식적 조직 모두에서 전문가들의 지식과 경험을 필요로 하기 때문에 상당한 영향을 미칠 수밖에 없다.

정책의제형성과정에서는 장애를 가진 개인들이 자신이 가지고 있는 문제를 어떻게 해결해야 할 것인지를 인지하지 못하는 경우가 대부분이기 때문에 감성에 호소하게 되는데 이를 실태조사나 욕구조사와 같은 방법으로 개인이 가지고 있는 어려움들을 사회문제로 만들어 가는 과정에서부터 이를 해결하기 위한 방안까지 각 국의 사례나 현장 임상경험의 비교, 분석과 증거기반을 만드는 과정을 통해 정책의제형성에 강력한 영향을 미친다. 우리나라의 경우 장애와 관련한 초창기 모든 장애정책들은 관련 학과의 교수나 연구자들에 의해 정책의제 형성이 된 것은 이를 잘 반영해 주는 것이다. 최근에는 장애인당사자와 장애인단체 그리고 행정각부의 장애정책 담당자들을 관련 전문지식과 능력을 가진 전문직 개방형 관료들이 진출하면서 전문가의 역할이 점차 감소하고 있지만 아직도 정책의제형성과정에서의 전문가들의 영향요인은 상당하다고 할 수 있다.

정책결정과정에서의 영향요인은 어떻게 보면 가장 많은 영향을 미치는 부분이라고 볼 수 있다. 대부분의 정책수단 들은 외국의 사례나 기존의 전문지식에서 생산되는 것임으로 이와 같은 비교, 분석적 과정을 수행할 수 있는 사람은 전문가이기 때문에 이 과정에서 가장 큰 영향력을 발휘하게 된다. 장애정책의 경우도 최근 각 분야별 연구 집단을 한국고용공단이나 한국장애인개발원, 한국보건사회연구원에 설치함으로써 전문가 개인보다는 정책지원을 하는 연구기관을 통해 이를 담당하게 함으로써 정책의제형성에서와 마찬가지로 전문가들의 영향요인은 점차 축소되고 있지만 이들 연구기관들도 연구기관 스스로 연구기능을 수행하는데 제한이 있음으로 전문가의 영향은 지속적으로 나타날 수밖에 없을 것이다.

정책집행과정에서의 전문가는 특별한 영향을 줄 수 없지만 정책평가과정에서는 많은 영향을 주게 된다. 특히, 장애정책의 경우 공공조직에서 제공되는 서비스도 있지만 대부분 민간에 위탁되어 제공되는 경우가 많고 이 경우 국가는 이를 감시하고 조정역할을 하는 운영위원회를 설치하도록 하고 이 위원회에는 관련 전문가를 위촉하도록 하고 있으므로 이 위원회에 참여하는 전문가를 통해 평가기능을 수행하고 있으며, 또한 모든 공공정책에서 평가기능이 강화되므로 장애정책의 경우도 평가과정이 연속적으로 이루어지는 과정에서 평가에 관한 지식과 능력을 가지고 있는 전문가들이 정책평가에 많은 영향을 미치게 된다.

마. 언론

언론이란 지면이나 정보통신매체 등을 통해 어떤 사실을 알리거나 어떤 문제에 대하여 여론을 형성하게 하는 사회를 구성하는 하나의 네트워크이다. 언론이 정책과정에 영향을 미치는 것은 여론을 주도하고 이 여론이 정책과정에서 중요한 역할을 하기 때문이다. 장애정책의 경우는 이 이유 외에도 언론이 장애를 가진 사람들에 대한 이미지를 만들어 가는 하나의 수단이기 때문에 장애정책에서의 언론은 다른 정책보다 더 큰 영향요인이라고 볼 수 있다. 언론이 갖는 사회적인 기능에 대해 여러 학자들이 주장이 있지만 일반적으로 언론이 갖는 기능은 첫째, 주위 환경에 대한 지식을 공유화시키는 기능을 하며, 둘째, 새로운 사회성원으로 하여금 주어진 구실을 하고 규범과 관습을 배우도록 그들을 사회화하며, 셋째, 사회 성원들에게 즐거움을 주어 불만을 해소시키고 예술적 형식을 창조하게 하며, 넷째, 정책에 대한 합의를 성취시키고 동료 및 추종자를 설득하여 의도한 방향으로 인간의 행동을 통제하게 하는 기능 등을 수행한다고 한다. 정책에 있어 언론이 갖는 기능은 넷째의 기능만인 것 같지만 모든 기능을 다 포함한다고 볼 수 있다. 언론은 사람과 사람관계에서 전파되는 언론에서 최근에는 초연결망 정보통신 기술을 통해 전파력이 강력하기 때문에 정책과정에서의 언론의 영향요인은 다 커지고 있다.

먼저, 정책의제형성에서의 언론은 공식적, 비공식적 영향요인에 의해 많은 영향을 줄 수밖에 없게끔 이를 활용한다. 정책의제화를 위한 개인의 어려움을 사회문제에서 나아가 정책문제로 되기까지는 여론을 통해 국민 다수와 정책이해당사자들의 공감을 확산시켜야 하며 이를 위해서는 우호적인 여론 형성이 절대적이다. 종래에는 언론의 방법과 기술들이 신문지상이나 공중파 방송 등 일부 국한된 매체를 활용하였으나 최근에는 다양한 형식의 언론매체와 또한 이 매체들이 초연결망을 통해 급속히 확산될 수 있기 때문에 정책문제로 전환되는 과정에서 언론의 다양성을 어떻게 활용할 것인지가 정책의제형성에 중요한 역할을 하게 된다고 본다면 언론의 정책의제형성과정에서의 영향요인은 크다.

정책결정단계의 경우도 정책의제형성에서와 마찬가지로 정책의 증거기반 자료들은 많은 국민들과 정책이해당사자들에게 공유할 수 있도록 하기 때문에 정책결정에 미치는 영향요인도 결코 무시할 수가 없다. 특히, 일부 이익집단에 의해 추진되는 정책이 대다수의 국민들에게 피해를 줄 수 있는 정책의 오남용 가능성이 제기된다면 언론의 여론형성이 정책결정을 막을 수 있는 역할을 하기 때문에 영향을 강하게 미치게 된다.

정책집행과 정책평가과정에서의 영향요인은 집행과정에서 언론은 대국민 홍보를 통하여 집행의 효과성과 효율성을 증대시키는 방법으로 영향을 주게 되며 정책평가에서도 정책평가 결과에 대한 보도와 심층취재 등을 통해 일반 국민들이 알 수 없는 평가결과를 국민들에게 알림으로써 평가에 영향을 미치게 된다.

제3절 정책의제설정

1. 정책의제설정의 개념

전술한 바와 같이 정책과정은 사회문제가 정부에 귀속되어 정책문제로 채택되어 집행되고 평가되며 이 결과가 환류되어 정책의 연속성을 갖게 하는 전반적인 과정을 의미한다.

정책의제설정(Policy agenda setting)은 정책과정의 첫 과정으로 사회문제의 일부가 정책으로 채택되어지는 과정을 의미한다. 즉, 장애정책에서는 장애를 가진 사람들 개개인이 가지고 있는 문제들이 여러 사람이 합하여 사회문제가 되고 이 문제 해결을 위해 정부가 정책으로 전환하는 과정을 의미한다고 볼 수 있다.

오늘날 사회 속에 산재되어 있는 공공문제의 수는 헤아릴 수 없을 정도로 많다. 이러한 문제들이 모두 정책의제로 되는 것은 아니다. 문제의 인지로부터 발생하는 특정의 요구는 너무 많고도 복잡한 성격을 지니므로 어떤 공공문제를 정부의 정책의제로 귀속시키는가 하는 문제는 매우 중요한 것이다.

예를 들어 장애인 실태조사나 다양한 장애인을 대상으로 한 욕구조사나 실태에서 장애인의 소득은 비장애인의 50%에도 미치지 못하고 있어 장애인들의 소득보장이나 의료보장을 가장 우선적인 정책으로 요구하고 있다. 그러나 이 문제가 정책의제 설정되기 위해서는 비장애인과 주류사회가 이 문제에 대해 공감을 형성하여 정부가 이 문제 해결을 위해 적극적인 정책을 펼쳐야 한다는 대다수 국민들의 관심을 받아야 한다. 그리고 이들 요구들에 의해 정책결정자가 장애인들의 소득문제 해결을 위해 장애인 연금제도나 수당, 다양한 고용의 적극적 우대정책들을 도입하기로 표방하게 되면 비로소 정부의제가 되는 것이다. 따라서 정책의제는 사회문제가 대다수 국민들의 관심을 받는 사회적 이슈가 되고 이 이슈들을 해결하기 위해 정부가 나서야 한다는 공감대를 얻어 공중의제가 되며 이 공중의제에 대해 정부가 정부의제로 표방하게 되면 비로소 정부의제, 즉 정책의제 설정이 되는 것이다.

따라서 정책의제설정은 [그림 3-2]와 같은 과정으로 설명할 수 있다.

그림 3-2 정책의제 설정과정

여기서 문제란 어떤 사람이 그에 대하여 해결하려는 욕구를 유발시키는 불만족스러운 상태 또는 조건이나 상황을 의미한다. 여기에서 불만족스러운 상태란 실제의 욕구충족의 정도가 기대한 욕구충족의 정도에 못 미치는 상태를 말하며, 이러한 문제의 발생은 인간과 자연의 공동에 의해 야기된 각종의 사건(Events)과 그 사건들에 대한 인간의 문제 확인(Problem identification)의 두 가지 요인이 함께 작용함으로써 이루어진다. 그런데 불만족스러운 상태를 야기시키는 개인적인 사건이 불특정 다수인에게 장시간에 걸쳐 반복적으로 일어날 경우 개인문제는 사회문제화된다. 이러한 사회문제들은 사적인 기관에 의하여 해결할 수 없고 공공기관에 의하여 해결하려 할 때 이를 특히 공공문제라고 보는 것이다. 공공문제들 중에서도 특히 쟁점이 되고 있는 것을 중대 문제(Issue)라 하고 중대 문제 중에서 비슷한 것끼리 묶어놓은 하나의 범주를 중대문제 영역(Issue area)이라고 하며 이를 사회적 이슈(Social issue)라고 한다. 즉, 사회문제 중에 문제의 정의와 해결방안 등이 사회적으로 일관되고 통일되어 있지 않은 중대문제 영역이라는 것이다. 그리고 이 사회적 이슈 중에 특히, 정책적인 해결이 필요하며, 이를 위하여 정부와 같은 공공기관에서 해결방안을 강구해야 한다고 공감하는 일련의 사안들을 공중의제(Public agenda)라 하며, 이 공중의제나 아니면 사회적 이슈나 사회문제 중의 정부가 해결하고 대처하기 위하여 권위 있는 정책결정자나 공식적인 의사결정정기구에 의해 상정되어 신중하게 공식적으로 채택한 항목(Items)을 우리는 정부의제(Governmental agenda)라고 한다.

장애정책에서 사회문제는 2년마다 실시하는 장애인실태조사에서의 응답 집단의 다양한 욕구와 장애인 관련 기관에서 이용자와 대면상담과정에서 장애를 가진 사람들이 삶과 사회참여에 고통을 느끼고 해결을 요구하는 욕구들이 모두 사회문제라고 이야기할 수 있을 것이다. 그리고 이 욕구 중에 대다수의 사람들이 우선적으로 해결을 희망하는 욕구들이나 재난과정에서 장애를 가진 사람들의 재난 대피의 어려움으로 일어난 사고와 같은 충격적인 상황 전개 등의 욕구들은 일순간에 사회적 이슈로 전환될 가능성이 있고 이 문제들은 공중의제과정을 거쳐 정부의제가 된다. 그러나 장애정책에서 모든 사회적 문제가 이 과정을 통해 정부의제로 전환되는 것은 아니다 이 과정 없이 정책결정자와 중요한 장애인단체나 장애당사자와의 면담을 통해 사회문제가 즈각적으로 정부의제로 전환되는 경우도 있다. 2019년 문재인대통령과 발달장애인 보모와 면담과정에서 발달장애인의 사회참여에 대한 사회문제를 최고 정책결정자인 대통령령이 즉각적으로 정부의제로 전환하도록 지시한 것처럼 때로는 장애정책 중에는 이 같은 과정을 통해 정부의제로 전환되는 경우가 많다. 또한 사회문제가 사회적 이슈과정을 거치지 않고 공중의제를 통해 정부정책으로 전환되는 경우도 있다. 장애정책에서 장애인실태조사에서 우선 욕구문제로 등장한 사회문제를 정부가 발표 즉시, 공중의제로 선정하고 정부의제로 전환하는 것이다. 따라서 정책의제설정과정은 다양한 과정으로 의제화될 수 있기 때문에 단정적으로 설명하고 이해하기에는 제한점이 있다.

정부의제로 전환되는 많은 정책문제는 대부분 공공문제이나 사적인 문제가 정책문제로 취급되는 경우도 있고 공공문제 중에서도 정책문제화되지 못한 채 방치되는 경우도 허다하다. 이 같은 이유는 정책문제가 갖는 몇 가지 특성 때문인데, 첫째, 사회문제에 대한 인식과 해결노력의 주체가 정부의 정책결정체계이다. 사회문제를 정부의제로 전환시키는 과정에서 참여하는 사람들은 공식적인 자원보다는 비공식적 자원이 많은 역할을 하게 되는데 실제 정부정책으로 전환시키는 과정에서 실제적인 역할을 하는 사람은 정부의 정책결정과정에 있는 사람들이기 때문에 이들의 인식과 비공식적 자원이 인식하는 사회문제는 큰 차이가 있을 수 있다.

둘째, 문제당사자 간 해결의 불가능성 내지 문제해결 주체의 부재성이다.

사회문제 중에는 정부가 순전히 해결할 수 없는 당사자 간의 합의나 인식공유가 필요한 경우가 있다. 특히, 장애정책의 경우 장애가 없는 사람들의 동의나 합의 혹은 공감대 형성이 필요한 경우가 있는데 이 경우 당사자 간의 해결은 어렵고 그렇다고 정부가 정부의제로 추진하기에는 제한성이 있는 부분들이 있다. 예를 들어 특수학교를 건립하는 과정에서 이 학교 건축에 필요한 공간에 사유지가 포함되는 경우 물론 수용을 하는 방법이 있기는 하지만 이 과정에 많은 시간이 소요되므로 단기간에 해결하기 위해서는 문제해결 주체가 모호해지는 경우이다.

셋째, 문제해결에 필요한 자원 규모의 방대성이다.

대부분의 정부의제는 한두 사람의 문제가 아닌 우리 사회를 구성하고 있는 많은 사람들이 정부의제의 대상 집단이 되고 따라서 정부의제에 필요한 자원규모는 방대한 경우가 많다. 이 같은 경우 아무리 해결이 필요한 정부의제라도 재원의 제한성 때문에 정부의제 추진이 제한적일 수밖에 없다. 장애정책의 경우 대부분의 정부가 정부의 기조공약을 지키기 위하여 무리하게 기존 사업의 예산절감이라는 방법을 통해 재원을 조달하는 경우가 많고 이 과정에서 장애정책 예산은 상당부분 축소되는 경우가 많다. 이명박 정부의 4대강 개발 사업이나 문재인정부의 일자리 사업 등을 위해 기존 사업의 일정비율을 절감하도록 함으로써 결과적으로 그 사업보다 문제의 우선 욕구가 있는 장애정책은 추진에 제한점이 있을 수밖에 없는 것이다.

넷째, 정치성 등이다.

정부의제는 정책결정자에 의해 추진되는 정책이기 때문에 이 과정에서 정치적인 구조에 의해 많은 영향을 받을 수밖에 없다. 정치적인 구조에서 누구에 의해 어떤 과정으로 추진되느냐에 따라 정부의제의 성격과 내용이 완연히 달라질 수 있게 된다. 장애정책에서 주요사항에 대하여 여당과 야당의 합의과정에서 많은 내용들이 누락되거나 축소되는 현상들은 바로 정치성이 갖는 특성의 예가 될 것이다.

2. 정책의제설정의 과정

정책문제가 정부의제로 되어 가는 과정은 문제인지 과정, 결집 · 조직화 과정, 정책형성활동 과정으로 이루어진다.

가. 문제인지 과정

어떠한 일이 사회에서 발생했을 때 그것을 인지할 사람들은 일어난 사건에 대하여 각기 다른 견해를 가질 수 있다. 왜냐하면 사람들은 각자가 문제를 어떻게 인지할 것인가를 결정하는 것이 욕구충족에 있어서는 매우 중요하기 때문이다. 문제를 인지한다는 것은 일어난 특정사건에 대한 이해 또는 인식이다. 그리고 인지된 문제는 하나의 해석이 이루어진다. 즉 하나의 특별한 방법으로써 사건이 파악된다. 즉 문제의 정의는 분석과 비교를 통하여 그 문제의 정확한 내용이 무엇인가를 명확히 하는 과정이다. 정부는 개인 또는 집단을 위하여 사건을 인지하고 정의를 내림으로써 하나의 문제로서 제기하게 되는 것이다. 장애인의 대학 입학거부사례가 빈번하게 발생함으로써 정부가 장애인의 대학교육과 관련된 정책의 필요성이 인지되고 그것이 장애인의 대학특례입학 정책으로 표출되는 것과 같은 맥락이다.

나. 결집 및 조직화 과정

공공문제라고 할 때는 그 문제에 영향을 받는 일단의 사람들이 전제되어 있다. 어떤 문제에 대해서 공통의 이해관계를 지니고 있는 사람들은 그들의 공통문제를 정책문제화하기 위하여 서로 결집(Aggregation)하게 된다. 이렇게 결집한 공중(Public)은 정책문제화를 위하여 하나의 조직체계를 형성하고 그를 통하여 정책문제가 정부에 귀속되도록 영향력을 행사하게 되는 것이다. 예를 들어 2007년 장애차별금지 및 권리구제에 관한 법률을 제정하기 위하여 2000년대부터 장애계가 장애차별 연대를 만들어 결집하고 장애인의 차별을 금지하기 위한 사회적 공감대 형성과 국회나, 정부에 이를 정책화해 줄 것을 지속적으로 요구하는 과정이 결집 및 조직화과정이라 볼 수 있다. 즉, 장애인 개개인이나 하나의 장애인단체보다 장애인 개개인과 단체가 이 정책의제형성을 위한 연대를 형성하여 대응함으로써 정책부서에서는 문제에 대해 심각성을 더욱 강하게 느끼게 되고 이들과 대화하는 과정에서 정부의 제의 시기나 정도를 당기거나 확대할 수 있는 것이다.

다. 정책의제형성 활동 과정

여기서 정책의제형성 활동 과정이란 문제를 지닌 공중이나 이익집단이 그들의 문제를 정부에 귀속시키고자 행하는 모든 수단과 활동을 말한다.

실제로 문제가 정부에 귀속되는 수단과 방법은 매우 다양하며 이들을 다 열거하기란 어렵다. 그러나 정책의제형성 활동과정에 영향을 미치는 요소들로서 사건자체의 성격과 집단의 조직화, 문제의 접근성, 정책과정 등이 과정에서 중요한 역할을 하게 된다.

첫째, 사건 자체의 성격(Events themselves)으로 사회문제의 성격이 중대하고 긴급성을 요하면 정책의제형성이 빠른 시간 내에 이루어질 가능성이 크다. 중대하고 긴급성이라는 것은 사회문제의 대상 집단이 어느 정도인지 사회문제의 피해규모나 강도가 어느 정도의 수준인지에 따라 정책의제형성 활동과정은 달라지게 된다. 따라서 정책의제 형성과정에서 사건 자체의 성격을 중대한 사회문제로 이해할 수 있도록 하는 내용이 포함되어야 하며, 이 내용은 감성에 의존하기보다는 증거기반으로 만들어질 필요가 있다. 온정주의적 장애정책에서는 사건 자체의 성격을 온정주의에 의존하는 경향이 강하게 나타났으나 점차 증거기반으로 사건 자체의 성격을 규명하는 상황들이 증대하고 있다.

둘째, 집단의 조직화(Organization of groups)이다. 정책의제형성을 주도하는 집단이 공식적이든 비공식적이든 강력하게 조직화되어 추진하면 쉽게 정부의제가 될 가능성이 있다. 정책의제설정의 유형에서 제시하는 내부형, 외부형, 혼합형이든 여기에 참여하는 집단의 범위와 구조, 리더십이 강하게 나타날수록 조직화하고 연대하는 것이 정책의제형성 활동과정에 강력한 동인이 될 수 있다.

셋째, 문제의 접근성이다. 정책의제형성과정에서 같은 사회문제를 두고 참여자 간에 다른 해석을 하거나 지지하는 방향이 다르면 공중의제가 되기보다는 사회적 이슈로 끝나는 경우가 많다. 따라서 정책의제형성과정에서 참여하는 집단의 대표나 구성원들이 동일한 사회문제에 대한 공감대를 가지고 오히려 정책이해당사자를 설득할 수 있도록 하는 문제의 동질적인 접근성을 유지하는 것이 중요하다.

넷째, 정책과정(Policy process)으로 정책의제형성 활동과정에서 정책과정이 이루어지는 구조나 정책과정상에서 참여자들의 반응, 정책결정자의 리더십 등이 정책형성활동과정에 영향을 미치게 된다.

3. 정책의제설정의 유형

사회문제가 정부의제로 전환되는 유형은 정책의제를 정부의제로 전환시키고자 하는 집단 유형에 따라 분류할 수 있다. 앞장에서와 같이 정책에 영향을 주는 집단은 공식적 조직과 비공식적 조직 등 다양하기 때문에 어디에서 정책의제를 주도하느냐에 따라 정부의제로의 전환이나 그 내용과 성격 등이 많은 영향을 받을 수밖에 없다. 장애정책의 경우 정책의 공식적인 참여자는 아니지만 장애정책의 이해당사자들인, 장애인과 가족, 장애인단체 등이 주도하는 외부형과 정책과정의 공식적으로 참여하게 되는 공식적 참여자에 의해 형성되는 내부형과 이 두 유형이 목적이나 이해관계에 의해 혼합하는 유형으로 나타나게 된다.

우리나라 장애정책의 경우 초기에는 UN이나 국제노동기구, 세계보건기구와 같은 국제기구의 협약이나 권고에 의해 공식적 조직인 내부형의 정책의제 형성이 주류를 이루었으나 점차 장애를 가진 사람들의 사회참여가 확대되고 활성화됨으로써 외부형과 혼합형의 정책의제 형성이 적극적으로 이루어지고 있는 상황이다.

가. 정책의제설정의 외부형

이 유형은 장애정책에서 일종의 개개인의 문제이지만 사회문제라고 직접적으로 이해하고 있는 이해당사자들이 중심이 되는 정책의 비공식적 참여자인 장애인이나 가족, 장애인단체 등의 외부의 참여자들이 정부의제로 만들기 위해 문제제기에서 사회적 이슈, 공중의제 등의 과정에서 주도적인 역할을 통해 정부의제로 전환하는 유형이다.

이 유형은 사회환경이나 정치체제가 비교적 다원화되고 민주화된 경우에 더욱 적극적으로 나타나게 되며 장애정책의 경우 정부가 지향하는 방향이나 정치지도자의 장애인식이 시간이 가면 갈수록 개선되어가는 상황을 전제할 때 더욱 역동성을 가질 것으로 전망되며 이 유형에 의해 장애정책의제가 설정될 가능성이 증대될 것이다.

이 유형은 먼저 장애를 갖지 않은 사람들을 위한 정책의제설정이 장애를 가진 사람들에게는 차별 혹은 배제로 이들은 지역사회에서 활동이나 활동의 제한으로 많은 삶의 불편과 차별을 경험할 것이기 때문에 이 문제를 해결하기 위하여 문제의 유형을 표집하고 사회문제를 사회의 많은 사람들에게 부각시키기 위하여 언론을 동원하는 등 사회의 관심을 환기시키고 결국 이를 해결하기 위하여 정부가 공중의제를 채택하고 결과적으로 정부 정책의제설정이 되도록 지속적으로 압력단체로서 반복적인 활동을 통해 정부정책의제가 될 수 있도록 하는 과정을 밟을 것이다.

따라서 정책의제설정의 외부형은 장애정책에서 비교적 민감하고 우선해결이 필요한 사회문제를 의제화하게 된다. 최근 발달장애인을 위한 정책이나 활동보조 등과 관련한 정책들은 모두 외부형에 의해 만들어지거나 개정되는 경우가 많으며 장애정책의 총 유형을 두고 볼 때 외부형이 주류를 이루고 있다.

외부형이 성공하기 위해서는 정책의제 설정을 주도하는 집단의 리더십이나 관련되는 조직들 간의 네트워크가 어떻게 잘 연결망을 가지느냐가 중요하며 이 과정에서 공식적 참여자와 언론과의 조율과 협의과정이 중요한 역할을 하게 된다.

나. 정책의제설정의 내부형

이 유형은 정책을 다루는 공식적인 참여자들에 의해 정책의제형성이 이루어지는 것을 의미하는데 공식적 참여자 중에서도 관료집단이나 정치집단 등이 여기에 해당한다. 이 유형은 정책을 집행하는 과정에서 보완이 필요하거나 대체 정책이 필요한 경우나 아니면 예방 차원에서의 정책들을 의제 설정할 때 용이하게 활용되는 유형이다. 예를 들어 국제협약 등과 같은 대외적인 상황으로 긴급성이 요구되는 장애정책의제일 경우 해당부서에서 정책결정자에게 즉각적으로 보고하여 정부의제하는 경우나 포항지진과 같은 위기상황에서 피해를 입을 장애를 가진 사람들을 위한 정책이 재난대책에 포함되지 않은 경우 정책결정자의 지시에 의해 즉각적으로 정부의제에 포함되는 등이 내부형에 해당한다. 따라서 정책의제설정의 내부형은 이 과정에서 정책의 수단과 같은 세부적인 내용들이 미리 설계되어 정부의제로 되는 경우가 많다. 이를 주도하는 공식적인 참여자들이 주로 관료들이기 때문에 이들은 이미 정책의제 설정과정에서 세부적인 내용들을 결정해 놓고 정부의제로 만들어가는 경우가 많기 때문이다. 장애정책에서 내부형에 의한 대표적인 정책이 제3공화국과 제5공화국 이후 많이 만들어지게 된 상이군인이나 산업장애인을 위한 정책, 그리고 복지사회 건설을 위한 사회복지사업법, 사회보장법 등에서의 장애를 가진 사람들의 소득보장을 위한 정책들이 모두 이 유형에 속한다. 정부가 정권을 선전 혹은 정당성을 유지하기 위하여 내부의 공식적 참여자들이 주도하에 정부의제를 만든 것이다. 이런 상황 때문에 이 유형을 다른 의미로 음모형(Conspiracy)이라고도 한다.

다. 정책의제설정의 혼합형

이 유형은 주도하는 참여자 집단이 주로 정치집단에 의해 활용된다는 측면에서 내부형으로 볼 수 있으나 때로는 이들과 관료집단이 협력해서 이루어지는 과정이기 때문에 내부형에서 구분하여 혼합형이라 볼 수 있다. 이 유형은 주로 선거과정에서 많이 활용되는 유형으로 정치지도자들이 특정 표를 의식하여 그들이 생각하는 사회문제를 정부의제로 즉각적으로 전환시키도록 지시하거나 압력을 가하는 것이다. 이런 과정을 통해 정부의제를 미리 만들어 놓고 공중의제로 전환하기 위하여 선거과정에서 대대적인 홍보나 관료들로 하여금 사회적 이슈 혹은 공중의제의 필요성으로 부각시키게 하는 것이다. 장애정책의 경우 대부분 대통령 선거과정에서 출마자들이 장애정책의 중요한 사회문제를 공약으로 제시하게 되는데 집권여당인 경우 때로는 이 과정에서 정부의제로 지시한다던지 아니면 장애정책을 집행하는 부처가 시급한 장애정책을 정치지도자에게 해결을 주문함으로써 즉시에 정부의제가 되는 것이다.

이 유형의 특징은 정부의제로 먼저 채택되고 정부의 의도적인 노력으로 공중의제로 확산되는 것인데 이 과정에서 정책수단 등의 세부적인 내용까지 결정해 놓고 정부의제가 되는 경우가 있는데 이 같은 경우 결국 정책이 의도한 사회문제를 해결하지 못하거나 제한적일 수밖에 없다. 따라서 이 유형이 성공하기 위해서는 정부의제 후의 과정, 즉, 공중의제를 만들어가는 과정에서 많은 이해당자자 참여집단으로부터 문제의 명확한 이해와 해결수단 등에 대한 합리적인 검토가 있어야 한다는 것이다. 만약 이 같은 과정이 이루어지지 않거나 제한적으로 이루어지면 오히려 공중의제과정이나 정책결정 혹은 정책집행과정에서 더 많은 반대에 부딪히게 되고 정부의제는 실패할 수밖에 없게 된다.

4. 정책의제설정에 미치는 영향요인

정책의제가 형성되기까지는 내, 외부적인 조건에 의해 다양한 영향을 받게 되는데 정책형성에 미치는 영향을 정리하면 다음과 같다.

가. 문제의 성격

문제가 포괄적이고 관련된 이해관계자가 많은 수록 정부 의제가 될 가능성이 커지며 사회적으로 관심이 높고 사회 전체에 주는 영향의 강도가 클수록, 그리고 장기적인 고충을 주고 유사한 선례가 많은 문제일수록 정부기관의 관련자와 관련사회집단의 보다 많은 관심을 얻을 수 있어 정부의제로 선정되기가 쉽다는 것이다.

정부의제를 선정하는 요인에 대해서는 ① 구체성 ② 사회적 유연성 ③ 시간적 적절성 ④ 기술적 복잡성 ⑤ 전례의 유무 등으로 보고 있다.

따라서 장애인을 위한 사회문제가 정부의제가 되기 위해서는 이 문제가 장애인만의 문제가 아닌 우리 사회가 가지고 있는 구조적 문제임을 규명할 필요가 있으며, 이 문제를 주류사회의 대다수 국민들이 이해하고 공감할 수 있도록 정의하고 대국민을 상대로 알리는 작업이 필요한 것이다. 이 과정에서 장애를 가진 사람들에 대한 장애가 없는 사람들의 인식은 자연스럽게 중요한 매개요인이 되며 인식이 높을수록 장애정책에서 정부의제로 만들기 위한 사회문제에 대한 공감대 확산은 더욱 쉬워지고 정부의제가 될 수 있다. 따라서 장애정책의 사회문제를 정부의제로 만들기 위해서는 추진하고자 하는 집단들이 문제의 성격을 가능한 사회가 공감하고 공유할 수 있도록 만들고 확산시킬 필요가 있다.

나. 관계집단의 조직적 특성

관계집단이 갖는 특성에 따라서도 정책의제형성에 미치는 영향은 상당한데 정책에 영향을 주는 관계집단은 공식적 · 비공식적 참여집단 등이 다양하게 있을 수 있는데 이들 중에 하나의 사회문제에 대한 동일인집단, 관심집단, 관심대중, 일반대중 등으로 구분해 볼 수 있으며 이 집단별 구분에 대한 적절하게 대응하는 것이 필요하다.

1) 동일인집단(Identification group)

이 집단은 관련문제에 따른 이해관계가 동일한 사람들로 구성된 집단으로 장애정책의 경우는 장애인 당사자와 가족, 장애인단체 회원 등이 여기에 해당되는데 이 중에서도 장애와 관련한 사회문제에 대해 이해관계가 동일한 경우를 의미한다. 장애정책은 장애를 가진 사람들이 동일한 집단으로 고려되는 경우가 많은데 어떤 장애유형과 어느 정도의 장애정도를 고려할 것인지에 따라 동일인집단의 구분은 확연한 차이가 있게 된다. 우리나라 장애정책에서 많은 장애정책들이 정책의제형성과정을 통해 결정되었지만 특정 장애집단이 공감하지 못하는 이유는 동일한 집단이 아니기 때문이다. 정책의제 중에 시각장애 혹은 지체장애인을 위한 정책은 장애집단 전체가 동일인 집단이 아니고 이 유형의 집단이 동일인 집단이 되는 것이다.

2) 관심집단(Attentive group)

이 집단은 자신들의 이해와 관련이 있는 문제들에 대해서 항상 관심을 기울이는 집단으로 장애정책에서는 가족이나 장애인을 후원하는 후원자 집단이 여기에 해당한다. 특히, 의사결정능력이 제한되거나 의사소통이나 사회참여가 현저히 제한을 받는 장애인들은 전문가나 후견인 집단이 상당한 관심을 가질 수밖에 없고 때로는 정책의제형성과정에서 관심집단이 더 큰 영향력을 발휘할 수도 있다. 장애정책에서 발달장애 정책은 장애인가족이나 전문가, 후견인 등과 같은 관심집단이 더 큰 영향력을 발휘하는 경우는 좋은 예이다.

3) 관심대중(Attentive public)

이 집단은 동일인 집단이나 관심집단처럼 직접적 이해관계는 갖고 있지 않으나 보통의 국민들 중 일반적으로 어떤 문제에 대하여 잘 알고 사회, 공공문제 전반에 걸쳐 관심을 가지고 있는 사람들이다. 장애정책에서 특히, 관심대중이나 일반대중이 영향을 주는 것은 이들이 장애정책의 비용을 지불하는 집단이 될 수 있기 때문에 이들이 장애정책에 대한 사회문제를 어떤 수준에서 이해하는지는 중요한 영향요인일 수밖에 없다.

4) 일반대중(General public)

이 집단은 비활동적이고 관심도 적으며 문제에 대해서도 잘 알지 못하는 국민이 여기에 해당하는데 장애정책에서는 관심대중과 함께 비용집단으로서 등장할 수 있고 정책수단의 대상이 되어야 하기 때문에 영향이 클 수밖에 없다.

다. 정책결정체계의 특성

정책결정체계는 주로 정책을 결정하게 되는 정부가 어떤 입장과 태도를 견지하느냐 하는 논제로 정책의제 설정에 아주 중요한 영향을 미친다. 특히, 정부의제 여부는 전적으로 이 특성에 달려 있다고 해도 과언이 아니다.

1) 방관적 태도(Let it happen)

이 태도는 고도의 다원주의적 사회 속에서 정부가 정책의제형성과정에 비교적 수동적인 역할을 하는 경우이다. 즉, 1970-80년대 우리나라 경제개발 주도의 정부의 정책의지는 장애정책은 자유방임 즉, 방관적 태도로 일관했고 결국 이 시기의 장애인의 삶은 주류사회에서 철저히 격리되고 차별 받을 수밖에 없었다.

2) 후원적 태도(Encourage it to happen)

이 태도는 사람들이 자신들의 문제를 정의하는데 정부가 도와주는 경우이다. 즉, 정부가 주도적으로 장애인 문제에 앞장서지는 않지만 공중의제가 되면 정부가 정부의제로 만드는 것이다. 즉, 정책의제설정을 주도적으로 하지는 않지만 사회문제가 사회적 이슈와 공중의제가 되면 지지하고 격려하는 가운데 적정한 정부의제를 만들어가는 태도를 가지는 것이다.

3) 주도적 태도(Make it happen)

이 태도는 문제정의와 목표설정에 정부가 적극적인 역할을 수행하는 경우이다. 최근, 국민의 정부이후 우리 정부가 견지해 온 정책의지가 복지사회 혹은 포용사회, 평등한 삶과 같은 인권중심의 정책방향을 표방하다 보니 장애 정책도 정부의 주도적 태도 속에서 많은 변화를 겪게 되며 많은 사회문제들이 정부의제가 되는 것이다.

라. 정치 · 경제 · 사회 · 문화적 특성

국가의 통치이념이나 정치적 분위기, 경제발전의 정도, 문화의 특성, 대중매체의 역할, 국민의 능력이나 수준 등은 정책의제설정에 광범위한 영향을 미치는데 특히 장애정책의 경우 국민의 인식과 태도, 장애인의 참여정도에 의해서 상당한 영향을 받는 것이 사실이다. 따라서 장애인의 삶의 수준은 경제적 능력에 좌우되기보다는 그 사회의 문화적 성숙도에 의해 영향을 받는 경우가 많다. 한국사회도 장애정책이 한 단계 진일보하기 위해서는 비용적인 측면보다는 문화적 수준이 향상될 수 있도록 하는 것이 더욱 중요하게 되는 것이다.

제4절 정책결정

1. 정책결정의 개념

정책의 개념이 무엇이냐에 따라 정책결정의 개념도 다소의 차이가 있을 수 있다. 그러나 일반적으로 정부의 정책이란 “정부기관이 공공목표를 달성하기 위해 마련한 미래의 행동대안 또는 지침”, 장애정책은 “장애를 가진 사람들에게 영향을 주는 국가의 개입 혹은 기준”을 의미하며, 이런 정책의 개념을 토대로 정책결정의 의미를 정리하면 많은 이질적인 이해관계의 대립을 조정하고 타협시켜 나가면서 정부가 당면한 공공의 문제를 합리적으로 해결하려는 일련의 노력으로 이루어지는 것이다. 따라서 정책결정이란 주로 정부기관에 의한 주요한 미래지향적 활동지침의 결정을 의미하며 이러한 지침은 다양한 구성요소들이 정책결정에 상이한 기여를 하는 복잡하고도 동태적인 과정이라고 할 수 있다.

정책결정은 의사결정과 유사한 점이 많은데 특히 둘 다 문제해결이나 목표달성을 위하여 가능한 여러 대안들 중에서 최선의 대안을 선택한다는 점에서는 동일하기 때문에 양자를 엄격히 구별한다는 것은 어렵다. 그러나 정책결정은 의사결정보다 그 개념이 다소 제한되어 있는데 그것은 대체로 다음의 특성을 지니기 때문이다.

첫째, 결정의 주체가 사적인 개인이나 단체가 아니라 정부기관이며, 결정과정에 강제성 있는 정치권력이 내포된다.

둘째, 정책의 효과가 광범위하고 국민 전체의 공익을 우선하므로 공적인 성격을 지닌다. 장애정책의 경우도 장애를 가진 사람들만의 이익인 것처럼 보이지만 결국 국민 혹은 사회전반의 이익을 우선하는 것이다.

셋째, 장래의 일반적인 정부활동의 지침을 결정한다. 장애정책의 경우 이 정책이 추구하는 목표를 기준으로 결정하게 되며 이 과정이 정책결정과정이다.

넷째, 현실적으로 정책결정의 수준은 정치, 행정체계의 발전수준에 의해 크게 좌

우된다.

또한 정책결정은 아무리 정교하게 한다 하더라도 불확실성의 문제는 발생하며, 특히 장애정책의 경우 이 문제가 더 심각할 수 있는데 이 같은 불확실성에는 다음 세 가지 이유가 있다.

첫째, 정책이 각기 다른 부처에서 각기 다른 시간과 대상이다 보니 그 목표도 상충되어 있는데 실제는 정책들 중에 하나를 선택해야 하는 상황이 발생한다.

둘째, 중앙정부의 지침에도 불구하고 계획과 통제결정이 원칙적으로 지역에서 이루어지고 이로 인해 적용에 불일치가 생길 수밖에 없다.

셋째, 정책결정에는 서로 다른 이해를 갖고 있는 당사자들이 관여하고 있다. 국회의 경우 여당과 야당이 다르며, 지역의 경우도 마찬가지이다. 또한 정책결정에 관여하는 국회와 행정부와 직원은 정치성과 직업성에 따라 직무를 수행할 것이기 때문에 불확실성이 다양하게 나타날 수밖에 없다.

이와 같은 정책결정의 의사결정과의 차이와 불확실성 등에 대한 정책결정이 갖는 특성을 Dror(1968)는 다음과 같이 12가지로 제시하고 있다.

표 3-1 정책결정의 특성

① 복잡성(very complex)
② 동태적 과정(dynamic process)
③ 다양한 구성요소(various components)
④ 상이한 기여(make different contributions)
⑤ 결정행위(decides)
⑥ 주요지침(major guidelines)
⑦ 행동지향성(for action)
⑧ 미래지향성(directed at the future)
⑨ 정부기관의 주도성(mainly by governmental organs)
⑩ 목표달성의 공식적 추구(formally aim at achieving)
⑪ 공익의 정체(what is in the public interest)
⑫ 최선의 가능한 수단에 의존(by the best possible means)

정책결정이 다양한 특성을 가지기 때문에 정책결정에 참여하는 사람들은 종종 기존정책의 유지와 새로운 정책의 개발, 비용과 효과, 다양한 이행당사자들의 합의 기준 등에 대해 지속적으로 고민하고 새로운 시도를 하게 된다. 때문에 정책결정과정을 통해서 만들어 지게 되는 정책들은 나름대로 합리성을 띠게 된다.

2. 정책결정의 모형

정책은 여러 차례의 일정한 과정과 자료를 토대로 결정이 된다. 그러나 이 과정에서 참여한 사람들이나 자료에 따라 정책은 합리적으로 결정될 수도 있고 비합리적으로 결정되는 경우들이 있다. 그리고 정책결정은 대통령이든 부처장관이든 아니면 조직의 책임자이든 사람에 의해 결정이 되기 때문에 개인의 의사결정과정이 중요한 영향을 미치게 된다. 장애정책결정도 같은 방식으로 결정이 이루어지는 사회정책이기 때문에 동일한 상황이다. 정책결정 모형에서 살펴보아야 하는 의사결정을 위한 이론은 정책결정자가 지적인 측면에서 합리적으로 의사결정을 하게 된다는 합리모형(Rational model)과 정책결정은 현실적인 실천문제이기 때문에 합리성보다는 현실적인 설명과 기술에 의해 결정하게 된다는 실증적인 측면을 강조하는 인지유형(Cognitive model)으로 구분하는데 인지유형에는 만족모형, 싸이버네틱스 모형과 점증모형, Dror의 최적모형, 조직모형, 쓰레기통 모형 등이 있다(정정길 외, 2014).

가. 합리모형

개인은 어떤 의사결정을 할 때 나름대로 최선의 대안을 선택하기 위한 합리적 과정을 통해 의사결정을 하게 된다. 개인이 가지고 있는 순간적 판단에 따른 직관적 의사결정이든, 일상화된 습관적 의사결정이든 나름대로 최선의 대안을 선택하기 위한 개인의 의사결정이며 합리적 가치가 높지는 않지만 합리적 모형이라 할 수 있다. 그러나 의사결정에서 합리모형이란 어떤 의사결정을 할 때 나름대로 분석적 과정을 거치며 이 과정에서 합리적인 방법들을 동원한다는 것이다. 의사결정을

위한 분석적 과정은 먼저, 결정해야 할 사항이나 문제에 대해 정체성을 명확히 하는 단계이며,

둘째는 결정해야 할 사항이나 문제를 해결할 수 있는 여러 가지 대안들을 다양한 방법들을 동원해 탐색하는 것이며,

셋째, 대안들이 탐색되었을 때 이 대안들에 의한 결과를 예측해 보는 것이며,

넷째는 대안의 결과를 나름대로 효과성이나 능률성, 적정성 등의 기준을 가지고 평가해 보는 것이며,

다섯째는 이를 종합하여 자신의 합리적 의사결정을 하는 것이다.

합리모형은 이와 같은 분석적 과정을 통해 의사결정을 가장 합리적으로 하는 모형이라 할 수 있다. 그러나 의사결정과정에서 합리적이라 주장하는 분석적 결정과정이 합리적이나 과학적이지 못하고 습관이나 직관에 의해 이루어질 수 있다는 단점이 있다.

합리모형에서의 합리성은 여러 가지 측면에서 구분하여 이해할 수 있는데 가장 쉽게 경제적, 정치적, 사회적 측면에서의 합리성이다. 경제성 합리성은 정책수단이 목표를 얼마나 달성하였고 비용면에 있어서도 능률성이 있었는지를 이야기 하는 것이며, 정치적 합리성은 정책결정자의 대다수가 만족할 만한 수준인지를 가지고 판단하는 것이며, 사회적 합리성은 합법적이며 사회의 통념에 비추어 적정한 수준인가를 의미하는데 정책결정에서는 경제적 합리성을 중요하게 생각한다. 따라서 장애정책을 비롯한 많은 정책의 타당성을 판단하기 위하여 비용/편익분석이 실시되는 것도 합리모형의 경제적 합리성의 증거기반이 될 수 있기 때문이다.

나. 인지유형

합리모형이 가지는 단점을 보완하고 때로는 합리모형과 함께 정책결정자들에 의해 활용되는 것은 정책결정자의 인지 수준이다.

1) 만족모형

만족모형은 Simon(1976)에 의해 주장된 이론으로 합리모형이 가지고 있는 단점을

극복해 보고자 등장한 모형이다. 즉, 합리모형은 분석적 과정에서 개입되게 되는 개인의 가차판단과 결과예측에 대한 사실판단이 어려우므로 시몬은 이 과정을 세세히 검토해서 나름 의사결정자의 최적의 대안이 아니라 결정에 영향을 받는 자의 만족할만한 대안을 찾고자 하는 것이다. 이를 위해 만족모형은 결과예측이 어려운 대안이 있다하더라도 이 대안을 최종 결정을 위한 대안으로 검토하고 이러한 망라된 대안 가운데 최적의 대안이 아니라 의사결정자가가 가장 만족할만한 수준의 대안을 최종 결정하는 것이다. 그러나 만족모형은 의사결정자의 최상의 만족이라는 것은 그들의 기대수준에 따라 다를 수밖에 없는데 이 기대수준에 대한 가치부여가 어렵고 주관적이기 때문에 최적의 대안을 배제할 수 있다는 단점이 있으며, 또한 여러 대안 가운데 검토하지도 않은 대안이 훨씬 좋은 대안임에도 포기하게 되면 그만큼 정책결정의 합리성을 포기하게 되는 것이며, 의사결정 내용이 국가적으로 중대한 정책이라면 이 결정이 위험할 수가 있다는 점에서 만족모형을 주장한다.

2) 사이버네틱스(Cybernetice) 모형

사이버네틱스는 그리스어의 키잡이(일명 타수)를 뜻하는 'Kubernetes(또는 Kybernetes)'이며 영어의 조종하다(Steer나 Pilot)는 뜻과 통제하다(Control)는 두 가지 의미가 담겨 있는 의미로 사용되며 이 용어가 널리 알려진 것은 그리 오래된 일이 아니다. 미국의 천재 수학자였던 노버트 위너(Nobert Wiener, 1894-1964)가 자신이 창안한 새로운 분야의 학문을 지칭하는 말로 선택한 것이다. 위너에 따르면 사이버네틱스의 정의는 '어떤 체계에 포함되는 두 종류의 변량이 있는데, 그 하나는 우리가 직접 제어할 수 없는 것이고, 나머지는 우리가 제어할 수 있는 것으로 한다. 이때 제어할 수 없는 변량의 과거로부터 현재에 이르기까지의 값을 바탕으로 하여 제어할 수 있는 변량의 값을 적당히 정하여, 이 체계를 가장 바람직스러운 상태로 도달시키는 목적을 달성하기 위한 학문'으로 정의하고 있다.

합리모형이나 만족모형이 의사결정을 통해 달성하고자 하는 내용이나 문제가 있었다고 전제한다면 이 모형은 이런 내용이나 문제가 사전에 존재하는 것으로 전제하지 않고 여러 가지 요소를 융합하여 어떤 바람직한 상태로 계속 유지시키고자 하면 의사결정이 이루어진다는 것이다. 즉, 의사결정은 어떤 문제해결이나 목표를 해결하기 위하여 일어나는 과정만은 아니고 현 상태를 계속 유지하기 위한 일련의 적응과정의 의사결정과정으로 보고 자연스러운 현상으로 해석하는 것이다. 따라서 이 모형은 다음 4가지의 의사결정과정에서의 특성이 나타난다.

첫째, 지속적으로 적응적 의사결정이 이루어진다.

합리모형에서는 의사결정을 통해서 달성하고자 하는 이상 목표가 먼저 존재하는 것으로 전제하지만 이 모형에서는 이를 전제하지 않고 의사결정의 일정한 중요변수의 유지를 위한 끊임없는 적응에 초점을 둔다.

둘째, 불확실성의 통제이다.

합리모형에서는 대안의 결과예측을 위해 새로운 정보를 얻으면서 새로 추가되는 정보에 따라 대안의 결과예측을 수정해 나가면서 불확실성을 감소시키나 이 모형은 환류채널을 통해 들어오는 정보에 대해 어떤 결과를 가져올 것인가 하는 것은 고려하지 않고 단지 사전에 설정된 범위에서의 이탈여부만으로 의사결정자에게 영향을 주기 때문에 오히려 불확실성을 고려하기보다는 통제한다는 것이다.

셋째, 집단적 의사결정이다.

정책결정을 하는 조직은 표준운영절차에 따라 프로그램화된 활동을 일상적으로 수행하게 되는데 이 프로그램화된 조직 활동은 다양한 목표를 가진 개인들의 집합으로 최고관리자에서 최하위의 관계자까지 그들의 의견이 모두 이 프로그램에 담기게 된다. 따라서 이 모형에서는 눈에 보이지 않지만 집단적 의사결정이 이루어진다.

넷째, 도구적 학습에 의해 의사결정이 이루어진다.

합리모형에서는 대안의 결과에 대해 새로운 정보가 나타나면 대안의 결과예측도 수정되는 인과적 학습이 일어난다. 즉, 새로운 정보가 나타나면 원래의 대안결과에 관한 모형에서는 고려하지 않았던 사실들이 중시되어 기존 모형이 수정된다는 것이다. 그러나 이 모형에서는 반대로 의사결정자가 가지고 있는 프로그램목록이 바뀌는데 따른 학습이 일어나는 것이다. 즉, 의사결정자가 어떤 문제에 대응하여 선택하는 대안 중에 어느 한 가지를 채택하여 좋은 효과를 보면 계속해서 그 효과를 채택하며 반대로 나쁜 효과를 보면 다른 대안을 찾아보는 것이다.

3) 점증모형

이 모형은 Lindblom(1965)과 Wildavsky(1975) 등이 주장하는 이론으로 정책은 실제 어떤 체계적인 의사결정과정에 의해 결정되는 것이 아니라 이전대비 점증적으로 결정되고 이 과정이 오히려 바람직하다고 주장하는 이론이다.

합리모형이나 만족모형과 같이 정책결정은 항시 분석과정을 거치는 것이 아니다. 정책결정자의 분석능력도 한계가 있고 시, 공간 및 정보의 제약, 합리기준의 가치의 제한성 등으로 분석적 결정을 하는 것은 한계가 있다는 것이다. 따라서 현재의 정책에서 사회환경과 시대의 흐름을 반영하여 대안을 결정하고 이 정책의 환류과정을 반영하여 보완하는 정책결정 방식이 오히려 바람직한 정책결정 방법이라는 것이다.

그러나 점증주의 모형은 현 정책에서 시대적 흐름을 반영한 정책결정이 이루어지다 보니 여러 가지 중요한 정책대안들을 놓치기 쉽고 가장 우선적인 정책을 도입하는 데는 제한점이 있다. 그럼에도 불구하고 이 모형이 많이 활용되는 것은 대부분의 정책이 지속성을 요구하기 때문이다. 장애정책의 경우 특히, 도입되면 정책을 종료시키기 어렵기 때문에 확실한 증거기반의 평가 없이는 지속적으로 점증패턴을 유지하게 된다. 장애정책의 경우는 간혹 정책폐지의 증거기반이 있음에도 점증주의 정책결정이 지속적으로 이루어지는 경우가 많다. 장애인등록정책의 폐지에 이해당사자들이 대부분 동의하였지만 실제 합리적인 방안을 찾지 못하고 차선의 정책개선을 통해 지속해 가는 것도 오랫동안 점증주의 정책결정의 산물일 것이다. 따라서 이 모형이 가진 단점을 극복하기 위해서는 합리모형을 적절하게 혼합하는 방식의 검토가 있어야 한다.

4) 최적모형

이 모형은 Dror(1968)에 의해 주창된 이론으로 합리모형이나 점증모형이 가지고 있는 단점을 극복하기 위한 모형이다. 이 모형은 합리모형이 추구하는 분석적 방법과 점증모형이 추구하는 현실적인 정책결정과정을 혼합한 모형으로 정책결정을 함에 있어 합리적·분석적 과정을 할 수 있는 비용, 정보, 지적 능력이 갖추어진 경우에는 합리적 방법으로 결정을 하게 되지만 한편으로는 직관이나 판단, 통찰력 등과 같은 인간의 현실적인 능력을 활용하자는 것이다. 이 부분을 Dror은 초합리성이라고 하는데 이것은 정책결정을 위한 지원이나 시간, 정보가 부족하거나 합리적 과정을 도저히 따라갈 수 없는 정치적 상황일 때 초합리성을 활용해 정책결정을 하는 모형이다. 여기서 초합리성이란 직관, 판단 등과 같은 인간 의식의 저변에 존재하는 반 무의식적 요소를 의미하는데, 이들 직관이나 통찰력 등이 보다 훌륭한 정책결정에 있어 중요한 역할을 하는 이유에 대해 첫째, 정책결정을 위한 자원, 시간, 능력이 부족하고 상황이 불확실한 경우에는 결정자의 직관이나 통찰력에 따라 결정을 내리는 것이 더 바람직한 경우가 많기 때문이다.

둘째, 정책결정의 일부 측면에서는 초 합리성만이 그 결정을 담당할 수 있다는 것이다. 예를 들면 중증장애인을 위한 새로운 직업재활정책을 도입할 때는 중증장애인들만이 아이디어를 낼 수 있는 창의력 같은 것들이다.

셋째, 합리모형에 의해 해결이 가능한 경우라도 문제의 어떤 측면은 합리모형보다는 초 합리성에 의존하는 것이 더 나은 경우가 있다는 것이다. 예를 들어 중증장애인들의 지역사회에서의 자립생활 정책을 결정함에 있어 합리모형에 의한 비용/효과를 강조하기보다는 장애민감성이나 인권, 보편성을 전제로 한 당자자의 초 합리성을 존중하는 정책결정 같은 것이다.

5) 조직모형

정책결정은 크게 개인이 하는 결정과 여러 사람이 단계를 거치면서 결정을 하게 되는 집단적 의사결정으로 구분할 수 있는데 정책결정은 집단적 의사결정에 해당한다고 보는 것이 조직모형의 전제이다.

조직모형의 정책결정은 집단의사결정이기 때문에 집단의 구조와 응집력 등의 여러 가지 요인에 따라 달라진다. 집단의 구조가 종적구조 혹은 횡적구조냐에 따라 다르며 집단의 응집력의 강도에 따라서도 달라진다. 응집성이 아주 강한 경우는 정책결정에 참여하는 모든 개인들이 일심동체가 되는 경우이며, 반대로 응집력이 약한 경우는 정책결정에 참여하는 개개인들이 독자적으로 움직이는 경우이다. 응집력과 함께 조직모형의 정책결정에서 중요한 것은 조직내 갈등관리이다. 조직내의 갈등관계가 형성되는 중요한 원인은 첫째, 공동의사결정의 필요성 때문이다. 즉, 혼자서 결정하는 것이 아니라 복수의 개인 및 집단이 모여서 함께 결정할 필요가 있기 때문이며 이 과정에서 갈등은 필요연적 요소이다. 둘째, 서로 추구하는 정책목표의 차이 때문이며, 셋째, 지각의 차이 때문이다. 즉, 목표가 같다하더라도 문제상황에 대해 지각하는 판단이 다를 수 있기 때문이다.

따라서 조직모형은 조직의 응집력과 조직 갈등관리가 잘 이루어지면 바람직한 정책결정이 이루어지는 유형이 된다. 조직모형은 계층제적 관료제인 행정부 의사결정에 아주 잘 적용되는 정책결정 모형이다.

6) 쓰레기통 모형

쓰레기통(Garbage Can) 모형은 집단의 구성단위나 구성원들의 응집성이 아주 약한 혼란 상태에서 이루어지는 의사결정의 특징적 측면을 강조하는 불합리한 집단적 의사결정이다. 혼란 상태에서 이루어지는 정책결정은 합리모형은 물론이고 조직모형보다 훨씬 더 불합리하게 정책결정이 이루어지게 되는데 이 불합리성을 강조하기 위하여 명명된 이름이 쓰레기통이다.

쓰레기통 모형은 합리성을 극도로 제한하는 세 가지 전제조건 때문에 불합리한 결정이 이루어진다는 것이다. 첫째, 의사결정에 참여하는 사람들의 선호에 문제가 있다는 것이다. 즉, 의사결정에 참여하는 자들 간에 무엇을 선택하는 것이 바람직한지에 대한 합의가 없고, 각자도 이에 대한 뚜렷한 선호가 없는 가운데 정책결정이 이루어진다는 것이다.

둘째, 정책결정을 위해 정책목표와 이를 달성하기 위한 수단에 대한 이해가 불명확하다는 것이다. 바림직한 정책을 결정하기 위해서는 정책 목표를 이행할 수 있는 수단을 선택하는 것인데 이에 대한 개인과 정책결정 참여자들이 불 명확하다는 것이다.

셋째, 정책결정자의 수시적 혹은 한시적 참여이다. 정책결정은 이 분야에 대한 합리성과 인지성을 가지고 있는 참여자들이 결정하는 것이 일반적인데 이 모형은 첫째와 둘째의 사유로 정책결정 참여자가 한시적 혹은 수시적 참여자로 결정된다는 것이다.

쓰레기통 모형은 상, 하관계가 분명하지 않는 비영리 조직이나 위원회 조직과 같은 곳에서 흔히 볼 수 있는 정책결정 과정으로 합리적인 결정을 제한하는 의사결정에 참여하는 사람들이 혼란스러운 상태에서 위원장이나 상위계층에 의해 독단적 혹은 날치기 방식으로 결정을 하는 것이다.

3. 정책결정의 과정

정책결정의 과정은 정책이 그 목표를 달성하기 위하여 둘 또는 그 이상의 가능한 대안들 중에서 하나를 의식적으로 선택하는 결정행위 내지 과정이다. 일반적으로 정책결정과정에 대해 학자들은 여러 단계로 설명하고 있으나, 의사결정과정에 준하여 문제의 인지와 목표설정, 문제와 관련한 정보의 수집 및 분석, 문제해결을 위한 대안의 탐색 및 평가, 문제해결을 위한 적절한 대안선택에 이르는 일련의 연속적인 과정을 의미하는 것으로 볼 수 있다.

가. 문제의 인지

정책결정의 첫 단계는 문제를 명확하게 인식하는 단계이다. 즉, 제기된 문제 또는 해결해야 할 문제가 무엇인가를 명확히 인식해야 한다. 정책결정의 담당자가 일어난 사건이나 제기된 문제를 명확히 인식해야 그 문제를 해결하기 위한 방안을 찾게 된다. 일어난 사건의 중요성 · 명확성, 결정 담당자의 개성(Personality)이나 사회적 배경과 경험, 가치관 등에 따라서 정책결정의 담당자가 문제를 인지하는 여부가 결정되고 또 인지의 속도가 결정된다고 볼 수 있다. 즉, 문제의 인지 여부나 인지속도는 결정자가 지닌 요인, 정치 · 경제 · 사회 · 문화 · 행정적인 환경에 따라서 달라진다.

문제가 명확하게 인식되었을 때, 그 문제의 해결을 위한 방안을 찾게 되며 또 정책결정이 시작된다고 볼 수 있고, 인식이 되었다 하더라도 문제해결을 위한 적극성이나 속도 등은 환경적·구조적 요인에 따라 달라질 수 있다.

정책문제의 파악은 정책이 만들어지게 된 사회문제의 원인, 결과, 그리고 이들 간의 인간관계를 파악하는 것이다. 이를 위해서 가장 먼저 정책으로 만들어지게 된 사회문제의 제 상황을 개략적으로 파악하는 것이다. 장애를 가진 사람들의 일자리 기회를 확대하는 정책의 사회문제의 원인은 장애를 가진 사람도 대한민국 국민의 한 사람으로 노동의 기회가 주어져야 한다는 노동의 기본권적 차원에서 사회문제를 인식할 것인지 아니면 빈곤문제 해결을 위한 사회보장적인 측면의 하나로 사회보장적 차원에서 사회문제를 인식할 것인지는 중요하며 어떤 측면에서 이 문제를 보고 이해할 것인지를 가장 먼저 개략적으로 파악하는 것이 우선되어야 한다.

둘째, 사회문제의 결과로서 문제의 범위, 크기, 정도, 수준 등을 통해서 문제의 심각성을 파악하는 것이다. 예를 들어 중증장애인의 일자리 문제를 노동기본권으로 접근하는 것과 사회보장적 차원에서 접근하는 수준은 범위와 크기, 정도 면에서 많은 부분 다를 것이다. 우리나라의 장애인고용촉진 및 직업재활정책이 노동기본권이라는 측면에서 정책문제가 정의되었다면 정책의 대상을 장애인복지법의 장애인 정의로 확립하지 않고 보다 구체적으로 노동기본권을 위협 받는 장애인으로 규정하였을 것이다.

셋째, 문제발생의 원인을 파악하고 문제의 원인과 결과 간의 인과구조를 파악하는 것이다.

장애인의 실업률이 장애가 없는 사람들에 비해 높은 것은 노동시장 내부만의 문제로 보일 수 있지만 첫째, 둘째의 원인이 문제일 수도 있고 이로 인해 보다 근본적인 실업원인이 규명되지 않아서 일 것이다. 즉, 교육에서의 평등, 사회참여에서의 불평등 문제 등이 결과적으로 고용을 어렵게 하는 원인이 되는 것이기 때문에 이를 해결하기 위한 정책 수단은 아마도 지금과는 다른 정책결정을 하게 되었을 것이다.

넷째, 사회문제가 미래는 어떤 과정으로 변화될 것인지가 예측되어야 한다. 정책결정은 현재의 사회문제를 해결하기 위한 수단이기도 하지만 미래에 어떤 방향으로 작용할 것인지도 중요하다. 장애를 가진 사람들을 위한 실업 문제를 해결하지 못할 경우 이들의 실업만이 사회문제로 볼 것인지 아니면 결국 국가의 경쟁력, 생산력을 떨어지게 한다던지, 아니면 제3국의 노동자를 이주하도록 함으로써 새로운 사회문제 가능성이 있다든지 등의 예측은 장애를 가진 사람들의 실업문제 해결을 위한 정책결정에 영향을 줄 수밖에 없다. 1990년 미국장애인법 통과 당시 그 이전 정부에 제출한 같은 법률이 미 통과 후 이 법안은 현재보다는 미래의 미국사회나 정부에 큰 이익을 줄 수 있다는 미래 예측이 보다 새로운 정책결정을 하게 한 동인이 되었다는 것은 정책결정 과정에서 문제의 인지가 어느 정도 중요한 것인가를 설명해 주는 좋은 사례이다.

나. 정책목표의 설정

정확한 문제의 인지가 이루어지면 이를 해결하기 위한 정책의 이루고자 하는 정책목표를 설정하는 것은 문제의 인지와 연결된 일차적 과정이다. 바림직한 정책목표를 설정하기 위해서는 이 목표가 인지된 사회문제를 해결할 수 있는 적합성과 적절성을 가지고 있느냐이다.

여기서 적합성이란 여러 가지 달성 가능한 목표들 중에 가장 바람직한 목표를 선택하고 있느냐이다. 예를 들어 장애를 가진 사람들의 실업문제를 해결하기 위하여 정부 일자리 확대정책은 궁극적으로 실업 격차를 줄이기보다는 장애인들의 시장의 이동성만 촉진시키고 결과적으로 실업 해소보다는 노동시장을 왜곡시키는 결과를 초래하기 때문에 정책목표의 적절성에 문제가 있는 것이다.

정책목표의 적절성은 정책목표의 달성 수준이 지나치게 높거나 아니면 낮지 않은 적당한 수준인지를 의미하는 것이다. 장애인 실업문제해결을 위해 정부 일자리를 일반 노동시장의 일자리보다 높은 수준에서 목표를 설정한다면 왜곡된 결과가 나오는 것과 같은 맥락이다.

정책목표의 적합성과 적절성을 위해 고려해야 할 요소는 여러 가지 있을 수 있는

데 우선적으로 다음과 같은 측면들이 고려되어야 한다.

첫째, 정책목표 달성으로서 얻게 되는 효과가 어느 정도 추정되어야 한다.

둘째, 정책목표 달성을 위한 소요되는 비용이 어느 정도 추계되어야 한다.

셋째, 정책효과와 비용 중의 어느 수준을 더 중요하게 볼 것인지를 결정하여야 한다.

넷째, 정책목표의 달성 가능성이 예측되어야 한다.

마지막으로 정책목표 달성으로 적어도 변화되는 미래를 가늠할 수 있어야 한다.

다. 정책결정을 위한 관련한 정보·자료의 수집

정책결정의 세 번째 단계는 인지된 문제와 이를 해결하기 위해 제시한 목표와 관련한 필요한 정보(Information)·자료(Data)의 수집과 분석단계이다. 즉, 문제가 인지되면 그 문제의 해결을 위하여 관련된 정보와 자료를 수집하고 분석하게 된다. 정확한 정보·자료의 수집과 수집된 정보·자료의 정확하고 관련된 분석 없이는 합리적인 정책결정은 어렵다. 특히 오늘날과 같이 급변하는 사회적인 상황에서는 확실한 것도 있겠지만 불확실한 것이 많으며 따라서 이러한 불확실하고 급변하는 상황에도 적절하게 대처할 수 있도록 하는 정보·자료의 수집과 분석은 중요하다고 볼 수 있다.

최근에 이와 같은 사회적인 상황에 대처하기 위한 방법으로서 고도의 정보기술이 발달하고 있다. 특히 MIS(Management Information System), EDPS(Electronic Data Processing System), 빅데이터(Bigs data) 등이 발전되고 이러한 정보 기술을 바탕으로 하여 OR(Operations Research, PERT, Simulation Game Theory) 등의 사회과학이 발달되고 있으며 또한 체계분석(Systems analysis), 정책분석(Policy analysis) 등의 기법이 고도로 발달되고 있다.

제4차 산업혁명이라 명명하고 있는 산업사회는 디지털 환경에서 생성되는 데이터로 그 규모가 방대하고, 생성 주기도 짧고, 형태도 수치 데이터뿐 아니라 문자와 영상 데이터를 포함하는 대규모 데이터, 즉 빅데이터라 칭하는 상황으로 변화하고 있다. 이 환경은 과거에 비해 데이터의 양이 폭증했다는 점과 함께 데이터의 종류도 다양해져 사람들의 행동은 물론 위치정보와 SNS를 통해 생각과 의견까지 분석하고 예측할 수 있다. 정책결정과정에서 빅데이터의 등장은 시민이 요구하는 서비스를 제공할 수 있는 기회로 작용한다. 이는 '사회적 비용 감소와 공공 서비스 품질 향상'을 가능하게 만든다. 미 대통령 과학자문위원회는 2010년 발간한 '디지털 미래 전략(Designing a Digital Future)' 보고서에서 '모든 연방정부 기관은 빅데이터 전략이 필요함'을 강조했다. 2012년에 열린 다보스 포럼에서도 위기에 처한 자본주의를 구하기 위한 '사회 기술 모델(Social and Technological Models)'을 제시하고 '빅데이터'가 사회현안 해결에 강력한 도구가 될 것으로 예측했다(Vital Wave Consulting, 2012). 문재인 정부에서도 이와 관련한 위원회를 설치하여 그 중요성을 인식하고 있으며 정책결정 만이 아니라 우리 산업사회의 토양으로서 육성하려고 하고 있다.

따라서 정책결정과정에서 궁극적으로 적절한 결정을 하기 위한 실행적인 수단은 관련한 정보, 자료를 얼마나 어떤 과정으로 수집, 분석하느냐의 문제이기 때문에 특히, 이 과정을 중요해질 수밖에 없다.

라. 문제 해결을 위한 대안의 작성과 분석, 평가

정보 · 자료의 수집과 분석이 끝나면 문제의 해결을 위한 대안(Alternatives)을 작성하고 이를 분석 · 평가해야 한다. 즉, 수집 · 분석된 정보 · 자료를 바탕으로 문제를 해결할 수 있는 대안을 탐색해야 한다. 문제를 해결할 수 있다고 생각되는 가능한 모든 대안을 작성하여 보고 이들 대안을 분석하고 평가하여 각각의 대안이 채택되었을 경우와 채택되지 못했을 경우에 나타날 수 있는 모든 결과를 예측하여 본다. 이 단계에서 정책대안은 몇 가지 방법으로 대안을 찾을 수 있다. 가장 우선적으로는 과거에 채택되었거나 실행해 보았던 정책이나 현존하는 유사한 정책이며 또한 다른 국가나 정부에서 관련한 정책사례들이다. 정책결정이 정책이해당사들에 의해 이루어지기 때문에 과거의 정책을 모두 파악하고 있을 것 같지만 쉬운 문제가 아니다. 따라서 이 과정에서 사전에 유사한 사회문제와 이를 해결하기 위한 목표에 대한 해결방안들을 목록화하여 비교하는 것은 좋은 자료가 될 수 있다. 이 외에도 사회문제 해결을 주도해 온 국가, 특히, 장애정책의 경우 미국이나 유럽이 많은 부분 앞서 있기 때문에 이들 국가들에서의 사회문제 정의와 목표, 해결을 위한 대안들에 대한 조사와 비교, 분석은 문제해결을 위한 대안을 찾는데 좋은 자료가 될 수 있다.

이외에도 이론이나 모형으로부터 새로이 개발하는 것이다. 이를 위해 OR 등의 관리과학, 체계분석, 정책분석 등의 기법이 활용되고 작성된 각각의 대안에 대한 비교·분석이 이루어지며 이 때 비용·효과분석(cost-benefit analysis)이 이루어진다. 또한 마지막으로 고려해볼 수 있는 대안은 전문가나 정책개발자나 결정자의 직관적 방법이다. 이 방법을 활용하는 경우는 관계자들이 모여서 브레인스토밍하거나 델파이 방법을 활용해 관련된 정책의 아이디어를 체계화하는 방식이다. 이리하여 모든 대안이 분석되고 평가되며 비교된다.

마. 대안의 선택

작성된 대안에 대한 분석과 평가에 의하여 나타난 결과를 바탕으로 최선의 대안이라고 생각되는 것을 선택한다. 최선의 대안을 선택하기 위하여 선택을 위한 기준이 필요할 텐데 이때의 기준은 정책목표와 관련되며 이 목표에 가장 부합하는 기준을 우선적으로 적용하게 된다. 일반적으로 대안을 선택하기 위하여 사용되는 기준은 효과성, 능률성, 공평성, 소망성, 실현가능성 등이 활용된다. 효과성은 목표에 따른 성과를 기준으로 하며 능률성은 비용편익분석과 같은 경제적 가치 추정 방식을 통해, 공평성이나 소망성은 정책의 보편성과 선택성에 대한 기준을 통해 실현가능성은 행정적, 경제적, 제도적, 기술적 측면에서의 실현가능성을 측정하는 방식으로 이루어진다.

그러나 항상 만족할만한 최선의 대안이 있는 것은 아니며 선택한 대안이 불만스러울 때도 있고 선택할 수 있는 대안이 존재하지 않을 수도 있으며 어느 것이 최선의 대안이 될 수 있는지 애매모호한 경우도 있다. 이러한 때는 처음관계, 즉 문제의 인지단계부터 다시 충분한 분석과 검토를 되풀이해야 한다.

4. 정책결정의 참여자

정책결정의 참여자는 정책과정의 참여자에서 살펴보았지만 특히, 정책결정과정에서 이들의 역할이 중요하기 때문에 조금 더 구체적으로 세분화하여 살펴보았다. 정책결정과정에 참여자는 참여하게 되는 당사자를 의미하는데 장애정책결정의 참여자는 공식적, 비공식적 참여자 구분없이 장애인과 국민인식, 이익집단, 정당, 행정수반, 의회, 사법부, 각료 및 행정관, 전문가 등이 있다.

가. 장애인과 국민의식

민주주의는 주권재민과 민본주의의 원리이다. 따라서 장애정책은 장애인들의 의사에 의해서 장애인들의 요구에 의하여, 그리고 장애인의 입장에서 모든 정책기능이 수행되어야 한다.

장애정책은 이와 같은 국민의 인식과 장애인의 권리행사를 통하여 이루어지며, 정책결정은 이러한 장애인의 의사를 실현하기 위한 과정이고 장애인의 권리행사가 반영되는 과정이라고 볼 수 있다.

장애인들이 정책결정에 참여할 수 있는 방법은 투표권 행사, 정당을 통한 간접적인 참여, 장애인복지단체와 같은 이익집단의 형성과 활동을 통한 참여, 장애정책과 관계된 정보의 수집과 토론 및 정보의 제공을 통하여 참여하고, 언론이나 홍보매체를 통하여 여론을 형성하여 참여한다.

첫째, 투표권의 행사는 장애를 가진 사람의 기본적 권리로서 중요한 의미를 가지기 때문에 우리나라 헌법을 비롯한 UN 장애인권리협약을 비롯한 각종 인권선언에서 모든 유형의 장애를 가진 사람들의 투표참여를 보장하는 가이드라인을 제시하고 있으며 투표권의 평등한 행사에서 진정한 정책결정의 참여자가 되는 것이다.

둘째, 정당을 통한 간접적인 참여이다. 우리나라도 민주화가 진행되면서 모든 정당들이 장애를 가진 사람들을 정당의 중요한 성원으로 인식하고 장애인위원회 등을 설치하여 장애를 가진 사람들의 대표성을 인정하고 있다. 이런 위원회에 장애를 가진 사람들이 적극 참여하고 국회에 진출함으로써 정책결정에 상당한 수준에서 참여하게 된다.

셋째, 이익집단의 형성과 활동을 통한 참여이다. 국제사회는 중요한 장애정책을 결정하는 경우 장애인당사자의 참여를 권고하고 있으며 이를 근거로 국내법에서도 중요한 장애정책 심의, 의결과정에서 장애를 가진 사람들의 의견을 듣도록 하거나 구성위원으로 위촉하고 있다. 이 과정에서 장애인단체는 이익단체로서 역할을 하게 되고 이런 상황이 전개되다 보니 모든 유형의 장애인단체가 만들어지고 이들이 정책결정 과정의 이익단체로서 역할을 하게 된다.

넷째, 공개된 토론회를 통한 참여이다. 이익단체, 정당, 정부, 연구기관, 학회 등이 공개적으로 개최하는 장애정책 토론회는 상당한 수의 장애인당사자가 참여하여 그들의 의견을 공개적으로 강하게 표출하며 이 과정에서 정책결정 과정에서 이 의견은 중요한 결정요인으로 고려되게 됨으로써 중요한 참여자가 되는 것이다.

마지막으로 여론형성을 통해 참여한다. 장애정책은 언론이 정책에 대한 이미지를 어떻게 확산시키느냐에 따라 장애가 없는 국민들이 정책 결정에 중요하게 작용하게 된다. 따라서 장애정책을 희망하는 장애인당사자나 이익집단들은 언론에 장애정책에 대한 강한 이미지를 요구하게 되고 이런 과정이 결국 정책결정의 중요한 참여자로서 역할을 하게 된다.

나. 장애인단체와 같은 이익집단

이익집단은 자신의 이해관계를 개인으로의 참여보다는 집단적 의사결정으로 참여하여 보다 강력한 권익을 보호받고자 하는 집단이다. 지나치게 자신의 이해관계만을 주장할 수도 있으나 이익집단의 의사를 무시한 결정은 문제가 있다는 점에서 그들의 의사를 참조하여 결정할 필요성이 있다. 정책결정에 있어서 이익집단은 사실상 커다란 영향을 미치고 있는데 이에 대하여는 2006년의 UN장애인 권리협약과 그 이전의 각종 선언이나 권고 등에서 정책결정에 장애인 당사자와 장애인단체를 포함시킬 것을 권고하고 있다. 우리나라의 경우도 각종 정책결정과정에 장애인이나 장애인복지단체의 요구를 반드시 경청하고 관련 정책결정과정이나 자문위원회

구성에 3분의 1은 장애인 당사자를 참여 시키도록 규정하고 있다. 따라서 이 같은 조치들은 장애인단체와 같은 이익단체들이 정책결정의 참여자로서의 역할을 점점 강조하는 경향으로 변화하게 하고 있다.

다. 정당

정당은 정치이념의 실현을 위하여 자기 정당의 정당정책이 정책에 반영되도록 힘을 행사한다. 정책결정에 직접 참여하기도 하며 정책결정 담당자에게 압력을 가하기로 한다. 정당이 장애인의 의사를 정부에 실현하고자 하는 데서 행정에 대한 통제의 역할을 하고 민주주의를 보장하고자 한다. 최근에는 모든 정당들이 장애인위원회를 설치하고 있고 정당의 정책기조에 장애정책을 보다 분명하게 언급하고 있기 때문에 장애정책의 정당의 역할을 점차 강조되고 있는 추세이다. 정당의 기조이념에서 나타나기도 하지만 오늘날의 정당들은 장애정책의제를 만들어 집권한 이후 실현방법까지를 제시하고 있기 때문에 이미 정당은 장애정책의 중요한 참여자이며 역할을 하고 있다.

라. 행정부

행정부는 행정권을 가지고 있으며, 따라서 행정부는 정책결정의 직접적인 당사자이다. 모든 행정에 대한 권한과 책임을 동시에 지니고 있기 때문에 직접 정책결정 할 경우는 물론 행정 각 기관의 정책결정을 지휘·감독하고 이의 수행에 직접·간접으로 개입하기 때문에 정책결정에 당사자가 된다. 장애정책의 경우는 사실상 모든 행정부서가 관련되기 때문에 특정 행정부를 지칭하기에는 제한점이 있다. 오히려 이들 각 행정부처에서 하는 장애정책들을 조정하고 조율하는 기능이 더욱 필요한 상황이며 국제사회는 이를 위해 대통령 산하에 장애인정책조정위원회를 설치할 것을 권고하고 있다. 우리나라의 경우는 장애인복지법에 장애인정책조정위원회를 국무총리실 산하에 설치하도록 규정하고 있으나 비상설기구이고 사무국이 별도로 있는 것이 아니라 보건복지부가 그 역할을 대행하도록 하고 있어 실제적인 기능을 하는 데는 제한적이다.

마. 의회

의회는 입법권, 재정권, 일반국무에 관한 권한을 행사하여 행정부의 정책결정과 이의 행사에 관여하고 통제한다. 의회는 정당과 이익단체 · 언론기관 · 시민의 여론이 국정에 반영되도록 정책결정에 관여하게 된다. 사실상 새롭게 시작되는 장애정책의 결정은 의회가 하는 것이기 때문에 정책결정만이 아니라 정책의제형성이나 평가에 있어서도 의회의 역할은 크다. 따라서 의회의 역할은 정당과 함께 고려해 본다면 정책결정의 중심 참여자이다.

바. 사법부

사법부가 법률심사권을 행사하는 경우 또는 행정재판을 비롯한 각종 판결에 있어서 법률의 해석을 통하여 정책 내용을 통제함으로써 정책결정에 참여한다. 예를 들어 국회에 결정된 정책이 집행되는 가운데서 정책 간 상충이나 법리적인 해석에 문제가 되는 경우 사법부는 이에 대하여 명확한 판단을 하게 되며 이 판단 결과에 따라 정책은 자동적으로 조정되거나 폐지 혹은 개선될 수 있어 사법부의 정책결정 참여도 중요한 요인이라 볼 수 있다.

사. 각료 및 정책관

각료가 정책결정권을 갖고 있으며 소관 부처의 모든 정책결정에 직접적으로 관여하게 된다. 민주정치는 책임정치이며 정치적인 책임은 각료를 비롯한 정무관이 지게 된다. 각료나 정무관이 특정분야에 대한 정책결정에 전문적인 지식이나 기술을 갖고 있지 못할 때 고급 공무원이나 전문가를 참여시켜 합리적인 정책결정이 이루어지도록 하는데 어떤 방식이든 각료나 정책관은 정책결정에 주요하게 참여한다.

아. 전문가

각료를 비롯한 정무관이 정책결정의 당사자이지만 이들은 특정분야에 대한 전문적인 지식이나 기술을 가지고 있지 못하며, 따라서 특정분야를 직접 수행하고 있는 고급공무원을 참여시켜 그들의 의사를 반영하고 경우에 따라서는 그 분야에 대한 고도의 전문적인 지식과 기술을 가진 전문가들을 참여시켜 이들의 의사를 반영한다. 고급공무원이 전문가로서 행정을 수반하고 있으나 오늘날 광범위한 분야에 걸쳐 고도의 지식과 기술의 발전을 가져오며 따라서 이러한 분야는 그러한 능력을 가진 전문가의 견해를 참조할 것이 요청된다. 장애정책의 경우 고급관료들이 비교적 이에 대한 전문적인 지식을 가지고 있거나 장애인당사자가 고급관료인 경우가 드물기 때문에 전문가들은 더욱 정책결정에 많은 부분 참여하게 되고 영향을 주게 된다. 최근에는 장애정책의 특정분야는 장애인당사자를 개방형공무원으로 관련 지식이나 기술을 가진 사람을 선발하여 이 역할을 하게 하는 등 전문가의 역할도 점점 강조되고 있다.

5. 정책결정과정의 제약요인

정책이 합리적으로 결정되기 위하여 정책결정자는 물론 정책결정 과정에 영향을 끼치는 제 요인들이 합리적으로 작용하지 않으면 안 된다. 정책 또는 정책과정에 영향을 끼치는 요인으로서 여러 가지를 들 수 있겠으나 여기에서는 다음의 몇 가지만을 살펴보기로 할 것이다.

가. 인간적 요인

정책결정자는 물론 정책에 참여하는 개인들이 가지는 가치관이나 태도, 과거의 경험이나 성격이 불합리한 경우에는 정책이 합리적으로 이루어지기 어렵다. 또한 일반적으로 인간이 지니는 인지능력의 불완전성과 지식, 정보습득의 불완전성, 그리고 사회적 지위나 연령, 재활행정가들의 행태적 병리현상, 권위주의적 태도 등도 합리적 정책결정을 제약하는 요인이 된다. 뿐만 아니라 오늘날 전문화되어 가는 사회문제를 해결하기 위한 전문지식 습득의 결여와 인간관계에서 당사자 상호간의 이해 부족 등도 역시 정책의 합리적 결정을 제약하는 요인으로 작용한다. 특히, 장애정책에서는 이들이 장애를 가지고 있는 사람들에 대한 인식, 즉 장애민감성을 얼마나 가지고 있느냐에 따라 정책결정 과정은 중요한 영향을 받을 수밖에 없다. 장애인복지법과 장애인고용촉진 및 직업재활법의 관련 정책결정 당사자나 사업주를 대상으로 장애인식개선 교육을 의무화하는 것은 이를 예방하기 위한 하나의 초치이기는 하나 장애인식의 경우는 교육으로 변화되기에는 한계가 있기 때문에 정책결정 과정에서 이를 고려하는 방안이 마련되어야 한다.

나. 구조적 요인

정책결정권한이 집권화되어 상위계층에서만 결정이 이루어진다거나, 행정구조가 지니는 선례나 표준운영절차와 규칙 등으로 창의적 결정이 저해된다거나, 의회 및 행정수반과의 관계에서의 구조적 난점 등은 합리적 정책결정을 저해한다.

또한 원활한 의사소통의 미비와 정책결정 이해당사자 간에 대한 불신과 재활행정가들의 기능 약화, 그리고 복잡한 절차와 번잡한 문서화 및 최고결정자에 대한 결정권 이외의 일상적 업무의 과다, 책임추궁, 정책전담기구의 결여 등의 구조적 문제는 합리적으로 정책이 결정되지 못하게 하는 중요한 요인이 된다, 각 기관의 정책결정영역이 중첩되는 경우가 많기 때문에 재활행정가의 기능 강화와 기관간의 협력체계가 제도화되어 문제를 해결하려고 하여야 되는데, 문제해결을 위한 정보교환, 의사소통이나 기술지원 등이 미숙하여 알력과 불화가 있을 때 어려움이 따른다. 특히, 장애정책에서 장애를 가지고 있는 사람들의 사회문제를 해결하는 것은 이들을 분리해서 접근하기보다는 국민 안에 포함되어 고려되면 자연스럽게 해결될 수 있는데 오랜 세월동안 분리 혹은 특수한 방법으로 정책결정 과정이 이루어지다 보니 이런 구조적 요인이 장애정책 결정과정을 더욱 어렵게 할 수 있다.

다. 환경적 요인

정책결정과정의 폐쇄성 때문에 환경으로부터의 요구와 지지가 결정과정에 투입되는 기능이 미약하면 합리적 정책결정이 제약을 받는다. 이것은 정치발전 수준이 저조하거나 참여적 정치제도가 미약한 경우에 발생하는 것이다. 또한 불합리한 사회규범이나 관습, 질서 등으로 부패와 부조리가 성행하고 정책결정의 재량권에 대한 압력이 취약하며 정치풍토가 정부의 정책기능을 별로 중요시하지 않는 경우 정책결정이 제약된다고 하겠다. 배제와 보상, 분리중심의 장애정책이 시행되는 시기에서의 정책결정은 과정의 폐쇄성으로 인해 이 같은 정책이 더욱 힘을 받게 되는 것이다. 만약 정책결정과정이 열려 있었다면 보다 많은 장애인 당사자의 의견이 개진될 수 있었을 것이며 합리적인 정책결정을 기대할 수 있었을 것이다.

라. 정책문제의 복잡성

오늘날 사회는 어떤 하나의 해결책이나 정부기관에 의하여 완전히 해결될 수 있는 문제는 거의 없을 만큼 복잡하고도 다양하게 거대화되었다. 따라서 개인의 기본적 권리보호나 국제적인 문제 등의 개입으로 해결하기가 곤란하거나 시간, 정보 등의 제약으로 거의 불가능할 정도로 유동적이며 복잡한 문제가 발생하고 있다. 이것이 정책결정의 합리화를 제약하는 요인이 되고 있다. 특히 장애를 가지고 있는 사람들의 문제는 인간의 논제를 중점으로 하고 국내보다는 국제사회의 다양한 협약을 이행하거나 평가를 받는 등의 상황 때문에 복잡성의 정도는 더욱 크다.

마. 시간, 정보 및 자원의 부족

정책결정은 일정한 시간에 행해지지 않으면 바림직한 상태로 해결이 되지 않는 경우가 많다. 또한 재활행정가들의 재임기간이 짧기 때문에 정책에 전념할 수 있는 여건이 조성되지 않는 경우도 있다. 즉, 시간적인 제약을 받는다. 또한 정책결정과정의 비공개성, 집권화 등으로 정보의 습득이나 그에 대한 연구, 개발 등이 미비하거나 즉흥적 전시, 효과적 결정 등으로 합리적 정책결정이 제약된다. 불확실성과 정보, 자원의 부족은 중요한 제약요인으로 작용하게 되는 것이다. 특히 장애정책은 이를 뒷받침할 수 있는 기본적인 자료의 부족, 관련 전문가의 부족, 선행연구의 제한 등으로 합리적인 정책결정을 하는 데 더욱 어려움이 있다.

바. 매몰비용

기존의 정책이나 사업이 문제해결에 비합리적이라는 것이 판명됨에 따라 새로운 합리적인 정책이 필요하게 된다. 그러나 이미 시간이 경과하였고 그 정책이나 사업에 투입된 노력과 비용 때문에 새로운 정책을 실현하는 것이 오히려 낭비적인 경우가 있을 것이다. 이와 같이 매몰비용도 합리적인 정책결정을 위해서는 저해요인으로 작용하는 것이다. 장애정책의 경우 오랜 시간동안 배제와 보상, 온정주의적 정책 결정이 이루어지고 이를 실현하는 과정에서 많은 행정력과 비용이 매몰되었기 때문에 합리적인 정책결정과정에서 이 부분은 무시할 수 없는 요인이 되고 있다.

제5절 정책집행

1. 정책집행의 개념

정책집행(Policy implementation)은 정책과정에서 정책이 실제 실현되는 과정으로 정책 수단들을 동원해 정책을 실질적으로 집행하는 것을 말한다. 정책 속에 포함되어 있는 수많은 정책 수단과 계획들은 집행 작업을 거쳐 현실로 나타나야만 원하는 목표를 달성할 수 있고 정책문제, 근본적으로 제기된 사회문제를 해결할 수 있다. 정책집행은 오랜 시간, 여러 장소, 복합적인 상황 속에서 발생하는 일련의 행정적·정치적 결정과 활동으로 이루어진다. 이미 결정된 정책을 구체적인 사업계획으로 전환하여 이를 실현시켜 나가는 일. 정책집행을 가리키는 용어는 처음에는 학자마다 제각기 다르게 명명해왔다. Dror(1968)는 정책실현(Policy execution)이라는 의미를 사용하였고 Bunker(1972)는 계획의 행동화(Activation of plans), 그리고 Wildavsky과 Pressman(1973)이 집행론(Implementation)을 출간하면서 정책집행이라는 용어를 본격적으로 사용하기 시작하였다. 이 책에서 그들은 정책집행의 개념 정의를 목표설정 활동과 목표달성 활동 간의 상호작용이라 정의하고 Van Meter와 Van Horn(1975)은 정책결정에서 미리 설정된 목표를 달성하기 위한 정부 부문 및 민간 부문의 개인이나 집단이 행하는 활동이라 하였고, 정정길(2014)은 정책의 내용, 즉 정책수단을 실현시키는 것이 정책집행이라고 정의하고 있다.

정책집행은 정책을 실천에 옮겨 그 결과를 얻는 과정임으로 정책과정 중 가장 중요하다고 볼 수 있다. 그러나 정책집행은 정책결정보다 훨씬 어렵고 복잡한 과정이다. 왜냐 하면 정책집행이 진행되는 동안에도 사회환경이나 상황이 시시각각 변화되어 정책결정 당시의 상황과 크게 달라질 수 있어 이러한 변동 상황에 맞추어 정책으로 집행하려면 처음의 정책 내용을 수정하여 집행하지 않으면 안 되기 때문이다. 수정하여 집행한다 함은 곧 변동상황에 적절한 정책으로 다시 고쳐 집행한다는 뜻이다. 따라서 정책집행은 정책결정 과정과 분리하여 생각할 수 없고, 이 두 과정이 상호작용을 통해 부분적으로 환류를 거듭하며 나아가는 순환적 과정으로 이해 할 수 있다. 즉, 정책집행 과정은 정책결정과 집행이 위에서 아래로 변함없이 흐르는 일관된 논리의 체계가 아니고, 서로 영향을 주고 받으며 변화하는 과정인 것이다.

장애인의 고용기회 증진과 소득보장을 목표로 의무고용정책이 결정되었다면 적용 대상사업주나 공공기관이 장애인을 의무적으로 고용하도록 하여 실제 고용기회가 증진되고 이를 통해 소득보장이 이루어져 장애인 개개인은 자립생활이 가능하고 국가와 사회적으로는 국민생산력과 사회보장비용의 감소효과가 나타나도록 고용촉진과 직업재활활동을 적극적으로 집행하는 것이 곧 정책집행이라고 볼 수 있다.

그러나 이와 같은 정책집행이 이루어 졌다고 하더라도 정책의 목표가 무조건 달성되는 것은 아니다. 고용기회 증진 효과와 소득보장 효과가 당초 기대보다 미진하게 나타날 수도 있고 의무고용을 채우지 못하는 결과가 나타날 수도 있는데 이렇다 하더라도 이 정책은 집행이 이루어지고 있는 것으로 이해하는 것이다. 이 과정에서 정책집행의 수단들을 수정, 개선하는 정책결정이 수시적으로 이루어져 정책집행 환경도 변화하는 순환구조를 갖을 수 있겠지만 이 모두를 정책집행이라 볼 수 있다. 때문에 정책집행에 영향을 미치는 요인은 정책의 내용, 정책문제의 성격, 집행 환경과 맥락, 집행기관의 성격 등 다양한 요인에서 영향을 줌으로 이 과정에서는 주기적이고 연속적인 모니터 과정을 통해 정책결정과정과 긴밀한 연계가 이루어지도 하여야 한다.

따라서 정책집행은 정책과정이라는 연속적 과정에서 정책결정 과정을 통해 만들어진 정책을 설계된 정책목표와 정책수단 그리고 대상 집단에 맞추어 실행하는 일련의 행정적 과정으로 요약할 수 있다.

2. 정책집행의 과정

정책을 집행해 가는 과정에 대해 Ripley와 Franklin(1986)은 자원의 확보, 해석 및 기획, 조직, 혜택 및 제한의 전달 등 4단계로 나누어 설명하고 있다.

자원의 확보단계는 정책집행의 담당기관이 정책집행에 필요한 예산·인력·장비 등과 같은 인적·물적 자원을 확보하는 단계이고, 제2단계는 정책과 관련된 법률의 내용에 의거하여 구체적인 지침이나 규칙 등을 제정하고 계획을 세우는 단계이며, 제3단계는 정책집행을 위해 기구를 설치하고 업무처리 방법을 마련하는 등 각종 활동을 조직화하는 단계이다. 끝으로 제4단계는 정책집행기관이 수혜대상에게 혜택을 제공하거나 규제 대상에게 제한을 가하는 단계이다.

정책집행은 위와 같은 몇 단계를 거치는 과정에서 그 집행담당기관은 각종 장애에 직면하는 경우가 적지 않다. 그 저해요인들을 적절히 극복해 나가야만 성공적으로 정책집행을 이룰 수가 있다. 성공적인 정책집행이라 말할 수 있는지의 기준은 일반적으로 우선, 목표달성의 여부를 가지고 판단하게 된다. 정책집행이 성공적으로 이루어졌는지의 여부는 정책이 설정한 목표를 처음 예정한 바대로 잘 이루어졌는지, 즉 처음 예정했던 바에 얼마나 가깝게 달성했는지가 그 기준이 될 수 있다. 이러한 관점에서 볼 때 성공적인 정책집행이라 할 수 있으려면 효과성이 높은 정책집행이라야 할 것이다.

둘째는 소요기간으로 판단하는 것이다. 아무리 기대한 바의 목표를 달성하였다 할지라도 당초에 예정한 기간보다 훨씬 많은 시일이 소요되었다면 이는 성공적인 정책집행이라 말할 수 없다. 따라서 정책집행에 소요된 시일도 정책집행의 성공여부를 판단하는 기준이 된다.

셋째는 시기의 적절성의 여부이다. 정책집행이 얼마나 순조롭게 이루어졌느냐 하는 것도 정책집행의 성공 여부를 가름하는 기준이 될 수 있다. 비록 정책의 목표를 달성했다 하더라도 그 집행과정에 많은 저항을 받아 겨우 목표를 달성한 것이라면 이는 성공적인 집행이라 말하기 어려울 것이다.

따라서 정책이 성공적으로 집행되어 성과를 거두기 위해서는 효율적인 과정으로 집행이 이루어질 필요가 있다. 정책집행의 과정에 대하여는 Ripley와 Franklin(1986)의 4단계를 참조하여 정정길(2014)이 제시하고 있는 정책지침의 작성, 정책자원 확보와 배분, 정책실행 활동, 감독과 모니터과정으로 살펴보았다.

가. 정책지침작성 과정

지침이란 정책을 집행하는 기관에서 정책수단을 효율적으로 실행하기 위한 실시방법, 관리, 평가, 계획 등 필요한 실제내용을 명시한 문서를 의미한다. 정책지침이란 정책집행과정에서 일어나는 하나하나의 과업들에 대해 집행하는 사람들이 자율성에 의존하지 않고 통일성 있게 실행할 수 있도록 하는 하나의 가이드라인이라고 볼 수 있다. 따라서 정책지침은 집행하고자 하는 정책 목표와 수단, 대상 집단들에 대한 명확한 기준을 가지고 있어야 하며 이에 대하여는 관계하는 모든 사람들이 공유하고 동일한 적용이 이루어질 수 있도록 해야 한다.

정책지침이 이와 같은 기준을 충족 하지 않은 가운데 만들어지게 되면 정책집행과정에서 상당한 혼란이 발생할 수밖에 없고 결국 정책이 성과를 내기 어렵게 된다.

정책의 기초이론에서 살펴보았듯이 정책은 여러 가지 형태로 만들어지게 되는데 정책이 법률의 형태로 만들어졌다면 이 법률을 실행하기 위한 대통령령이나 시행규칙, 시행규칙이하의 지침 등이 모두 정책지침이라고 볼 수 있다. 장애정책의 경우 대부분 법으로 만들어지게 되는데 법률이하의 내용들이 모두 정책지침이 되게 된다.

때문에 정책지침은 정책의 내용을 실천현장에서 실행 가능하도록 이를 실천하는 행정가나 이용하는 장애당사자나 관련자들이 모두 이해할 수 있도록 구체적이고 세밀하게 만들어져야 한다. 정책의 핵심사항인 구성요소는 정책결정이 이루어지는 과정에서 모두 만들어지지만 세부적이고 구체적인 사항, 장애인당사자나 정책의 대상 집단은 오히려 이 정책지침에 의해 영향을 받는 경우가 많다. 따라서 정책지침을 제작할 때는 정책결정 과정에서와 같이 실제 이와 관련한 이해당사자들과 합의하고 공유하는 과정을 통해 합리적이고 실현가능성 있는 지침이 만들어지도록 해야 한다.

정책지침은 기본적으로 집행자와 이용자 입장에서의 본연의 기능을 가지게 된다.

첫째, 집행자에게는 무엇을 어떻게 해야 하는지 실행방법을 구체적으로 알려주는 기능을 한다.

장애정책의 경우 중앙부처와 지방자치단체 그리고 이를 실제 이용하거나 업무를 위탁 받아 수행하는 공공기관 등 다양한 전달체계를 통해 이루어지게 되며, 이를 집행하는 사람들도 다양한 인력들로 구성된다. 때문에 다양한 전달체계와 여기에 종사하는 인력들이 정책집행을 하는 과정에서 동일한 정책에 동일한 기준을 가지고 적용할 수 있는 지침을 가지고 실행하는 것이기 때문에 어디에서나 관련한 정책의 보편적 기능을 수행할 수 있는 것이다. 따라서 정책지침을 만들거나 개정을 하게 되는 경우 항시 집행자들의 의견을 공유하고 반영하여야 동일한 정책에 동일하게 적용될 수 있는 기준이 만들어지게 되는 것이며, 이 기능을 수행하게 되는 것이다.

둘째, 이용자 입장에서는 정책에 순응하고 이용 가능성을 확인하고 궁극적으로 정책의 효과를 극대화시키는 기능을 한다.

장애정책의 경우 전달체계도 다양하고 정책수단도 다양하기 때문에 이용자 입장에서는 나에게 적용될 수 있는 정책의 유형과 내용에 대해 손쉽게 접근할 수 있는 방법이 제한된다. 그러나 정책지침이 구체적이고 세밀하게 만들어지게 되면 이 지침은 이용자들에게 정책의 접근성을 향상시키며, 결국 정책효과를 극대화하는 기능을 하게 되는 것이다. 특히, 장애정책의 경우 정책을 실행하는 전달체계가 일부 사회복지법인이나 장애인단체와 같은 민간기관이 담당하는 경우 정책지침은 관련한 정책을 집행하는데 정책 그 자체보다 중요한 기준이 된다. 예를 들어 장애인복지정책이나 자립생활정책 등 상당한 장애정책의 중요한 사항은 관련한 법률보다는 보건복지부가 만들어 배포하는 장애인복지사업안내, 즉, 정책지침이 중요하게 활용되는 이유가 이 때문이다. 따라서 정책지침을 작성하는 담당부서는 집행자에게도 지침작성을 공유하지만 이용자와도 공유하고 의사소통이 이루어져야만 실행가능성이 높은 정책지침이 만들어질 수 있다.

정책지침은 두 가지 기능 외에도 정책이 실행되는데 불확실성을 감소시키며, 능률성, 공평성 등을 확보할 수 있는 수단이 되기 때문에 정책지침작성 과정은 정책과정에서 중요한 의미를 가진다.

나. 자원의 확보와 배분과정

정책집행이 이루어지기 위해서는 이를 실행할 수 있는 자원의 확보가 이루어져야 하며 동시에 이 자원이 어떤 기준에 의해 전달될 것인지에 대한 배분방안도 마련되어야 한다. 정책집행에 있어 자원이라는 것은 정책집행에 필요한 금전적인 것만을 의미하는 것이 아니라 이 자원에는 필요한 조직과 인력, 장비, 환경적인 구조 등 정책을 집행하는 데 필요한 모든 하드웨어와 소프트웨어를 총칭하는 의미이다.

자원 중에 예산은 정책집행에서 핵심적인 자원이다. 조직과 인력, 장비 등도 결국 예산자원이 뒷받침되지 않으면 안 되는 것이기 때문에 예산확보와 배분은 정책집행에 가장 중요하다. 장애정책의 경우 관련부처나 정책결정과정에서 필요성이 인정되어 결정이 된 경우에도 예산자원의 확보가 안 되어 실행되지 않는 경우가 많은 것은 좋은 사례가 된다. 예를 들어 근로자직업능력개발정책은 현재 근로하지 않은 광의적 실업자를 대상으로 보고 직업능력개발훈련을 고용의 연장선상이라는 의미에서 임금의 적정선을 보장하기 위한 훈련수당을 지급함에도 중증장애인의 경우는 이에 해당되지만 실제 적용을 받지 못하는 경우가 많은 것은 자원 확보와 배분의 문제인 것이다.

자원 확보는 예산의 확보 여부도 중요하지만 시기적인 문제도 중요하다 정책의 내용은 시기에 민감할 수밖에 없는 정책들이 있다. 예를 들어 영, 유아기 장애아동을 위한 치료나 교육정책은 시기의 적절성이 중요한데 이를 놓치게 되면 정책집행은 실패할 수밖에 없다.

장애정책 집행에서 간과할 수 없는 자원 중에 하나는 집행자와 관련한 인력자원이다. UN 장애인권리협약과 국제노동기구의 장애인고용과 직업재활에 관한 협약은 장애정책에서 재활상담사라는 관련 전문지식과 기술을 갖춘 전문가를 배치하도록 하고 있으나 이미 양성되고 있는 전문가를 배치하지 않는 현 상황을 볼 때 결국, 장애정책을 제대로 이해하지 못함으로써 집행과정에서 나타날 수 있는 문제점은 결국 정책효과를 둔화시키는 결과를 초래할 것이다. 따라서 장애정책에서 자원 확보와 배분은 예산과 집행 인력이라는 측면에서 중점적으로 지원되고 관리될 수 있도록 해야 한다.

다. 정책의 실행과정

정책의 실행과정은 정책수단들이 실제적으로 현장에서 실현되는 상황을 의미한다. 앞서 이루어진 정책지침에 기반하여 확보된 자원을 동원하여 실제 대상자들에게 지침의 내용대로 필요한 정책을 전달하는 일체의 활동을 의미한다. 예를 들어 장애인고용 및 직업재활정책을 실행하기 위하여 한국장애인고용공단이나 전국의 중증장애인직업재활사업 수행기관에서 직업상담과 직무배치가 이루어지는 과정을 의미하며, 사회참여를 위하여 활동지원서비스가 필요한 중증장애인에게 신청과 적격성 심사과정을 거쳐 대상자로 결정된 중증장애인들에게 필요한 활동보조사의 파견과 이들로 하여금 필요한 서비스를 제공하도록 하는 것 등이 정책의 실행과정이다.

정책 실행과정은 정책 실제에서 마지막 단계임으로 이 과정에서는 앞서 이루어진 과정이 철저하게 진행되도록 하는 것이 중요하다. 즉, 정책지침의 기준과 자원배분과정에서의 기준들이 정확하게 적용될 수 있도록 하는 것이 중요하며 이 과정에서 문제가 발견되면 즉시 환류되어 정책의 재결정이 이루어질 수 있도록 해야 한다.

라. 감독과 모니터 과정

정책의 감독과 모니터 과정은 정책 실행과 실행이 종료된 이후 정책이 당초의 설계된 대로 제대로 집행이 되었는지를 상시적으로 점검하고 평가하여 재사정 혹은 재결정하는 과정이다. 감독과정은 어떻게 보면 다음 장에서 다루게 되는 정책평가와 연관된다. 정책이 당초 정책목표와 수단들이 제대로 집행되어 성과를 내고 있는지를 평가하는 과정이며 이에 대해서는 정책평가에서 세부적으로 다루도록 한다.

정책 모니터는 정책집행이 이루어지는 과정 전반에서 상시적으로 이루어지는 과정으로 모니터과정에서는 정책의 실행수준과 정책수단의 결과이행 등이 상시적으로 점검된다. 정책의 실행수준은 정책지침이 기준대로 적용되고 있는 지를 의미하며 정책수단의 결과이행은 정책수단이 지침대로 실행되어 결과가 나타나고 있는 지를 점검하는 것이다.

예를 들어 장애인식개선을 위한 대국민 인식개선활동을 중요한 정책으로 실행한다면 당초에 설계된 계획된 내용들이 언론을 통해 실행되고 있는지와 실제 이를 통해 인식이 개선되고 있는 지를 실태조사나 여론조사 등을 통해 상시적으로 점검하는 활동들이 이에 해당한다.

3. 정책집행의 유형

정책집행의 유형은 정책학과 정책집행에 대한 이론적 연구가 시작된 이래 많은 학자들이 관심을 가진 분야이다. 이 같은 연구들에서 정책집행의 이론은 정책을 집행함에 있어 하향식 접근방식으로 집행(Top-down approach)과 상향식 접근방식으로 집행(Bottom-up approach), 혹은 이 두 방식을 필요에 따라 혼합해서 집행할 것이냐(Mixed top-down or boottom-up)로 구분할 수 있다.

가. 정책집행의 하향식 접근 유형

정책집행의 하향식 접근방식은 정책집행을 정책목표 달성을 위해 수립된 정책결정과정에서 결정된 목표, 수단, 대상 집단 그리고 이를 위한 정책지침에 따라 전달체계나 조직은 그대로 집행하는 방식이다. 즉, 바람직한 정책집행은 정책결정의 내용을 논의하는 것이 아니라 충실히 실행하는 것이다. 따라서 하향식 접근유형은 정책결정자의 입장에서 정책의 집행을 바라보는 시각이며 정책결정자의 정책의도나 목표가 얼마나 충실히 이행되고 있는 지에 관심을 가진다.

이런 관점에서 하향식 접근유형의 정책집행에 영향을 주는 요인은 정책문제의 목표, 수단의 인과성, 집행에 대한 구조화 능력, 집행 인력과 같은 비구조적 요인 등이 영향일 미친다.

첫째, 정책은 사회문제를 해결하기 위한 것이다. 따라서 정책을 구성하는 목표와 수단 등은 관계성이 명확해야 한다는 것이다.

정책의 구성요소가 타당성이 있게 설계되지 않으면 이 정책은 집행이 된다하더라도 성과를 기대하기는 어렵다. 대부분의 정책이 집행이 이루어졌음에도 성과가 나타나지 않을 때 이 정책은 실패한 정책으로 분류하는 실패 정책의 주된 요인은 정책이 사회문제를 해결하기 위한 목표, 수단 등이 인과성이 부족하기 때문이다. 예를 들어 장애인의 고용기회 확대를 위한 정책을 의무고용비율, 장애인일자리 등의 정책으로 결정하고 필요한 정책지침을 만들어 실행하고 있음에도 불구하고 장애인의 실업문제가 좀처럼 해결되지 않는 이유는 하향식 접근방식의 대표적인 예이다. 정책결정자가 보는 고용률 상승효과는 충족할지 모르지만 궁극적으로 장애인의 고용기회를 확대하기 위해서는 교육에서의 기회보장, 사업주와 비장애인들의 장애근로자에 대한 인식개선이 선제적으로 개입되어야 한다는 장애당사자나 전문가의 정책집행 결과와는 상당한 차이가 있는 것이다.

둘째, 정책의 집행은 정책내용에 대해 명확한 정책집행 지침을 가지고 집행자나 이용자가 모두 이 지침에 순응할 수 있어야 한다.

하향식 접근방식의 정책집행은 모든 집행과정에서의 관계자들은 만들어진 지침과 이를 토대로 한 구조에 의해 집행하게 된다. 관련한 전달체계의 구조나 예산기준, 대상 집단에 대한 적격성 기준 등 모든 내용이 사전에 만들어진 지침이 불명확하면 정책 집행은 혼란에 빠지게 되고 집행자체가 어려울 수 있다. 장애인고용을 위한 의무고용정책은 노동시장에서 장애로 차별 받는 장애인들을 보상적 차원에서 고용기회를 제공하기 위한 정책임으로 당연히 대상 집단은 차별의 가능성이 있는 장애인으로 제한하는 것이 바람직 할 것이다. 그러나 우리나라 경우 이에 대한 고려 없이 장애인복지법의 장애인으로 규정함으로써 의무고용정책이 지속되는 한 노동시장에서 차별 받는 장애인은 더욱 이 제도로 인해 차별 받을 가능성이 확대되지만 이미 정책지침이 이 같은 방식을 기준으로 하고 있음으로 이는 지속될 수밖에 없다.

셋째, 정책을 집행하는 인력이나 전달체계, 정책이해당사자들의 관심도 등의 비구조적 요인들이 영향을 미친다.

정책을 집행하는 인력이나 전달체계는 관련한 정책이 성과를 낼 수 있도록 유연성 있게 정책집행을 하여야 한다. 하향식 접근방식의 경우 구체적이고 세밀한 기준들이 정책지침으로 만들어져 있기 때문이 이를 집행하는 집행 인력들이 유연성을 가지지 못하면 정책의 중도 수정이나 실패의 확률이 높아질 수밖에 없다. 또한 정책결정과정에 참여하였던 많은 정책이해당사자들이 시간이 가면서 정책 집행에 대한 새로운 관점과 욕구를 가지게 되면 집행과정에서의 혼란은 부득이할 수밖에 없다. 따라서 하향식 접근유형은 이 같은 비구조적 요인들에 많은 영향을 받게 된다.

하향식 정책집행 유형이 갖는 장점은 첫째, 하향식 접근유형이 가지고 있는 집행과정의 구조화가 집행의 성과를 떨어뜨린다는 예상에도 불구하고 어떤 경우에는 오히려 집행과정을 체계화하고 이해관계자들을 이해시키는데 도움이 된다는 것이다.

둘째, 정책집행의 필요한 사항들은 구체적인 지침으로 제시함으로써 집행과정에서 발생할 수 있는 변수들을 최소화 하는 장점이 있다.

셋째, 정책집행과정에서 발생할 수 있는 영향요인들을 사전에 포괄적으로 분석, 예측할 수 있도록 해 준다.

넷째, 정책목표를 통해 객관적인 정책집행에 대한 평가가 가능하다. 하향식 접근방식은 정책목표를 중시하기 때문에 정책성과를 정책목표 달성정도로 평가함으로써 정책결정자의 정치적인 상징이나 수사 등 비합리적인 평가기준을 적용하는 것보다 객관적인 평가가 가능하다.

이에 비해 하향식 접근방식은 정책집행의 한계점도 있다.

첫째, 정책목표를 명확하게 설정하기가 어려운 경우가 많다. 민주화된 사회에서 정책이해당사자가 다수인 경우 이런 다수의 지지를 받기 위해서는 정책목표가 모호해질 수밖에 없으며 목표가 이 같은 상황이면 정책수단이나 이행을 위한 지침도 명확하게 기준을 제시하기에는 제한점이 있다.

둘째, 정책집행자나 정책결정자의 역량의 한계를 극복할 수 없다. 정책결정자가 정책집행에 상당한 영향력을 발휘할 수 있고 집행과정에 발생될 수 있는 모든 가능성을 예견하여 정책지침으로 제시할 수 있다는 것은 이론적인 가설이나 실제는 역량의 한계로 이 모든 변수를 고려하여 분명한 정책지침을 만드는 것은 한계가 있다.

셋째, 정책문제의 핵심을 놓치는 한계가 있다. 하향식 접근방식을 주도하는 정책결정자들은 다른 정책이해당사자들의 입장이나 문제들을 정확하게 이해하고 분석하기에는 한계가 있고 관심도 부족하다. 따라서 정책집행 과정에서 일어나는 다양한 문제를 사전에 분석하고 차단하는 기능이 제한되므로 정책문제의 핵심을 놓치는 경우가 많다.

마지막으로 하향식 접근방식은 정책이 분리되어 실행되는 경우가 많음으로 정책의 연계나 통합이 제한된다. 장애인의 고용과 소득정책은 노동시장적인 접근만으로는 한계가 있다. 교육, 보건복지, 이동편의, 과학기술정책 등이 포괄적 관점에서 연계되고 통합되어야 소기의 성과를 기대할 수 있는데 하향식 접근방식은 개별정책으로 전달되는 경우가 많기 때문에 상당한 한계가 있다.

나. 정책집행의 상향식 접근유형

정책집행의 상향식 접근방식은 정책집행을 정책목표 달성을 위해 수립된 정책결정과정에서 결정된 목표, 수단, 대상 집단 그리고 이를 위한 정책지침에 따라 전달체계나 조직은 그대로 집행하는 하향식 접근방식이 한계가 있다는 전제하에 정책집행과정에서 중요한 것은 정책결정자가 아니라 정책집행을 일선에서 담당하는 집행자와 이를 이용하는 대상 집단들이 오히려 중요한 영향력을 발휘함으로써 정책집행에 있어 이들의 의견을 반영한 집행이 이루어질 수 있도록 해야 성과를 극대화할 수 있다는 것이다. 따라서 상향식 접근방식에서는 정책집행을 집행과정에 참여하는 다수의 이해당사자들 간에 발생하는 상호작용으로 인식하고 이들이 상호 작용하여 정책 집행이 어떻게 이루어지면 성과를 낼 수 있을 것인지를 기술하는 것이다.

따라서 상향식 접근방식에 정책집행이 이루어지기 위해서는 우선적으로 정책집행과정의 최하위 수준에 위치하는 일선 집행 인력들이 인식하는 집행 문제를 해결하기 위하여 어떠한 행동을 하는 지를 기술하고 이를 해결하기 위한 지침은 무엇인가를 파악하는데서 시작한다.

둘째, 최하위계층에서 차상위계층으로 올라가면서 바람직한 정책 집행과 행정이 이루어지기 위하여 어떠한 재량과 자원이 필요한 지를 살펴본 후 가장 효과가 극대화될 수 있는 조직단위에 재량과 자원을 배치시킨다.

셋째, 상기의 방법으로 정책집행이 이루어지는 과정을 지속적으로 모니터하여 성과를 극대화할 수 있는 새로운 개선방안을 찾고 지속적으로 환류하는 것이다.

결과적으로 정책의 상향식 접근방식은 접책 집행의 성과나 효율성은 정책결정자에 있는 것이 아니라 정책 집행의 최일선 집행자나 이용자가 인식하는 문제와 이를 해결하기 위한 목표, 수단에 대한 지식과 기술의 공유라는 점이며 정책지침은 이들이 이 같은 역할을 할 수 있도록 재량권을 부여하는 것이라는 것이다.

상향식 접근유형이 갖는 장점은 첫째, 정책집행과정의 인과관계를 보다 잘 규명할 수 있다. 상향식 접근방식은 문제의 근원이 되는 집행현장에서 감지하고 있는 사회문제의 성격과 이를 근거로 한 목표와 정책수단을 파악하기 때문에 이들 간의 인과관계가 더욱 잘 규명될 수 있다는 것이다. 특히, 장애정책의 경우 장애민감성이 필요하므로 정책의 대상 집단인 이용자의 문제의 욕구 그리고 재활행정가들이 이에 대한 해결 수단들이 현장에서 반영됨으로써 인과관계를 하향식 접근방식보다 더욱 효율적으로 잘 수립할 수 있다는 장점이 있다.

둘째, 정책 설계 당시에 예상하지 않았던 부수적인 효과도 분석 가능하다.

정책목표에 연연하지 않고 집행현장에서 일어나는 정책집행의 효과를 사실 그대로 파악하기 때문에 설계 당시에 예상하지 못했던 정책 효과나 정책수단들을 파악하고 발전시켜 나아가는 데 용이하다.

셋째, 정책집행 현장에서 당면한 문제해결 능력이 뛰어나다.

정책은 정책지침을 아무리 구체적으로 만든다 하더라도 집행과정에서 예상하지 못한 상황들이 전개될 수 있는데 상향식 접근방식은 이를 찾아서 개선하는데 시간적, 방법론, 기술적 측면에서 용이하고 적용 가능하다는 측면에서 장점이 있다.

넷째, 정책의 연계성, 협조성이 필요한 경우 성과를 기대할 수 있다.

장애정책의 경우 하나의 정책으로 성과를 기대하기보다는 여러 정책이 연계되고 통합될 때 효과를 기대할 수 있다. 상향식 접근방식은 집행이 이루어지는 현장 중심에서 정책집행이 이루어지기 때문에 일선현장은 자연스럽게 장애와 관련한 정책이 모여져서 상호 연계와 협조가 이루어질 수밖에 없기 때문에 효과를 기대할 수 있다.

마지막으로 정책의 모니터와 평가기능이 실제적으로 이루어질 수 있다.

모든 집행이 현장에 초점이 맞추어지기 때문에 집행에 대한 지속적인 모니터가 가능하고 이를 토대로 객관적인 평가도 가능하다는 점에서 장점이 있다.

이에 비해 상향식 접근방식이 갖는 한계점도 분명 가지는데 첫째, 정책의 거시적인 측면도 정책에서 무시할 수 없으나 이 같은 측면이 간과될 수 있다.

상향식 접근방식은 정책 집행의 일선 현장을 지나치게 강조함으로써 정책결정자의 정책의 거시적인 구조나 정책결정자 차원에서 할 수 있는 거시적인 자원 확보나 관리 등과 같은 측면을 무시함으로써 오히려 정책성과를 감소하게 할 수도 있다.

둘째, 정책평가의 객관적 평가에 한계가 있다.

정책학에서의 객관적 평가는 정책목표의 달성여부이다. 그러나 상향식 접근방식에서는 공식적인 정책목표가 집행과정에서 지나치게 유연성이 주어짐으로 정책목표를 간과하거나 무시하게 될 수 있고 평가 역시 본연의 정책목표보다는 주관적 목표를 기준으로 평가될 수 있는 한계점을 가진다.

셋째, 정책집행 일선행위자들이 인지할 수 없는 요인들을 간과함으로써 정책과정의 혼란이 발생될 수 있다.

정책은 거시적인 사회환경이나 경제상황, 사회의 구조적 문제들에 의해 영향을 받을 수 있고 정책을 설계하는 정책이해당사자들은 이런 측면들을 고려하여 정책설계를 할 필요가 있는데 상향식 접근방식의 일선의 정책집행자나 이용자들은 이 같은 측면을 간과하고 당장 현실의 문제를 지나치게 강조함으로써 정책의 장기적 성과나 효과를 감소시키는 결과를 초래할 수도 있다.

다. 정책집행의 혼합식 접근유형

정책집행의 혼합식 접근유형은 하향식 접근유형과 상향식 접근유형이 각 장, 단점을 가지고 있기 때문에 이들의 장점만을 고려하여 혼합형으로 활용하고자 하는 유형이다.

혼합의 형식은 하향식과 상향식 접근방식의 각 정책집행의 장, 단점을 비교하여 우위의 방법을 활용하는 비교우위접근방식과 두 접근방법을 통합하는 하나의 새로운 접근방식으로 접근하는 것이다.

정책집행의 최근의 접근유형은 혼합형 접근방식을 활용하고 있는 경향이 강하며 장애정책의 경우 특히, 장애민감성을 요구하고 있고 정책결정자를 비롯한 정책의 공식적 참여자들이 장애정책에 대한 전문지식과 기술, 그리고 경험의 한계성을 인정하고 있기 때문에 두 가지 방식을 혼합하는 형태를 많이 활용하고 있다.

제6절 정책평가

1. 정책평가의 개념

정책평가가 시도된 것은 20년대 초반부터인데 장애정책에 대한 평가가 시도되게 된 배경은 1960년대 이후 재활서비스나 정책을 위한 미국 연방정부의 재원의 지출이 급격하게 이루어졌고 특히 1965년 보건교육후생부(Department of Health, Education and Welfare: HEW) 장관이 자문이 된 국가정책 및 실행위원회(the National Policy and Performance Council)를 창립한 후 본격적인 정책평가가 이루어졌다. 재활분야에 있어서 정책평가가 시도된 계기는 1993년 미국 의회가 정부성과관리법(Government Performance and Result Act)을 제정하면서 1998년 회계연도부터 모든 연방부서들은 성과측정을 하도록 명시한 것이 계기가 되었다. 이와 함께 당시 모든 조직에서 총체적 품질관리(Total Quality Management: TQM) 접근이 일반화되고 정부회계표준위원회(Governmental Accounting Standards Board)의 표준화된 회계기준에 있어서 성과측정연계 등의 배경이 재활과 같은 인간서비스분야의 정책평가를 활성화하는 계기가 되었다(Martin & Kettner).

정책평가에 대한 개념 정의는 학자들마다 기준에 따라 다양하게 정의되고 있는데 Wholey 등(1975)은 정책평가란 "국가의 목표를 달성함에 있어서 국가사업의 전반적인 효과성을 평가하거나 혹은 공통의 목표를 달성함에 있어서 몇몇 사업의 상대적 효과성을 평가하는 것"이라고 하였다. Nachmias(1079)는 정책평가연구라고 하면서 이는 "정부의 정책이나 공공사업이 달성하고자 하는 목표를 얼마나 효과적으로 달성하였는가에 대한 객관적이고도 체계적이며 경험적인 분석연구"라고 하였고, Rossi와 Freeman(1982)은 정책분석연구를 "사회적 개입사업(Social intervention program)의 개념화와 설계 · 집행 및 효용을 평가함에 있어서 사회과학적 연구절차를 체계적으로 응용하는 것"이라고 정의하였다.

Jones(1977)은 “정부사업계획의 업적을 판단하는 것(Judging)”이라고 하였고, Anderson (1984)은 “실제의 현실생활 조건(Real-life condition)에 대한 정책의 영향을 결정하려는 시도”라고 하였다.

장애정책에서의 평가는 1950년대 이후 복지경제학(Welfare economics)과 공공경제학(Public economics)이론의 발전과 관련성이 있다. 이와 같은 이론은 정부부문의 공공지출에 대한 효율성 문제가 중요한 연구대상이 되었고 이에 따라 장애정책에서도 정책평가에 관한 연구가 활발하게 이루어지게 된 계기가 되었다.

미국 장애정책에서 정책평가가 활발하게 연구된 계기는 1993년 미국 정부성과관리법(Government performance and Results Act)이다. 이 법률은 장애정책을 포함하는 모든 휴먼서비스 프로그램은 성과측정을 주기적으로 하고 보고와 게시토록하고 있다. 이 성과평가는 정책이나 프로그램이 객관적인 목표를 성취하였는지, 지속적으로 국가 예산을 투입할 가치가 있는 지, 비용효과가 있는 것인지를 알아보기 위한 것으로 정책평가의 형태는 타당성과 신뢰성 있는 연구방법을 통하여 정책의 과정이나 결과를 검토하는 것이다(Martin & Kettner, 1996).

상기의 각 학자들의 견해를 종합해 보면 정책평가란 정부의 정책이나 공공사업계획의 결과 및 영향 내지 효과를 목표달성의 정도와 관련하여 사후적으로 판단하여 정책과 정상의 기능적 활동을 의미하는 것으로 정의할 수 있다. 이러한 개념 속에는 정책의 결과(Outcomes) 및 산출(Outputs)뿐만 아니라 투입(Inputs)도 분석하여야 하며 과정 및 역기능까지도 포함되어 있는 전반적인 검증이라고 볼 수 있다. 장애정책도 공공정책이나 사회정책의 한 영역이라고 본다면 이 개념이 타당하며 차이점이라면 장애정책이 추구하는 가치는 대부분의 공공정책과는 달리 목표를 수치화할 수 없는 지역사회 참여, 통합, 인권과 평등, 역량의 증진 등과 같은 가치들이 중심이 된다는 것이다.

2. 정책평가의 목적

오늘날 정책에 대한 평가가 중요하게 다루어지고 있고 실제 장애정책에 대해 효과성, 효율성 등 다양한 측면에 대해 평가가 실험적으로 진행되고 있는데 이와 같이 평가가 중요하게 다루어지는 것은 다음과 같은 이유에서이다.

첫째, 오늘날 사회문제가 복잡·다양하게 변화되고 정부의 사업계획이 증대하였으며 장애정책에 대한 세출규모의 증대 등으로 장애정책에 대한 장애를 가진 사람들을 포함한 사회의 관심이 증대하게 된 결과이다. 이와 같은 요인은 장애정책 성과(효과성)에 대한 과학적 증거를 요구하고 있으며 이에 대한 대응으로 정책평가의 활동이 중요하게 되었다.

둘째, 정책이 일단 수립되면 자동적으로 집행되고 따라서 처음에 의도한 영향이 발생할 것이라는 가정은 실제로 맞지 않는 경우가 많으며 장애정책의 경우 이를 이용하는 장애를 가진 사람들이 더욱 민감한 반응을 나타내고 있기 때문에 정책이 처음 의도했던 대로 실현되지 않는가에 대하여 분석·평가할 필요가 증대하였다.

셋째, 정책이 개입하여야 할 사회문제는 폭발적으로 증가하는 상황에서 정책의 수요 역시 증대하고 있어 정책과제 전환에 대한 효과성과 능률성을 확보하여 세금의 낭비를 막고 정부의 지출에 대한 정당성의 근거를 확보할 필요가 있으며 이 과정에서 정책평가가 중요한 역할을 하게 된 것이다.

넷째, 정부활동에 대한 관리적 책임성이 강조됨으로써 정책평가에 대한 필요가 증대하였다.

다섯째, 정책과정에는 갈등이 많은 개인들이나 이해집단들이 참여하기 때문에 지지획득을 위한 설득력 있는 자료가 필요하게 되었다.

장애정책의 경우 상기의 정책평가 목적과 동일하지만 정책의 특성이 인간이 가지는 가치적인 문제를 다루는 경우가 많기 때문에 다음과 같이 몇 가지 더 추가적인 목적이 있을 수 있다.

첫째, 정책의 최선의 수단이라는 증거기반을 위한 과정이다.

장애를 가진 사람들들 위한 정책수단은 최선의 방안이 선택되어져야 한다. 잘못된 정책은 장애를 더욱 어렵게 할 수 있고 사회참여를 불가능하게 할 수도 있기 때문에 다른 정책과 달리 정책의 실패를 최소화할 수 있는 최선의 수단이 선택될 수 있도록 평가기능이 강화되어야 하며 이 과정에서 과정평가 기능을 통해 정책집행 중이라도 필요하면 수정하고 개선할 수 있어야 한다.

둘째, 새로운 정책개입 방안이 만들어질 수 있도록 하는 과정이다.

장애를 가진 사람들이 가지게 되는 사회문제는 고정되고 정적이기보다는 동태적이고 변화해가는 유동성을 가지게 된다. 따라서 이를 해결하기 위한 정책의제도 항시 변화될 수밖에 없으며 이를 해결하기 위한 수단들도 전에 했던 수단이나 방법보다는 새로운 차원에서 개입되고 준비되어야 할 수단들이 많다. 따라서 이에 대응하기 위해서는 활발한 정책연구와 정책평가 기능이 있어야 대응할 수 있다.

셋째, 책임성을 명확하게 해주는 과정이다.

장애정책에서의 책임문제는 장애정책이 역사적 변천과정에 나타난 장애관점과 마찬가지로 책임성이 불분명한 경우가 많다. 장애정책의 경우 국가나 지방정부, 나아가 민간까지 전달체계가 혼재되어 있던 상황에서 정책이 집행된 이후 발생하는 또 다른 사회문제에 대하여는 책임성을 분명하게 규정하기가 어렵다 이런 상황에서 정책평가는 장애정책의 책임성을 보다 구체화 하는 역할을 하게 된다.

또한 정책평가의 목적은 평가 주체에 따라 달라질 수 있다. 즉, 정책결정자와 정책집행자, 그리고 정책평가자, 정책 이용자에 따라 평가에 따른 기대치가 다르다.

정책결정자가 생각하는 정책평가의 목적은 사회문제를 해결하기 위한 다양한 정책수단 중에 가장 적절하고 타당한 정책 수단의 선택이라는 타당성 확보가 최우선의 목적일 것이며, 정책집행자 입장에서는 결정된 정책집행을 위해 효과성과 효율성을 담보하기 위한 방법을 찾기 위한 것이며, 정책평가자는 평가에 대한 논리를 확보하고 객관적인 성과를 수치 혹은 인과를 통해 증거기반의 결과를 산출하기 위한 것이며 마지막으로 정책 이용자인 장애인의 입장에서는 효과적인 정책의 통제와 서비스 만족도를 위하여 실시한다.

따라서 정책평가의 목적은 이유와 주체에 따라 차이가 있겠지만 일반적으로 장애정책의 평가 목적은 장애를 가진 사람들이 생각하는 사회문제를 해결하기 위한 정책이 사회문제를 해결하는지 그리고 그 수단들이 효율성과 효과성, 질 관점, 이용자 만족이라는 측면에서도 성과를 창출하는지를 찾는 것으로 정의할 수 있을 것이다.

3. 정책평가의 유형과 과정

가. 정책평가의 유형

장애정책에서 정책평가는 장애를 가진 사람들이 지역사회 통합이나 자립생활을 통해 보통의 시민으로서 기본적 삶을 유지하도록 정부의 정책을 유도하는 가치를 가진다. 따라서 정책이 이러한 기능을 수행하도록 하는 것은 정책평가가 성공적인 역할을 해야만 가능한 일이다. 장애정책에서 관심을 가지는 영역은 전통적으로 소득보장이나 사회보장과 같은 정책에서 최근은 일자리 정책과 주택, 교통수단, 교육, 문화, 여가 등 다양한 영역으로 확대되고 있다. 정책의 유형도 정부에서 이루어지는 공공정책에서 지방자치단체, 그리고 공공기관 등에서 이루어지는 정책까지 다양하게 확대되고 있다.

정책평가를 유형별로 나누어 보는 것은 실제의 정책들이 평가의 상황에 따라 평가방법이나 절차가 달라지기 때문에 평가자가 어떤 통일된 기준으로 평가함으로써 평가자의 지식과 능력의 배양은 물론 정책평가의 개념자체를 좀 더 잘 이해할 수 있다는데 의의가 있다. Dunn(1981)은 정책평가의 유형을 의사평가(Pseudo evaluation), 공식적 평가(Formal evaluation), 결정 이론적 평가(Decision-theoretic evaluation)로 분류하고 있으며, Wholey 등(1975)은 실질적인 영향에 대한 평가, 사업 계획(Program) 전략 평가, 과정 또는 관리의 평가, 사업활동(Project)평가로 나누고 있다. 이 외에도 시기에 따라 사전평가, 사후평가, 계속적 평가로 분류하거나 목적에 따라 전략 평가,

실적평가, 결과평가로 구분하거나 과정평가(형성적 평가, 평가성 조정, 급속환류 평가, Rapid feedback evaluation), 모니터링(Monitoring), 효과평가(영향평가, 사업계획평가, 능률성 평가)로 구분하거나 산출평가, 결과평가, 영향평가로 구분하거나 목적확정(Goal-fixed)평가, 목적중립(Goal-free)평가, 다목적(Multiple-goal)평가, 그리고 활용중심(Utilization-focused)평가, 상호작용적(Interactive) 평가 등으로 분류하는 등 주장하는 학자들에 따라 다양하게 분류하고 있다.

또한 평가자에 따라 내부, 외부평가, 또 평가횟수에 따라 1회 종합평가, 수시평가, 주기적 평가 등으로 구분하기도 한다.

이러한 정책평가 유형을 종합적으로 정리하면 정책평가의 대상과 방법을 기준으로 하여 대상은 정책의 과정과 결과로 구분하고 방법은 기술적, 인과적, 처방적이냐에 따라 〈표 3-2〉와 같이 분류된다.

표 3-2 정책평가의 유형

구분	과정 중심	결과 중심
기술적 방법	I	II
인과적 방법	Ⅳ	Ⅳ
처방적 방법	V	Ⅵ

기술적 방법은 기본적 사실의 열거라는 성격을 지니고 있으며 원인과 결과의 관계, 즉 인과적 방법과는 달리 정책집행의 결과적 사실에 대해서만 평가는 것으로 평가대상 집단에 대한 묘사, 비교 또는 정책이 의도한 집단에 제대로 도달되었는지 등에 관심을 둔 평가방법이다. 예를 들어 장애인 연금정책 평가에서 연금이 실제 소득수준이 낮은 중증장애인들에게 제대로 집행되었는지를 실제 대상자 추이를 통해 살펴보고 실제 이들의 소득수준의 변화를 통해 평가를 하는 것이다.

인과적 방법은 정책이나 사업계획의 인과 관계를 규명하려는 것으로서 정책의 특정결과의 원인을 탐색하는 평가방법이다. 인과적 방법은 정책이나 사업계획의 인과 관계를 규명하려는 것으로서 정책의 특정결과의 원인을 탐색하는 평가방법이다. 예를 들어 장애인고용을 촉진하기 위해 사업주에게 다양한 지원을 하는 정책이

성과가 있었는지를 평가하기 위하여 사업주 지원제도와 장애인의 고용이라는 인과를 설정한 후 이의 관계를 규명함으로써 정책의 성과를 평가하는 것이다.

처방적 방법은 기술적 방법과 인과적 방법의 평가에서 얻은 지식과 정보를 토대로 미래예측과 가치판단을 추가하여 장래의 특정정책의 방향과 내용변화에 관심을 둔 평가방법이다. 이 방법은 인과적 방법과 처방적 방법 등의 결과를 활용하여 정책의 방향성과 미래의 정책수단을 제시하는 등의 정책평가 방법이다. 예를 들어 장애인 직업재활정책에 대한 기술적, 인과적 방법의 정책평가를 통해 현재보다는 정책대상집단을 중증으로 그리고 사업주 지원보다는 사업장 환경변화 중심으로 정책의 전환을 제시하는 방법 등이 처방적 방법이다.

과정중심의 평가는 특정정책이나 사업계획이 제시된 지침에 따라 어느 정도로 집행되고 있는가에 관심을 둔 평가방법이다. 이 평가는 정책집행과정에서의 평가로 집행과정의 모든 사항을 대상으로 한 평가를 의미한다. 예를 들어 장애인 의무고용 정책을 평가하기 위하여 의무고용 정책이 집행되고 있는 기간 중에 성과나 전달체계, 이용자 집단의 만족도 등을 평가하여 결과를 환류, 정책수정을 하는 것이다.

결과중심의 평가는 특정정책이나 사업계획이 처음 의도했던 정책의 목표와 그 정책이나 사업계획이 집행된 후에 나온 산출, 결과나 영향을 서로 비교하여 평가하는 것이다. 대부분의 장애정책 평가는 이 과정에 해당한다. 3년마다 실시되는 사회복지사업법에 의한 사회복지사업 평가나 중증장애인직업재활지원사업의 평가 등이 대부분 결과중심의 평가의 예로 볼 수 있다.

상기와 같이 평가유형은 크게 여섯 가지로 분류가 되며 유형 Ⅰ은 사업계획이 집행되고 있는 사실 상태를 과정에서 검토하고 기술하는 평가방법이며, 유형 Ⅱ는 특정정책이나 사업계획의 효과를 평가하는 것으로서 투입된 각종 자원과 산출된 효과를 비교·검토하는 것이다.

유형 Ⅲ은 특정의 정책이나 사업계획이 의도한 지침이나 계획대로 진행되어가고 있는가를 평가하는 방법이다. 계획대로 진행이 되지 않은 부분에 대하여는 그 원인을 발견하고 그 원인이 되는 정책의 구성요소들의 특성을 밝히고자 하며, 유형 Ⅳ는 특정의 정책이나 사업계획이 집행된 후 처음 의도한 결과 또는 의도하지 않은 결과를 초래하게 된 또는 초래하지 않게 된 요인을 탐색하는 평가방법이다.

유형 V는 정책집행과정에서 나타난 유형 Ⅰ, Ⅲ의 평가결과에 대한 가치판단을 내리고 장래의 정책이나 사업계획에 대한 정보를 제공하여 주기 위한 평가 방법이며, 유형 Ⅵ는 유형 Ⅱ,Ⅳ의 평가결과에 대한 가치판단을 내리고 장래의 정책이나 사업계획에 대한 정보를 제공해 주기 위한 평가방법이다.

나. 정책평가의 과정

장애정책이 추구하는 정책의 영역이 다양화되고 정책이 추구하는 가치도 복잡, 다양해지면서 이를 평가하는 정책평가의 기능과 과정도 복잡할 수밖에 없다.

일반적으로 정책평가의 과정에 대해 학자들마다 다소의 차이가 있는데, Nachmias (1979)는 정책목표 식별, 영향모형 작성, 평가기준설정, 연구설계, 측정과 표준화, 자료수집, 자료분석 및 해석으로 보고 있으며 Suchman(1967)과 Jones(1977)는 평가할 목표에 대한 식별, 문제에 대한 분석, 활동에 대한 묘사와 표준화, 변화의 정도 측정, 관찰된 변화의 원인규명, 그 효과의 지속여부에 관한 고려로 보고 있다. 그리고 Henry(1980)는 결정자의 필요파악, 문제의 본질과 범위파악, 타당한 목표의 선정, 총체적 측정범위의 구체화를 정책평가과정으로 제시하였으며, 정정길(2006)은 정책평가의 목적 확인과 결정, 정책목표 수단 및 정책구조파악, 평가대상 확정, 평가방법 결정, 자료의 수집과 분석, 평가결과 지시로 구분하고 있다. 장애정책과 같은 인간서비스 정책과 관련한 정책평가 과정에 대해 Martin & Kettner(1996)는 정책평가 대상 사회문제의 구체화, 평가가정 설정, 평가기준 결정, 평가실시 등으로 규정하고 있다.

따라서 상기의 정책평가의 과정을 토대로 할 때 장애정책의 평가 과정은 정책평가대상 정책목표의 확인, 평가기준의 설정, 인과모형의 설정, 정책평가 연구설계 완성, 자료의 수집, 자료의 분석과 해석, 결과보고 및 방향성 제안 등으로 구분할 수 있다.

1) 평가 대상 정책목표의 확인

장애정책이 직면하고 있는 문제를 해결하기 위하여 정책목표가 어떤 유형의 목표에 속하는가(예: 직접단기목표, 중간목표, 최종장기목표 등), 목표는 처음 어떠한 타협이나 합의과정으로 이루어졌는가, 그 목표를 실현하려는 수단들과는 어떤 관계를 가지는가 등을 명확히 하여야 한다. 정책 목표는 추상적이고 이념적이기 때문에 정책평가에서 명확하게 정의하기는 어렵다. 특히, 장애정책의 경우 추구하는 목표가 사회통합이나, 인권, 평등, 정상화와 같은 추상적이고 이념적인 성향 때문에 구체화하기가 더욱 어렵다. 따라서 우리는 정책평가를 할 때 추구하는 목표 중 어떤 단계를 대상으로 할 것인지를 명확하게 해야 한다. 다소 이념적인 목표로 구성되는 소극적 목표나 최상위계층의 목표보다는 적극적 목표나 목표, 수단계층제의 계층적 목표가 실행적 목표일 가능성이 있기 때문에 이 목표를 대상으로 하는 것이 평가대상 목표를 명확하게 정의하는 하나의 방법일 수 있다. 즉, 장애인의 고용정책을 평가한다면 장애인의 완전고용이라는 소극적 목표와 최상위계층을 평가정책의 목표로 구체화하기보다는 장애가 없는 사람들과의 고용률과 실업률의 차이 해소나 통합노동시장에서의 고용기회 증진이라는 보다 적극적인 목표나 수단적인 실행적 목표를 정책평가대상의 목표로 설정하는 것이다.

정책목표를 명확히 확인하는 것은 정책평가의 핵심과정이다. 왜냐하면 평가기준이나 인과모형 등 평가의 모든 과정이 정책목표와 연관될 수밖에 없기 때문이다. 따라서 정책평가 결과가 다소 상이한 결과가 나왔다면 정책결정과정에서의 정책목표설정에 문제가 있었는지를 리뷰해볼 필요가 있는 것이다. 따라서 정책평가를 수행할 때 가장 먼저 이 과정에 참여하는 사람들은 평가하고자 하는 정책의 목표에 대한 충분한 논의와 합의점을 찾아가는 것이 무엇보다 중요한 첫걸음이다.

2) 평가 기준의 설정

정책으로부터 나온 산출이나 결과 또는 영향을 확인된 정책목표에 맞추어 평가할 때 가장 적절한 어떤 기준에 의하여 평가할 것인가를 결정하는 과정이다. 평가

기준은 기술적, 인과적, 처방적 측면에 따라 달라질 수 있는데 기술적 측면에서 평가기준은 효과성(Effectiveness), 능률성(Efficiency), 공평성(Equity) 등의 기준들이 활용될 수 있으며 인과적 측면에서는 가설설정과 이를 검증하는 과정으로 다음의 과정에서 보다 구체적인 접근을 하게 될 것이다. 처방적 측면은 기술적, 인과적 측면의 모든 기준이 활용될 수 있다.

장애정책에서 효과성은 기술적 평가기준으로 가장 많이 활용되는 평가기준 중의 하나로 투입에 따른 성과와 함께 질적인 성과를 포함하는 개념이며, 능률성은 투입에 따른 성과를 측정하는 것이며 공평성은 정책대상 집단이 일부집단에 국한되거나 소외시키는 결과를 초래하지 않는 수준으로 설정되었는지를 의미하는 것이며, 이외에도 욕구 만족성, 대응성, 유연성 등 다양한 기준들이 활용될 수 있으나 이에 대하여는 평가의 기준에서 다시 다루기로 한다.

3) 인과모형의 설정

인과모형은 인과적 측면의 평가유형에서 활용되는 대표적인 평가기준으로 정책평가에서 하나의 인과관계를 설정하기 위하여 변수들 간의 관계로 구성된 평가의 기본적인 수단이 된다. 복잡한 현실세계를 몇 개의 변수들로 단순화시킴으로써 정책이나 사업계획이 의도한 목표를 어느 정도 실현시키고 있는가를 비교적 간단하게 또는 수리적으로 알아볼 수 있도록 해준다. 특히 영향모델(Impact model)은 정책이나 사업계획이 대상 집단에 어떠한 변화를 주었는가를 나타내기 위한 일종의 인과적 가설이다. 영향모형은 첫째, 관련된 구체적인 변수들을 묘사하고, 둘째, 변수들이 대상 집단에서 조작되도록 경계를 설정하며, 셋째, 정책의 집행과 그로부터의 효과에 대한 조작(Manipulation)들 간의 시간소요와, 넷째, 변수들 간의 이론적으로 기대되는 관계를 형성한 것 등으로 이루어진다. 예를 들어 장애인 직무유지를 향상시키기 위한 취업후 적응지도라는 정책수단을 제공하고 이를 인과모형으로 평가한다면 가장 먼저 직무유지에 영향을 주기 위한 취업 후 적응지도 서비스 외에 다른 영향요인, 장애인의 인구사회학적 특성, 사업장 환경, 고용주나 동료근로자 등과 같은 다양한 영향요인들을 묘사하고, 둘째, 이 영향요인들 외의 요인들도 영향을 줄 수 있는 요인이 있다면 이를 인위적으로 통제하며, 셋째, 기간을 설정하여 실제 직무유지 효과를 분석해 보고, 넷째, 결과 해석을 통해 직무유지의 성과를 알아보는 것이다.

인과모형 설정은 넓게 보면 비실험적 방법과 실험적 방법으로 구분되며 비실험적 방법은 독립변수와 종속변수의 인과관계를 설정하여 통계적 기법을 통해 정책의 결과를 검증하는 모형이다. 그러나 비실험적 방법의 경우 정책결과에 영향을 주는 모든 변수들을 통제할 수 없기 때문에 정책의 결과를 정확하게 도출할 수 있느냐의 문제점이 제기된다.

실험적 방법은 다시 준실험과 진실험으로 구분할 수 있는데 진실험의 경우 장애인 정책의 경우 사람을 대상으로 한 것이기 때문에 현실적인 많은 제한점이 있고 준실험이 많이 활용된다. 그러나 준실험의 경우도 통제집단을 완벽하게 통제할 수 없고 실험집단의 경우도 선발이나 성숙효과를 완벽하게 통제할 수 없기 때문에 정확한 정책평가를 산출하는 것에 대하여는 제한점이 있기는 마찬가지이다.

4) 연구 설계 완성

정책평가의 대상이 되는 정책평가 목표의 구체와 작업과 평가기준이 정립이 되면 이를 전제로 한 전체적인 정책평가의 연구 설계가 이루어져야 한다. 연구설계에서는 구체화된 정책목표를 평가하기 위한 평가유형의 선택과 연구 방법에 대한 결정이 이루어져야 한다. 진실험 방법이 가장 적절한 방법일 수는 있으나 장애정책에서는 직접적인 실험의 대상이 될 수 있는 정책이 제한적이기 때문에 진 실험을 위한 주변 요인들의 통제의 어려움 등으로 준실험이나 사회실험 방법으로 평가를 하게 되는데 이에 대한 결정이 이루어져야 한다.

정책평가 대상 기간과, 평가시기, 평가주체, 관련된 예산의 규모와 재원마련, 정책평가의 활용도와 기대효과에 대한 사후조치 등 전반적인 정책평가를 위한 종합적인 계획을 완성하는 단계이며 이 과정에는 평가참여자 모두가 참여하고 합의를 만들어가는 과정이 필요하다.

5) 자료의 수집

정책평가에 필요한 자료는 정책이나 사업계획의 성격(예: 보건, 교육, 국방, 근로) 등에 따라 평가가 전혀 예상 밖에 결과를 초래할 수 있기 때문에 자료수집에 있어서 신중을 기하여야 한다. 자료의 수집은 정책평가를 위해 관련한 정보를 얻기 위한 직, 간접적인 일체의 활동을 의미한다. 자료를 수집하는 과정은 평가하고자 하는 정책 관련한 문헌연구에서 관련자를 대상으로 하는 면접이나 관찰, 패널이나 집단조사, 전문가 델파이 조사 등의 조사방식을 통한 방법 등 다양한 방법이 활용될 수 있다. 자료의 수집단계에서 가장 일반적으로 활용하는 방법은 문헌연구이다. 에를 들어 장애인직업재활정책의 평가에서 자료의 수집은 장애인직업재활정책을 평가하기 위하여 구성되는 변수들에 대한 사전 문헌연구에서의 변수조사나 관련한 정책평가에서의 평가방법이나 기준 등 문헌연구를 통해 필요한 자료를 수집하게 된다. 문헌연구 외에도 장애정책에서는 장애정책을 집행하는 서비스전달체계에서의 다양한 행정자료들도 중요한 정보가 된다.

자료수집 과정에서 자료를 수집하는 경우는 다음의 사항들이 중요한 변수가 된다.

첫째, 자료의 관련성이다.

많은 경우는 많은 자료들을 수집하였지만 결과를 얻기에 부족한 경우가 많은데 이는 수집된 자료가 평가하려는 정책과의 관련성이 떨어지는 경우가 많기 때문이다. 장애정책에서 평가를 위한 자료를 수집하는 경우는 평가대상 사회문제의 정확한 이해와 이 문제를 해결하기 위한 정책과의 관련성 있는 자료수집이 이루어지도록 하는 것이 중요하다.

둘째, 기존자료에 지나치게 의존하는 경우이다.

기존자료에 의존하는 것이 자료수집의 문제가 되는 것은 아니지만 기존자료를 활용하는 타당성과 비용우위가 없다면 기존자료에 지나치게 의존하는 것은 평가결과의 오류의 가능성을 한층 높일 수 있기 때문에 기존자료에 의존할 것인지 새로운 자료 수집을 할 것인지는 타당성과 비교우위라는 기준에서 접근할 필요가 있다.

셋째, 필요한 이해당사자를 배제하는 문제이다.

자료수집과정에서 제한된 시간과 비용으로 필요한 이해당사자를 제한적으로 활용함으로써 정보를 희생시키는 결과를 초래할 수도 있다는 것이다. 따라서 자료조사를 위한 대상자를 결정할 경우는 평가목적을 구현할 수 있는 이해당사자가 참여시키고 이들에게 필요한 정보를 최대한 얻을 수 있는 방법으로 진행되어야 한다.

마지막으로 질적 자료 수집이 제한적으로 이루어지는 문제이다.

장애정책의 경우 장애를 가진 사람들로 하여금 필요한 자료를 수집해야 만 정책문제의 해결을 비교적 객관적으로 접근할 수 있는데 이 역시 제한된 시간과 재원, 연구방법으로 정보를 희생시키는 문제가 있다.

조사방식을 통한 자료의 수집은 대상의 선정이나 조사방식에 따라 정보의 신뢰성과 타당성이 달라질 수 있기 때문에 조심스럽게 접근할 필요가 있으며 이 과정은 정책의 제 기법에 해당될 수가 있으며, 평가기법에서 구체적으로 다루기로 한다.

6) 자료의 분석과 해석

정책 자료는 정책평가의 기술적, 인과적 처방적 기법에 따라 알맞은 분석기법을 택해야 한다. 기술적 평가에서는 정규분포를 활용한 기술분석이 활용되며 인과적 방법에서는 t분포를 이용한 검증방법, 분산분석법, 회귀분석법, 인과분석법 등의 다양한 통계분석법 등이 활용된다. 정책에 대한 보다 정확하고도 신뢰성 있는 평가를 얻기 위해서는 연구 설계 과정에서 인과에 적절한 변수설정과 통계적으로 정확한 자료의 처리 그리고 이를 해석하기 위한 기법 선택과 적절한 해석이 뒷받침되어야 할 것이다. 이 과정에서 오류가 발생하지 않도록 해야 하며 분석할 자료를 제대로 이해하고 확인하기, 자료요약하기, 자료를 분석하기와 같은 분석과정으로 구체화할 필요가 있다.

7) 결과보고 및 정책의 방향성 제시

정책평가의 마지막 과정은 분석된 자료의 해석을 기반으로 이 결과가 의미하는 정책의 성과를 구체화하는 작업이다. 결과보고에 정해진 기법이나 기준은 없지만 평가하고자 하는 정책의 목표에 맞추어 정책수단들이 얼마나 성과를 도출하였는지를 기술적, 인과적 방법의 결과 중심으로 기록되어야 하며 방향성은 처방적 방법으로 제시되어야 한다.

4. 정책평가의 기준

정책 평가의 기준은 정책평가의 핵심적인 사항으로 평가결과에 영향을 주는 척도가 된다. 따라서 정책평가 기준에 대하여는 평가대상이 대한 영역에 따라 다양한 기준들이 제시되고 있는데 이와 관련하여서는 먼저, Suchman(1967)은 노력, 성과, 성과의 적절성, 능률성, 과정을 들 수 있으며 Nakamura & Smallwood(1980)는 정책 목적 달성, 능률성, 지지자의 만족, 고객 대응성, 체계유지를 들 수 있으며 Dror(1968)는 제1차 기준으로서 산출로부터 투입을 공제한 순상출과 제2차적 기준(또는 개요기준)으로서 과정에 중점을 둔 기준을 제시하고 있다. 제2차적 기준은 순산출보다는 더 측정 가능하고 선별되는 과정(예: 부분적 산출)의 측면에 적용되며, 이것은 산출 또는 과정 유형이나 구조 또는 투입의 요소들에 적용될 수 있다. 이 외에도 정책평가기준으로는 Brewer와 DeLeon(1983)은 능률성, 형평성, 적절성, 효과성을 제시하였으며 Martin & Kettner(1996)은 효과성, 효율성, 질, 이용자 만족도를 제시하고 있다. 이 같은 학자들의 정책평가 기준을 참조하여 몇 가지 기준들을 살펴보았다.

가. 효과성(Effectiveness)

정책평가 기준으로서의 효과성은 특정한 정책을 집행한 결과 의도했던 정책목표를 어느 정도 달성했는가를 의미하며, 일종의 목표내지 성과를 평가하는 것으로 정책의 산출적인 평가이다. 장애인의 직업재활정책에서는 고용률이나 직무유지 비율, 소득보장 정책에서는 연금인상액, 활동보조정책에서는 활동급여자 수와 같은 개량적인 수치가 효과성을 표시하는 단위로 활용된다. 따라서 정책평가의 기준인

효과성을 점점 더 높은 수치를 제시하게 되고 이 수치가 높으면 효과성이 있는 것으로 생각하게 된다. 그러나 장애정책에서와 같이 목표대비 성과만 가지고 정책의 성과를 평가하는 데는 한계가 있다. 우리는 투입대비 효과에 대한 생산성도 고려해야 되겠지만 능률성과 함께 고려되지 않으면 이 기준의 합리성에는 한계가 있다. 따라서 효과성만을 가지고 평가하는 것에는 한계가 있다.

일반적으로 효과성을 측정할 때는 비슷하지만 조금 다른 두 가지 방법으로 평가하게 되는데 첫째는 정책제안 당시 설정된 절대적 목표치를 얼마나 작성하였는지를 평가하는 것이며, 둘째는 계획된 목표대비 달성된 목표로 측정하는 것이다.

나. 능률성(Efficiency)

정책평가 기준으로서의 능률성은 특정한 정책을 집행한 결과 의도했던 정책 목표를 어느 정도 달성했는가를 의미하며, 가치 있는 정책 결과를 가져오는데 얼마만큼의 노력과 비용이 들어갔는가 하는 것이다. 즉, 정책에 투입된 비용에 비해 성과를 측정하는 것이다. 비용의 측면에서 여러 가지 대안 사이에서 어느 정책이 가장 능률적인가 하는 것이다.

능률성은 효과성과 함께 전통적인 정책평가의 기준으로 가장 많이 활용되는 기준으로 경제적 합리성이 요구되는 최근 상황에서는 효과성보다 더욱 중요한 기준이 되고 있다. 동일한 효과나 목표 성취를 위해 적은 재원을 사용함으로써 능률성이 있게 된 것이기 때문이다. 그러나 능률성은 지나치게 생산성만을 강조함으로써 장애정책과 같은 인간의 가치를 주요한 정책목표로 하는 정책에서는 상당한 단점도 가지지만 한편으로 다양한 이해당사자들의 정책요구가 증가하는 상황에서 능률성에 대한 평가기준은 몇 가지 측면에서 중요한 평가기준으로 활용되고 있다.

첫째, 증가하는 정책요구에 부응하기 위하여 최선의 수단을 통해 최대의 이용자에게 정책을 제공하기 위하여 능률성 기준은 더욱 활용가능성이 크며,

둘째, 정책집행자와 비용부담자 입장에서는 정책의 지속성을 유지하게 하는 중요한 고려점이며,

셋째, 정책의 많은 이해당사자들에게 높은 책임성을 유지하게 하는 기준이 된다.

다. 적절성(Appropriateness)

적절성은 가치 있다고 생각되는 정책결과의 달성이 정책문제를 해결해주는 정도를 의미하는 것으로 정책대상자의 주관에 의해 적절성의 정도는 다르게 나타난다. 정책의 목표나 수단은 하나가 아니고 다수일 경우가 있으며 이러한 목표와 수단들은 모순과 충돌이 있는 경우가 많다. 예를 들어 장애인의 실업문제를 해결하기 위한 장애인복지일자리의 확대는 단기적으로는 일자리 기회를 확대하여 고용을 늘리는 효과는 있지만 장기적으로는 장애인의 일자리를 더욱 어렵게 하는 시장의 왜곡현상이 발생할 수도 있다. 이런 경우 장애인복지일자리 정책은 적절성이라는 측면에서 장애인의 일자리 확대라는 측면과 모순된 결과이다. 따라서 적절성은 정책의 여러 가지 대안 중에서 가장 적절한 목표와 수단이 무엇인지와 관련되는 기준으로 기준을 설정하는 것이 쉽지만은 않다.

라. 공평성(Equity)

정책평가기준으로서의 공평성은 정책의 결과가 사회의 상이한 계층에 공평하게 골고루 배분되었는가 하는 사회적 합리성으로 다른 말로는 형평성으로 정의되기도 한다. 장애정책에서 장애등록 여부나 등급만을 가지고 소득보장이나 사회보장 급여지급 정책의 기준으로 한다면 실제 정책의 효과는 소득이 낮아 삶의 질을 향유하기 어려운 장애인보다 소득수준이 일정 이상인 집단이 오히려 정책의 대상 집단이 되는 경우가 있다. 이는 대표적으로 공평성이라는 기준에서 정책의 효과가 떨어진다고 볼 수 있다. 이와 같은 공평성의 기준은 때로는 능률성과는 대립관계에 있을 수 있다. 지나치게 경제적 합리성을 추구하는 능률성은 공평성이라는 측면을 간과하거나 무시할 수 있기 때문이다. 또한 공평성을 지나치게 강조하게 되면 장애정책의 경우 대상 집단에게 접책이 집행되기보다는 다른 집단에게 더욱 정책집행 효과가 크게 나타날 수 있기 때문에 기준 정립에 상당한 요인들을 고려해야 한다. 따라서 공평성은 두 가지 측면의 공평성을 이해해야 한다. 즉, 수평적 공평성과 수직적 공평성이다.

수평적 공평성이란 기계적 공평성으로 동일한 것을 동일하게 처리하는 것이다. 장애를 가진 사람이라면 모두 등록하도록 하는 장애등록정책이 여기에 해당한다.

수직적 공평성이란 서로 다른 상황에 있는 사람들을 서로 다르게 취급하는 것을 의미한다. 장애를 가진 사람이라는 것은 동일하지만 소득보장이나 사회보장 급여의 적격성 결정에서는 소득수준이라는 별도의 적격성 기준을 가지고 접근하는 일종의 배분적 정의를 의미하게 된다.

마. 이용자의 만족성(Satisfaction)

이는 정책목표의 달성이 정책수혜집단, 즉 장애인정책의 경우 장애인을 어느 정도 만족시켜주느냐 하는 것이다. 장애인의 만족도는 정책의 성격에 따라 달라질 수 있다. 정책으로 전환되게 된 사회문제의 성격과 유형에 따라 이용자의 만족요인도 달라질 수 있기 때문에 만족도를 활용하는 경우 이를 측정하기 위한 다양한 요인을 고려한 평가가 중요하다. 정확한 만족도는 측정하기 위해서는 정책의 적절성(Relevance of service), 대응성(Response), 이용자와의 관계(Relationship with the consumer), 결과(Result)에 맞추어 만족도가 측정되어야 한다.

바. 질적 요소(Quality)

정책평가에서 질적 요소는 효과성과 능률성이라는 요소들이 지나치게 강조되면 정책 수단의 수준이 간과될 수 있으며 이를 보완하기 위한 정책평가의 기준이 질적 요소이다. 즉, 장애정책에서 효과성과 능률성이 지나치게 강조되면 정책의 신뢰성 감소와 정책의 오류, 이용자의 불만족 증가, 민원의 증가 등으로 오히려 정책에 들어가는 비용과 시간을 매몰시킬 수 있다. 질적 요소는 정의하기가 쉽지는 않지만 다차원적인 요소로 구성된다. 즉, 능률성이나 효과성과 같이 하나의 차원이 아니라 여러 가지 요소로 구성된다는 것이다. 장애인직업재활정책의 평가를 위한 질적 요소는 단순한 취업률이외에도 창구의 접근성, 직원의 동기부여, 의사소통 능력, 정책의 공감대, 정책의 지속기간, 신뢰성, 책임성 등 다양한 요소들이 모여져서 질적 평가를 할 수 있는 것이다. 정책평가에서 질적 요소기준을 사용하기 위하여는 첫째, 사용할 질적 요소의 수준을 선택하기, 둘째, 정책의 특성과 질적 요소 관련시키기, 질적 수준의 접목과 환류 시키기 등을 통해 적용할 수 있다.

5. 정책평가의 기법

정책평가를 위하여 활용될 수 있는 평가기법들은 정책이 추구하는 목표의 성격과 수단 그리고 평가를 위한 기준에 따라 다양한 방법들이 활용될 수 있다. 정책평가에서 자주 활용되는 평가기법은 비용편익분석, 비용효과성 분석, 브레인스토밍, 회귀분석, 사회 지표, 델파이 기법 등 여러 가지 방법이 활용되고 있다.

가. 비용편익분석(Cost-benefit analysis)

비용편익분석은 능률성을 평가하는 기법으로 주로 활용되는데 대안의 투입에 필요한 비용과 그 대안이 초래할 편익을 통화가치로 전환하여 비교하는 분석방법으로 총 화폐적 비용과 총화폐적 편익을 계량화하여 정책을 비교하는 것이다.

이 분석기법이 장애정책에서 활발하게 활용되게 된 계기는 1965년 미국의 존슨(Johnson) 대통령이 위대한 사회건설 추진이라는 정책 슬로건으로 각종 사회프로그램을 확대시키자 재정 팽창을 우려하여 모든 주요 정부 프로그램 및 사업들에 대해서 비용편익분석을 시행하도록 한 것이 계기가 되었으며, 1981년 레이건 정부 때는 대통령령 12291에 의거하여 1억 달러 이상의 비용이 예상되는 정부정책들에 대해 비용편익분석을 수행하였으며, 1994년 클린턴 정부 때도 대통령령 12866에 의거하여 중요한 정부정책들에 대해 비용편익 분석을 통해 경제성 분석(Economic Analysis)을 수행하도록 확대함으로써 비용편익 분석 방법이 점차 발전하게 되었다. 1970년대는 UN, OECD 그리고 IBRD 등과 같은 국제조직에서 후진국의 개발계획 및 개발프로젝트 등에 비용편익분석을 적용하였으며, 1980년대와 1990년대에 들어서는 많은 나라에서 삶의 질 향상과 연관하여 환경에 영향을 주는 정책결정에 비용편익분석을 활용하였다. 최근에는 민간기업에서도 자신들의 대규모 투자 사업이 투입 비용과 비교하여 장기적으로 어느 정도의 사회적 편익을 유발할 것인가를 파악하는 것이 정부의 각종 규제절차에 적절히 대응할 수 있다는 판단 아래 비용편익 분석을 중요한 의사결정수단으로 활용하는 추세이다.

우리나라는 1990년대에 들어와서 비용편익분석에 대한 활용이 본격화되었으며, 초기에는 정부투자사업에 대한 타당성을 검토할 때, 기술적 타당성을 중심으로 이루어져 경제적 타당성에 대해서는 소홀하게 취급하였다. 하지만 1999년부터 대규모의 신규사업에 대해 국가재정법 제38조에 의거하여 예비타당성조사를 실시하였으며 정책성분석, 경제성분석, 기술성분석, 지역균형발전분석 등 여러 각도에서 다양하게 분석하는데 특히, 경제적 타당성을 주요하게 평가하였다. 이러한 분석을 통해 국가재정 낭비를 방지하고 재정운용의 효율성을 높이고자 하였다(황성주, 2016).

장애인 고용과 직업재활분야의 경우도 사업의 효과성을 입증하는 방법으로 비용편익분석이 많이 활용되었는데 국내에서 장애인 고용이나 직업재활사업 전체를 대상으로 한 비용편익분석은 2000년 나운환의 '장애인 직업재활을 위한 장애인복지시설 및 장애인단체의 역할연구'와 2006년 김규환과 황신준의 '보건복지부 직업재활기금사업의 효율화 방안', 2009년 유완식의 '공단 고용촉진 프로그램의 비용/편익 분석', 2011년 변경희, 김규환, 강동욱, 유병주의 '중증장애인 직업재활 지원사업의 효율성 분석', 2013년과 2016년의 중증장애인직업재활지원사업의 비용/편익분석, 황성주(2016)의 장애인직업재활시설의 경제적 가치추정에 관한 연구 등이다. 또한 외국의 경우, 2004년 미국 매사추세츠 주 재활위원회(Massachusetts Rehabilitation Commission: MRC)의 직업재활사업평가보고서, 2013년 오레곤 주가 노스웨스트경제연구센터(Northwest Economic Research Center: NERC)에 의뢰하여 연구한 직업재활사업의 투자수익보고서, 2017년 미국 보건 및 복지부(Department of Health & Human Services: HHS)의 OIG(Office of Inspector General)의 직업재활서비스 비용편익분석 등이 있다.

비용편익분석의 관점은 경제적(Economic) 관점과 재무적(Financial) 관점으로 구분되는데, 경제적 관점의 비용편익은 지역사회의 모든 비용과 편익을 포함하여 분석하며, 재무적 관점의 비용편익은 해당 조직과 관련된 재정과 편익을 분석한다. 이와 같은 이유로 장애인직업재활이나 공공서비스와 같은 정책사업에는 경제적 관점이 더 적절한 것으로 여겨진다. 비용과 편익을 계산할 때 파레토(Pareto) 기준과 Hicks-Kaldor 기준을 사용하는데 파레토 기준이란 사회의 누구에게도 손해를 끼치지 않으면서 사회의 일부나 자신에게 이익이 된다면 비용효과가 있다고 판단하여 사업의 효과가 있다고 판단하는 것이고 Hicks-Kaldor 기준은 이익이 손해는 보는 부분을 고려해서 더 큰 이익이 된다면 사회적 입장에서 이익이 된다고 보고 비용/편익이 있다고 보는 것이다(Levin & Mcewan, 2001).

비용편익분석은 유·무형의 모든 편익과 비용을 추정하고, 이들을 합리적인 평가의 기준에 비추어 판단하도록 함으로써 정책의 결정과정에서 중요한 역할을 하는 강력한 분석도구이기 때문에 이 분석의 핵심은 해당 사업의 편익과 비용을 어떻게 하면 정확하고 객관적으로 추정하느냐에 달려있다고 볼 수 있다.

비용과 편익을 측정하는 데 있어서는 편익과 비용을 인식하고 구분하는 예측의 문제, 그리고 추정과 가치부여의 문제가 가장 중요하며, 이 과정에서 현실적으로 즉시 이용 가능한 측정도구가 존재하지 않은 때에는 예측 또는 추정작업이 필요하며, 각 개념에 대한 이해가 분명해야 한다.

비용은 사업의 시행과 더불어 서비스를 생산하기 위해 투입되는 자원을 말하며, 경제학적으로 제한된 자원을 특정한 대안에 투입할 경우, 또 다른 대안에 투입함으로써 얻을 수 있는 편익을 포기하는 희생가치로써 기회비용(Opportunity cost)을 의미한다. 비용과 편익에 직접적인 것은 물론이고 간접적인 것도 측정할 수 있는 것이라면 모두 포함해야 한다. 이때 유의해야 할 점은 이전지출에 해당하는 비용은 반드시 제외시켜야 한다. 왜냐하면 사회전체에 아무런 영향을 발생시키지 않고 또한 이를 계산에 포함하면 이중계산 또는 과대계산될 수 있기 때문이다. 비용을 추정하는 가장 일반적인 방법은 시장가격을 이용하는 것이지만 시장 가격이 형성되지 않는 부분에 있어서는 추산된 가격인 잠재가격(Shadow price)을 사용하게 된다. 현실 세계에서 완전한 시장이란 존재하기가 어렵기 때문에 이러한 경우 사회적 가치평가를 위해서는 시장가격을 완전경쟁적인 가격으로 조정해야 하는데 이렇게 조정된 가격을 잠재가격이라고 하며 다음 도식과 같다(Levin & Mcewan, 2001). 여기서 C는 비용이며 t는 연도이며 I는 할인율을 의미한다.

$$C = \sum_{t=1}^{n} \frac{C_t}{(1+i)^{t-1}}$$

편익은 가시적 또는 비가시적인 사업의 순수한 성과를 말한다. 비용은 대체적으로 건설비, 토지비, 인건비, 자재비 등과 같이 구체적인 금전의 가치로 나타나지만 편익은 일반적으로 '부적응 문제가 없어졌다', '직무유지가 높아졌다' 등과 같이 개인의 주관적인 평가로 나타난다. 이러한 주관적인 평가를 어떻게 금전적인 가치로 환산할 것인가가 가장 어려운 부분이지만 정책을 분석하고 평가를 위해서는 그 효과가 계량화되어 금전적인 가치로 나타나야 성과를 측정할 수 있다.

정책의 편익은 개인의 만족으로부터 산출되며 개인의 만족을 경제학에서는 효용(Utility)이라고 한다. 예를 들어 장애인 직업재활사업의 편익은 실업의 감소, 고용의 증가, 임금이나 생산성의 향상 등이 될 수 있고, 직업적응이나 능력개발 사업의 경우에는 참가자의 경제적 생산성과 미래의 수입이 편익의 요소가 될 수 있다. 그러나 장애인 직업재활 프로그램과 같이 편익이 무형의 가치가 많은 경우는 가격으로 산정하기가 어려운 경우가 많다. 이러한 경우 편익을 계산하는 방법으로 재산가치접근법(Property value approach), 여행비용접근법(Travel cost approach), 조건부가치측정법(Contingent valuation method) 등을 활용하는데, 미국 대부분의 장애인 고용과 직업재활 프로그램들이 조건부 가치측정법에 의한 자발적 지불의사(Willingness-to-pay: WTP) 방법을 주로 활용하여 편익을 추정한다.

예를 들어 중증장애인직업재활사업에 대한 비용편익분석을 실시한다고 할 때 이 사업의 비용편익분석을 위한 비용과 편익요인과 산출기준은 대체적으로 〈표 3-3〉과 같이 정의할 수 있다.

표 3-3 중증장애인직업재활사업 편익과 비용 요인과 산출기준

구분			요인 산출기준
편익	직접	임금	각 연도별 취업자의 평균 취업기간의 평균임금
		매출액	장애인보호작업장 평균매출액/평균 이용장애인수*지원이용인수
		숙련도	훈련수당과 보험료
		평가비용 절감	2018년 장애인복지관 재활서비스이용료 현황분석의 직업평가비용
	간접	주간보호 비용	보건복지부 장애인복지사업안내의 15인 기준 운영비 및 인건비 지원액/인원수
		경제활동 소득	취업자와 장애인보호장 이용인 부모 1일 4시간 아르바이트(최저 임금 적용)
비용	직접		각 연도별 인건비, 사업비, 기타 운영비 총액
	간접		각 연도별 한국장애인개발원 중증장애인직업재활지원사업 지원 인력 인건비, 교육비, 평가비 등 총액

비용 편익분석의 절차는 일반적으로 다음과 같은 과정을 가진다.
첫째, 문제의 구체화
둘째, 대안의 탐지, 확인
셋째, 정보의 수집 · 분석 및 해석
넷째, 대상집단의 구체화
다섯째, 비용과 편익의 할인
여섯째, 위험이나 불확실성의 추정
일곱째, 제안을 위한 기준설정
마지막으로 제안이다.

나. 비용 · 효과분석(Cost-effectiveness analysis)

비용 · 효과분석은 총비용과 총효과를 비교해서 대안 중에 하나를 선택할 수 있게 하는 방법이다. 투입된 비용에 대한 의사결정을 할 때 주로 사용할 수 있는 정책

평가 방법의 하나이다. 이것은 편익 쪽도 화폐가치로 표시되어야 하지만 비용·효과분석에서는 비용을 화폐 단위로, 효과는 재화의 단위나 용역의 단위, 기타 측정 가능한 형태로 나타낸다. 이것은 순 효과성이나 순편익을 측정할 수 없는데 그것은 단위가 틀리기 때문에 총 재화나 용역의 단위에서 총비용을 뺄 수 없기 때문이다. 따라서 비용과 효과의 비율만을 계산할 수 있다. 이 방법은 1950년대 초반 미국방부에서 시작되어 랜드연구소에서 군사전략과 무기 체제를 평가하기 위해 시도한 작업에서 비롯되어 1960년대 다른 정부부처로 확대되었으며 장애정책분야에서도 많이 활용되고 있다. 예를 들어 중증장애인을 위한 일자리 제공을 위한 정책을 수립할 경우, 일자리의 수준과 정도에 따라 다르기 때문에 일자리 가치를 화폐단위로 환산하여 측정할 수가 없다. 이럴 경우 중증장애인의 일자리 수를 늘리는데 투입되는 비용이 가장 적게 드는 것이 가장 효과적인 대안이라 보고 그 대안을 선택하는 것이다. 즉, 여러 대안을 비교 평가하는 것이 비용효과 분석이라 한다.

비용·효과분석은 비용·편익분석과 같은 원리에 의존하고 같은 절차를 사용하나 다음과 같은 특징을 가진다.

첫째, 편익을 화폐단위로 측정하는 비용·편익분석에서보다 효과를 화폐단위로 고정시키지 않으므로 정책문제에의 적용이 더 쉽다.

둘째, 정책대안의 결과를 전반적인 경제적 능률이나 총체적 사회복지에 관련짓지 않고 정책 대안의 효용면을 결정하려 하기 때문에 기술적 합리성을 나타낸다.

셋째, 시장가격의 논리에 의존하지 않기 때문에 민간부문에서의 이윤극대화 논리에 따르지 않는다. 편익이 비용을 얼마나 초과하였는지 또는 민간부문에서의 대안투자가 얼마나 많은 이윤을 낼 수 있는지 등에는 관심을 두지 않는다.

넷째, 화폐단위로 환산할 수 없는 외부경제와 무형의 가치분석에 적합하다.

다섯째, 비용·효과분석은 가변비용·가변효과까지도 다룬다.

여섯째, 비용만이 현재가치로 할인되고 효과는 그렇지 않다.

마지막으로 적정성의 기준도 비용·편익분석과 다르다.

다. 브레인스토밍(Brainstorming)

브레인스토밍도 문제 상황을 인지하고 개념화하는데 도움을 주는 사고나 목적, 전략 등을 개발하고 비교 평가하는 방법이다. 일정한 정책주제에 관하여 회의 형식을 채택하기는 하나 참여한 성원들의 자유발언을 통하여 아이디어를 찾거나 정책의 효과를 측정하는 방식이다. 이 방법은 1941년 미국의 광고 회사 사장인 오스본(Alex F. Osborn)이 개발한 것으로 창조적 대안을 개발하는 기법으로 문제가 생기면 집단 대면(Face-to-face)하여 자주적 아이디어를 제안하는 기법으로, 6~12명이 약 20~60분 리더로부터 문제의 설명을 듣고 될 수 있는 대로 많은 대안을 제시하여 토의하고 분석하여 결정하는 방법이다. 더 융통성 있는 사고와 구성원들의 창조성을 수렴할 수 있는 방법이다. 보다 많은 창조적인 아이디어를 얻기 위해서는 먼저, 아이디에 대한 평가를 하지 말아야 한다. 실현 가능성이 없는 정책대안이나 정책평가가 이루어지더라도 자유스럽게 대안이나 평가가 이루어질 수 있도록 평가는 하지 않도록 해야 한다.

정책평가의 한 기법으로 이 방법을 활용하는 경우는 우선적으로 평가하고자 하는 영역에 전문지식이 있는 사람들로 집단을 구성하는 것이 적절하며 최근 이 방식이 정책평가 유형으로 많이 활용되고 있다. 예를 들어 중증장애인생산품우선구매정책을 평가하기 위한 브레인스토밍 참여인원은 〈표 3-4〉와 같이 관련한 분야의 전문가로 구성하여 자유토론을 진행하면 정책평가 기능을 잘 수행할 수 있다.

표 3-4 중증장애인우선구매정책 평가를 위한 참여인원 구성

구 분		성명	소속 및 직위	비고
중증장애인생산품 우선구매 업무수행기관		***	한국장애인개발원 우선구매지원부장	
		***	한국장애인직업재활시설협회 사무국장	
생산 시설	장애인 직업재활시설	***	장애인직업재활시설 원장	보호 작업장
		***	장애인근로사업장 원장	근로 사업장
		***	장애인직업재활시설 원장	보호 작업장
		***	정신장애인 직업재활시설 원장	정신
	장애인 복지단체	***	장애인단체 사무총장	지정시설
		***	장애인단체 사무총장	지정시설
		***	장애인단체 대표	지정시설
이용자 단체		***	발달장애인단체 사무처장	비지정시설

브레인스토밍은 정책의제설정이나 정책분석, 정책평가과정 등 다양한 과정에서 활용할 수 있는 기법으로 정책평가에서 이 방법을 활용하고자 할 때 절차는 다음과 같다.

첫째, 문제 상황의 성격과 일치하도록 자유토론 집단을 구성한다.

둘째, 아이디어의 개발은 자유롭게 하되 이에 대한 평가는 엄격하게 구분되어야 한다.

셋째, 아이디어의 평가단계에서는 모든 아이디어가 다 제시되고 난 뒤에 실시되어야 한다.

넷째, 아이디어의 평가단계에서 모든 아이디어에 우선 순위를 부여하고 잠정적 해결방안을 포함하는 정책 속으로 통합시켜야 한다. 그러나 브레인스토밍은 정책의 목적이나 현실적인 상황조건에 따라 상당히 유동적인 절차를 가지게 된다.

라. 통계적 기법(인과관계분석: Cause and effect relationship analysis)

이 분석방법은 정책을 독립변수로 정책으로 발생하는 결과 즉, 효과를 종속변수

로 하는 인과관계 연구를 위하여 통계적 기법을 활용하는 것이다. 기본적으로 정책과 정책의 효과, 즉 결과 변수와의 인관관계를 알아보기 위해서는 실험적 통제와 통계적 조작 등의 방법, 즉 통계적 방법으로 알아보는 것이다. 그러나 인과관계분석이 장애정책에서 활용되기 위해서는 주변 변수들이 완벽하게 통제되어야 하기 때문에 상당한 제한성이 있다. 예를 들어 장애인직업훈련정책을 통해 2,000여 명이 훈련을 받았고 훈련 후 즉시 전일제로 취업이 이루어졌다. 이것만 보면 직업훈련정책과 취업의 인과관계가 성립이 되어 이 정책은 대단히 성과가 있었다고 분석되지만 훈련 종료 시점에 제조업 활성화로 관련한 산업에서 1만여 명의 신규 일자리가 만들어지고 이 일자리에 자연스럽게 이들이 포함되었다면 인과관계의 결과의 해석력은 떨어질 수밖에 없다. 따라서 인과관계 분석을 활용할 때는 변수들의 통제와 결과에 대한 해석에 신중을 기할 필요가 있다.

통계적 방법을 활용하기 위해서는 먼저, 결과변수가 정규분포인지 아닌지에 따라 모수검증과 비모수 검증으로 이루어지게 된다. 모수검증은 결과변수가 정규분포를 지니는 것으로 당연히 변수의 합도 정규분포를 지니기 되며, 비모수 검증은 결과변수가 정규분포를 지니지 않기 때문에 자료를 서열로 전환하여 확률을 계산하는 방법으로 분석하게 된다.

통계방법은 정책평가의 유형에 따라 기술통계, 차이분석, 회귀분석, 구조방정식 등의 다양한 방법이 활용될 수 있으며 정책평가의 인관관계 분석에서 주로 활용되는 방법은 회귀분석이다.

회귀분석은 둘 또는 그 이상의 변수들 사이의 선형관계를 추정해 내는데 특히 유용한 기법이다. 하나의 종속변수와 몇 개의 독립변수들 간의 관계를 추정하여 미래의 값을 예측할 수 있도록 회귀방정식을 도출한다. 이때 종속변수와 하나의 독립변수의 관계로 이루어질 때를 단순회귀분석(Simple regression analysis)이라 한다. 회귀분석은 독립변수와 종속변수간의 관계의 유형에 관한 집약측정(Summary measure)을 하게 된다. 이 집약측정 속에는 회귀선이 포함되어 있는데 이것을 통해 실제 측정치들의 회귀선으로부터 어느 정도 떨어져 있는지를 알 수 있다. 그러나 회귀분석이 어떤 원인에 의해 기대되는 결과를 예측하는 데 특히 유용하기는 하지만, 실제로 예측하는 것은 이론이나 이론의 단순화한 표현인 모형일 뿐이지 회귀분석 자체는 아니기 때문에 회귀분석에 앞서서 반드시 이론지도 작성과정이 필요하다.

마. 사회 지표(Social indicators)

장애정책의 성과평가의 하나로 일부 국가들은 사회지표를 활용하고 있다. 사회지표는 한 사회의 발전 상태를 나타내는 총체적 기준으로 경제 · 사회 · 환경 및 '생활의 질(Quality of life)' 등을 포괄하는 지표라고 할 수 있다. 즉, 사회적 가치와 정책목표의 검토를 가능케 하므로 국민복지와 직결되는 사회 여건의 현황과 추세의 양상을 파악할 수 있는 측정도구임은 틀림없다. 따라서 사회지표는 행정기관이 정책목표를 설정하고, 정책의 대안을 선택하고, 정책을 평가하는데 기준이 될 수 있다. 달리 말하면, 사회지표는 국민의 양적 · 질적 생활수준을 측정하는 데 기준이 될 수 있고, 사회 상태에 대한 종합적 측정을 가능케 해주는 정보의 역할을 하며, 사회변화의 예측은 물론 규범적인 사회적 가치에 의해 바람직한 방향으로 사회변화를 유도 관리할 수 있게 한다. 따라서 이 지표들은 국가마다 정기적으로 관리, 공표되고 있다. 장애정책에서 이 지표를 활용하기 위해서는 국가의 사회지표로 장애와 관련한 사항이 포함되어야 한다. 우리나라의 경우 복지수준, 경제활동상태, 고용률, 실업률 등이 포함되어 있는데 필요하다면 장애를 가진 사람들의 정신건강, 장애아동의 정신건강, 알코올과 약물, 빈곤 수준과 같은 지표들이 사회적 지표에 포함되어 관리되고 공표된다면 이 지표를 정책의 평가결과로 활용할 수 있는 것이다.

바. 델파이 기법(Delphi technique)

델파이 기법은 위원회나 전문토의 등 집단과정의 비능률성을 극복하기 위하여 개발된 것으로 익명성(Anonymity), 반복(Iteration), 통제된 환류(Controlled feedback), 통계적 집단반응(Statistical group response), 전문가 합의(Expert consensus)라는 원리를 중시하고 있다.

1960년대 말까지 지배적이었던 전통적인 델파이(Conventional delphi)는 정책델파이와 구별되어야 한다. 정책문제는 복잡하며 잠정적인 해결책에 대해 강력한 반대의견들이 있다. 그리고 정책의 중대 문제(Issue)에는 전문가란 없고 다만 주창자와 중재자만 있을 뿐이라고 한다.

델파이 절차는 일반적 여론조사 방법과 협의회 방법의 장점을 결합시킨 것으로 델파이 토론참여자는 델파이 절차가 반복되는 동안 피드백된 전회의 통계적 집단반응과 소수의견 보고서를 참고하여 다음 회에 자기 판단을 수정 보완할 수 있는 기회를 갖는 다는 것이 일반 조사방법과 다르다. 델파이 의견수렴이 최종화될 때까지 여러 차례 진행이 되는데 1차에서는 참여자들 간의 주제에 대해 자유토론을 진행하던지, 빠른 의견수렴을 도출하기 위하여 연구자가 미리 문헌 연구를 통해 개발된 예비지표를 제시하고 지표의 타당성과 지표 추가 의견을 묻는 구조화된 설문을 활용하는 방법이 있다. 2차 이후의 델파이는 전회 조사 분석결과와 전문가들이 제시한 의견을 바탕으로 지표를 일부 수정한 설문지에 대한 의견을 받는다. 이 때 전회 조사의 문항별 평균 점수와 문항 응답자의 중위 50%(25%-75% 지점)의 분포상황 및 자신의 전회 조사 때의 선택 점수를 설문지에 수록하여 각각의 전문가들에게 발송하여 의견을 수렴하도록 하며 신뢰도와 타당도를 분석하게 된다.

정책델파이는 전통적 델파이 기법의 반복과 통제된 환류를 제외하고는 다음과 같이 모두 새로운 특징을 가진다.

① 선택적 익명성(Selective anonymity): 참여하는 사람들에게 처음에는 익명성이 보장되지만 정책대안들에 대한 논쟁이 표면화되면, 공공연한 입장에서 토론을 벌이게 된다.

② 양식 있는 다원적 주장(Informed multiple advocacy): 참여자들의 선발은 전문성뿐만 아니라 흥미와 통찰력을 가지는가의 여부도 고려한다. 즉 여러 상황을 대표하는 양식 있는 사람들을 선정하도록 해야 한다.

③ 양극화된 통계적 반응(Polarized statistical response): 개개인의 판단을 통합할 때 의도적으로 불일치나 갈등을 유발시키는 부분에 초점을 두어 개인들이나 집단들 간의 차이를 분명하게 부각시키는 방향으로 적용한다.

④ 구조화된 갈등(Structured conflict): 정책문제는 반드시 갈등이 수반된다는 가정

에서 출발하기 때문에 대안 및 그 결과의 탐색에 갈등을 창의적으로 활용하고자 한다.

⑤ 컴퓨터 회의방식(Computer conference): 가능한 한 컴퓨터를 사용해서 참여자들의 익명상태를 계속 유지하도록 한다.

정책 평가 시 델타이 기법의 절차는 다음과 같이 이루어진다.

① 문제의 특정화(Issue specification)
② 참가자의 선발(Selection of advocates)
③ 설문지 설계(Questionnaire design)
④ 선회결과의 분석(Analysis of first-round results)
⑤ 계속적인 설문지 개발(Development of subsuquent questionnaires)
⑥ 집단회의의 조직(Organization of group meetings)
⑦ 최종보고서 준비(Prepare final report)

장애정책의 이해

PART 02

장애정책론

4 장애정책의 분야

장애인정책은 사회정책의 모든 영역에 포함되는 포괄적 관점의 사회문제이나 우리나라는 장애를 가진 사람들의 사회문제를 특별한 접근방식으로 문제해결을 해 왔으며 이 같은 상황으로 인해 공공정책에서 자연스럽게 장애를 가진 사람들의 사회문제가 다루어지고 해결되기보다는 영역별로 이를 해결하기 위한 정책이 만들어지게 되었고 이 책은 우리나라 상황에 따른 영역별 정책을 구체적으로 다루어 보았다.

제1절 장애인정책종합계획

1. 제정배경

장애인정책종합계획은 장애인복지법 제10조의2(장애인정책종합계획)의 규정에 의하여 장애인의 권익과 복지증진을 위하여 관계 중앙행정기관의 장과 협의하여 5년마다 장애인의 복지에 관한 사항, 장애인의 교육문화에 관한 사항, 장애인의 경제활동에 관한 사항, 장애인의 사회참여에 관한 사항, 그 밖에 장애인의 권익과 복지증진을 위하여 필요한 사항을 포함하여 수립, 시행하도록 함으로써 수립하는 장애정책의 장기발전 계획이다.

때문에 5년 동안의 계획을 수립하기 위해서는 보다 폭넓은 방법으로 정책의제 형성을 위해 노력할 필요가 있다. 정책의제는 정부가 정책적 해결을 위하여 사회문제를 정책문제로 채택하는 행위로 여러 단계를 통해 결정된다. 장애정책의제는 장애인을 포함한 정부외의 집단들이 정부에게 요구하는 형식과 정부가 주도적으로 하는 경우 그리고 이 두 가지를 믹스하는 경우에 의해 형성된다.

장애정책은 어쩔 수 없이 대상 집단인 장애인과 재활의 전반적인 패러다임을 따라갈 수밖에 없는 상황이기 때문에 5개년 계획을 수립하는데 이 두 가지 측면이 계획수립의 전반에 영향을 미친다.

우리나라에서 장애인복지발전에 관한 종합적이고 장기적인 대책이 수립된 것은 아마도 1976년 제31차 UN총회에서 1981년을 세계장애인의 해로 선언하고 각국으로 하여금 기념사업을 권고한 것이 계기가 되어 1980년 5월 대통령령을 통해 세계장애인의 해 기념 한국사업추진위원회를 보건사회부장관을 위원장으로 하는 조직으로 구성하여 장애인복지계획을 수립한 것이 처음이다. 이후 1988년 장애자올림픽이 한국에서 개최되고 한국정부는 1988년 9월 15일 대통령령으로 장애자복지대책위원회를 구성하여 11개 과제의 장애인종합대책을 수립하였다. 오늘날과 같은 5개년 계획은 1995년 3월 김영삼 정부의 삶의 질 세계화 선언을 계기로 1996년 2월 국민복지의 기본구상이 마련되고 이 보고서를 토대로 장애인복지를 획기적으로 증진시킬 수 있는 종합대책을 마련할 것을 지시하여 1996년 12월 총리를 위원장으로 하는 장애인복지대책위원회에서 장애인복지발전 5개년 계획을 수립토록 결정이 되고 1997년 12월 9일 동 위원회에서 제1차 장애인복지발전 5개년 계획이 확정된 것이 출발점이고 이 계획은 5년 동안 장애인복지발전을 위한 토대가 된 것은 분명하다.

지금까지 제5차 장애인정책종합계획이 수립, 시행 중에 있으며 이를 중심으로 살펴보았다.

2. 장애정책종합계획의 목표

1차에서 5차까지 장애인정책발전 5계년 계획의 정책목표는 〈표 4-1〉과 같이 장애인의 사회참여와 평등에서 장애인의 권리기반으로 변화되어 오지만 실제는 장애인의 변화를 중심으로 한 참여와 통합을 추구하고 있다. 이는 재활패러다임에서 장애를 가진 사람들의 사회 문제를 장애 당사자에 두고 당사자의 변화를 목표로 하는 것과 맥을 같이 하는 것이다. 따라서 미래의 장애인정책종합계획은 사회의 변화를 전제로 한 통합과 평등이 정책목표로 제시될 필요가 있을 것이다.

표 4-1 장애인정책종합계획의 정책 목표

구분	정책 목표
제1차 (1997-2002)	장애인의 완전한 사회참여와 평등보장 - 가족, 이웃, 지역사회가 장애인과 함께하는 복지실현
제2차 (2003-2007)	장애인이 대등한 시민으로 참여하는 통합적 사회실현 - 생애주기별로 특화된 복지서비스 개발, 제공 - 일반교육과 특수교육의 책무성 공유를 통한 통합교육 확대 - 복지와 성장의 조화를 통한 안정적인 장애인 고용의 실현 - 신체적 여건에 구애됨이 없이 정보화의 혜택을 누리는 디지털 복지사회 구현 - 장애인에게 편리하고 안정한 이동편의 체계 구축
제3차 (2008-2012)	장애인의 권리에 기반 한 참여확대와 통합사회 구현 - 장애인복지서비스의 선진화 구현 - 장애인 생애주기별 교육지원체계 구축 및 문화활동 전개 - 장애인이 일할 수 있는 사회실현 - 장애통합적 접근으로서의 사회참여 확대와 장애인 권익증진
제4차 (2013-2017)	장애인과 비장애인이 더불어 행복한 사회 - 장애인의 복지, 건강서비스 확대 - 장애인 생애주기별 교육강화 및 문화, 체육 향유 확대 - 장애인 경제자립기반 강화 - 장애인의 사회참여 및 권익증진
제5차 (2018-2022)	장애인의 자립생활이 이루어지는 포용사회 - 지역사회 삶이 가능하도록 복지, 건강서비스 지원체계 개편 - 교육, 문화, 체육 형평성 제고를 위한 지원체계 강화 - 장애인도 더불어 잘 상기 위한 경제자립기반 강화 - 다중적 차별을 겪고 있는 장애인의 권리보장 - 동등한 사회참여를 위한 기반구축

3. 장애인정책종합계획의 정책수단

정책목표를 달성하기 위한 방법론이 정책수단이라고 본다면 정책의 실질적 내용에 해당한다. 1차에서 5차까지의 정책수단들을 보면 〈표 4-2〉와 같이 1차는 보건복지, 교육, 고용노동부 중심의 수단들이 제시되었으나 2차부터 건설교통, 정보통신, 문화체육 등이 포함되어 관계부처가 확대되어 제시되고 있으며 3차부터는 점차 관련부처가 확대되고 있으나 여전히 포괄적 관점이라기보다는 제한적이다. 따라서 정책수단들이 부처에서 특별하게 개발할 것이 아니라 보편적인 정책 수단에 장애이슈들이 포함될 수 있도록 하는 포괄적 혹은 주류화 관점의 수단들이 강구될 필요가 있다. 또한 목표에 비해 수단들은 사회환경의 변화를 위한 수단들이 제시되고 있으나 아직은 범위가 제한되어 있고 1, 2차의 경우 소요재원이 추계되었으나 3차 이후에는 재원이 빠져 실제 정책의 실효성을 담보하는데 많은 의문점이 있다. 따라서 미래의 장애인정책종합계획은 재원마련이 전제되고 포괄적 관점에서 범정부적으로 정책수단들이 개발될 필요가 있으며 장애인의 역량 강화를 위해 당사자의 지원이나 변화도 추진되어야 하지만 사회환경과 제도를 어떻게 변화시켜 궁극적으로 장애인의 역량을 강화시킬 것인지에 대한 수단들이 강구될 필요가 있다.

표 4-2 1차에서 5차까지의 정책 수단요약

구분	정책 수단
1차 3개 영역 71개 세부과제	• 복지확대: 장애발생예방, 생활안정지원 강화, 사회참여 확대 및 편의시설 확충, 장애범주 확대 • 특수교육 강화: 장애아 교육기회 확대, 특수교육 내실화, 특수교육 지원체제의 효율화 • 고용촉진: 장애인 직업능력 개발 증진, 중증장애인 고용환경 개선, 사업체의 고용촉진 지원
2차 5개 영역 103개 세부과제	• 복지향상: 장애발생예방, 장애범주 확대, 생활안정 지원, 직업재활 등 자립기반 강화, 지역사회기반 서비스 강화 • 특수교육강화: 통합교육환경에서 학교교육 기회보장, 특수교육 질 제고, 교원의 특수교육 책무성과 전문성 강화 • 고용확대: 일자리 확대 및 고용차별금지, 능력개발 및 취업지원서비스 향상, 장애인 고용환경 개선

	• 정보화 증진: 정보화 능력 향상 도모, 정보접근 환경개선 및 정보이용 촉진, 시청각장애인 방송접근권 보장 • 이동편의 확대: 권역별 특별수송서비스체계 구축, 도시철도·버스·철도·항공, 터미널 등의 편의시설 개선, 교통정보전달체계 구축
3차 4개 영역 58개 과제	• 장애인복지 선진화: 등록판정체계 선진화, 기초장애연금제 도입, 주택서비스 확대 등 • 장애인 교육문화 증진: 생애주기별 교육진원체계 구축, 통합교육강화, 문화바우처, 생활체육 등 • 장애인 경제활동 확대: 의무고용제도 운영강화, 정부의 장애인 고용선도적 역할, 취업지원 및 직업능력개발서비스 제공 • 장애인 사회참여 확대: 장차법 홍보 및 이행상황 모니터링, 활동보조서비스 내실화, 웹접근성 제고 등
4차 4개 영역 18개 중점과제와 71개 세부과제	• 장애인의 복지, 건강서비스 확대: 장애인서비스 전달체계 확립, 발달장애인 지원강화, 장애인 복지서비스 확대, 장애인 주거지원 강화, 장애발생 예방 및 의료재활 접근성 강화 • 장애인 생애주기별 교육강화 및 문화, 체육 향유 확대: 생애주기별 교육지원체계 구축, 특수교육 지원강화, 장애학생 인권보호 및 인식개선, 장애인 문화활동 활성화, 장애인 체육활동 강화 • 장애인 경제자립기반 강화: 장애인 소득보장 및 공공 일자리 확대, 장애인기업 및 우수고용기업 지원, 장애인 고용 지원 강화, 장애인 고용 인프라 확대 • 장애인의 사회참여 및 권익증진: 장애인 정보접근성 강화, 장애인 이동·편의증진, 장애인 인권보호 강화, 여성장애인 인권보호 및 사회참여 활성화.
5차 5개 영역 22개 중점과제 70개 세부과제	• 지역사회 삶이 가능하도록 복지, 건강서비스 지원체계 개편: 장애인 권리보장 및 종합지원체계 구축, 탈시설 및 주거지원 강화, 활동지원 내실화 등 복지서비스 확대, 재활의료 전달체계 구축 및 접근성 강화, 장애인 건강수준 향상을 위한 기반 마련 • 교육, 문화, 체육 형평성 제고를 위한 지원체계 강화: 장애영유아 보육, 교육지원 강화, 장애학생 교육권보장을 위한 특수교육 기반 강화, 진로 및 평생교육지원 강화, 문화, 예술활동 및 관광, 여가 향수기회 보장, 장애인 체육, 스포츠 향유 기회 보장 • 장애인도 더불어 잘 상기 위한 경제자립기반 강화: 장애인 소득보장 급여 개편, 소득보장과 고용지원서비스의 연계 강화, 고용서비스 및 직업재활지원 강화, 장애인중소벤처기업 지원 • 다중적 차별을 겪고 있는 장애인의 권리보장: 장애인 인권보호 강화, 재난, 안전 지원시스템 강화, 발달장애인 서비스 지원 강화, 여성장애인의 지원 강화 • 동등한 사회참여를 위한 기반구축: 장애인 정보접근성 강화, 장애인 이동권 보장 강화, 편의증진, 의사소통 지원 지원강화, 장애인 정책 국제협력 강화

4. 5차 장애인정책 종합계획의 세부내용

가. 지역사회 삶이 가능토록 복지, 건강서비스 지원체계 개편

1) 장애인 권리보장 및 종합지원체계 구축

이 정책은 장애인서비스가 의학적 장애등급에 따라 획일적으로 제공됨에 따라 장애등급제 폐지 필요성이 지속적으로 제기되어 이를 개선하고 또한 장애인의 물리적·인지적 한계에 따른 사각지대를 줄이고 장애인의 서비스접근성 제고를 위한 복지서비스 전달체계 개선 필요성이 제기되므로 이를 개선하기 위한 정책으로 다음의 정책들을 계획하고 있다.

첫째, 장애등급제 폐지 및 맞춤형 종합지원체계 구축이다.

우선 장애등급제를 2019년 7월 폐지하고 종합판정도구를 단계적으로 도입하는데 1단계는 장애인 민간성 및 예산 규모가 큰 활동지원서비스 등의 일상생활 분야에 우선도입하며 2단계로 이동지원, 3단계로 소득, 고용지원서비스로 확대하는 것이다. 또한 장애인이 지역사회에서 살아가는 데 꼭 필요한 서비스를 쉽게 알고 신청할 수 있도록 장애인 맞춤형 전달체계 구축하기 위하여 찾아가는 상담을 강화하여 학대, 생계곤란 등 위기상황에 놓여있는 장애인에 대한 공공·민간서비스 연계를 통해 전문적 사례관리체계 구축과 사례관리를 실시한다.

둘째, 장애인권보장법 제정이다.

장애인복지가 온정주의적 차원이 아닌 권리로서 확보될 수 있도록 서비스 확충, 전달체계 개편, 권익옹호 등을 내용으로 하는 장애인권리보장법을 제정하고 이를 위한 민관협의체를 구성·운영하여 장애계, 전문가 등 다양한 의견수렴을 하겠다는 것이다.

셋째, 장애판정제도의 개선이다.

이의신청, 민원 제기가 많은 장애유형의 인정질환 확대 및 판정기준을 완화하고 장애등급제 폐지로 재판정을 통한 등급 조정 필요성이 감소함에 따라 재판정 주기 등 현행 재판정 기준 등 조정한다는 것이다.

2) 탈시설 및 주거지원 강화

이 정책은 거주시설 중심의 주거정책이 장애인의 자기결정권 없이 거주를 강요당하며 인권침해, 학대 등에 노출되어 있어 지역사회로의 거주 전환 필요성 제기됨에 따라 탈시설 중심의 정책으로 전환됨에 따라 소규모시설이나 지역사회 전환이 이루어지고 있으나 지역사회 정착 지원 제도, 주거 등 인프라 부족으로 자립생활 정착이 미미하고, 일부는 적응 실패로 시설로 복귀하는 사례들이 발생함으로써 이에 대한 대응을 위한 것으로 다음의 정책수단들을 계획하고 있다.

첫째, 시설 거주 장애인의 자립생활 전환 지원체계 마련이다.

우선적으로 지역사회중심 복지체계 구축을 위해 탈시설 자립지원 근거 마련을 위한 장애인복지법을 개정하여 탈시설 개념 정립과 탈시설지원센터 설치 · 운영 근거 마련, 탈시설 지원을 위한 국가 및 지자체의 의무를 명시하며, 2019년부터 매년 공공임대주택을 탈시설 장애인에게 제공, 자립생활 초기 필요한 비품, 생활필수품 마련 등에 필요한 자립정착금을 지원하며, 중증장애인자립생활지원센터를 2022년까지 90개소까지 지원확대를 추진하는 것이다.

둘째, 새로운 거주서비스 유형을 개발하는 것이다.

현재 단일건물인 장애인 거주시설의 공간 유형을 아파트형, 빌라형, 단독주택형 등 다양한 거주공간으로 확대하여 지역사회통합을 유도하며, 재가장애인이 긴급상황시 거주시설을 이용할 수 있도록 지역별 거점형 일시 및 단기거주서비스 제공기관을 운영하며 이를 실제적으로 지원하기 위하여 소규모 거주시설 인력기준을 마련하고 정원 축소 유도, 기능보강 지원 등으로 거주시설의 소그룹 시설 전환을 추진하는 것이다.

셋째, 재가장애인에 대한 주택지원을 강화하는 것이다.

장애인 등 취약계층에 대한 공공임대주택 공급을 확대하며, 주거약자용 주택의 입주자 선정 시 장애등급도 고려하도록 하여 중증 장애인 가구에 우선 공급할 수 있는 근거를 마련하며 또한 주거급여 지원대상을 단계적으로 확대하고, 기준임대료를 지속 상향하여 저소득층의 주거비 부담을 경감하는 것이다.

3) 활동지원 내실화 및 복지서비스 확대

이 정책은 장애인의 복지서비스 욕구 다양화, 돌봄 수요 증가 등에 따라 장애인 활동지원 서비스 급여량 확대 및 서비스 다양화 필요성과 장애아동의 기능향상 및 행동발달을 위한 발달재활서비스, 장애아 가족의 양육부담 완화를 위한 돌봄 등 장애아동가족지원서비스 확대, 자립생활 지원을 위한 장애인보장구 보험급여 품목 확대 및 저소득층 장애인 보조기기 지원 및 전달체계 확립 등 서비스 확대를 위한 것으로 세부적인 정책수단들은 다음과 같다.

첫째, 장애인 활동지원 급여확대 및 내실화이다.

활동지원사업은 중증장애인들의 자립생활과 사회참여를 지원하는 서비스로 가능한 모든 중증장애인들이 이 서비스를 이용할 수 있어야 한다. 이를 위해 저소득층 본인부담은 낮추고 고소득층 본인부담은 합리적인 수준에서 조정되도록 이용자 소득과 급여량에 비례하는 본인부담 체계 마련을 통해 대상을 확대시키는 효과를 기대하며, 또한 활동보조인 연계에 애로를 호소하는 일부 이용자를 대상으로 제한적으로 가족에 의한 활동지원 허용 방안을 검토하며, 상시 돌봄 체계 강화를 위해 야간 자세 변경 및 신변 처리 등이 필요한 독거 와상장애인 등 대상 야간순회서비스 확대 시행 추진을 계획하는 것이다.

둘째, 장애아동 가족지원서비스 확대이다.

장애아동 발달재활서비스 대기수요 해소를 위해 지원인원을 확대하며 장애아 가족 돌봄 서비스 지원 강화를 위해 장애아 가족 양육지원 서비스 지원인원 및 돌봄 서비스 지원시간을 단계적으로 확대하며 소득기준 초과로 서비스 신청이 불가능한 경우에도 장애아 돌보미 서비스를 이용할 수 있도록 자부담 이용 방안을 마련하는 것이다.

셋째, 장애인 보조기기 지원확대서비스이다.

장애인의 사회참여를 지원하고 의료비 부담경감을 위해 우선적으로 장애인 보장구 건강보험 급여 확대와 품목에 대한 기능상 유형 분류를 통해 급여 지급을 세분화하며 장애인보조기기 교부사업 지원기준액 현실화 및 일상생활 지원 품목 단계적 확대를 통해 저소득 장애인을 집중적으로 지원하며 로봇을 활용한 장애인 돌봄

서비스 도입을 검토하는 것이다.

4) 재활의료 전달체계 구축 및 접근성 강화

이 정책은 수도권에 집중되어 있는 의료전달체계를 인프라 확대를 통해 장애아동의 의료접근성을 확대하고 만성질환 증가 등으로 재활 수요는 증가하나, 기능회복시기에 시기적절한 재활치료를 받기 어려운 장애인들이 치료를 통해 조기에 사회복귀 할 수 있도록 체계를 구출하는 등으로 다음의 구체적인 수단들을 계획하고 있다.

첫째, 어린이 재활의료체계 구축이다.

현재 공급이 부족한 중증장애아동의 집중재활치료를 확대하기 위해 권역별 공공어린이 재활의료기관 건립 및 운영 지원을 확대하고 병원 건립시 특수학교 건립이 연계되도록 하여 장애아동의 치료와 교육이 병행될 수 있는 여건을 조성하며 또한 장애아동에 적합한 정기적 평가 및 교육상담 서비스 제공하는 장애아동 건강주치의(장애아동 건강관리의사) 서비스를 시범사업 후 도입하며, 경증 장애아동 및 장애 청소년이 가까운 곳에서 재활치료를 받을 수 있도록 재활 치료 수가 개선을 통한 민간소아재활 인프라를 확충하는 것이다.

둘째, 재활의료전달체계의 개편이다.

회복기 재활인프라 확충을 위해 수술·처치 후 기능회복 시기에 집중 재활치료 및 조기 사회복귀를 목표로 하는 재활의료기관을 지정하여 적정 입원기간 보장, 전문재활팀에 의한 맞춤형 재활치료, 집중재활 치료가 가능한 적정 수가, 치료성과에 따른 차등 인센티브 부여를 통해 조기에 정착할 수 있도록 하며 또한 회복기 집중재활 이후 보존적 치료 및 기능유지를 위한 재활 여건 개선을 위해 요양병원, 의원, 지역사회 재활서비스 등의 역할을 검토하는 것이다.

셋째, 권역별 재활병원의 확충이다.

현재 6개소의 권역별 재활병원을 단계적으로 9개소까지 확대하여 공공재활 프로그램을 지원하여 의료인프라가 지역 차별 없이 장애인들에게 제공될 수 있도록 한다는 것이다.

넷째, 국가유공자 등 보훈대상자를 위한 재활치료 지원을 확대하는 것이다.

국가유공자들에게 진료와 연계한 양질의 맞춤형 재활서비스 제공을 위해 지방보훈병원 내 재활센터를 연차적으로 확충하고 국가유공자 및 유·가족 심리재활서비스 제공을 통해 조기에 사회복귀나 참여가 가능하도록 지원하는 것이다.

5) 장애인 건강수준 향상을 위한 기반 마련

이 정책은 장애인의 적절한 조기 진료 및 예방적 건강관리의 어려움으로 건강상태 열악, 의료비 지출이 크며 또한 의료서비스 접근성 문제로 장애인의 건강검진 수검률이 낮고, 중증장애인인 일수록 격차가 더 크게 나타나는 것을 사전에 차단하기 위한 것으로 세부적인 정책수단들은 다음과 같다.

첫째, 장애인의 건강주치의 제도 도입을 통한 건강관리 서비스 강화이다.

장애인의 건강관리는 건강관리 전문가들이 장애를 얼마나 이해하고 있느냐와도 상당한 관련성이 있기 때문에 지역사회 의원급 의료기관 중심으로 중증장애인의 만성질환 관리, 주장애 관리 서비스 제공하는 장애인 건강 주치의제를 도입하여 만성질환관리와 주장애를 관리하도록 하여 선제적인 건강관리를 하겠다는 것이다.

둘째, 장애인건강검진기관 지정을 통한 건강검진 접근성 강화이다.

건강검진은 예방과 관련한 중요한 정책수단이다. 장애인건강검진에 필요한 장비, 시설, 보조인력 등을 갖춘 기관을 장애인검진기관으로 지정 운영을 확대하고 장애특성을 고려한 맞춤형 건강검진 항목 개발을 위한 연구와 지원을 통해 맞춤형 건강검진이 이루어지도록 한다는 것이다.

셋째, 지역사회 장애인 건강보건관리 지원체계를 구축한다.

장애인의 건강관리가 지역사회 중심으로 이루어질 수 있도록 중앙 및 시도별 장애인보건의료센터를 설치하여 지역별 장애인건강보건관리사업 지원·교육·연구, 진료·재활치료 등을 수행하도록 하며, 현재 보건소에서 제한적으로 운영되고 있는 지역사회중심재활사업을 장애인건강사업을 포함하여 확대 운영하도록 하여 지역사회에서의 체계적인 건강보건관리가 이루어지도록 지원한다는 것이다.

나. 교육, 문화, 체육 형평성 제고를 위한 지원체계 강화

1) 장애 영유아 보육 및 교육 지원강화

이 정책은 장애를 가진 아이들이 영유아부터 장애 조기발견 및 특수교육 지원이 이루어지도록 하여 장애조기발견과 개입을 하기 위한 것으로 세부적인 정책 수단들은 다음과 같다.

첫째, 장애영유아 보육지원 강화이다.

장애아 장애아전문어린이집 및 장애아통합어린이집을 매년 15개씩 확충하고 교직원 인건비 지원 확대를 통해 안정적인 기능을 할 수 있도록 지원하겠다는 것이다.

둘째, 특수교육대상자 조기발견 및 교육지원 강화이다.

특수교육대상자 조기 발견 체계 구축하기 위하여 관계부처 사업과 연계하여 장애등록 및 영유아 검진 장애 유소견자에 대한 특수교육 안내, 표준모자보건수첩 등에 특수교육 관련 정보 제공 등 홍보를 강화하며, 또한 유아단계부터 통합교육 활성화를 위해 전일제 통합형태의 통합유치원 및 유치원 특수학급 확대 등 특수교육 지원을 강화하며 또한 영유아의 발달단계 및 장애특성을 고려한 교수·학습 자료 개발을 통해 특수교육의 질을 향상시킨다는 것이다.

2) 장애학생 교육권 보장을 위한 특수교육 기반 강화이다.

이 정책은 특수교사 법정정원 확보율이 67%에 불과하고, 지역주민 반대 등으로 신규 특수학교 설립이 쉽지 않은 상황과 70%가 넘는 특수교육대상자가 일반학교에 배치되어 있으나, 통합교육의 질적 수준이 높지 않은 상황을 반영하여 장애학생의 교육권 보장을 지원 지원을 강화하는 것으로 세부적인 정책 수단은 다음과 같다.

첫째, 특수교육기관 확충 및 환경개선이다.

지역별 수요를 고려하여 2022년까지 특수학교 총 22개교 및 특수학급 총 1,250학급을 신·증설하고 인근 주민들도 이용할 수 있는 체육관·도서관 등 복합공간을 포함하는 등 상생하는 학교와 소규모 특수학교, 특화된 분야의 교육을 전문적으로 실시하는 특수학교, 대학(교) 및 병원 내 특수학교 등 특수교육 유형을 다양화하여 설립하며, 특수학교 설립 환경 개선을 위한 대국민 장애인식 개선 및 소통을 확대하며, 또한 학교용지의 확보를 쉽게 하고 도시계획 수립 시 특수학교 설립이 우선 반영할 수 있도록 하는 등 관련 법을 개선하겠다는 것이다.

둘째, 특수교원 증원 및 전문성을 제고하는 것이다.

행정안전부, 기획재정부 등 관계부처 간 긴밀한 협력 체제 구축을 통한 특수교사 및 통합교육 지원교사(순회교사) 연차적 증원을 추진하며, 특수교육 교원 전문성 제고를 위해 교육과정 운영 및 장애특성별 지도 역량 강화를 위한 연수를 확대하겠다는 것이다.

셋째, 통합교육 지원내실화이다.

이를 위해 일반학교에 통합교육 지원 교사(순회교사) 배치를 확대하며 시각·청각장애 등 장애특성에 맞는 통합교육 지원 강화를 위해 장애유형별 거점지원센터를 42개소에서 50개소로 확대 및 운영 내실화를 하겠다는 것이다.

3) 장애인 진로 및 고등, 평생교육 지원 강화

이 정책은 장애학생의 고등교육에 대한 요구가 높아지고, 특별전형 등으로 입학하는 학생들의 장애유형 및 장애 정도가 다양화됨에 따라 맞춤형 진로지도가 필요하고 또한 전체 장애인의 약 60%(140만 명)가 중졸 이하로 교육기회를 놓친 장애인 등에 대한 평생교육 지원 강화의 필요성이 제기되므로 이를 해결하기 위한 것으로 구체적인 정책 수단은 다음과 같다.

첫째, 장애청소년을 위한 진로, 직업교육 전문화이다.

장애청소년들의 전환역량을 강화하기 위하여 진로탐색 활동 및 미래 진로설계 지원 강화를 위해 특수학교 자유학기제를 전면시행하고 원스톱 통합서비스 지원을 위한 지역단위 협의체 구축 등 교육·복지·고용 협업시스템을 구축하여 관계부처 간 장애학생의 직업평가·직업교육·고용지원·사후관리 서비스를 일원화하며 또한 특수학교(중등과정 이상)에 전문자격을 갖춘 진로전담교사 배치를 위한 진로교육법 시행령개정 및 진로전담교사 배치를 확대하겠다는 것이다.

둘째, 장애학생 교육복지 내실화이다.

이를 위해 장애학생 지원 업무 담당자 연수 및 정보 공유 네트워크 구축을 통해 장애학생지원센터 전문성을 강화하며 대학 구성원(교수, 직원 및 학생)의 장애인식 개선 교육을 의무화하며, 장애대학생 맞춤형 지원을 위해 한국수어통역사, 점역사, 속기사 등 전문도우미 배치를 확대하겠다는 것이다.

셋째, 장애인 평생교육 지원을 강화하는 것이다.

학령기 의무교육 단계에서 교육기회를 놓친 장애인들의 교육지원을 강화하기 위하여 장애유형을 고려한 학력인정 맞춤형 교육시스템 개발 및 지원을 하며, 학교형태의 장애인 평생교육시설 프로그램 지원을 확대하며 다양한 형태의 장애인 평생교육 프로그램 운영, 지원을 확대하는 것이다.

4) 장애인 문화, 예술 활동 및 관광, 여가 향수 기회보장

이 정책은 문화바우처사업 및 함께누리지원사업 등의 확대로 장애인의 문화예술 향유 기회가 확대 되었지만 여전히 비장애인의 문화향유정도에 비해 낮은 수준을 개선하기 위하여 문화예술 향유 및 창작활동 지원을 위한 장애인 관객, 장애예술인의 물리적 접근성 문제 개선과 많은 장애인들이 영화관을 찾는 것보다 온라인 VOD로 영화를 관람하는 것을 고려하여 제한적인 배리어프리 온라인 VOD 서비스를 확대할 필요성이 있다는 것으로 구체적인 정책 수단은 다음과 같다.

첫째, 장애인의 문화, 예술 향수 기회 확대이다.

이를 위해 저소득 장애인 등의 문화 활동 기회 확대를 위해 통합문화이용권 지원금액을 현실화하며 발달장애인(만9~24세)을 위한 찾아가는 문화예술학교 지원과 장애예술인의 공연 · 전시 · 영상콘텐츠 제작 등 다양한 문화 · 예술활동을 지원하는 것이다.

둘째, 장애인 문화, 예술 활동의 접근성을 제고하는 것이다.

장애 예술단체 전용 창작 공간 및 장애인 관객을 위한 편의시설을 갖춘 장애인예술 전용 극장을 추진하며 지역의 기존 문화시설, 유휴공간을 리모델링한 생활문화센터 등에 BF(장애물 없는 생활환경) 인증을 권고하는 것이다.

셋째, 장애인의 영화관 접근권에 대한 지원을 강화하는 것이다.

이를 위해 보조기기(화면 · 음성 해설)를 통해 시청각 장애인과 비장애인이 동시관람하는 폐쇄 상영시스템 시범운영 및 확대를 추진하며, 자막 · 화면해설 등 장애인을 위한 영화 제작 편수 및 상영관을 지속 확대하며 또한 영화관 방문이 어려운 장애인의 영화 관람을 위해 디지털케이블 방송의 베리어프리 온라인 VOD 서비스 제공 확대 및 상영관의 장애인 영화관람 편의시설 개선, 장애인영화제 개최 지원 등을 통해 문화, 예술 접근성을 강화하겠다는 것이다.

넷째, 장애인들의 관광, 여가 향수권을 증진하는 것이다.

장애인, 노약자, 영 · 유아 가족 등 모든 관광객이 제약 없이 이용할 수 있는 열린 관광지 조성 확대 및 장애유형별 특수학교 청소년 체험여행을 지원하는 것이다.

5) 장애인 체육 향유 기회 보장

이 정책은 공공체육시설의 접근성 개선, 체육장비 지원 등 정책 추진에도 불구, 장애인생활체육 참여율 제고에 한계가 있다는 문제를 개선하기 위하여 재활 후 사회적응 단계에서 생활체육으로의 유입을 활성화하기 위해 재활치료 종료 후 사회복귀한 장애인을 위한 재활운동 및 체육 프로그램, 선천성 · 발달장애인 등을 위한 특성화된 신체활동 프로그램 등을 확대하고 중증장애인에 대한 특화된 지원 강화, 일상생활 공간과 체육활동 공간 간의 거리문제 등의 개선을 통해 장애인들의 체육 향유 기회를 보장하기 위한 것으로 구체적인 정책들은 다음과 같다.

첫째, 재활운동 및 체육 서비스 전달체계 구축 및 효율화이다.

장애인의 신체활동 참여율 향상을 위해 재활치료와 생활체육 중간단계의 서비스를 제공하는 재활운동 및 체육 전달체계 모형을 개발하며 전문인력 양성을 위한 교육과정 마련, 운영 기관 인증 및 평가 체계 마련, 중증장애인을 위한 특화된 프로그램 개발 및 보급 등을 통해 서비스 전달체계를 구축하는 것이다.

둘째, 시설 조성, 지도자 배치 확대 등 거주지 중심 체육활동 지원을 강화하는 것이다.

이를 위해 장애인국민체육센터를 단계적으로 확충하고, 센터 내에 장애인체력인증센터를 운영하여 운동측정평가, 운동상담 및 처방을 원스톱서비스로 제공하거나 개인별 맞춤형 운동프로그램을 제공하며 기존 공공체육시설 내 장애인편의시설 개보수 지원과 장애인생활체육지도자 확대 배치를 통해 주거지 인근 복지관 및 소규모 체육시설에서도 장애인 체육프로그램이 운영되도록 하는 것이다.

셋째, 재활, 복지, 교육영역 연계 유형별, 대상별 생활체육프로그램 운영을 지원하는 것이다.

모든 장애인이 참여할 수 있도록 기존 종목별 위주의 장애인 생활체육 프로그램을 유형별 및 장애정도 등의 내용이 반영 되도록 하며, 장애, 비장애학생의 통합체육 활성화 및 장애청소년 체육교실을 확대하며, 통합체육 보급을 위하여 통합체육 교사연수의 대상을 체육지도자로 확대 및 통합체육 수업 개소 수를 확대 지원한다. 또한 장애청소년 체육교실사업 연계기관을 지역 대학 및 다양한 전문기관으로 확대하여 모든 시·도에서 실시하도록 하며 체육 활동에 보다 많은 장애인이 참여할 수 있도록 생활체육교실 및 동호회를 활성화하는 것이다.

다. 장애인도 더불어 잘 살기 위한 경제자립기반 강화

1) 장애인 소득보장 급여 개편

이 정책은 장애인연금 확대로 장애인가구의 빈곤율이 감소하였으나, 비장애인과의 격차는 여전히 크며 장애로 인한 추가비용은 지속적으로 증가하나 추기비용 보전은 이에 미치지 못함으로써 장애인들의 삶이 개선이 이루어지지 않는 문제를 개선하기 위한 것으로 세부적인 정책 수단들은 다음과 같다.

첫째, 장애인연금 기초급여액 인상이다.

근로능력이 미약한 중증장애인의 소득보장을 위해 장애인연금 기초급여를 점차적으로 인상하여 장애로 인한 추가비용의 보전과 비장애인들과의 격차를 줄이는 것이다.

둘째, 장애로 인한 추가 비용 보전 급여를 현실화하는 것이다.

장애로 인한 추가비용 보전 급여를 현실화하기 위하여 장애인연금 부가급여, 장애수당의 단계적 인상 방안을 마련하며 추가비용 보전은 소득수준보다는 장애특성·연령 등을 고려하여 지급하는 현금 급여체계 개선방안 연구를 실시하여 정책 수단을 강구하는 것이다.

2) 소득보장과 고용지원서비스의 연계 강화

이 정책은 일자리와 소득에 대한 욕구에 비해 장애인의 일자리 참여는 제한적이며, 근로능력과 의지가 있는 장애인에 대한 일자리 제공여건 조차도 제한적이며 현재 장애인 현금급여가 장애등급에 연계되어 있어 근로능력이 감소되었음에도 소득보장을 받지 못하는 사각지대가 발생하고 UN 장애인권리위원회 등은 장애인의 최저임금 보장을 권고하고 있으나, 여전히 최저임금 적용 제외 인가제를 유지하는 상황 등을 개선하기 위한 것으로 구체적인 정책은 다음과 같다.

첫째, 소득보장 대상 선정방안 개선 및 전달체계를 개편하는 것이다.

장애등급제 폐지에 따라 소득보장급여(장애인연금 등) 지급 대상자 선정을 위한 새로운 수급 기준을 마련하며 근로능력이 인정되는 중증장애인에게는 고용서비스 지원이 확대되도록 관련 부처와 연계를 강화하여 실제적인 소득보장이 이루어질 수 있도록 하는 것이다.

둘째, 장애인근로자 소득수준 향상을 위한 고용지원 제도를 개편하는 것이다.

먼저, 장애인근로자 임금수준 향상 유도 및 사업체의 장애인 고용 유인 제고를 위해 고용장려금 단가 인상 등 장려금 제도 개편을 추진하며 최저임금 적용제외자의 저임금 해소를 위해, 최저임금 적용제외 인가기준을 강화하여 최저임금 적용제외를 최소화하며 동시에 단계적으로 적정 임금을 받을 수 있도록 최저임금 적용제외 제도 자체의 개편을 위한 '민·관 협의체를 구성하여 방안을 마련하는 것이다.

셋째, 국민기초생활보장제도의 장애인 소득공제 방식을 개선하는 것이다.

근로활동 참여 장애인이 혜택을 받도록 현재 50% 정률 공제인 장애인 수급자의 소득공제방식을 '정액공제+초과분 정률공제' 방식으로 개선하는 것이다.

3) 장애인 고용서비스 및 직업재활 지원 강화

이 정책은 장애인 의무고용 대상 기관의 장애인 고용률이 상승하고 있으나, 이행률이 52.1%로 여전히 많은 기관이 의무 고용률에 미달하며 고용되지 못하는 중증장애인의 고용을 위한 장애인직업재활시설은 생산성을 높이기보다 정부지원에 의존하는 복지시설에 안주하려는 경향, 고용확대, 임금 등 처우향상에 제한적이며 이를 지원하기 위한 중증장애인생산품 우선구매정책도 매출의 성장에도 불구, 그 혜택이 장애인 고용 · 처우로 충분히 연결되지 못한다는 문제들을 해결하기 위한 것으로 구체적인 정책수단은 다음과 같다.

첫째, 장애인 의무고용 이행률을 제고하는 것이다.

장애인일자리를 안정적으로 확보하기 위해 장애인 의무고용률을 상향을 추진하며 사업주의 자발적인 장애인 고용의무 이행 독려를 위해 사업주의 장애인 인식개선 교육을 의무화하며 장애인 의무고용률이 이행될 수 있도록 한다.

둘째, 장애인 맞춤형 직업훈련 인프라를 확대하는 것이다.

장애인 직업훈련 수요가 가장 많은 수도권 지역에 종합훈련시설인 경기남부 직업능력개발원을 신설하며 타 장애유형과 통합 훈련이 어려운 발달장애 대상 전용 훈련센터를 17개 시, 도에 설치하고, 감각(시 · 청각) 장애인 훈련센터 확대도 추진하며 맞춤훈련센터는 사업체 밀집지역을 중심으로 확대하되, 훈련시설 소외지역에도 설치하여 훈련인프라 사각지대 해소를 지원하는 것이다.

셋째, 장애인근로자 중심으로 우선구매제도를 내실화하는 것이다.

이를 위해 생산시설 매출이 장애인 고용과 처우에 반영되도록 지정제도를 개선하며, 운영의 투명성 확보를 위해 기 지정된 생산시설에 대한 사후 감독을 강화하며 자생력 강화를 위한 경영컨설팅 지원 확대 및 생산성 확충을 위한 시설 인프라(신 · 증축, 생산장비 등) 구축 지원, 법정 구매비율 상향(예; 현행 1% → 3% 내외), 우선구매 대상기관 외연 확대(예; 공공기관 → 공공사업을 수행하는 민간기관 등)를 추진하는 것이다.

넷째, 장애인직업재활시설 체계화 방안을 마련하는 것이다.

장애인의 최저임금 지급 가능한 생산성 등을 담보할 수 있는 사회적 경제형 직업재활시설 모형(가칭, 기업형 모델) 및 인센티브 제공 방안을 마련하며 생산성 높이기 어려운 영세사업장은 직업훈련, 취업 후 적응지원 등 중증장애인 보호기능을 강화하는 것이다.

4) 장애인 중소벤처기업 지원

이 정책은 장애인 기업이 경직된 사업운영으로 판로확대 등에 어려움을 겪는 경우가 많아 이에 대한 기업 수요 등에 근거한 지원을 확대하고 자원의 다변화 등을 통한 지원업종 편중해소, 기술형 창업 육성 등 창업이후 성장단계별 체계적 지원을 통해 장애인 중소기업을 지원하는 것으로 구제척인 정책 수단들은 다음과 같다.

첫째, 장애인 창업을 지원하는 것이다.

우선 맞춤형 창업 지원을 위해 창업보육실 입주기업에 대한 창업단계, 기술개발단계, 상품화단계, 사업화단계의 창업단계별 맞춤형 지원을 확대하며 지원업종, 대상 확대를 위해 기존 점포지원 외 사업화지원 사업을 추진하며 기술창업자 육성 및 혁신형 창업기업 발굴을 위해 창업아이템 경진대회 수상 창업아이템에 대한 사업화자금 지원과 기존 생계형 업종기술교육 중심에서 중증장애인 특화프로그램, 실수요자 중심의 창업컨설팅 프로그램 제공으로 개편하는 것이다.

둘째, 장애인기업 성장기반 구축을 지원한다.

장애인기업의 공공구매시장 진출을 통한 판로 활성화를 위해 조달청 MAS 참여를 위한 컨설팅 및 제품인증획득을 지원하며 신규 장애인기업제품 공공구매 온라인 전시몰 구축 및 판로 다변화를 위한 수출 지원사업을 추진하며, 기술기반 장애인기업 육성을 위해 신규 아이디어를 보유한 장애인기업의 지식재산권 출원 지원 확대 및 성장지원을 통한 스타기업 발굴을 지원하는 것이다.

라. 다중적 차별을 겪고 있는 장애인의 권리보장

1) 장애인 인권보호 강화

이 정책은 우리 사회는 아직 특수학교 반대 등 장애인 차별인식이 남아 있고,

장애인학대 사건이 지속 발생하는 등 사회전반의 인식, 학대 예방 등 장애인 권익보호 강화 필요성이 제기되어 장애 인식개선 교육 의무대상 기관 확대 되었으나 아직까지 효과가 미진하며, 교육내용 체계화 및 교육 과정 운영 활성화 필요와 특히, 보험가입 배제 등 금융상품 이용에 차별을 당하거나, ATM기 이용에 불편을 겪는 등 금융 접근성에 제약을 개선할 필요성이 제기됨에 따라 이를 지원하기 위한 것으로 구체적인 정책수단은 다음과 같다.

첫째, 장애 인식개선 교육 강화이다.

먼저, 장애인식개선 교육 활성화 및 저변확대를 위한 중장기 로드맵을 마련하여 인식개선 지표 개발, 표준교육과정 개발 및 평가, 강사양성시스템 및 교육 모니터링 등 제도화 방안을 마련하며 사회 전반에 장애감수성 확산을 위해 공공부문에 국한된 교육 의무대상기관을 민간부문으로 확대 방안을 마련하며 현재 기관별로 분산 · 시행되고 있는 인식 개선 관련 교육을 통합, 연계하는 장애인식개선 교육기관 설치에 대한 법적 근거를 마련하여 제도화하며 또한 수요자별 특성에 맞도록 표준강의안 개선 및 일반인 대상 강의안 공모전 등을 통해 양질의 교육콘텐츠 발굴 및 보급을 확대하며 다양한 분야의 전문가를 활용하고 법 취지에 맞는 인식개선교육이 실시되도록 전문강사 인증제 도입 후 자격제로 단계적 전환하고 교육이행률 제고를 위한 홍보, 교육 효과성 평가를 위해 장애인으로 구성된 교육 모니터링단 운영을 하는 것이다.

둘째, 장애인 학대 피해 예방 및 피해자 지원 강화이다.

이를 위해 중앙 및 시 · 도 권익옹호기관(17개소)을 통해 장애인에 대한 학대, 차별, 인권침해에 대한 학대 피해 신고 접수-현장조사-응급조치-사후관리 등 지원을 체계화하며 권익옹호기관, 공공후견법인, 발달장애인지원센터 간 연계를 통해 발달장애인을 위한 범죄 피해 논스톱 권익옹호체계 구축과 운영을 지원하며 학대 피해자 쉼터를 전국 확대 설치를 하는 것이다.

셋째, 장애인 금융이용 제약 해소이다.

장애인의 보험가입 제약 해소를 위해 금융소비자보호법 등에 장애인차별 금지규정을 명시하고, 장애인 보험상품, 개발 및 이용 활성화를 유도하고 장애인이 실제 필요로 하는 보험상품 개발을 촉진하기 위해 관련 통계 공유 등 협력체계 구축하며 휠체어 사용 장애인 등의 사용 불편 해소를 위해 장애인 등 편의증진법 시행규칙 및 ATM 표준 개정을 추진하며 자필서명이 불가능한 시각 · 지체 장애인에게 통장 및 신용카드 대리발급을 허용하는 등을 지원한다.

넷째, 정신장애인의 사회통합을 지원하는 것이다.

지역사회 기반 사례관리 강화를 위해 정신건강복지센터에 추가 인력을 배치하며 정신건강 사례관리시스템을 구축하며 치료 및 사회복귀 과정 등에서 정신장애인의 권리보장을 위해 절차보조인, 공공후견인 등 의사결정지원제도를 도입하며, 정신질환자의 사회복귀를 위한 독립적인 단기보호 거주지인 중간시설(Half way house) 모형을 개발하는 것이다. 여기서 절차보조인은 입원 시 의사결정, 투약 등 치료과정에서 환자 입장에 의견을 제시하는 사람이며, 공공후견인은 정신요양시설 입소자 중 보호의무자가 없는 경우 의사결정 및 재산 보호 등 권리 보호를 행사하는 사람을 의미한다.

2) 장애인 재난, 안전 지원시스템 강화

이 정책은 재난 시 장애인의 피해 가능성이 높지만, 관련 통계 미비, 안전설비 설치 미흡, 재난안전 교육 기회 부족 등 안전 인프라가 미흡한 것을 개선하여 국제사회가 요구하는 장애인들의 재난안전시스템을 구축하고자 하는 것으로 구체적인 정책수단은 다음과 같다.

첫째, 장애인 재난, 안전지원정책 기반을 구축하는 것이다.

장애인 등 안전취약계층 지원을 위한 제도적 근거 마련을 위해 재난 및 안전관리 기본법 개정 등 법과 제도를 정비하며 장애 특성을 반영한 재난 · 안전 통계 구축하녀 사전 대비를 강화하며 지자체 대상 재난관리평가에 장애인 안전관리 평가지표를 보완하여 개선될 수 있도록 지원하는 것이다.

둘째, 시청각 장애인을 위한 경보 · 피난 · 안전 설비 기준을 강화하는 것이다.

시각 및 청각 장애인의 신속한 화재 인식 및 대피를 위해 화재 발생 시 점멸 · 음성출력 기능이 있는 피난구유도등 설치를 의무화하고 공동주택 중 아파트 및 10세대 이상의 연립주택, 다세대주택 등에 시각 및 청각 장애인을 위한 경보 및 피난설비 설치를 의무화하며 장애인 화장실에서의 비상상황에 대비해 비상벨 설치(바닥에서 0.6~0.9m) 사이 및 바닥에서 0.2m 내외(쓰러진 상황에 대비)를 의무화하며 또한 영화관, 공연장 등의 관람석에는 휠체어 사용자의 안전을 위한 손잡이를 바닥에서 0.8미터 이하의 높이로 설치토록 의무화하는 것이다.

셋째, 장애인 재난·안전 교육 및 대응 매뉴얼 개발을 보급하는 것이다.

생활안전, 교통안전, 자연재난안전 등 6대 안전 분야의 장애 유형별 안전교육 콘텐츠(커리큘럼, 학습교재 등 교육프로그램)을 개발·보급하며 장애특성에 맞는 재난대비 국민행동요령 제작, 보급과 장애인 재난대응 실태분석, 거주·이용시설 형태 등 장애특성을 고려해 장애인, 시설관계자, 활동보조인을 위한 대응매뉴얼을 개발, 보급하는 것이다.

3) 발달장애인을 위한 복지서비스 지원 강화

이 정책은 발달장애인의 증가와 이들의 중증화에 따른 국가와 사회의 지속적인 관심과 지원이 증대됨에 따라 이들의 특성을 반영한 신규 서비스 창출 및 선택권을 보장하기 위한 정책으로 구체적인 정책 수단은 다음의 내용과 같다.

첫째, 발달장애인지원센터 역할 강화 및 개인별 지원체계 구축이다.

발달장애인에게 적합한 서비스 제공기관 발굴 및 개인별 지원계획 수립을 통해 서비스 연계 노력을 강화하며 발달장애인 대상 서비스 제공자에게 발달장애 이해교육을 실시함으로써 지역 내 발달장애인 대상 전문 공적기관으로서의 역할을 정립하여 센터의 역할강화와 이를 통해 발달장애인의 개인별 서비스가 강화될 수 있도록 하는 것이다.

둘째, 발달장애인의 욕구에 기반한 보호, 돌봄 체계를 강화하는 것이다.

발달장애인의 개별적 욕구와 선호에 기반한 프로그램을 제공할 수 있는 주간활동서비스 법적 근거를 마련하며 발달장애인거점병원, 행동발달증진센터를 권역별 확대 설치를 추진하여 도전적 행동 개입매뉴얼 개발, 부모 교육, 약물 사용 지침, 행동치료전문가 양성 및 관리체계 마련 등 발달장애인 보호 체계를 구축하여 서비스를 제공하는 것이다.

셋째, 발달장애인 성적 권리 및 가족 지원체계를 강화하는 것이다.

청소년기 발달장애인의 건전한 성의식 함양 및 성인 발달장애인의 성적 권리를 보장할 수 있는 체계적 성교육 프로그램 개발 및 교육을 확대하며 발달장애인가족 지원 관련 사업의 통합을 통한 운영 효율성 제고 및 발달장애인가족의 다양성을 고려한 신규서비스 개발을 보급하는 것이다.

넷째, 발달장애인 지원정책 협의체 운영을 통해 지원체계를 강화하는 것이다.

각 부처별로 분산된 발달장애인 지원 제도 및 사업의 유사, 중복을 지양하고 정책 효과성 제고를 위한 관계 부처 정책협의체를 상설 운영하며 정기회의(분기) 및 담당자간 네트워킹을 통해 사업 정보를 공유하고, 사업 내용의 연계 · 조정 등 협업 과제 발굴, 연계 지원방안을 마련하는 것이다.

4) 여성장애인 지원강화

이 정책은 여성장애인이 남성장애인에 비해 교육수준, 고용률, 소득 등이 낮게 나타나는 등 상대적으로 취약한 상황을 개선하고 여성장애인의 임신과 출산 비용 지원 현실화 및 모성보호에 대한 전문 의료서비스가 필요함에도 불구하고, 의료진의 장애이해부족, 정보 부족 등으로 경제적 정서적 신체적 어려움 경험하는 여성장애인을 지원하고 또한 장애인성폭력피해상담소, 피해자 보호시설이 있으나, 상담 종료 후 피해자 보호 및 자립지원체계 부족한 현실을 개선하기 위한 것으로 세부적인 정책 수단은 다음과 같다.

첫째, 여성장애인 임신, 출산, 양육 지원확대이다.

우선 여성장애인 출산비용 실태조사 등을 통해 실질적 도움이 되는 수준으로 출산비용 지원을 현실화하며 출산비용 지원 대상자 누락 방지를 위한 사업 홍보 강화 및 지원대상 인원을 확대 추진하며 장애인건강권법에 따른 시도 지역장애인보건의료센터를 통해 여성장애인 임신 · 출산에 대한 의료적 지원서비스 제공과 지역내 모자보건소, 장애 친화적 산부인과 병의원 등과 협업하여 여성장애인 건강 및 임신 · 출산 지원을 위한 지역네트워크 운영을 고려하는 것이다.

둘째, 여성장애인 사회참여 지원을 확대하는 것이다.

여성장애인의 기초역량 강화를 위한 교육 기회 제공 및 사회참여 확대를 위한 역량강화 교육기관의 단계적 확충을 통해 생애주기별 맞춤형 상담 및 기초역량교육 제공 및 지역사회 유관기관(고용센터 등)과 연계 강화를 통해 통합정보를 제공하여 사회참여를 지원하는 것이다.

셋째, 가정폭력, 성폭력 예방 및 피해자 지원을 강화하는 것이다.

이를 위해 여성장애인 성폭력·가정폭력 상담소, 피해 장애인 보호시설 확충과 보호시설 퇴소 이후 피해여성장애인의 자립지원 체계를 구축하여 지원을 강화하는 것이다.

마. 동등한 사회참여를 위한 기반 구축

1) 장애인의 정보접근성 보장

이 정책은 장애인의 디지털 정보화 수준은 꾸준히 증가하고 있으나, 전체국민과의 격차가 여전히 높은 수준이며 민간부문 웹 접근성과 방송 편성의 수어방송 및 음성안내서비스 등의 이용편의 등은 아직도 미진한 부분이 있음으로 결국 장애인들의 사회참여에 장벽이 되고 있어 이 같은 문제들을 해결하기 위한 것으로 세부적인 정책수단은 다음과 같다.

첫째, 웹, 모바일 접근성 보장이다.

웹 사이트에 한정된 정보접근성 보장 범위를 모바일 앱, SW, ICT 융합 제품 등으로 확대하고, 표준 제정, 기술개발, 품질인증 등을 추진하며, 장애인의 웹 및 모바일에 대한 접근성 실태조사, 인력양성 등 정보접근성 인식 및 수준 제고를 통해 본질적으로 접근성 문제가 해소될 수 있도록 하는 것이다.

둘째, 정보통신 보조기기 개발 및 보급이다.

장애인을 위한 스마트기기 보조장치, 애플리케이션 등 정보통신보조기기 개발과 필요한 정보통신보조기기 보급을 확대하며 정보통신 보조기기 체험·상담을 위한 상설 체험관 및 이동 체험관 운영 등을 통해 개인에게 적합한 보조기기가 활용되어 사회참여를 지원할 수 있도록 하는 것이다.

셋째, 지식정보격차 해소를 위한 독서환경 구축이다.

독서보조기기 구입비 지원, 장애인 독서문화진흥 프로그램 지원 등을 통한 공공도서관의 장애인서비스 기반을 확충하고 시각·청각 장애인을 위한 대체자료 제작 및 활용 확대를 통해 이용접근성을 개선하는 것이다.

넷째, 차별 없는 방송접근 및 이용환경을 보장하는 것이다.

이를 위해 스마트 수어방송 상용화, 시각장애인을 위한 채널번호, 프로그램명 등 음성안내서비스 제공을 추진하며 저소득층 시·청각장애인에 대한 방송수신기 보급을 확대하여 방송 접근과 이용권 확대를 지원하는 것이다.

2) 장애인 이동권 보장 강화

이 정책은 장애인 등 교통약자를 위하여 특별교통수단, 저상버스 등을 지속 보급 중이나 수요자 증가, 여건 변화 등 이동권 보장에 한계에 대응하여 기존 제도를 개선하고, 중형저상버스, 휠체어탑승 시외버스 등 교통수단 개발 및 보급을 확대하여 이동권을 보장하기 위한 것으로 구체적인 정책수단은 다음과 같다.

첫째, 교통수단 확대 및 새로운 수단을 개발하는 것이다.

장애등급제 폐지, 이용자 수요 및 여건 변화 등을 종합적으로 고려하여 특별교통수단 법정 보급기준 개선과 저상버스 보급 및 시외 이동권 확대를 위하여 좁은길, 굽은 도로가 많은 농어촌과 마을버스 구간 운행에 적합한 중형저상버스 모델 개발 및 보급을 고려하고 장거리 이동권 보장을 위하여 휠체어 장애인이 탑승 가능한 고속·시외버스 모델을 개발하여 도입, 운행을 추진하는 것이다.

둘째, 여객시설, 보행환경의 이동편의 개선이다.

2021년까지 여객시설의 이동편의시설 기준 적합 설치율을 80% 수준으로 향상하며 보행환경의 이동편의시설 기준 적합 설치율도 80% 수준으로 향상하여 이동편의를 개선하겠다는 것이다.

3) 편의증진, 의사소통 지원 강화

이 정책은 주택·건축물, 보도, 교통수단 등의 설계단계부터 물리적 장애를 제거하는 무장애 환경 조성 정책과 뇌병변장애인, 발달장애인 등의 원활한 의사소통을 위해 보완대체의사소통서비스 등에 대한 지원 등을 통해 실제적인 사회참여를 지원하기 위한 것으로 구체적인 정책수단들은 다음과 같다.

첫째, 장애물 없는 생활환경(BF) 인증 활성화이다.

일정 규모이상 민간 건축물의 BF인증 의무화를 단계적 확대와 인증 유도를 위한 실효성 있는 인센티브 제공 방안을 마련하여 인증을 활성화하며 장애인 편의증진 강화를 위해 소규모 건축물 등의 수수료 부담을 낮추기 위해 단일 금액인 인증수수료를 건축물 규모에 따라 차등 적용하는 등의 제도개선을 통해 인증을 활성화하는 것이다.

둘째, 유니버셜 디자인 환경을 조성하는 것이다.

이를 위해 주택, 건축물, 보도 및 교통수단 등의 물리적 장애 제거와 상호 연계를 위한 유니버셜디자인 환경 조성 시범사업을 추진하며 도시지역 거주 장애인 가구 내 장애인 편의시설 설치 지원을 통한 장애인 주거환경개선 추진과 장애인의 문화시설 이용 등을 위한 유니버셜디자인 매뉴얼 개발, 보급 등을 활성화 하는 것이다.

셋째, 전동보장구 이동지원을 확대하는 것이다.

장애인 등의 이용이 많은 건축물(공공건물, 공중이용시설 등), 여객시설(역사, 터미널 등) 등에 전동보장구 충전기 설치를 추진하여 이동지원을 확대를 지원하는 것이다.

넷째, 장애인 의사소통 보조기기 활용 서비스 지원 강화이다.

뇌병변, 지적장애인 등을 위한 보완대체의사소통기기(AAC) 활용 중재 서비스를 전국 확대 추진을 위해 지역사회서비스 투자사업 표준모델로 채택하고 서비스 수요, 효과성 등을 검토하여 장애인 바우처 사업화 하는 방안 등을 통해 의사소통 보조기기 활용서비스를 지원하는 것이다.

다섯째, 수어통역 통신중계서비스 이용환경 개선이다.

이동통신 3사 협의를 통해, 통신중계서비스 이용 비용의 무료화 추진과 수어통역 중계사 근무환경(정규직 전환, 성희롱 근절대책 마련 등) 개선을 통한 서비스 품질 제고 등의 이용환경 개선을 지원하는 것이다.

4) 장애인정책 국제협력 강화

이 정책은 유엔장애인권리협약, 인천전략 등에서 장애인 당사자 중심의 국제협력과 공동 목표달성을 위한 시민사회와 장애계의 참여를 증진하기 위한 것으로 구체적인 정책 수단은 다음과 같다.

첫째, 인천전략의 완전한 이행이다.

인천전략은 2012년 한국정부의 주도로 선포된 것임으로 우선적으로 인천전략의 실효성 확보를 위한 하반기 로드맵을 수립하며 장애인정책조정위원회를 통한 이행상황 주기적 점검, 인천전략기금을 통한 아태지역 저개발국 대상 장애분야 ODA 사업 지원(KOICA) 등을 통해 실행을 지원하는 것이다.

둘째, UN 장애인권리협약 국내이행 강화 모니터링 강화이다.

이를 위해 UN 장애인권리협약 이행에 대한 국가보고서(2, 3차 병합보고서) 제출 및 UN장애인권리위원회 심의에 대응하기 위한 부처별 이행상황 점검 및 쟁점이슈에 대응을 위한 연구용역 추진하며 UN 장애인권리협약 상시 모니터링을 위한 평가지표 개발 및 평가단 운영과 협약 비준 시 서명을 유보한 선택의정서의 유보철회 여부를 검토하는 것이다.

5. 5차 장애인정책종합계획의 추진체계

5차 장애인정책종합계획은 이를 실행하기 위한 추진체계로 성과관리체계와 담당부서를 지정하고 있다. 우선 성과관리 체계는 성과목표, 평가체계, 통계개발이라는 방법으로 지속적으로 관리하도록 계획되어 있다.

첫째, 성과목표로 정책성과 평가 시 추진과제별 성과목표의 달성도와 함께 장애인의 삶의 질 개선 정도 등 결과(Outcome) 측면에서 평가하도록 과제별 목표, 지표 등 성과목표 변경 시 장애인정책조정위원회를 거치도록 의무화 하였다.

둘째, 평가체계로 장애인정책조정위원회를 통해 연도별 시행계획을 점검하고 성과 목표 달성도를 평가하도록 하고 이를 위해 한국장애인개발원을 통해 종합계획 실행정도를 매년 모니터링 및 평가하고 해당 부처로 피드백하기 위한 기초자료를 생성하도록 하였으며 종합계획 추진 2차 년도 종료 시점에 중간 평가를 실시하고 계획을 보완 할 수 있도록 하였다.

셋째, 통계개발로 정책 수립 및 평가 지표의 발굴·개선을 위해 장애인 관련 부처 간 자료 연계를 통한 장애인 분야 통계 생산 및 보완이 이루어질 수 있도록 하였으며, 장애인 건강보건관리사업의 평가 및 보완을 위해 '장애인 건강' 및 '보건의료서비스 이용' 관련 통계의 국가승인 통계화 추진과 부처 간 자료 연계를 통해 장애인 안전 관련 통계 보완을 추진하도록 하였다.

또한 추진을 위해 관련부처와 해당부서를 지정하고 있다. 보건복지부의 경우 장애인정책국의 4개과와 보험급여과, 의료기관정책과, 보육사업기획과, 정신건강정책과 등이 지정되어 있으며 국가보훈처의 보훈의료과, 국토교통부의 주거복지기획과, 교통안전복지과, 교육부의 특수교육정책과, 문화체육관광부의 문화인문정신정책과, 예술정책과, 문화기반과, 영상콘텐츠산업과, 관광정책과, 장애인체육과, 국립장애인도서관, 고용노동부의 장애인고용과, 중소벤처부의 소상공인과정책과, 행정안전부의 안전개선과, 복구지원과, 안전문화교육과, 여성가족부의 권익보호과, 과학기술정보통신부의 정보활용지원팀, 통신경쟁정책과, 금융위원회의 금융소비자과, 방송통신위원회의 시청자지원팀 등 9개 부처, 2개 위원회, 1개 도서관이 지정되어 있다.

제2절 장애인복지정책

1. 제정배경

장애인복지정책은 지난 1976년 UN이 1981년을 세계장애인의 해로 선언하자 우리나라는 1980년 5월 세계장애인의 해 한국사업추진위원회를 대통령령으로 설치하고 보건복지부장관을 위원장으로 하여 관계부처차관과 민간위원을 포함하여 30인 이내로 구성하여 1982년 4월까지 위원회가 세계장애인의 해 기념행사 및 각종 기념사업을 추진할 것을 규정하였으며 이 위원회의 제도, 개선 사업으로 1981년 6월 5일 심신장애자복지법이 제정되었다.

2. 장애인복지정책의 목표

이 정책은 장애인복지법 제1조에서 장애인의 인간다운 삶과 권리보장을 위한 국가와 지방자치단체 등의 책임을 명백히 하고, 장애발생 예방과 장애인의 의료·교육·직업재활·생활환경개선 등에 관한 사업을 정하여 장애인복지대책을 종합적으로 추진하며, 장애인의 자립생활·보호 및 수당지급 등에 관하여 필요한 사항을 정하여 장애인의 생활안정에 기여하는 등 장애인의 복지와 사회활동 참여증진을 통하여 사회통합에 이바지함을 목적으로 규정함으로써 우리나라 장애를 가진 사람들의 생활과 사회참여 증진을 위한 모든 사항을 지원하는 기본적인 사항을 규정함으로써 기본법으로서의 성격을 나타내고 있다.

3. 장애인복지정책의 주요내용

가. 장애인 실태조사

우리나라는 복지정책 수립에 필요한 기초자료를 얻기 위하여 '장애인 실태조사'를 실시하고 있다. 장애인 실태조사의 일차적인 목적은 우리나라 장애인구 및 장애 출현율을 파악하고 장애인의 생활실태 및 복지욕구를 파악하여 장·단기 장애인복지정책 수립 및 시행을 위한 기초 자료를 생산하고자 하는 것이다(장애인복지법 제31조 및 장애인복지법 시행령 제18조 및 제19조), 이러한 조사 결과에 근거하여 우리나라 장애인의 인구사회학적 특성, 장애유형별 장애특성, 보건 및 건강 특성, 교육 특성, 경제적 특성, 복지서비스 이용실태 및 욕구 등에 관한 구체적인 통계자료를 생산하는 데 있다. 이와 같이 장애인 실태조사는 장애출현율 지표와 함께 심층면접을 통한 장애인의 생활실태와 복지서비스 이용 등에 대한 데이터를 생산하여 정부의 장애인복지정책 수립과 추진을 위한 기초 자료를 제시하고 있다.

우리사회는 인구 고령화, 각종 사고 및 질병 등의 후천적 원인에 의해 장애 인구는 지속적으로 증가하여 왔다. 또한 의학의 발전에 따른 기대수명의 증가로 전 생애 주기에서 장애를 갖고 생활할 가능성도 높아지고 있다. 2017년 장애인 실태조사 결과 우리나라의 추정 장애 인구는 약 258만 명으로 1980년 처음 장애인 실태조사가 실시된 이후 크게 증가하였다. 장애인구의 증가와 더불어 장애의 의료적 모델 중심 개념에서 사회환경적 요인을 고려하는 사회적 모델, 당사자 중심을 강조하는 자립생활 패러다임으로의 전환함에 따라 정책 환경의 변화 과정 속에 장애인복지에 대한 사회적 관심과 수요도 증가하고 있다.

장애인복지법상 우리나라 장애인은 15개의 장애유형으로 구성되며 신체적 또는 정신적 장애 등 특성이 다르고, 태어나면서부터 노년기까지 전 생애주기에 걸친 다양한 영역에 있어서 욕구를 가지고 있다. 장애인구 증가와 그에 따른 요구에 부응하기 위해 관련 정책을 개발하는 것은 매우 중요하다. 특히 장애인의 자립과 활동지원 강화, 발달장애인에 대한 지원, 청각·언어장애인의 의사소통에 대한 지원,

장애인 건강권 보장에 관한 정책, 장애인 인권보호 강화, 장애등급제 폐지 등은 장애인정책의 대표적인 예이다.

일반적으로 장애인 관련 통계의 수집방법으로는 인구센서스에 의한 방법과 가구표본조사에 의한 방법이 있고, 장애인등록과 같이 행정기관의 기록에 의하여 장애인구를 파악하는 방법이 있다. 인구센서스에 의한 방법과 가구표본조사는 조사방법으로서 각각 장·단점을 지니고 있는데, 전 국민을 대상으로 하는 인구센서스는 엄밀하게 조사하는 데 어려움이 있고 조사항목도 매우 제한적이어서 표본조사를 통해 표본을 추출하여 장애여부와 실태를 조사하는 것이다. 장애인 실태조사는 장애인복지법에 의거 3년마다 실시하는 법정 조사로서 다음의 사항에 대해 조사하도록 규정되어 있다.

- 성별, 연령, 학력, 가족사항 등 장애인의 일반특성에 관한 사항
- 장애 유형, 장애 정도 및 장애 발생원인 등 장애 특성에 관한 사항
- 취업·직업훈련, 소득과 소비, 주거 등 경제 상태에 관한 사항
- 장애인보조기구의 사용, 복지시설의 이용, 재활서비스 및 편의시설의 설치욕구 등 복지욕구에 관한 사항
- 장애인연금·장애수당·장애인보조기구의 지급 및 장애인등록제도 등 복지지원상황에 관한 사항
- 일상생활과 여가 및 사회활동 등 사회참여상황에 관한 사항
- 생활만족도와 생활환경에 대한 태도 등 장애인의 의식에 관한 사항
- 여성장애인의 임신·출산·육아 등을 위한 복지욕구에 관한 사항
- 가구유형·가구소득 등 장애인과 비장애인의 비교조사를 위하여 필요한 사항
- 그 밖에 보건복지부장관이 장애인의 복지를 위하여 필요하다고 인정하는 사항

장애인 수요자 중심의 정책과 맞춤형 서비스 등 관련 제도의 마련이 지속적으로 요구됨에 따라 장애인의 생활 실태와 이에 근거한 정책이 필요하다. 장애인복지 정책을 수립하고 추진하기 위해서는 장애인들의 욕구에 바탕을 두고 장애인복지 패

러다임의 변화 등 환경적 요인을 고려하여야 한다.

국제적으로 2001년 이후 세계보건기구(WHO)는 새로운 장애분류표(ICF)를 발표하고 그 동안의 전통적인 손상 중심의 장애개념에서 사회 환경적 개념 중심으로의 전환을 적용할 것을 강조하고 있다. 아직 우리나라 장애진단 및 판정체계가 변화된 국제장애분류표에 부응하지 못하고 있고 장애인 실태조사에서도 이를 반영하지 못하고 있다. 장애인의 손상회복에 초점을 맞추어 전반적인 재활흐름을 주지해 온 전통적 재활패러다임이 장애인의 자립이나 역량강화를 통한 시민권 확보 등으로 흐름이 변화하는 가운데 UN 장애인 권리협약(2006년)을 통해 국제적으로도 변화를 요구하고 있는데, 우리의 장애정책도 이러한 장애인 복지의 흐름을 기초해서 의제가 설정되어야 한다.

나. 장애인 등록제도

장애인 등록제도는 장애인에 대한 복지서비스 제공 체계를 구축하기 위한 장애인등록 업무를 수행함에 있어 적정한 장애진단이 이루어지도록 하기 위하여 광역 및 기초자치단체의 행정적 업무처리 절차를 안내하기 위하여 시행되는 제도로서 시범사업을 거쳐 1988년 전국적으로 실시되었다. 장애인 등록은 장애인복지법(제32조)에 따라 장애인, 장애인의 법정대리인 또는 대통령령이 정하는 보호자가 장애인의 장애 상태와 그 밖에 보건복지부령이 정하는 사항을 특별자치도지사 · 시장 · 군수 또는 구청장에게 등록하여야 하며, 특별자치도지사 · 시장 · 군수 · 구청장은 등록을 신청한 장애인이 동법에서 정하는 15개 장애유형에 따른 기준에 적합하면 장애인 등록증(이하 "등록증"이라 한다)을 발급하도록 하고 있다.

장애인 등록은 재외동포와 외국인도 가능한데 장애인복지법(제32조의 2)에 따르면 국내 거소 신고를 한 사람, 재외국민으로 주민등록을 한 사람, 외국인 등록자로서 대한민국에 영주할 수 있는 체류자격을 가진 사람, 결혼이민자, 난민인정자로 되어 있다. 장애인 등록제도는 처음 시행 이후 15개 장애유형별로 심사를 통해 장애등급을 부여하는 형태로 시행되어 왔다, 전체적으로 장애는 종류에 따라 1~6등급 체계로 되어 있으나 정신영역의 지적장애, 자폐성장애, 정신장애의 경우에만 1~3급 등급으로 되어 있었다.

장애인 등록제도에 의한 장애등급제는 장애등급 심사의 불공정성, 장애등급에 따른 복지급여로 인한 차별 대우, 사람에 대한 등급제 적용 등 제도가 갖는 문제점으로 인해 2019년 7월1일부터 장애등급제가 폐지되어 그동안 지속되어 왔던 장애인 정책 패러다임이 바뀌게 되었다. 장애등급제의 단계적 폐지는 그동안 지속적으로 제기되어 왔던 '수요자 중심의 장애인 지원체계 구축'을 위한 대표적 정책 과제였다. 우리나라에서 장애등급제는 1988년 처음 도입되어 의학적 심사에 기반하여 신체적 장애는 1~6급, 정신적 장애는 1~3급으로 구분하여 장애 등급에 따라 각종 서비스가 차등적으로 제공되어 왔다.

그동안 수행되어 왔던 장애등급제 방식은 장애인의 개별적 욕구를 고려하지 못한다는 비판이 있었으며, 이에 '장애등급제 단계적 폐지'를 국정과제로 채택해 장애등급제 폐지 민관협의체 등을 통해 추진방향을 모색해왔으며, 장애등급제 폐지의 핵심은 '수요자 중심의 장애인 지원체계를 구축' 하는 것이다. 그동안의 지원체계가 장애등급으로 대표되는 공급자 중심의 행정 편의주의와 장애인의 개별적 욕구와 연계되지 않는 서비스 지원체계였다면, 새로운 개편 체계는 개개인의 욕구와 환경을 보다 세밀하게 고려해 서비스를 지원하는 것이다. 이와 같이 수요자 중심의 장애인 지원체계 주요내용은 장애등급제 단계적 폐지, 종합조사 도입, 전달체계 강화의 3개의 축으로 구성되었다.

첫째, 장애등급제는 폐지하되, '장애정도가 심한 장애인'과 '심하지 않은 장애인'으로 구분하도록 하며 등급폐지에 따라 장애인등록증을 새로 발급받을 필요는 없으며 기존에 받던 혜택도 대부분 그대로 유지된다.

둘째, 그동안 등급에 따른 일률적인 서비스 지원의 부적절함을 해소하기 위해 서비스 지원 종합조사의 도입으로 주요 서비스는 장애인의 욕구와 환경 등을 종합적으로 고려하는 종합조사를 통해 대상자에 맞는 지원을 하도록 한다.

셋째, 장애인 복지서비스 전달체계 강화로서 사각지대에 놓이게 되는 대상자의 누락된 서비스를 발굴하고 찾아가는 상담을 확대하고 민관협력을 통한 지원으로서 사례관리, 자원 발굴 및 연계체계를 강화하는 것으로 되어 있다.

장애인 여부에 대한 객관적인 인정을 위해 장애인 등록은 현행대로 유지되지만, 종전의 1~6급의 장애등급은 없어진다. 장애등급이 폐지되어도 장애정도에 따라 '장애의 정도가 심한 장애인'과 '심하지 않은 장애인'은 구분함으로써, 종전에 1~3급 중증 장애인에게 인정되어 오던 우대혜택은 유지되도록 하고 있다. 종전의 1~3급은 장애의 정도가 심한 장애인으로, 4~6급은 심하지 않은 장애인으로 그대로 인정되기 때문에 장애인이 심사를 다시 받거나 장애인등록증(복지카드)을 새로 발급받을 필요는 없다.

표 4-3 장애등급제 폐지의 주요 내용

영역	장애등급제 폐지	종합조사 도입	전달체계 강화
세부 내용	• 장애등급 → 장애정도로 개편 • 장애등급 폐지	• 장애인 서비스 지원 종합조사 도입 • 장애유형별 특성을 반영한 평가매뉴얼 개발	• 장애특성, 생애주기별 서비스 안내 시스템 구축 • 누락서비스 발굴 • 서비스 이력관리 제도 확대 • 찾아가는 상담 • 장애인 특화 사례관리 강화
취지	의학적 기준에 의존한 획일적 서비스 탈피	장애인의 개별적 욕구 고려	장애인 및 서비스 연계 지원 강화
효과	• 장애등급 기준의 기존 서비스의 지원대상 확대 • 조례에 근거한 지자체 장애인 서비스 확대	• 활동지원서비스 확대 • 본인부담금 인하	• 정보부족 서비스 지원누락 방지 • 전문 사례관리를 통해 공공, 민간서비스 발굴 및 연계

자료: 보건복지부(2019).

서비스 종합조사는 2019년 7월부터 일상생활지원 중심, 2020년에는 이동지원 중심, 2022년에는 소득 및 고용지원 중심으로 단계적으로 확대·적용한다는 계획이다. 이에 따라 장애인 등록제도는 유지되나 장애정도에 따라 구분하고 서비스 신청은 개별신청에서 종합조사표에 기반을 둔 통합신청 방식으로 전환된다. 즉, 현행 장애인 등록제도는 유지되지만 기존 1~6급 체계가 경증과 중증의 장애정도로 재편되며, 개별 제공주체들에게 신청했던 것에서 읍·면·동 행정복지센터(주민센터)에서 통합 신청하는 구조로 전환하게 된다. 이에 기존의 장애등급이 서비스 신청 및 수급에 있어서 절대적 기준이었다면 장애정도는 참고자료로만 활용될 뿐 별도의 종합조사를 통해 서비스 수급자격이 주어지는 구조로 변경되었다.

표 4-4 서비스 종합조사의 확대 단계

시 기	서비스 분야	서비스 내용
2019년 7월	일상생활지원	활동지원, 보조기기, 거주시설, 응급알림, 주간활동
2020년	이동지원	장애인전용 콜택시, 주차구역 이용 등
2022년	소득, 고용지원	장애인연금, 장애인 의무고용대상 포함 등

자료: 보건복지부(2019).

장애인복지법(제32조의4)에 의하면 '서비스 지원 종합조사'는 보건복지부령으로 정하는 바에 따라 다음 각 호의 사항을 조사하고, 조사결과서를 작성하도록 하고 있다.

- 신청인의 서비스 이용현황 및 욕구
- 신청인의 일상생활 수행능력 및 인지·행동 등 장애특성
- 신청인의 가구특성, 거주환경, 사회활동 등 사회적 환경
- 신청인에게 필요한 서비스의 종류 및 내용
- 신청인과 그 부양의무자의 소득 및 재산 등 생활수준에 관한 사항
- 그 밖에 신청인에게 서비스를 지원하기 위하여 필요한 사항으로서 보건복지부령으로 정하는 사항

장애인을 대상으로 복지서비스 지원을 위해 국가와 지방자치단체는 장애인복지법(제32조 제1항)에 따라 등록 장애인에게 필요한 서비스가 적시에 제공될 수 있도록 다음의 장애인 지원 사업을 실시하도록 하고 있다.

- 복지서비스에 관한 상담 및 정보 제공
- 장애인 학대 등 안전문제 또는 생계곤란 등 위기상황에 놓여있을 가능성이 높은 장애인에 대한 방문 상담
- 복지서비스 신청의 대행

- 장애인 개인별로 필요한 욕구의 조사 및 복지서비스 제공 계획의 수립 지원
- 장애인과 복지서비스 제공 기관 · 법인 · 단체 · 시설과의 연계
- 복지서비스 등 복지자원의 발굴 및 데이터베이스 구축
- 그 밖에 복지서비스의 제공에 필요한 사업

장애등급제의 개편은 장애인 서비스와 관련하여 공공이 주도적으로 사례관리자(Case manager)와 같은 역할을 수행하고, 장애인은 본인욕구를 종합적으로 고려한 서비스 제공에 적극적으로 참여하는 것으로 변화를 도모하는 것이다. 장애인이 서비스를 제공받기 위해서 공공 및 민간기관을 찾아다니며 헤매지 않고, 읍 · 면 · 동 행정복지센터만 방문하면 원스톱(One-stop)으로 장애인을 위한 공공사례관리를 강화하는 것으로 기존 장애등록 및 심사결과 안내, 서비스 제공 및 안내와 같은 소극적인 역할에서 벗어나 종합상담 및 서비스욕구조사, 서비스계획수립, 공공과 민간 자원연계 및 서비스 이용, 모니터링 및 사후관리 등 일련의 사례관리 절차를 수요자 중심적으로 진행하는 것이다.

또한 맞춤형 서비스 지원체계에서 장애인은 소극적 · 수동적 역할에서 자신의 욕구 등을 종합적으로 고려하여 서비스의 종류와 양을 정하는 방식으로 전환하는 것이다. 자신이 받을 수 있는 서비스 종류와 양이 장애등급에 의해 사전적으로 확정되는 것이 아니라, 자신이 처한 문제의 상황, 서비스욕구 및 필요도, 생활환경, 신체적 · 정신적 손상정도 등을 종합적으로 고려하여 서비스의 종류와 양이 사후적으로 결정된다. 이는 궁극적으로 서비스 지원체계가 기존 공급자 중심에서 서비스제공과정에 적극적 · 능동적으로 참여함으로써 이용자 중심으로 전환됨을 의미하는 것이다.

지난 30년간 시행되어 온 장애인 등록제도가 장애등급 폐지와 서비스지원 종합조사라는 발전적 형태로 변화하게 됨에 따라 이러한 변화에 따른 적절한 대응이 필요하다. 기본적으로 장애등급제 폐지가 실효를 거두기 위해서는 당초 기대했던 바와 같이 등급에 의한 차별의 해소와 함께 무엇보다 장애인에 대한 복지서비스 확충이 전제되어야 한다는 점이다. 등급제 폐지로 인해 장애인들이 느끼는 차별이

해소되도록 하는 점과 함께 무엇보다 복지서비스가 확충되어야 사각지대 해소 등 정책의 효과를 기대할 수 있을 것이다.

다. 지역사회 통합돌봄(커뮤니티케어)

커뮤니티케어는 케어가 필요한 노인, 장애인 등이 살던 곳에서 개개인의 욕구에 맞는 서비스를 누리고 지역사회와 함께 어울려 살아갈 수 있도록 주거 · 보건의료 · 요양 · 돌봄 · 독립생활 지원이 통합적으로 확보되는 지역주도형 사회서비스 정책이다(보건복지부, 2019). 2019년 8개 지방자치단체를 선정하여 시범사업을 실시한 바 있으며, 지역사회 통합 돌봄을 위한 공통 제공기반을 구축해 운영하고 있다. 또한 케어안내창구를 읍 · 면 · 동에서 운영하면서 수요자에 대한 기초 욕구조사, 관련 정보를 안내 · 제공하고 서비스의 신청 접수와 신청 대행 등의 서비스를 제공하며, 복합적 욕구를 가진 장애인 등에 대한 심층 사례관리, 자원과 서비스 연계는 시 · 군 · 구 지역케어회의를 통해 실시하도록 하고 있다.

장애인과 관련한 지역사회돌봄 서비스로는 활동지원, 발달장애인 주간활동서비스 등 수요가 높은 돌봄서비스를 확대해 지역사회 생활을 지원하도록 하고 있다. 발달장애인 주간활동서비스는 성인 발달장애인에 대해 교육, 직업훈련, 여가 · 취미, 대인관계 형성 및 사회적 기술 등의 제반 서비스를 제공한다. 탈시설 욕구가 높은 장애인에 대해서는 생활시설을 대상으로 시설 입소 후 주기적 모니터링을 통한 지역사회 복귀 연계방안을 마련하도록 한다는 계획이다. 지역사회 커뮤니티케어 인프라 강화를 위해서는 지역사회보장계획에 커뮤니티케어 추진계획을 포함하고 지역 사회 민간 복지자원의 기능 및 연계 강화를 추진하는 것으로 되어 있다.

지역사회 통합 돌봄은 장애인이 거주시설을 벗어나 지역사회에서 자립해 살아갈 수 있는 여건을 조성하는 데 목적이 있으며, 사업대상은 거주시설에 있는 장애인 중에서 지역사회에서 생활하기를 희망하는 장애인이다. 지역사회에 거주하고 있으나 장애 정도가 심화되어 거주시설 입소를 불가피하게 고려하는 장애인도 포함된다.

이를 위해 지자체는 거주시설에 있는 장애인을 대상으로 탈시설 욕구를 조사해 개인별 지원계획을 수립하며, 재가 발달장애인은 발달장애인지원센터의 담당자가 케어안내창구의 담당자와 협력, 전문 상담을 제공한다. 퇴소 장애인에게는 자립체험주택과 케어안심주택의 2가지 유형의 주거모델이 제공되는데, 자립체험주택은 장애인 2~3명이 생활하고 지원인력이 자립훈련 등을 지원하는 것으로 이후 케어안심주택으로 전환 지원이 이뤄진다. 케어안심주택은 장애인이 공공임대주택에서 거주하고 지원인력이 정기 방문, 지원하도록 하고 있다.

지방자치단체는 장애인의 탈시설 후 초기 자립을 위해 1인당 일정 정착금을 지원하고, 지역 맞춤형 취업지원 서비스, 현장중심 직업재활센터와의 연계 등으로 일자리를 통한 소득보장 지원과 함께 장애인건강주치의 서비스, 지역사회중심재활사업(보건소) 연계를 통해 건강관리와 재활서비스를 제공한다. 활동지원서비스와 발달장애인 주간활동서비스를 연계하고, 권익보호를 위한 공공후견 서비스, 법률 지원을 함께 실시한다.

결국 커뮤니티케어는 장애인으로 하여금 탈시설 유도를 포함하여 재가장애인의 시설 입소를 예방하고 지역사회에서 생활하는데 필요한, 주거, 의료, 직업, 여가, 이동 지원 등 지역사회를 기반으로 장애인에 관한 종합적인 지원 대책이라 할 수 있다.

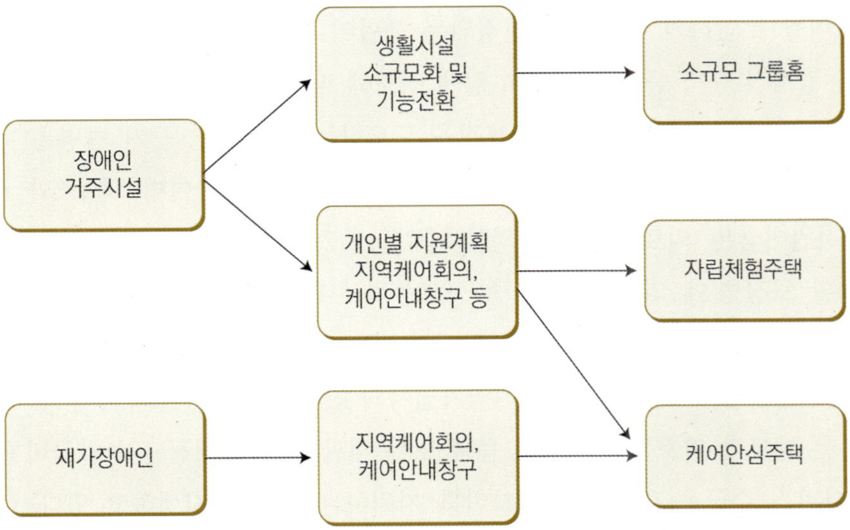

그림 4-1 장애인 지역사회 통합돌봄 연계

장애인에 대한 지역사회 통합돌봄은 무엇보다 장애인의 다양한 특성이 충분히 고려되어 시행될 필요가 있다. 장애인의 경우 장애유형별, 생애주기별로 욕구와 그에 따른 지원이 다양할 수밖에 없다. 즉, 주거, 보건의료, 요양 돌봄, 자립생활 지원 등 정부의 지원분야가 장애인의 유형별, 욕구별, 개인의 특성을 포괄할 수 있도록 고려할 필요가 있다. 커뮤니티케어는 탈시설을 지향하고 있지만 시설뿐만 아니라 지역사회 내에서 실질적인 자립을 희망하는 장애인과 가족을 대상으로 이들의 욕구를 반영할 수 있는 다각적 지원에 대해서도 검토할 필요가 있다.

라. 장애인 생활안정 지원정책

장애인복지정책은 현금지원(장애인연금, 장애수당, 장애아동수당 등)을 통한 직접적인 소득보장뿐만 아니라 장애인들의 경제적 부담을 경감시키기 위한 다양한 지원제도를 시행하고 있다. 등록장애인 대상의 다양한 생활안정 지원정책 가운데 주된 내용을 알아보면 다음과 같다.

1) 장애인 의료비 지원

의료비를 부담하기 어렵다고 인정되는 생활이 어려운 저소득 장애인에게 장애 정도와 경제적 능력 등을 고려하여 장애 정도에 따라 의료에 소요되는 본인부담금을 지원함으로써 생활안정과 의료보장을 도모하는 제도이다. 근거 법령은 '장애인 건강권 및 의료접근성 보장에 관한 법률' 제17조와, '의료급여법' 제3조와 제10조이며, 지원대상은 '의료급여법'에 의한 의료급여 2종 수급권자인 등록장애인, '국민기초생활 보장법'에 의한 수급자 중 근로능력세대의 등록장애인, 국민건강보험의 차상위 본인부담 경감대상자인 등록장애인으로 되어 있으며 지원금액은 장애인 의료비 본인부담금이다. 이와 함께 지역가입자의 건강보험료를 소득 수준에 따라 경감해주는 제도와 저소득 장애인의 등록 또는 재판정 시 장애진단서 발급비를 지원하고 서비스 수급을 위한 장애검사비를 지원하는 제도를 시행하고 있다.

2) 장애인 자립자금 대여

저소득 장애인에게 생업, 출퇴근용 자동차 구입, 기술훈련, 보조기기 구입 등에 필요한 자금을 장기 저리토 대여하여 자립을 유도하고 생활안정을 도모하기 위한 제도이다. 근거 법령은 장애인복지법 제41조이며, 대여 대상은 소득인정액 기준 중위소득 50% 초과 100% 이하 가구의 등록장애인이다. 지원조건은 가구당 1,200~2,000만원 이하이다. 대여 목적에 따라 생업자금, 출퇴근용 자동차, 취업에 필요한 기술훈련, 기능회복 훈련에 필요한 장애인 보조기기 구입, 사무보조기기 구입, 장애 완화를 위한 의료비 등이다. 신청은 읍·면·동에 사회보장급여 신청을 하고 지정된 금융기관을 통해서 대여가 이루어진다.

3) 언어발달 지원

부모가 시각, 청각, 언어, 지적, 뇌병변, 자폐성 등록장애인의 만 12세 미만 비장애아동을 대상(중위소득 120% 이하)으로 매월 16~22만원의 언어재활 바우처를 지원하는 제도이다. 이와 함께 발달재활서비스는 만 18세 이상 미만의 뇌병변, 지적, 자폐성, 언어, 청각, 시각 장애아동을 대상(중위소득 180% 이하)으로 매월 14~22만원의 발달재활서비스(언어 · 청능, 미술 · 음악, 행동 · 놀이 · 심리, 감각 · 운동재활 등) 바우처를 지원하고 있다.

4) 여성장애인 가사도우미 지원

여성장애인의 임신·출산·육아 및 가사활동 지원과 관련한 종합적인 서비스를 제공함으로써 여성장애인들의 일상생활 지원 및 사회참여 증진을 돕기 위한 제도이다. 지원대상은 등록장애인 중 저소득 가정의 여성장애인, 가족이 없는 중증 여성장애인, 임신 및 출산여정 또는 영유아 자녀를 둔 여성장애인 등이 우선된다. 지원내용은 여성장애인의 임신, 출산 및 산후조리를 위한 도우미 파견, 자녀양육 및 가사활동 지원, 여성장애인의 산전·산후 관리 등 건강관리 등이다.

5) 장애인 보조기기 지원

저소득 장애인에게 일상생활에 필요한 장애인보조기기를 지원하여 장애인의 자립생활 및 복지증진을 도모하기 위한 제도이다. '장애인복지법' 제32조에 따라 등록한 장애인으로 지체 · 뇌병변 · 시각 · 청각 · 심장 · 호흡 · 발달 · 언어 장애인으로 '국민기초생활보장법' 상 생계, 의료, 주거, 교육급여 수급자 및 차상위 계층이 지원 대상이다. 지원품목은 2019년 기준 욕창방지용품, 음성시계, 식사도구, 기립훈련기, 목욕의자 등 28종이다. 이와 함께 장애인보장구 건강보험 급여는 '국민건강보험법' 제51조에 따라 고시된 품목에 한해 건강보험가입자는 보험급여대상 품목의 기준액 및 실구입금액 중 최저금액의 90%에 해당하는 금액 지원하고 의료급여수급권자는 의료급여대상 품목의 급여 기준액 범위 내에서 전액 무료로 지원하는 제도가 있다.

6) 세금감면, 이용료 할인

그 밖의 지원시책으로 장애인용 차량 취득세 · 자동차세 면제, 소득세 · 의료비 · 보험료 · 상속세 공제, 철도요금 감면, 이동통신 요금 감면, 시 · 청각장애인 TV 수신료 면제, 항공 · 여객료 감면, 고속도로 통행료 할인, 전기 · 도시가스요금 할인, 등의 지원제도가 있다. 이와 같은 장애인에 대한 세금감면이나 이용료 할인 등의 정책은 장애인의 경제적 부담을 경감시켜주는 기능이 있지만 장애정도나 소득수준에 따라 일률적으로 적용함으로써 서비스 이용행태 등 개인별 특성이 반영하지 못하는 제한점이 있다.

마. 장애인복지시설

1) 장애인복지시설의 유형

장애인복지시설은 장애인을 대상으로 하는 복지서비스를 효과적이고 효율적으로 제공하기 위해 설립된 시설로서 장애인의 거주, 지역사회 내 의료, 직업, 사회,

심리재활 등에 관한 지원을 목적으로 하며, 다양한 시설, 설비, 프로그램 등을 갖추어 장애인 당사자의 기능회복과 사회성을 향상시키는 시설을 말한다. 장애인복지시설은 국가와 지방자치단체 및 민간차원에서 운영되는 모든 시설을 포괄하며, 장애인의 주거문제와 관련하여 큰 비중을 차지하는 영역이다.

장애인복지시설은 기능이나 목적에 따라 유형이 구분되며 시설에 관한 전반적인 사항은 장애인복지법에 규정되어 있다. 장애인복지시설에 대한 지도·감독은 장애인복지 실시기관에서 하며, 장애인복지시설은 '사회복지사업법'에 의해 3년마다 1회 이상 의무적으로 평가를 받고 있다. 현재 장애인복지시설의 종류는 '장애인복지법'의 개정에 따라 시설 명칭과 분류가 변경되기도 하면서 그 기능과 역할이 정의되어 왔다.

장애인복지법(제58조) 및 시행령(제41조)에 의한 장애인복지시설의 종류는 장애인 거주시설, 장애인지역사회재활시설, 장애인직업재활시설, 장애인 의료재활시설, 그 밖에 대통령령으로 정하는 시설로 구분된다.

가) 장애인 거주시설

장애인 거주시설은 거주공간을 활용하여 일반가정에서 생활하기 어려운 장애인에게 일정 기간 동안 거주·요양·지원 등의 서비스를 제공하는 동시에 지역사회 생활을 지원하는 시설이며 다음과 같이 분류된다.

(1) 장애유형별 거주시설: 장애유형에 적합한 주거·일상생활·지역사회생활 등의 서비스를 제공하는 시설
(2) 중증장애인 거주시설: 중증장애로 항상 도움이 필요한 장애인에게 주거·일상생활·지역사회생활·요양서비스를 제공하는 시설
(3) 장애영유아 거주시설: 6세 미만의 장애영유아를 보호하고 주거·일상생활·지역사회생활·요양서비스를 제공하는 시설
(4) 장애인 단기거주시설: 장애인에게 단기간 주거서비스, 일상생활지원서비스, 지역사회생활서비스를 제공하는 시설
(5) 장애인 공동생활가정: 장애인들이 스스로 사회에 적응하기 위하여 전문인력의 지도를 받으며 공동으로 생활하는 지역사회 내의 소규모 주거시설

나) 장애인 지역사회재활시설

장애인 지역사회재활시설은 장애인을 전문적으로 상담 · 치료 · 훈련하거나 장애인의 일상생활, 여가활동 및 사회참여활동 등을 지원하는 시설이며 다음과 같다.

(1) 장애인복지관: 장애인에 대한 각종 상담 및 사회심리 · 교육 · 직업 · 의료재활 등 종합적인 재활서비스를 제공하고 인식 개선사업을 수행하는 시설

(2) 장애인 주간보호시설: 장애인을 주간에 일시 보호하여 장애인에게 필요한 재활서비스를 제공하는 시설

(3) 장애인 체육시설: 장애인의 체력증진 또는 신체기능 회복활동을 지원하고 편의를 제공하는 시설

(4) 장애인 수련시설: 장애인의 문화 · 취미 · 오락활동 등을 통한 심신수련과 편의를 제공하는 시설

(5) 장애인 생활이동지원센터: 차량 운행을 통한 직장 출퇴근 및 외출 보조나 그 밖의 이동서비스를 제공하는 시설

(6) 한국수어 통역센터: 청각 · 언어장애인에게 수화통역 및 상담서비스를 제공하는 시설

(7) 점자도서관: 시각장애인에게 점자간행물 및 녹음서를 열람하게 하는 시설

(8) 점자도서 및 녹음서 출판시설: 시각장애인을 위한 점자간행물 및 녹음서를 출판하는 시설

(9) 장애인 재활치료시설: 장애아동을 포함한 장애인에게 언어 · 미술 · 음악 등 재활치료에 필요한 서비스를 제공하고 서비스를 이용한 자로부터 비용을 수납하여 운영하는 시설

다) 장애인 직업재활시설

일반 작업환경에서는 일하기 어려운 장애인이 특별히 준비된 작업환경에서 직업훈련을 받거나 직업 생활을 할 수 있도록 하는 시설이며 3개 유형으로 되어 있다.

(1) 장애인 보호작업장: 직업능력이 낮은 장애인에게 직업적응능력 및 직무기능

향상훈련 등 직업재활훈련 프로그램을 제공하고, 보호가 가능한 조건에서 근로의 기회를 제공하며, 이에 상응하는 노동의 대가로 임금을 지급하며, 장애인 근로사업장이나 그 밖의 경쟁적인 고용시장으로 옮겨갈 수 있도록 돕는 역할을 하는 시설

(2) 장애인 근로사업장: 직업능력은 있으나 이동 및 접근성이나 사회적 제약 등으로 취업이 어려운 장애인에게 근로의 기회를 제공하고, 최저임금 이상의 임금을 지급하며, 경쟁적인 고용시장으로 옮겨갈 수 있도록 돕는 역할을 하는 시설

(3) 장애인 직업적응훈련시설: 작업능력이 극히 낮은 장애인에게 작업활동, 일상생활훈련 등을 제공하여 기초작업능력을 습득시키고, 작업평가 및 사회적응훈련 등을 실시하여 장애인 보호작업장 또는 장애인근로사업장이나 그 밖의 경쟁적인 고용시장으로 옮겨갈 수 있도록 돕는 역할을 하는 시설

라) 장애인 의료재활시설

장애인을 입원 또는 통원하게 하여 상담, 진단·판정, 치료 등 의료재활서비스를 제공하는 시설이며, 의료재활시설의 이용자격 및 서비스 등은 '의료법'에 따르되, 장애인을 우선으로 진료하며 진료 상 여유가 있을 경우 지역주민을 대상으로 일반인에 대한 진료를 행할 수 있도록 하고 있다.

마) 장애인 생산품 판매시설

장애인 생산품의 판매활동 및 유통을 대행하고, 장애인 생산품이나 서비스·용역에 관한 상담, 홍보, 판로 개척 및 정보제공 등 마케팅을 지원하는 시설이다.

2) 장애인복지시설 현황

장애인복지시설의 현황을 유형별로 살펴보면 거주시설의 경우에는 2012년부터 단기거주시설과 공동생활가정(그룹홈)이 지역사회재활시설에서 거주시설로 새롭게 분류되면서 거주시설이 증가하게 되었다. 장애인 거주시설의 경우 탈시설, 자립생

활의 흐름에 따라 소규모화되면서 시설 수는 꾸준하게 증가하는 추세이나 시설 당 거주(이용) 인원은 평균 20명 정도로 시설당 이용인원은 수는 감소하는 추세를 보이고 있다.

장애인 거주시설을 이용할 수 있는 대상은 국민기초생활보장법에 따른 수급권자 및 부양의무자가 없거나 부양의무자가 있어도 부양능력이 없거나 부양을 받을 수 없는 자, 입양기관 보호 장애아동이 우선적으로 이용가능하며, 실비를 납부하며 이용할 수 있는 대상자는 시설 정원의 30% 이내로 제한되어 있다. 이와 함께 장애인 거주시설은 시설이용자에 대한 서비스 제공 실태를 관할 지자체에서 지도 · 감독함으로써 시설 서비스 제공 과정에서 인권침해사례를 예방하고 불법사례 발견 시 주무관청의 신속한 행정조치를 도모하고 있다. 또한 공통적으로 장애인 거주시설의 경우 이용장애인의 인권침해 예방을 목적으로 한 인권지킴이단 설치 · 운영하고, 화재 등 안전관리와 장애인복지법(제60조의3)에 의해 장애인거주시설에서 제공하여야 하는 서비스의 최저기준 이상으로 서비스의 수준을 유지하여야 한다고 명시되어 있다.

표 4-5 유형별 장애인 거주시설

구분	지체 장애	시각 장애	청각 장애	지적 장애	중증 장애	장애 영유아	단기 거주	공동생활 가정	계
2010	40	14	10	196	182	10	-	-	452
2015	39	16	7	321	233	10	141	717	1,484
2018	33	16	7	320	239	9	150	753	1,527

* 2011년 장애인복지법 개정으로 단기거주시설과 공동생활가정은 지역사회재활시설로 분류됨.
주: 2018년 입소 인원은 총 30,152명으로 시설 1개소 당 평균 19.7명임.
자료: 보건복지부, 2019 보건복지통계연보.

장애인 지역사회재활시설 또한 장애인의 사회활동과 지역복지의 비중이 커지면서 점차 증가하는 추세로서 특히 주간보호시설과 장애인복지관의 증가가 두드러진 것으로 나타났다. 장애인지역사회재활시설은 다양한 기능을 수행하고 있으며, 이용 대상도 등록 장애인이면 누구나 이용할 수 있으며 지역사회와의 유대 강화 및 사회통합 분위기 조성을 위하여 해당 지역의 비장애인들도 사회통합 프로그램에 한하여 이용할 수 있다.

표 4-6 장애인 지역사회재활시설

구분	지역사회재활시설						의료재활 시설	계
	복지관	주간보호 시설	체육관	생활이동 센터	한국수어 통역센터	기타*		
2010	191	443	27	154	176	-	18	1,701
2015	224	625	30	156	193	20	18	1,248
2018	241	724	33	159	195	21	19	1,373

* 기타시설은 점자도서관(19개소), 점자도서 및 녹음서출판시설(1개소), 수련시설(1개소)
자료: 보건복지부, 2019 보건복지통계연보.

장애인 직업재활시설은 2015년 '장애인복지법'의 개정으로 장애인보호작업장과 장애인근로사업장 등 2개 시설유형에서 장애인직업적응훈련시설이 추가되어 총 3개 유형으로 개편되었으며, 시설 운영으로 발생한 수익금은 근로장애인에게 보다 많은 임금을 지급하거나 복리후생을 개선하는 데 우선하여 사용하도록 하고 있다. 장애인 직업재활시설도 보호작업장을 중심으로 매년 크게 증가하고 있음을 알 수 있다.

표 4-7 장애인 직업재활시설

구분	보호작업장	근로사업장	직업적응 훈련시설	계	이용인원(명)
2012	422	56	-	478	13,758
2014	477	64	3	541	15,651
2016	516	63	3	582	17,131
2018	573	63	15	651	18,205

* 2016년 이후 직업적응훈련시설이 유형에 추가됨.
자료: 보건복지부, 2019 보건복지통계연보.

우리나라 장애인복지시설의 기능과 역할은 사회적 요구에 따라 변화하여 왔다. 장애인복지시설은 양적으로 크게 증가하였지만 내용 면에서 그에 상응하는 서비스의 질은 충분히 담보되지 못한 상황이다. 그동안 장애인복지시설의 문제로 지적되어 왔던 수요와 공급체계의 불균형과 지역편중 현상, 일부 시설에서의 운영 관련 비리, 시설 입소나 이용장애인에 대한 인권 침해, 시설 서비스의 비전문성, 시설 종사자들의 열악한 처우, 사회통합을 위한 역할의 한계 등은 완전히 극복되지 못한 채 현재에 이르고 있다. 더욱이 장애인 자립생활 패러다임의 확산으로 인해 장애인복지시설이 기능과 역할에 있어서도 변화가 요구되고 있다.

장애인복지시설이 이러한 사회적 기대에 부응하기 위해서는 존립 기반인 장애인 이용자들의 욕구에 맞는 질 높은 서비스를 제공하는 것이 무엇보다 중요하다. 최근 장애인의 인권에 대한 관심이 높아지면서 다각적인 인권침해 예방을 포함한 옹호체계의 마련이 요구되고 있으며 장애인복지시설에서도 보다 적극적으로 장애인의 기본적 권리를 보호하고 이용자가 중심이 되는 서비스의 제공이 이루어지도록 해야 할 것이다.

바. 장애인복지 전문인력

장애인 정책의 전문성과 효율성을 증진시키기 위하여 장애인복지 전문인력 양성에 관한 규정이 마련되어 있다. 장애인복지법 제71조 '장애인복지 전문인력 양성'에서 국가와 지방자치단체 그 밖의 공공단체는 의지 · 보조기 기사, 언어재활사, 장애인재활상담사, 한국수어 통역사, 점역(點譯) · 교정사 등 장애인복지 전문인력, 그 밖에 장애인복지에 관한 업무에 종사하는 자를 양성, 훈련하는 데에 노력하도록 규정하고 있다.

장애인복지법에서는 의지 · 보조기기사, 언어재활사. 장애인재활상담사의 경우 자격증 교부, 국가시험의 실시, 보수교육 등 자격증 취득과 관리에 요구되는 기본적인 사항을 규정하고 있으며, 시행령과 규칙에서 관련 재활기관, 관련학과, 관련 교과목의 범위 등 세부적인 사항을 규정하고 있다. 이 자격에 대한 국가시험은 '한국보건의료인국가시험원'에서 시행하고 있으며 한국수어통역사, 점역 · 교정사의 경우에는 관련 협회에 위탁하여 자격시험을 시행하고 있다.

장애인복지 전문인력과 별도로 장애인복지법 제33조에는 '장애인복지상담원'을 두도록 하고 있는데, 이 상담원은 자치단체장이 장애인복지 향상을 위한 상담 및 지원 업무를 담당하기 위하여 시 · 군 · 구에 장애인복지상담원을 배치하도록 하고 있다. 장애인복지상담원(시행령 제22조)의 직무는 장애인과 그 가족 또는 관계인에 대한 상담, 장애인 진단 · 진료 전문기관 의뢰, 장애인복지시설 이용 알선, 장애인보조기구의 지급, 직업훈련 · 취업알선 전문기관 의뢰 등이다.

4. 장애인복지정책의 과제

장애인복지정책은 1981년 심신장애자복지법 제정이후 우리나라 장애인의 삶에 중요한 역할을 해 왔으며 일상생활과 사회참여에 이르는 장애를 가진 사람들의 모든 삶의 주기와 관련한 사항들을 정책의 주요한 수단으로 집행해 왔다.

그러나 서울장애인올림픽, UN의 장애인권리선언 등은 장애를 가진 사람들의 사회문제가 복지정책으로의 접근은 한계가 있다는 것이 증명되었고 장애인당사자를 중심으로 인권과 사회참여를 기반으로 변화시켜 나아가야 한다는 정책의 전환기에 있다. 따라서 장애인복지정책은 다음과 같은 측면의 개선방안에 대한 고려가 있어야 할 것이다.

첫째, 장애인복지정책의 이념을 개인적 재활관점에서 보편적, 포괄적 관점으로 변화시켜 나가는 노력을 해야 한다.

둘째, 장애인복지정책은 장애를 가진 사람들을 보통의 시민의 한 사람으로 사회에 살아가도록 하는 정책 수단으로 변화시켜나가는 노력이 필요하다.

셋째, 장애인복지정책의 토대가 되는 장애인복지법을 삶과 사회참여를 지원하는 정책으로 전환하고 인권과 평등, 그리고 이 외의 내용들은 주류화 정책에 자연스럽게 포함될 수 있도록 전환하는 노력이 필요하다.

넷째, 장애인복지정책의 전달체계도 가능한 주류화 전달체계에서 함께 이루어질 수 있도록 개선이 필요하다.

다섯째, 장애등록제도의 큰 흐름의 변화를 대체할 수 있는 단일사례관리체계 구축과 장애인재활상담사 등의 전문인력 배치를 통해 정책의 효율성이 담보될 수 있도록 개선해야 한다.

제3절 장애인 평등(차별금지)정책

1. 제정배경

2007년 3월 장애인차별금지 및 권리구제에 관한 법률(이하 장애인차별금지법)이 국회를 통과하였다. 7년에 걸친 줄기찬 장애계의 활동으로 장애인차별금지법이 제정된 것이다. 이토록 장애계가 지속적으로 장애인차별금지법을 요구한 배경에 대해 살펴보고자 한다.

사회통합은 장애인복지의 궁극적 목표이자 장애인이 한 사회에서 평등한 인간으로서 완전한 참여가 보장될 때 이루어지는 것이다. 이를 위해서는 헌법에서 보장된 시민적 기본권들이 실제적인 의미로 구현되어야 한다. 대한민국 헌법은 교육권, 노동권, 청구권, 환경권, 건강권 등을 시민권으로 규정하고 있으며, 이는 대한민국 국민이라면 마땅히 누려야 할 기본권에 해당된다. 이러한 권리가 비로소 보장될 때 장애인도 사회구성원으로서 의미 있는 활동과 참여를 할 수 있게 된다.

그러나 우리나라 장애인들에게 기본적 권리가 제대로 보장되지 않고 있는 사실은 어제 오늘의 일이 아니다. 2000년대 초 휠체어리프트에서 추락한 사망사건이 이와 같은 현실을 잘 보여주고 있는 사례이다. 여기에 장애인의 실업률은 비장애인의 실업률에 비해 2배가량 높으며, 대부분 고등학교에는 특수학급이 설치되지 않아 장애인들은 교육 분야에서도 기본권을 보장받지 못하고 있는 실정이다.

이처럼 기본권이 보장받지 못하는 장애인의 현실이 지속되자 정부에서도 1999년 장애인복지법을 개정하여 장애인의 기본권을 보장하기 위한 법체계를 갖추고자 노력을 기울여 왔다. 장애인복지법에서는 장애예방, 의료재활, 직업재활, 정보접근, 편의시설, 주택, 안전대책, 선거권, 등 다양한 장애인의 권리보장을 포괄적으로 규정하였다. 장애인복지법은 다른 장애인관련 법률과의 관계에서 기본법적인 성격을 갖는다.

그러나 장애인복지법에는 장애인 기본권을 보장하기 위한 구체적인 내용이 담겨져 있지 않다. 차별금지조항은 선언적 수준에 머물러 있고 대부분의 조항이 장애인의 생존권과 관련된 복지조치들이 주를 이루고 있다. 이런 이유로 일반적인 차별영역과 다른 특수성을 지닌 장애차별문제를 해소하는 데 한계가 있다고 지적되어 왔다. 이러한 배경에서 장애인들은 장애인의 시민권을 보장하기 위해서는 구체적인 권리가 명시되고 이 권리를 보장하기 위한 구제적인 조치, 권리가 침해되었을 때 권리구제 방법과 절차, 권리구제를 위한 시정기구에 대한 내용을 담보할 수 있는 법률인 장애인차별금지법(이하 장차법)을 요구해 왔던 것이다.

장애인차별금지법 제정과정은 장애계가 일치단결하여 만든 시민운동 전반을 통틀어서도 찾아보기 쉽지 않는 역사이다. 장애인들이 차별의 문제를 제기하였고, 이를 대중적인 사회운동을 통해 정부와 정치권을 압박하여 7년에 걸친 치열한 사회운동으로 장차법이 탄생한 것이다. 장애인차별금지법 제정과정은 4단계로 구분할 수 있는데, 첫 단계가 개별단체가 중심이 되어 장차법 제정의 필요성을 제기한 이슈제기단계, 두 번째 단계는 장차법 제정과정을 범장애계의 운동으로 도약해 나간 '장애인차별금지법제정추진연대(이하 장추련) 단계, 세 번째 단계가 장추련 차원의 통일법안을 마련한 단계, 마지막 단계가 입법활동단계이다.

가. 이슈 제기 단계(2001.1 ~ 2002.11)

처음으로 장애인차별금지법의 필요성을 제기한 단체는 부산을 중심으로 장애인문제에 대해 활동해 온 열린네트워크라는 장애인 단체이다. 이 단체는 장애인의 문제를 동정이나 시혜가 아닌 권리차원으로 보장하고 접근해야 한다는 취지로 2000년부터 장차법에 대한 논의를 시작하여 이듬해 2월에는 법안의 기본골격을 마련하였다. 그리고 장애인차별금지법 제정이 필요하다는 것을 알리기 위해 2001년 7월부터 부산에서 서울까지 국토순례행진을 전개하는데, 제2회 국토순례행진에서는 장차법안에 대한 설명회를 개최하기도 하였다.

열린네트워크에 뒤이어 장차법 제정에 적극성을 보여준 조직은 일본과의 교류과정에서 장차법 제정의 필요성을 느낀 장애우권익문제연구소이다. 장애우권익문제연구소는 2002년 4월 장애인의 날 즈음 장차법 제정에 대한 국회 입법청원하고, 연구소 내 장차법제정위원회를 구성하여 그해 10월 '장애인차별금지법안'이라는 법안을 제시하였다.

비록 개별단체의 활동이었지만 장애인차별금지법 제정에 최초로, 그리고 오랫동안 집약적인 법안을 만들었다는 점에서 높이 평가할 만하다. 그리고 두 단체는 법제정 협의과정에서 장차법제정운동은 범장애계 운동으로 확산되어야 한다는 공감대를 형성하여 결과적으로 범장애계 운동으로 확대할 수 있는 기본 토대를 마련하였다.

나. '장애인차별금지법제정추진연대' 결성단계(2002.11~2003.4)

장애계에서 장차법제정은 개별단체가 아닌 범장애계운동으로 확대되어야 한다는 공감대가 형성해 가는 가운데 2002년 11월 한국장애인단체총연맹(이하 한국장총)이 장차법제정을 위한 범연대기구의 결성을 제안하게 된다. 한국장총의 제안에 따라 35개 단체를 중심으로 '장애인차별금지법제정을 위한 공동대책위원회'가 결성되면서 본격적으로 범장애계 연대체 결성이 추진되기 시작한다. 얼마 후 한국장총과는 다른 회원단체를 구성한 한국장애인단체총연합회(이하 장총련)가 장차법제정운동에 공감하면서 2002년 2월 장추련에 결합하게 된다. 이로써 '장애인차별금지법제정'이라는 깃발아래 총 58개 장애인단체가 결집하기에 이른다. 드디어 2003년 4월 15일 서울 프레스센터에서 범장애계가 모여 장차법 제정을 위한 한 목소리를 내고, 장차법제정에 있어 장애계 단일창구인 '장애인차별금지법제정추진연대'를 출범하였다.

한편 2002년에는 우리나라에서 제16대 대통령선거가 치러졌고, 대통령 선거기간 동안 장애계는 장차법제정을 대통령 공약으로 만들기 위해 각 선거캠프를 다니며 법제정의 필요하다는 활동을 전개하였다. 당시 대통령 후보자 중 노무현 대통령이 장애차별을 포함한 사회적 차별금지법 제정과 장애인차별을 위한 기구설치를 선거공약으로 채택하게 된다. 그리고 당선이후 사회적차별금지법이 국정과제로 선정되자 2003년 2월 국가인권위원회가 중심이 되어 사회적 차별금지법 제정추진위원회를 구성하게 되며, 그해 4월 김화중 보건복지부장관은 대통령 업무보고에서 독자적인 장애인차별금지법 제정이 필요하다고 주장하기도 한다.

다. 장추련 차원 장차법안 마련(2003. 4~2004. 11)

장추련은 이미 마련된 두 개의 장차법안을 토대로 장추련 차원의 장애인차별금지법법안을 마련하기 위해 2003년 4월 법제정위원회를 구성하였다. 이 위원회에는 장애인, 현장활동가, 법조인 등 30명이 참여하여, 총칙기구팀, 차별금지팀, 권리구제팀 등 3개의 팀과 여성팀을 포함하여 총 4개 팀으로 조직을 구성하여 법안마련 활동을 전개해 간다.

법제정위원회는 장차법이 형식적인 법안이 아닌 실제 장애인의 차별현장의 목소리를 담아내기 위해 2003년 6월 25일~10월 1일까지 9차례에 걸쳐 '이제, 장애인차별금지법이다'라는 주제로 국가인권위원회에서 공개공청회를 진행하였다. 이 자리에서 장차법에 있어야 할 내용을 각 영역별로 검토하였으며, 각 영역별 장애차별 현실과 차별금지의 내용, 시정기구 및 집행절차 등 주요 법안 골격에 대해 각계의 의견을 수렴하였다.

한편 9차례에 걸친 공개토론회에서 나온 의견을 정리하기 위해 장추련 법제위원회에서 소위원회를 새롭게 구성하여 2003년 11월부터 2004년 3월까지 법안에 담길 주요내용을 정리하여 드디어 '장애인차별금지 및 권리구제에 관한 법률안'을 마련하였다. 2004년 2월 5일 장추련 집행위원회는 법제정위원회에서 마련한 장차법 초안을 대외적으로 공개할 것을 결의하여 2004년 5월 15일부터 16일 양일에 걸쳐 서울여성프라자에서 '장애인차별금지 및 권리구제에 관한 법률안'을 공개하고 장애인들의 여론을 수렴해 갔다. 이 자리에서 처음으로 공개된 법안에 대해 장애인의 관심이 뜨거워지자 장추련은 서울만이 아닌 전국적으로 장차법제정운동의 의미를 알리고 지방 장애인의 의견을 수렴하기 위해 지방공청회를 개최하게 된다. 7월부터 8월까지 부산을 시작으로 대구, 제주, 대전, 충북(청주), 광주, 경남(창원), 전남(목포) 등 전국을 돌며, 지역 장애인에게 장차법 제정의 당위성과 법안 설명, 지역 장애인의 목소리를 듣는 활동을 전개해 갔다.

라. 장차법 입법활동 단계(2005. 3~2007. 3)

2005년 3월 장추련은 법제정 입법활동을 본격적으로 추진하기 위해 장추련 내 법제정투쟁위원회를 구성하여 장차법 제정의 구체적인 운동단계로 들어선다. 투쟁위원회는 420장애인차별철폐투쟁단과 공동으로 4월 18일 장차법제정을 알리기 위한 촛불집회를 국가인권위원회 앞에서 개최하기도 한다.

또한 장추련은 장추련의 독자적인 장차법안을 국회에 발의하기 위해 국회 법제사법위원회 위원을 대상으로 장차법안 발의를 위한 질의서 전달 등 법안 발의에 적극적 활동도 전개하였다. 특히 장애계 대표로 당선된 제17대 국회위원(장향숙의원, 장화원의원, 이상민의원 등)들과 면담을 통해 장추련 법안을 지지해 줄 것을 호소하기 시작하였다. 이 과정에서 2005년 4월 장추련의 장차법 취지와 내용을 최대한 반영할 것을 약속한 민주노동당과 함께 공동작업을 하여 2009년 9월 노회찬의원의 대표발의자로 장애인차별금지법을 발의하였다. 이후 장추련은 청와대 앞 천막농성, 국회 앞 1인시위와 천막농성, 삭발식 등 풍천노숙의 활동으로 정부와 정치권에 압력을 행사하였다.

장차법 제정과정에서 결정적 국면이라 할 수 있는 2006년 3월 26일에 장추련은 국가인권위원회 점거농성을 단행하였다. 60일간 이어진 농성으로 사회적 차별금지법과 장애인차별금지법 사이에서 갈등하고 있던 국가인권위원회로 하여금 장애인차별금지법 제정이 필요하다는 입장을 이끌어 내었다. 사회적차별금지법이 아닌 별도의 장애인차별금지법 제정의 필요성이 공감대를 형성하면서 정부측에서 2006년 8월부터 대통령자문 빈부격차차별시정위원회가 주관되어 장차법 마련을 위한 장추련과 정부부처의 민간합동기관단을 구성하게 된다. 그해 12월까지 총 12회 걸쳐 법안 조율작업을 진행하였다. 이 와중에 장추련은 장차법을 반대한 전국경제인연합회와 한국경영자총협회에 대한 항의시위와 점거농성을 하며 전사회적 연대의 폭을 확대해 나간다.

이 과정을 거쳐 2006년 12월 18일 열린우리당과 한나라당은 동시에 장애인차별금지법을 당론으로 발의하였고, 2007년 2월 장차법은 국회 보건복지위원회에 상정되어 드디어 3월 6일 국회 본회의를 통과하였다.

2. 장애평등정책의 목표

장애인차별금지 정책의 목적은 모든 생활영역에서 장애를 이유로 한 차별을 금지하고 장애를 이유로 차별받은 사람의 권익을 효과적으로 구제함으로써 장애인의 완전한 사회참여와 평등권의 실현을 통해 인간의 존엄과 가치를 구현하는데 있음을 규정한다.

3. 장애평등정책의 주요내용

이 법은 장애인차별금지 및 권리구제를 도모하기 위한 법으로 장애인의 차별금지 및 권리구제에 관한 전반적인 것을 규정하고 있는 특별법이다. 이 법률의 구성은 전체 6장으로 50조 및 부칙으로 구성되어 있으며, 그 내용은 다음과 같다.

<table>
<tr><td>제1장 총칙</td><td>제1조 목적
제2조 장애와 장애인
제3조 정의
제4조 차별행위
제5조 차별판단
제6조 차별금지
제7조 자기결정권 및 선택권
제8조 국가 및 지방자치단체의 의무
제9조 다른 법률과의 관계</td></tr>
<tr><td>제2장 차별금지영역</td><td>제1절 고용
제2절 교육
제3절 재화와 용역의 제공 및 이용
제4절 사법 · 행정절차 및 서비스와 참정권
제5절 모 · 부성권, 성 등
제6절 가족 · 가정 · 복지시설, 건강권 등</td></tr>
</table>

제3장 장애여성 및 장애아동 등	제33조, 제34조 장애여성에 대한 차별금지 및 의무 제35조, 제36조 장애아동에 대한 차별금지 및 의무 제37조 정신적 장애를 가진 사람에 대한 차별금지 등
제4장 장애인차별시정기구 및 권리구제 등	제38조 진정 제39조 직권조사 제40조 장애인차별시정소위원회 제41조 준용규정 제42조 권고의 통보 제43조 시정명령 제44조 시정명령의 확정 제45조 시정명령 이행상황의 제출요구 등
제5장 손해배상, 입증책임 등	제46조 손해배상 제47조 입증책임의 배분 제48조 법원의 구제조치
제6장 벌칙	제49조 차별행위 제50조 과태료

가. 장애의 정의(법 제2조)

장애라 함은 "신체적 정신적 손상 또는 기능상실이 장기간 걸쳐 개인의 일상 또는 사회생활에 상당한 초래하는 상태"를 의미하며, 장애인은 이러한 장애를 가진 사람을 의미한다. 이러한 장애인의 정의는 장애인복지법의 장애인의 정의에 기능상실을 추가한 것일 뿐 장애인들의 주장해온 일시적 장애와 사회환경과의 상호작용에 의한 장애를 인정하지 않았다는 점에서 기존의 정의를 그대로 적용했다고 볼 수 있다.

여기서 몇 가지 논란이 될 소지가 있는 부분을 검토해 보고자 한다.

첫째, '장기간에 걸쳐'라는 용어의 사용여부이다. 장애계는 '일시적 장애'까지 포함할 수 있는 장애개념을 도입하여 우리사회의 장애차별을 폭넓게 금지해야 한다고 주장하였고, 혜택배분을 목적으로 한 장애인복지법과 차별금지를 목적으로 장애인차별금지법은 서로 추구하는 목적이 달라 장애개념을 다르게 정의하더라도 문제가 없다는 입장을 고수해 왔다. 반면 정부측은 장애인차별금지법 도입으로 장애범위가 확대될 경우 사회적 혼란을 야기할 우려가 있다며 장애인복지법 수준으로 축소하는 것이 타당하고 주장하였다. 이러한 양측의 의견차이로 인해 절충안으로 기간개념은 삭제하여 장애개념이 "신체적 · 정신적 손상 및 기능상실이 일상 또는 사회생활에 상당히 제약을 초래하는 상태"로 규정하였다가 국회 법안심사과정에서 장애범위의 확대는 바람직하지 않다는 의견을 수용하여 장애개념에서 장기간이라는 문구가 포함되어 정리되었다.

둘째, 사회적 장벽을 표현하는 용어의 사용 여부이다. "일상 또는 사회생활"이라는 문구가 사회적 장벽을 표현한 용어로 볼 수 있다. 이러한 용어가 장애개념에 표현되면 사회적 모델을 실현하는데 도움이 될 것이라고 여겨지지만 이 경우 법적인 논리에 모순이 발생하게 된다. "일상 또는 사회생활에 제약이 초래되는 상태"는 그 자체가 장차법이 금지하려는 차별이며, 법이 금지하려는 차별을 법이 대상으로 하는 사유에 원래부터 존재하는 것으로 정의해 버리는 것은 모순이 되기 때문이다. 이러한 모순은 장애가 가진 특성(Characteristics)과 장애에 대한 처우(Treatment)를 혼합하여 인식했기 때문인 것으로 보인다. 실제 사회적 모델은 장애를 설명하는 이론이지 실제 제도에서 필요한 장애정의에 대해서는 별다른 지침이 되지 못하는 경향이 있다. 향후 장차법상 장애개념과 관련하여 이 사회적 장벽이라는 표현 문구의 삭제를 고려해 볼 필요가 있다.

셋째, 장애와 장애인의 정의를 동시에 규정하는 것이 바람직한가에 대한 문제이다. 이는 차별의 포함가능성 정도와 관련된 문제이다. 본법 제6조의 차별금지규정에는 현재장애, 과거의 장애경력, 장애로 추측되는 경우(미래 장애)까지 포함되어 규정하고 있는데, 이렇게 규정한 이유는 현재의 장애로만 한정할 경우 과거경력(정신질환 경력 등)으로 발생하는 고용상의 차별 등에 대처할 수 없어 이를 보완하기 위해 장애개념을 폭넓게 정의한 것이다. 그런데 이러한 폭넓은 장애개념은 장애인이라는 개념과 서로 모순된다는 점이다. 장애인은 인간으로서 어떤 특성을 항상적으로 가진 상대적으로 고정된 존재이다. 현재 존재하는 것도 포함하지만 현재 존재하지 않은 것도 포함하는 가능성의 속성을 가진 장애를 정의하면서 이를 기초로 항상적 · 고정적 존재인 장애인을 동시에 정의하는 것으로 모순된다. 이러한 문제를 인식하여 외국의 법률에서도 대체로 장애 내지 장애인 중 하나만 정의하고 있다. 따라서 현행 장차법에서도 둘 중 하나의 정의만을 택하는 것이 바람직하며, 이 경우 장애 개념을 제한적으로 규정할 가능성이 있는 장애인의 정의보다 장애의 정의가 타당한 것으로 보인다.

끝으로 장애인의 자격에 관한 내용이다. 현행 장차법은 손상이나 기능상실이 "장기간" 존재해야 하며, 또 개인에게 "상당한"제약을 초래할 것을 요구하고 있다. 영국과 미국의 장애인차별금지법에서도 이와 같은 기간규정과 제약규정 모두를 규정하고 있다. 하지만 호주나 홍콩의 장차법은 기간규정과 제약규정이 없으며, 아일랜드의 고용평등법도 장애개념에서 이런 기간규정과 제약규정을 두고 있지 않다. 즉 이들 나라에서는 신체적 · 정신적 손상이나 기능상실이 있는 것만 요구하며 이것이 장기간 존재해야 한다거나 또는 이것이 상당한 제약을 초래해야 한다는 등 추가적 조건을 요구하지 않는다. 대체적으로 장애인 자격을 엄격히 규정하고 있는 미국과 영국보다는 그런 규정을 두지 않고 있는 호주와 아일랜드가 사회적 모델을 실현하는데 유리하다는 것이 일반적인 견해이다. 물론 이러한 제약규정은 장애에 대한 사회적 태도가 집약적으로 표현된 것이므로 단기간의 변화는 어려울 수도 있겠지만 장차법의 실효성 담보를 위해 진지한 논의가 필요한 대목이다.

나. 차별행위(제4조) 및 차별금지(제6조)

본 법 제4조에서 차별행위는 직접차별, 간접차별, 정당한 편의제공 거부, 광고를 통한 차별로 규정하고, 장애아동의 보호자 또는 후견인, 기타 장애를 돕기 위한 장애인 관련자와 장애인이 사용하는 보조견 및 장애보조기구 등에 대한 부당한 처우도 차별에 해당하는 것으로 규정하고 있다. 차별에 대한 구체적인 내용은 고용, 교육, 재화와 용역 등 6개 영역에 대해 상세히 규정하고 있다.

여기서 직접차별은 장애인을 장애를 사유로 정당한 사유 없이 제한 · 배제 · 분리 · 거부 등에 의하여 불리하게 대하는 것으로 장애인에게 서비스를 제공하지 않거나 참여를 제한하는 경우가 해당된다. 여기서 제한이란 장애인의 이용과 참여를 장애를 사유로 제한하는 것을 의미하고, 배제는 장애를 사유로 장애인의 참여나 활동을 제외시키는 것을 뜻한다. 그리고 분리는 장애를 사유로 장애인과 비장애인을 구분하는 행위로 장애인이 원하지 않음에 불구하고 장애인만을 구분하여 소외시키는 행위를 의미하며, 거부는 장애를 사유로 출입, 이용, 참여, 활동을 못하게 하는 행위를 의미한다.

둘째, 간접차별은 형식적으로 제한 · 배제 · 분리 · 거부를 하지 않고 있지만 정당한 사유 없이 장애를 고려하지 않는 기준을 적용하여 불리한 결과를 가져오도록 하는 행위를 말한다.

셋째, 정당한 편의제공의 거부는 정당한 사유없이 장애인에게 정당한 편의 제공을 거부한 행위를 의미하는데 여기서 정당한 편의는 단순한 편의시설의 설치에 끝나지 않고 장애인이 비장애인과 동등한 활동에 참여하기 위한 필요한 모든 것을 의미한다. 장애인이 비장애인과 동등하게 같은 활동에 참여할 수 있도록 장애인의 성별, 장애의 유형 및 정도, 특성 등을 고려한 편의시설 · 설비 · 도구 · 서비스 등 인적 물적 제반 수단 그리고 시간연장, 장소변경 등과 같은 조치도 포함한다. 장애인이 요구할 경우 정당한 사유가 없는 한 사업주와 시설주는 정당한 편의를 제공하여야 한다.

끝으로 광고에 통한 차별은 정당한 사유없이 장애인에 대하여 제한 · 배제 · 분리 · 거부 등 불리한 대우를 표시하거나 조장하는 광고를 직접하거나 혹은 광고를 허용또는 조장하는 행위를 말한다. 즉 위의 내용을 담은 광고를 신문에 실거나 방송에 내보낼 경우, 광고를 요구한 자(기관)과 그러한 광고를 허용한 방송사와 신문사도 차별행위를 한 것으로 간주한다.

차별금지와 관련하여 특징적인 조항은 동법 제6조이다. 이 규정에는 "누구든지 장애 또는 과거의 장애경력, 또는 장애가 있다고 추측됨을 이유로 차별을 해서는 아니된다"고 규정하고 있다. 따라서 과거의 장애(과거의 장애경력), 현재의 장애, 장애에 대한 추측이나 장애를 가질 것으로 예상되는 미래의 장애를 이유로 차별을 할 경우 장애인차별에 해당된다고 볼 수 있다.

다만, 여기서도 정당한 사유가 있을 경우에는 예외사항으로 적용하고 있는데, 장애인에 대한 차별이 되지 않으려면, 차별행위에 대한 정당한 사유가 있어야 한다(동법 제4조 3항). 본 법에서는 정당한 사유에 대해 두 가지로 정의하고 있다.

첫째, 차별행위를 하지 않기 위해 과도한 부담이나 현저하게 곤란한 사정이 있는 경우이다. 여기서 과도한 부담이란 사업주나 시설주가 차별을 하지 않기 위해 지나친 경제적 부담을 가져야 하고 이로 인해 경제적 어려움에 처한 경우를 의미하고 현저히 곤란한 사정은 건물의 구조변경의 어려움 등과 같이 조정이나 변경이 어려운 경우에 해당된다. 그러나 장애인차별금지법에서는 과도한 부담과 현저히 곤란한 사정에 대해 구체적으로 설명하고 있지 않아 이 부분은 이행기관(국가인위위원회, 법무부, 법원)에서 판단할 재량으로 두고 있다.

둘째, 금지된 차별행위가 특정 직무나 사업 수행의 성질상 필요한 경우이다. 장애인을 제한 · 배제 · 분리 · 거부하는 것은 직무의 특성상 필요한 경우에는 차별로 보지 않는다. 가령 예를 들면 시각장애인이 항공기 조정사가 되고 싶다거나, 휠체어 사용자가 소방수가 되려하려 하는 것은 직무의 특성 상 장애인이 할 수 없는 일이므로, 이를 거부하더라도 차별로 간주하지 않는다.

차별행위와 관련해 몇 가지 논란이 될 사항을 검토해 보고자 한다. 차별행위와 관련해 간접차별은 가장 논란이 소지가 있다. 본법 제4조 제1항 제2호에서 간접차별은 형식상으로는 제한 · 배제 · 분리 · 거부 등에 의해 불리하게 대하지 않지만 장애를 고려하지 않는 기준을 적용함으로써 장애인에게 불리한 결과를 초래하는 경우를 의미한다. 여기서 장애를 고려하는 것과 불리한 결과의 초래에 대한 의미가 불분명하여 논란이 될 수가 있다.

우선 '장애를 고려한다'는 것은 본 법의 취지를 볼 때 장애인의 특성 등을 고려한다는 의미로 해석된다. 하지만 본법의 장애개념이 제한적으로 규정되어 있으며, 장애인복지법의 장애개념과 유사하게 정의하여 스스로 능력을 발휘하는 존재라기보다는 장애인복지법상의 혜택을 받아야 하는 존재로 해석될 소지가 있다. 장애인의 특성을 고려하는 것으로 해석하더라도 장애인의 특성을 어떻게 고려할지에 대한 구체적인 내용이 없어 논란이 발생할 수 있다.

다음으로 '불리한 결과'는 다양한 장애인의 삶의 영역에서 발생할 수 있고, 그 영역과 사례에 따라 그것이 발생하는 정도의 차이가 있을 수 있다. 가장 논란이 예상되는 제도는 의무고용제도이다. 의무고용제도는 제정할 당시 의무고용률은 2%를 적용하였는데, 이는 의무고용제도가 도입되던 시기의 장애인구 비중에 고려해서 볼 때는 합리적이라고 생각할 수 있다. 하지만 2018년 기준 등록 장애인 수는 258만명이며, 이는 전체인구(5182만명)의 5%를 차지하여 계속 증가추세이다. 따라서 현재(2018년 기준) 의무고용률(3.2%)은 장애인구 비중의 증가를 고려하지 않는 기준으로 해석될 수 있으며, 의무고용률을 계속 달성하지 않을 경우 정부정책 전반이 간접차별의 혐의로 받을 수 있어 신중한 검토가 필요한 대목이다.

다. 국가 및 지방자치단체의 책무(제8조)

국가 및 지방자치단체는 장애인 및 장애인 관련자에 대한 모든 차별을 방지하고 차별받은 장애인 등의 권리를 구제할 책임이 있으며, 장애인 차별을 실질적으로 해소하기 위하여 이 법에서 규정한 차별 시정에 대해 적극적인 조치를 하여야 한다. 또한 장애인 등에게 정당한 편의가 제공될 수 있도록 필요한 기술적 · 행정적 · 재정적 지원을 하여야 한다. 보건복지부장관은 장애인 차별 해소 정책의 수립 · 시행에 필요한 기초자료를 확보하기 위하여 3년마다 이 법의 이행에 대한 실태조사를 실시하고 그 결과를 공표하여야 한다.

라. 차별금지 영역과 기준

본 장은 장애인이 일상생활 전반에 걸쳐 있는 차별문제를 해소하기 위해 차별금지의 영역을 고용, 교육, '재화와 용역의 제공 및 이용(재화 및 용역의 제공, 토지 및 건물의 매매 · 임대, 금융상품 및 서비스, 시설물의 접근 · 이용, 이동 및 교통수단, 정보접근, 정보통신 · 의사소통, 문화 · 예술, 체육활동)', '사법 · 행정절차 및 서비스와 참정권', '모 · 부성권, 성 등', '가족 · 가정 · 복지시설, 건강권' 6개 영역과 별도의 장으로 장애여성 및 장애아동 등으로 구분하고 있다. 각 차별영역마다 차별금지에 관한 규정이 있으며, 각 영역에 따라 정당한 제공이 무엇인지, 국가와 지방자치단체는 어떠한 노력을 해야 하는지에 대해 구체적으로 규정하고 있다.

차별영역에 따른 차별금지		
차별영역	차별금지	정당한 편의제공 및 국가의 의무
고용	• 모집 · 채용, 임금 및 복리후생, 교육 · 배치 · 승진 · 전보, 정년 · 퇴직 · 해고에 있어서 차별금지 • 장애인 노동자의 노동조합 가입 거부금지, 조합원의 권리 및 활동에 차별금지 • 장애를 이유로 의학적 검사 금지	• 작업장 시설 · 장비의 설치 또는 개조 • 근무시간의 변경 또는 조정 • 훈련에 있어서 정당한 편의제공 • 지도매뉴얼 등의 변경 • 시험과정의 개선 • 보조인 배치
교육	• 장애인의 입학지원, 입학거부, 진학 강요 금지 • 현장견학 등 교내외활동에서의 참여제한, 배제 등 금지 • 입학지원 시 별도의 면접이나 추가시험 요구 금지 • 장애인, 장애인관련 업무담당 모욕 및 비하금지 • 장애인에게 적합한 진로교육 및 정보제공 • 학업시수 위반 금지	• 이동용 보장구 대여 및 수리 • 교육보조인력 배치 • 학습보조기구 설치 및 대여, 보조견 배치나 휠체어 사용관련 여부 공간 확보 • 의사소통 보조기구 • 적절한 교육 및 평가방법 제공 • 장애학생지원부서 또는 담당자 배치
재화와 용역의 제공 및 이용	• 재화 · 용역 등의 제공에 있어서 장애인 차별금지	
	• 토지 및 건물 매매, 임대에 있어 차별금지	
	• 금전대출, 신용카드 발급, 보험가입 등 금융상품과 서비스 제공에 있어서 차별금지	
	• 시설물 접근 · 이용 및 비상시 대피하는데 있어서 차별금지 • 보조견 및 장애인보조기구에 대한 차별금지	• 시설물 접근 · 이용, 대피시설 설치 등 정당한 편의 제공
	• 이동 · 교통수단 등의 접근, 이용에 있어서 차별금지 • 보조견 및 장애인보조기구 사용에 대한 거부 금지 • 동행 · 동반한 보조견 또는 장애인보조기구 등을 이유로 불리한 요금제도 적용 금지	• 교통사업자 및 교통행정기고나 이동 및 교육수단에 있어서 정당한 편의제공 • 교통행정기관의 홍보, 교육, 지원, 감독 강화
	• 운전면허시험의 신청, 응시, 합격 등 모든 과정에 있어서 차별금지	• 운전면허 시험의 신청 · 응시, 합격의 모든 과정에 있어서 정당한 편의제공
	• 장애인이 정보정보와 비전자정보를 이용하고 그에 접근하는데 있어서의 차별금지	• 전자정보 · 비전자정보 접근 시 수화, 문자 등 필요한 수단 제공 • 공공기관 등이 주최하는 행사시 수화통

차별영역에 따른 차별금지		
차별영역	차별금지	정당한 편의제공 및 국가의 의무
	• 장애인의 의사소통을 지원하는 자에 대한 방해 및 부당처우 금지	역사 · 문자통역사 · 음성통역사 · 보청기기 등 필요한 편의제공 • 방송사업자 등은 통신중계서비스 제공
	• 개인정보는 반드시 본인의 동의하에 수집(장애아동나 정신장애인 등은 대리자에 대한 「민법」 규정 따름)	• 국가 및 지방자치단체는 정보통신망 및 정보통신기기의 접근 · 이용을 위한 지원책 강구 • 정보통신 관련 제조업자는 정보통신제품을 설계 · 제작 · 가공함에 있어 장애인의 특성을 고려 • 수화, 점자 등을 습득하고 이를 활용한 학습지원 서비스를 제공, 장애인 특성에 반하는 의사소통 강요 금지
	• 문화 · 예술활동 참여시 장애인의 의사에 반하여 특정한 행동강요 금지	• 국가 및 지방자치단체 및 문화 · 예술사업자는 장애인이 문화 · 예술에 참여할 수 있도록 정당한 편의제공, 시책 강구
	• 체육활동 주최 · 주관기관, 단체, 체육활동을 목적하는 체육시설 소유 · 관리자는 체육활동의 참여를 원하는 장애인 차별금지	• 국가 및 지방자치단체가 운영하거나 지원하는 체육프로그램에 장애특성 고려, 장애인 참여를 위한 정당한 편의제공
사법 · 행정절차 및 서비스와 참정권	• 사법 · 행정절차 및 서비스 제공에 있어 차별금지 • 허가, 신고, 인가, 공공사업자 수혜자 선정에 있어 장애인 차별금지 • 형사 사법 절차에서 보호자, 변호인, 통역인, 진술보조인 등 조력자 신청시 거부 금지, 진술 강요 금지	• 공공기관 및 그 소속원은 사법 · 행정절차 및 서비스에 있어서 장애인에게 정당한 편의 제공 • 사법기관은 장애인이 인신구금 · 구속상태에 있을 때 정당한 편의제공 및 적극적 조치 실시
	• 국가 및 지방자치단체, 공직선거후보자 및 정당은 장애인의 선거권, 피선거권, 청원권에 대해 차별금지	• 국가 및 지방자치단체는 장애인 참정권 보장 위한 정당한 편의제공 • 공직선거 후보자 및 정당은 장애인에게 정보 제공
모 · 부 성권, 성 등	• 임신, 출산 양육 등 모 · 부성권 차별금지 • 장애인 입양 자격 제한 금지 • 장애인 부모와 자녀 분리 금지 • 장애인 성적자기결정권 보장 • 장애인 성생활 경우 기회의 제한과 박탈 금지	• 국가 및 지방자치단체는 장애인 피임 및 임신 · 출산 · 양육관련 정보 · 보조기기 · 도구 등의 개발 등 지원책 마련 • 장애인 성 향유를 위한 지원책 마련 • 홍보 · 교육 · 지원 · 감독 의무 부여

마. 장애여성 및 장애아동

차별금지 영역을 두면서도, 장애여성과 장애아동에 대해 별도의 장을 마련한 것은 차별의 원인이 다양하고 형태도 매우 심각해 장애여성과 장애아동의 권리보장을 위해 적극적인 조치를 취하기 위해서이다.

차별영역에 따른 차별금지		
차별대상	차별금지	정당한 편의제공 및 국가의 의무
장애여성	• 모든 생활영역에서 장애여성 차별금지 • 임신 · 출산 · 양육 · 가사 등에 있어서 역할 강제 및 박탈 금지 • 사업주 장애여성 노동자 차별금지 • 기관 · 시설의 성폭력 예방교육 책임자는 교육내용에 장애여성 내용을 포함, 장애여성을 왜곡하는 내용 금지 • 교육기관 및 직업훈련 주관기관은 장애여성을 이유로 학습활동의 기회제한, 활동의 내용 구분, 취업교육 및 진로선택의 범위 제한, 교육관련 계획 및 정보제공 범위 제한 금지	• 사업주는 보육서비스에 있어 장애유형과 정도에 따른 수유지원, 의사소통 지원 등 정당한 편의제공 • 국가 및 지방자치단체는 장애여성에 대한 적극적 조치 실시, 통계 및 조사연구 등에 있어 장애여성 고려 • 국가 및 지방자치단체는 정책결정과 집행과정에 있어서 장애여성임을 이유로 참여기회 제한 및 배제 금지
장애 아동	• 모든 생활영역에서 장애아동 차별금지 • 교육, 훈련, 건강보호서비스, 재활서비스, 취업준비, 레크레이션 등을 제공할 받을 기회에 대한 박탈 금지 • 의무교육으로부터 배제 금지 • 유기, 학대, 착취, 감금 등 부당한 대우 금지 • 시설 강제수용, 무리한 재활치료 또는 훈련 금지	• 국가 및 지방자치단체는 장애아동의 권리와 자유를 위해 필요한 조치 및 이에 따른 서비스 제공 조치 • 장애아동 친권자 및 양육책임자에 대한 지원책 마련
정신적 장애	• 정신적 장애인의 특정 정서나 인지적 장애특성을 부당하게 이용하여 불이익 주는 행위 금지	• 정신적 장애인에 법적 · 정책적 노력 강구

바. 장애차별시정기구 및 권리구제 등

1) 차별시정기구

차별시정기구는 차별사건의 진정이 접수되면 신속하게 조사해서 차별로 인정되면 다양한 방법을 통해 침해된 권리를 구제해 주는 역할을 한다. 장애인차별시정기구는 국가인원위원회이며, 법 제40조에는 장애차별의 예방, 조사, 시정조치 및 장애인 인권보호 향상을 위해 국가인권위원회 내에 장애인차별시정소위원회를 두도록 규정하고 있다. 장차법에서 금지하는 차별행위로 인하여 피해를 입은 사람이나 그 사실을 알고 있는 사람과 단체는 국가인권위원회에 그 내용을 진정할 수 있다(제38조). 국가인권위원회는 제38조의 진정이 없는 경우에도 법에서 금지하는 차별행위가 있다는 상당한 근거가 있고 그 내용이 중대하다고 인정할 때는 직권으로 조사할 수 있다(제39조).

2) 시정권고 및 시정명령

법 제42조 및 제43조는 국가인권위원회가 차별행위에 대해 시정권고를 할 수 있도록 하고, 그 내용을 법무부 장관에게 통보하도록 하고 있으며, 법무부장관은 정당한 사유없이 국가인권위원회 권고를 이행하지 아니하고 차별행위가 반복적 혹은 고의적이며 피해가 심각하고 공익에 미치는 정도가 중대하다고 인정될 경우 피의자의 신청 내지 직권으로 시정명령을 할 수 있도록 하고 있다. 시정명령의 조치로는 차별행위의 중지, 피해의 원상회복, 차별행위의 재발방지를 위한 조치, 그밖에 차별시정을 위해 필요한 조치가 해당된다.

위에서 언급한 장애인차별시정기구의 위상과 권한은 법제정과정에서 큰 쟁점이었다. 장애계는 국무총리 산하의 별도의 차별시정기구를 설치하여 이 기구에 시정권한만이 아니라 시정명령까지 부여해야 한다고 주장한 반면, 정부는 2004년 10월에 결정된 차별시정기구 일원화 원칙에 따라 별도 시정기구는 불가하며 시정명령제 도입도 어렵다는 입장이었다. 현재 장차법은 양쪽의 입장을 절충한 형태를 취하고 있다. 즉 장애인차별시정기구는 국가인권위원회 내 소위원회로 설치하고 시정권고의 권한만을 부여하였고, 시정명령권은 법무부장관에 권한을 주는 것으로 규정되어 있다. 이른바 시정기구의 일원화, 시정권한 이원화로 정해졌다.

차별의 피해를 받은 사람은 두 가지 경로로 권리구제를 받을 수 있다. 첫째는 피해자가 차별시정기구에 진정하여 시정기구의 규정에 따라 피해구제의 절차를 진행하는 것이고 다른 하나는 시정기구를 거치지 않고 곧바로 법원에 손해배상 또는 악의적 차별의 경우 형사처벌을 요청할 수 있다. 여기서 시정기구의 위상과 권한의 문제는 첫 번째 경로를 밟게 되는 절차와 관련되어 있다. 국가권력의 삼권분리체계에서 권리구제의 최종 결정권자는 사법부(법원)이다. 그런데 사법부와 별도로 차별시정기구를 설치하는 것은 법원의 권리구제 절차가 복잡하고 시간적 비용적 부담을 감수해야 하며, 승소하더라도 차별행위의 시정보다 손해배상금으로 보상하는 경우가 많아 법원으로 통하기 전에 피해자와 가해자 간의 원만하고 신속한 화해·조정을 도모하기 위함이다. 우리나라에서는 차별시정기구로 국가인권위원회가 대표적인데, 장애계는 국가인권위원회가 장애차별에 대해 신속한 조정의 역할을 하지 못하고 있어 이를 보완하기 위해 별도의 시정기구를 마련하여 보다 강력한 시정명령권까지 부여해야 한다고 주장해 왔다. 하지만 시정명령은 행정명령의 성격을 지닌 법원의 심사대상이다. 만약 법원이 차별시정기구와 다른 결정을 내릴 경우 차별시정기구는 별도 기능을 발휘하기 어렵고, 결국 차별시정기구가 사법부의 판단에 종속되어 원래 목적인 화해·조정기능마저 어려워질 수 있다. 이처럼 행정처분의 성격을 지닌 시정명령을 차별시정기구가 행사하는 하는 것은 차별시정기구의 위상과도 연계된 문제여서 신중한 접근이 필요하다.

3) 손해배상과 입증책임의 배분

본 법 제46조에는 손해배상의 규정이 있는데, 장애인에게 손해를 입힌 경우 장애인에게 손해배상을 해야 하며, 손해액이 규모가 금전적으로 확인하기 어려운 경우 상대방이 얻은 이익만큼을 손해로 인정하고 있다. 또한 차별행위가 악의적인 경우에는 법원으로 하여금 3년 이하 징역 또는 3천만원 이하의 벌금에 처할 수 있도록 규정하고 있다.

입증책임은 차별행위에 대한 증명으로 장애평등정책에서는 분쟁해결에 있어 차별행위가 있었다는 사실은 차별행위를 당하였고 주장하는 자가 입증해야 하며, 차별행위가 장애를 이유로 한 차별이 아니거나 정당한 사유가 있었다는 점은 차별행위를 당하였다고 주장하는 자의 상대방이 입증해야 한다고 규정하고 있다. 즉 이러한 입증책임의 배분은 차별을 받았다는 것을 차별의 피해자가 합리적인 근거를 들어 입증하면 차별하지 않았다거나 차별에 합리적 이유가 있었다는 것을 상대방이 입증해야 한다는 원칙이다. 통상적으로는 피해자가 가해자의 고의·과실이나 위법성 등을 입증해야 하지만 소수자로서 사회적 억압의 피해자인 장애인이 상대적으로 열악한 경제력과 정보력을 가지고 차별행위가 있었다는 사실을 입증하기가 쉽지 않다는데 그 문제가 있다.

이와 같은 이유로 당초 장애계는 장애인 차별행위일 경우 피해를 주장하는 장애인이 장애인의 피해를 입증하는 것이 아니고 상대방이 차별을 하지 않았음을 입증토록 전환하는 것(입증책임의 전환)을 주장하였다. 남녀고용평등법과 독점규제 및 공정거래에 관한 법률 등 일부 법령에서도 이러한 입증책임의 전환이 적용되고 있어 현행법에 배치되지 않으며, 이는 정책적 결정사항이라 할 수 있다. 그러나 우리나라 법령 상 입증책임의 전환은 사업주 혹은 사업자단체 등 우월적 지위를 갖는 것이 명백하다고 인정되는 경우에만 이루어지고 있어, 일반 국민의 적용대상이 될 수 있는 장애인차별금지법에 입증책임의 전환을 전격적으로 수용하는 것이 어려웠다. 이러한 이유로 입증책임의 전환은 입증책임의 배분이라는 형태로 규정되었다.

4) 법원의 구제조치

법원의 구제조치는 법원이 소송제기 전 또는 소송제기 중에 피해자의 신청에 따라 차별로 소명되는 경우 본안 판결 전에 차별행위의 중지, 임금 등 근로조건의 개선, 그 시정을 위한 적극적 조치의 판결 등 적절한 임시조치를 명할 수 있는 조치이다. 임시조치를 이행하지 않으면 일정한 배상을 하도록 명할 수 있다. 법원의 구제조치는 차별이 명백해 보이고 차별시정이 시급히 필요한 사안에 적용된다(제48조).

4. 장애평등정책의 과제

장애인차별금지법의 제정은 장애인에 대한 차별금지를 제도적으로 법제화했을 뿐만 아니라 차별해위에 대한 시정명령, 벌칙 등 권리구제 수단을 구체적으로 명시하여 장애인차별을 실효성 있게 규율하고 있다는 점에서 큰 의미를 지닌다. 하지만 법률 취지에 맞는 실효성을 담보하기 위해서는 다음의 과제가 시급히 해결되어야 할 것이다.

첫째, 지적장애인 등 소통능력이 어려운 장애인에 한해 입증책임전환 규정 도입

본 법에서는 차별행위가 있었다는 사실을 원고와 피고 즉 쌍방이 책임지도록 규정하고 있으나 지적장애인 경우 차별사실을 입증하기가 쉽지 않다. 따라서 소통능력에 어려움이 있는 장애인에 한해서 피진정인이 책임을 입증하도록 입증책임 전환구조를 마련할 필요가 있다.

둘째, 시정명령의 요건의 완화, 시정권한의 주체간의 업무협력 확대

차별시정기구(국가인권위원회)의 시정권고가 사법적 강제력이 없어 이를 보완하기 위해 마련된 장치가 법부부의 시정명령제도이다. 하지만 명령을 발하는 요건이 지나치게 엄격해 실제 효력을 발휘하지 못하고 있다. 본 법의 시정명령은 "피해 정도가 심각하고 공익에 미치는 영향이 중대하다고 인정되는 경우"에 법무부장관으로 하여금 시정명령을 할 수 있도록 규정하고 있으며, '피해의 정도가 심각하고 공익에 미치는 영향이 중대'함을 구성하는 요건으로, "피해자가 다수인 차별행위에 대한 권고 불이행", "반복적 차별행위에 대한 권고 불이행", "피해자에게 불이익을 주기 위한 고의적 불이행" 등을 열거하고 있다. 이러한 엄격한 요건으로 법제정 이후 법무부장관이 시정명령이 내린 사건은 2건에 불과하다. 유엔장애인권리위원회에서도 이러한 시정명령의 요건을 완화할 필요가 있다고 권고한 바 있다. 시정명령제도의 실효성을 담보하기 위해서는 여러 요인이 있겠지만 무엇보다 시정권한을 가진 국가인권위원회와 법무부간의 소통과 협력이 무엇보다 중요하다. 이를 위해서는 법무부가 인권위에 자료제공을 요청할 수 있는 규정이 필요하며, 더불어 시정명령을 할 경우 국가인원위원회에 통보하는 규정을 마련하여 양 기관간의 유기적인 업무협조와 모니터링이 강화되어야 할 것이다.

셋째, 정당한 편의제공에 대한 가이드라인 마련을 확대

가이드라인은 향후 발생할 다양한 정당한 편의제공 관련 사례에 대한 구체적인 해석지침이다. 이러한 중요성을 고려해 2009년 국가인권위원회에서 다양한 영역의 세부 가이드라인을 제시하였고, 이어 행정안전부는 웹접근성 지침, 노동부는 고용영역의 가이드라인을 마련한 바 있다. 하지만 아직도 장애인차별금지법의 내용을 구체적으로 생활수준에서 설명할 수 있는 가이드라인은 부족하다. 장차법이 시행된 지 10년이 지났음에도 불구하고 법률상에 규정된 '정당한 편의'의 기준이 명확하지 않아 해석상의 혼란과 실효성 확보에 어려움을 겪고 있다. 따라서 부담주체별 구체적인 행위별 가이드라인이 마련되어야 할 것이다.

넷째, 장차법과 상충법령 정비

2009년 3월 정부에서는 합동대책반을 구성하여 장차법과 상충되는 법령을 정비할 필요성을 공유한 바 있고, 이미 한국장애인재활협회를 중심으로 민간영역에서는 장차법과 상충되는 수많은 법령들을 제시한 바 있었다. 장애인차별금지법과의 상충법률 조사에 의하면 상충규정이 가장 많이 나타난 분야는 정치 · 행정분야에 해당하는 '헌법/국회/선거 · 정당/행정일반/국가 공무원 분야'로서 전체 상충법령 건수의 27.9%를 차지하였다. 그 다음으로 '사회복지 분야'(10.9%), '교육 · 학술/문화 · 공보/과학 · 기술 분야'(10.1%), '법원/법무 분야'(8.5%) 순으로 나타났다. 상충규정은 20개의 주무부처에 두루 걸쳐 있는 것으로 조사되고 있다. 그러나 민주당 박은수의원 개인 주도로 일부 상충법령이 개정되었을 뿐 정부차원의 본격적인 검토는 아직 이루어지고 있지 않다. 장차법의 인권 정신에 맞추어 상충법령들을 적극적으로 개정해야 할 것이다.

다섯째, 장애인차별금지법에 대한 인식 제고

본 법이 제정된 지 10년이 되었으나 여전히 장애인차별금지법의 존재를 모르는 장애인과 일반 시민이 다수이다. 최근 실태조사에 의하면 장애인 중 장애인차별금지법을 모른다는 응답이 2011년 70.8%, 2014년 68.7%, 2017년 60.7%로 일부 감소되는 경향이 보이나 여전히 장애인차별금지법을 모르는 장애인이 다수임을 알 수 있다. 이러한 맥락에서 장애인차별금지법의 이행 효과를 높이기 위해서는 장애인차별금지법에 대한 홍보 및 교육이 필요할 것이다.

제4절 장애인 직업재활정책

장애인 직업재활은 1955년 국제노동기구(ILO) "직업재활에 관한 권고(제99호)"에 의해 처음 언급되었으며, '직업상담, 직업훈련, 직업능력평가, 직업적응훈련, 보호고용에의 취업지도, 정착지도, 사후보호 등의 서비스를 포함한 연속적이고 협력적인 재활과정의 일부로 장애인의 적절한 고용을 확보하고 유지할 수 있도록 돕는 것'으로 정의되고 있다.

우리나라에서 직업재활이 처음 시작된 계기는 1981년 「심신장애자복지법」 제11조(고용의 촉진)를 통해 1982년 한국장애인재활협회에서 '장애인 취업알선' 업무를 개시하면서 부터이다. 또한 「장애인고용촉진 및 직업재활법」에서도 직업재활을 규정하고 있는데, 동 법에서는 '직업지도, 직업적응훈련, 직업능력개발훈련, 취업 후 적응지도 등을 통하여 장애인이 타인에게 의존하지 않고 독립하여 살아갈 수 있도록 서비스를 제공하는 것'으로 규정하고 있다(한국장애인개발원, 2019).

직업재활정책은 장애인이 자신의 능력과 적성에 맞는 직업생활을 통하여 경제적 자립과 타인에게 의존하지 않는 자립생활 영위와 사회성원의 일원으로서 자연스러운 지역사회통합으로 인간다운 생활을 할 수 있도록 지원하는 것이다. 즉 장애인 직업재활정책은 사회에서 차별을 받고 있는 장애인들이 노동시장 내에서 비장애인과 동등한 기회를 갖고 평등한 생활을 누릴 수 있도록 하는데 궁극적인 목표를 두고 있다. 그러므로 장애인의 직업재활은 재활의 전 과정을 통틀어 가장 중요하고 핵심적인 영역이라 할 수 있을 것이다. 우리 정부는 장애인의 직업재활을 위한 정책과 여러 가지 지원 사업들을 추진해오고 있다. 본 절에서는 장애인 직업재활정책을 할당고용 정책과 보호고용 정책으로 구분하여 살펴보고자 한다.

1. 장애인 의무고용정책

가. 제정배경

할당고용제도(quota system)는 장애인의 고용과 직업재활이라는 측면에 국가가 적극 개입하여 장애인의 고용가치를 확대하고 직업재활의 기반을 조성하는 정책이다. 이 제도는 국가, 지방자치단체를 포함한 국가기관, 민간기업이 전 종업원 인원의 일정 비율만큼 장애인을 의무적으로 고용하도록 하고, 고용기반을 조성하기 위하여 직업재활 서비스를 실시하는 등의 사업을 전개하는 제도이다(강위영 외, 2019).

이와 같은 할당고용 제도는 영국에서 처음으로 시행되었다. 영국은 1944년 장애인고용법(The Disabled Employment Person)을 제정하여 20인 이상을 고용한 업체는 전체 종업원의 3% 이상을 의무적으로 장애인을 고용하도록 하였다. 그러나 영국의 장애인고용법은 1995년 장애차별법(The Disability Discrimination Act)의 제정으로 1996년 말 폐기되었다. 오늘날 할당고용 제도를 채택하고 있는 국가는 프랑스, 이탈리아, 독일, 오스트리아, 폴란드, 스페인, 일본, 중국, 우리나라 등이다.

우리나라에서 장애인의 경제활동과 노동권에 대한 정책적 관심은 1982년 직업안정법(1982.4.3)을 개정하여 장애인의 고용촉진을 위한 고용기회 확대 및 부당한 취업제한을 금지하는 조항을 둔 것으로 시작되었다고 볼 수 있다. 그러나 실질적인 장애인고용정책으로 보기에는 실효성이 거의 없는 선언적 의미에 그쳤고, 이를 개선하기 위하여 1990년 장애인고용촉진 등에 관한 법률이 제정 · 공포(1990.1.13.제정/1991.1.1.시행)되었다. 동 법의 제정으로 장애인의 사회참여와 평등한 사회 구현을 위해 국가 및 지방자치단체와 민간 사업주에게 일정비율의 장애인 고용을 할당하는 장애인 고용의무제도가 도입된 것이다.

나. 장애인 의무고용정책의 목표

장애인 의무고용정책은 장애인들의 직업재활 및 고용기회 확대를 통하여 그들의 직업 생활과 직업 안정을 도모하도록 권장하거나 제재를 가하는 법으로 장애인이 그 능력에 맞는 직업 생활을 통하여 인간다운 생활을 할 수 있도록 도모하는 것으로 목적은 장애인이 그 능력에 맞는 직업생활을 통하여 인간다운 생활을 할 수 있도록 장애인의 고용에 대한 국가 및 지방자치단체, 사업주의 의무를 정하여 장애인의 경제활동 및 노동권을 확대하는 데 있다. 의무를 이행하지 않는 사업주에 대하여는 장애인 고용부담금을 부과함으로써 장애인을 고용하는 사업주와의 경제적 형평성을 꾀하고, 장애인의 능력에 맞는 직업생활을 위해서 필요한 서비스를 강구하며, 장애인의 고용촉진과 직업안정을 도모하는 것으로 하고 있는데 여기서의 고용촉진과 직업안정의 의미는 종래의 고용관계를 전제로 한 고용촉진뿐만 아니라 보호고용 관계나 지원고용 관계까지도 포함하는 광의적인 의미를 가지고 있다.

다. 장애인 의무고용정책의 주요내용

1) 정책대상

장애인고용촉진 및 직업재활법의 주요 대상 집단은 국가와 지방자치단체, 사업주, 장애인 등이다. 국가와 지방자치단체는 장애인 고용촉진 및 직업재활에서 광범위한 영역에 걸쳐 중요한 책임을 지며 이는 헌법 제32조의 근로의 권리, 제34조의 인간다운 생활을 할 권리에 기본이념을 두고 다음과 같은 정책을 적극적으로 전개해야 할 중대한 책임을 지고 있다.

"사업주"란 근로자를 사용하여 사업을 행하거나 하려는 자를 말하는데 사업주의 책임은 제5조에 명시하고 있다. 동 법에서 사업주는 장애인의 고용에 관해 사회연대 이념에 기초하여 적합한 고용의 기회를 제공해야 하는 공동책무를 가지는 동시에 정부의 시책에 협조하여야 하고, 장애인이 스스로 자립을 위해 노력하는 것에 대하여 그가 가지고 있는 능력을 정당하게 평가하여 고용의 기회를 제공함과 동시에 적정한 고용관리를 행해야 한다. 또한 사업주는 장애가 있다는 이유로 채용 · 승진 · 전보 및 교육훈련 등 인사관리상의 차별대우를 해서는 안 되며, 직장 내 장애인 인식개선 교육을 실시하여야 한다. 우리나라 경제사회에서는 자유롭고 공정한 경쟁이 원칙이고 모든 기업은 이윤을 추구하며 영업을 행할 자유를 가진다. 그러나 사회 내에 존재하는 일원이라면 그 이윤추구도 사회 전체 이익과의 조화 하에서 행해져야만 한다는 기업의 사회적 책임이 강하게 요구되고 있다.

이와 같이 사업주는 전체로서 하나의 책임을 진다. 그러나 이것은 이념으로서의 책임이고 현실사회에서 실제로 문제가 되는 것은 개개의 사업주이다. 즉, 장애인 고용에 관한 사업주의 '공동책임'이라고 하는 이념의 배경 하에 실제 법률상의 의무 등이 개개의 사업주에게 적용된다. 공동책임을 분담하는 것이 실제로는 개개의 사업주라고 한다면 그 공동책임을 어떻게, 어느 정도 분담할 것인가가 문제가 된다. 이것을 구체적으로 표현한 것이 의무고용률 적용 및 의무 미이행에 대한 부담금 부과이다. 즉 개개의 사업주의 책임분담방법으로서 실제로 장애인을 고용하는 의무의 측면이 의무고용률 적용으로 나타났고 이에 따르는 경제적 부담에 착안하여 부담금 제도가 집행된다고 할 수 있다.

아울러 사업주는 근로자가 단지 장애인이라는 것을 이유로 채용·승진·전보 및 교육훈련 등 인사관리의 불합리한 차별대우를 해서는 안 되며 한 층 더 장애인의 고용을 촉진하고 효과적인 인력의 활용·관리에 역점을 두어야 한다. 2007.4.10 장애인차별금지 및 권리구제 등에 관한 법률이 제정·공포됨에 따라 동 의무는 선언적 의미를 넘어 실제로 이행을 해야 하는 규정이 되었고, 장애인 의무고용 영역에서의 장애인차별 예방을 위한 활동을 추진해야 할 필요성이 대두되고 있다.

또한 사업주는 장애인 인식개선 교육을 고용노동부장관이 지정하는 기관에 위탁할 수 있다. 사업주 및 장애인 인식개선 교육기관의 장은 교육 실시 관련 자료를 3년간 보관하고 사업주나 피교육자가 원하는 경우 그 자료를 내주어야 하며 장애인 인식개선 교육기관은 고용노동부령으로 정하는 강사를 1명 이상 두어야 한다.

이 법의 수혜집단인 장애인은 신체 또는 정신상의 장애로 장기간에 걸쳐 직업생활에 상당한 제약을 받는 자로서 대통령령으로 정하는 기준에 해당하는 자를 말하며, 중증장애인이란 장애인 중 근로 능력이 현저하게 상실된 자로서 대통령령으로 정하는 기준에 해당하는 자를 말한다. 장애인 직업을 획득하면 근로자가 되는데, "근로자"란 근로기준법 제2조 제1항 제1호에 따른 근로자 즉, 직업의 종류와 관계없이 임금을 목적으로 사업이나 사업장에 근로를 제공하는 자를 말한다. 다만, 1개월 동안의 소정근로시간이 60시간 미만인 자는 제외한다.

장애인 의무고용정책에서 국가와 지방자치단체, 사업주의 책임 못지않게 중요한 것은 장애인 자신의 능력증진을 위한 노력이다. 이러한 의미에서 동법(제6조)에서는 장애인이 직업인으로서의 자각을 가지고 스스로 능력 개발·향상에 노력하도록 규정하고 있다. 또한 관련당사자, 가족이나 보호자의 노력을 명시함으로써 국가와 지방자치단체, 사업주, 장애인 자신과 주변인의 노력이 동시에 이루어져야만 장애인 고용이 확대될 수 있음을 천명하고 있다.

2) 장애인 고용촉진 및 직업재활 기본계획과 심의회

장애인의 고용촉진 및 직업재활을 위해 5년마다 기본계획을 수립, 시행하도록 하여 이 정책의 실효성을 확보하고 있는데 이 계획에는 직전 기본계획에 대한 평가, 장애인의 고용촉진 및 직업재활에 관한 사항, 장애인 고용촉진 및 직업재활 기금에 관한 사항, 장애인을 위한 시설의 설치·운영 및 지원에 관한 사항 등, 그 밖에 장애인의 고용촉진 및 직업재활을 위하여 고용노동부장관이 필요하다고 인정하는 사항이 포함되도록 하였으며 이 사항들은 고용정책심의회를 거치도록 하였다.

심의회는 위원장 1명을 포함한 30명 이내의 위원으로 구성하고, 위원장은 고용노동부장관이 되며, 위원은 근로자와 사업주를 대표하는 사람, 고용문제에 관하여 학식과 경험이 풍부한 사람, 지방자치법 제165조에 따른 전국 시·도지사 협의체에서 추천하는 사람 중 어느 하나에 해당하는 사람 중에서 고용노동부장관이 위촉하는 사람과 대통령령으로 정하는 관계 중앙행정기관의 차관 또는 차관급 공무원이 된다. 또한 정책심의회를 효율적으로 운영하고 정책심의회의 심의 사항을 전문적으로 심의하도록 하기 위하여 정책심의회에 분야별로 전문위원회를 둘 수 있으며 심의회의 기능은 장애인의 고용촉진 및 직업재활 기본계획과 주요 정책에 관한 심의, 부담 기초액 결정에 관한 심의, 장애인 고용촉진 및 직업재활기금의 운영·관리에 관한 심의 등이다.

3) 장애인 고용촉진 및 직업재활

장애인의무고용정책에서의 고용촉진 및 직업재활은 신체 또는 정신적 장애 및 환경적 장벽 등으로 인해 장기간에 걸쳐 직업생활에 상당한 제약을 받는 사람의 신체적 · 정신적 · 사회적 · 직업적 · 경제적 능력을 최대한으로 개발하고 직업생활을 저해하는 제 장벽을 제거함으로써 장애인에게 일할 권리와 의무를 갖게 하는 사업으로 장기적이고 지속적인 계획과 투자가 필요한 사업이다.

따라서 국제노동기구의 1955년 직업재활에 관한 권고와 1972년 국제 재활협회의 직업재활의 장래를 위한 지침은 장기적이고 지속적인 계획을 위하여 직업재활 과정을 직업평가 · 직업 전 훈련 · 직업훈련 · 직무배치 · 보호고용 · 사후지도 등으로 구분하고 많은 장애인의 효과적인 직무배치와 고용유지를 위해서 이와 같은 직업재활 과정을 중시할 것을 권고하고 있다.

우리나라의 경우 이제까지는 이와 같은 기본이념이나 과정에 충실하지 못했기 때문에 많은 문제점이 제기되었으나 동 법은 이와 같은 이념과 직업재활 과정을 반영하여 직업재활 서비스의 기반 및 체계구축에 목적을 두고 있으며 동 법 제2장에서 이와 관련된 직업재활 실시기관, 장애인 고용촉진 및 직업재활의 내용, 장애인고용 사업주에 대한 지원 등을 규정하고 있다.

직업재활 실시기관은 그 동안 문제시되었던 공급자 중심 직업재활 서비스 제공과 상담창구의 접근성 부족이라는 문제를 해소하여 소비자와 장애인 위주의 서비스를 실시하자는 취지하에 장애인의 직업재활 창구를 장애인복지법에서 규정하고 있는 장애인 지역사회재활시설, 장애인 직업재활시설, 장애인복지단체, 장애인 등에 대한 특수교육법의 규정에 의한 특수교육기관, 근로자직업능력개발법에서 정한 직업능력개발훈련시설 등으로 다원화함으로써 장애인이 거주하고 있는 지역사회에서 필요한 서비스를 받을 수 있도록 하였다.

또한 그 동안 장애인 고용률이 지속적으로 상승하지 못하고 서비스의 질이라는 측면에서 문제시되었던 취업알선 중심의 사업 과정을 전문적이고 체계적인 직업재활 과정 중심의 서비스로 전환하고, 정체되어 있는 고용률의 상승 등을 위하여 제10조(직업지도), 제11조(직업적응훈련), 제12조(직업능력개발훈련), 제13조(지원고용), 제14조(보호고용), 제15조(취업알선 등), 제16조(취업알선기관 간의 연계 등), 제17조(자영업 장애인 지원), 제18조(장애인 근로자 지원), 제19조(취업 후 적응지도) 등의 규정을 통해 기본적인 고용안정성 확보와 전문적인 서비스 제공을 위한 정부의 노력과 의지를 나타내고 있다. 특히 제13조(지원고용)는 중증장애인의 통합고용에 대한 규정이라는 측면에서 앞으로 장애인고용이 사회통합 중심 고용으로 전환될 수 있다는 의미가 숨겨져 있으므로 이 사업의 활성화 정도에 따라서 중증장애인 고용문제의 접근방법에 많은 변화가 기대되어진다.

그리고 이 법은 장애인을 고용하거나 고용하려는 사업주에 대하여 장애인이 사업장에서 필요한 근로자가 될 수 있도록 채용, 배치, 작업 보조구, 작업 설비 또는 작업 환경, 기타 고용관리에 필요한 사항에 대한 지도를 실시하고 필요한 부분을 정부가 지원함으로써 사업주가 부담을 느끼지 않도록 하여 궁극적으로 장애인 고용을 유도할 수 있도록 하였다. 또한 중증장애인, 여성장애인 등의 고용확대를 위해 모기업 출자 등의 형식으로 자회사형 표준사업장을 설치할 수 있도록 하고 이 경우 자회사의 장애인고용을 모기업의 의무이행으로 간주하는 동시에 우선구매 등 각종 지원을 하고 있다. 그리고 장애인고용에 모범이 되는 사업주를 우수사업주로 선정하여 우대조치를 하는 반면 거짓 또는 부당한 방법으로 정부지원을 받았을 경우 3년간 지원을 금함으로써 지원제도의 효과성을 높이고자 하였다. 또한 장애인을 고용하거나 고용하려는 사업주에게 장애인의 신체적 · 정신적 조건, 직업능력 등에 관한 정보, 그 밖의 자료를 제공하며 효과적인 정책수립을 위하여 2년마다 장애인의 취업직종 · 근로형태 · 근속기간 · 임금수준 등 고용현황 및 장애인근로자의 산업재해 현황에 대하여 전국적인 실태조사를 실시하도록 규정하고 있다.

4) 사업주 지원제도

이 정책은 장애인의 고용효과가 사업장에서 시작됨을 고려하여 사업주를 위한 다양한 인센티브 수단을 도입하고 있다.

가) 고용장려금

장애인 고용장려금 제도는 장애인의 고용촉진과 직업안정을 위하여 장애인 의무고용률을 초과하여 장애인을 고용하는 사업주에게는 고용의무인원을 초과한 인원에 대해 최저임금액의 범위 내에서 일정액의 지원금을 지급하는 제도이다. 고용장려금 지원 대상은 월별 상시근로자의 의무고용률을 초과하여 장애인을 고용한 사업주이다. 단, 최저임금이상자 또는 최저임금적용제외 인가를 받은 장애인에 한해 지원하며, 「고용보험법」에 따른 고용보험 가입대상으로 고용보험에 가입하지 않은 장애인근로자는 고용장려금 지급기준이 되는 대상인원에서 제외(2018년 1월부터)된다. 지원기간은 월별 상시근로자에서 의무고용률을 초과하는 경우 계속 지급된다. 지급단가는 아래와 같다. 다만, 최저임금 이상 장애인에게는 정액제, 최저임금 미만 장애인(제외인가자)에게는 받은 임금의 60%와 단가 중 낮은 금액을 지급한다.

나) 장애인 고용시설 설치비용 융자

장애인 고용시설 설치비용 융자제도는 장애인을 고용할 수 있는 고용환경을 조성하기 위해 사업주에게 필요한 시설과 장비의 구입 및 설치, 수리, 생산라인 조정 등에 드는 비용을 융자지원하는 제도이다. 지원내용은 작업시설(장애인 고용에 따라 설치 · 구입 · 수리하는 작업장, 작업설비 작업장비 등)과 편의시설(장애인 · 노인 · 임산부 등의 편의증진보장에 관한 법률 시행령 제4조 규정에 의한 시설), 부대시설(장애인 고용에 필요한 기숙사, 식당, 휴게실, 의무실, 물리치료실 등), 출퇴근용 승합자동차 구입비용이다. 사업주 당 15억원 이내, 장애인 근로자 당 1억원 이내로 지원한다(고용의무인원의 25% 중증장애인 고용조건).

다) 장애인 고용시설 무상지원

고용시설 무상지원제도는 사업주의 장애인고용에 따른 고용비용부담 경감과 장애인의 근로능력을 보완하고 사업장 내 각종 시설에 대한 장애인의 접근 편의성을 높이기 위해 편의시설을 설치하는 등의 고용환경 개선을 지원하는 제도이다. 무상지원 대상은 통근용 승합자동차 구입비(장애인근로자수가 최소 20명 이상이어야 함), 장애인 · 노인 · 임산부 등의 편의증진에 관한 법률에서 정한 편의시설의 설치 · 구입 · 수리비, 재택근무에 필요한 작업장비의 설치 · 구입 · 수리비 등이다. 사업주당 3억원 한도 내에서 장애인 근로자 당 1천만원(중증장애인은 1천 5백만원) 이내에서 지원한다.

라) 장애인 고용관리비용 지원

고용관리비용은 중증장애인을 고용한 사업주의 고용관리 비용에 대한 부담을 완화하와 장애인근로자의 직장적응력 제고하기 위해 작업지도원을 배치하는데 필요한 비용을 최대 3년간 지원하는 제도이다. 지원대상은 중증장애인을 고용하여 아래의 자격을 갖춘 작업지도원을 선임·배치하여 작업지도를 실시한 사업주이다. 단, 국가 또는 지방자치단체가 설치한 장애인 관련 시설이나 사회복지법인 기타 비영리법인이 설치한 장애인복지시설(법인 포함)은 지원대상에서 제외된다. 지원기준은 사업주가 중증장애인 근로자를 사업장당 상시 1명이상 수급자격인정신청일 이전 90일 이내 새로이 고용하고 해당 사업장에 배치된 작업지도원으로 하여금 장애인 1명당 월 12시간 이상 작업지도를 실시한 경우에 해당 사업주에게 대상 장애인 1명당 월 14만원을 지급한다. 단, 작업지도원 1명당 관리대상 장애인은 5명을 초과할 수 없다.

표 4-8 작업지도원 자격기준

구분	자격기준
작업지도원	• 장애인고용촉진 및 직업재활법 제65조의 규정에 의한 장애인직업생활상담원 자격증서 및 사회복지사업법 제11조에 의한 사회복지사 자격증서 소지자. 다만, 장애인직업생활상담원으로 배치된 자는 제외 • 재활, 교육, 심리, 의료, 기술, 사회사업분야 및 중증장애인근로자의 작업과 관련된 분야의 전문학사 학위 이상 소지자 • 고등학교 졸업이상의 학력이 있는 자로서 법 제70조의 규정에 의한 기관·단체에서 장애인 관련 업무에 2년 이상 종사한 자 • 작업지도대상 장애인근로자가 수행할 업무에 1년 이상 종사한 자 • 법 시행규칙 제16조 제2항의 규정에 따라 공단이 실시하는 소정의 전문요원 양성과정을 이수한 자

마) 통합고용지원서비스

통합고용지원서비스는 사업체의 장애인 고용환경을 종합적으로 분석하여 공단의 각종 사업을 연계·관리·지원하는 프로그램으로 2009년부터 시행하고 있는 제도이다. 지원대상은 고용의무를 준수하지 않은 50인 이상 기업이며, 운영방식과 절차는 서비스 이용 홍보, 진단 실시, 적합직무 분석 · 발굴, 진단결과 제안, 연계서비스, 사후관리로 구성되어 있다.

바) 재택근무지원

재택근무지원제도는 정보통신 기술의 발전과 사회전반에 걸친 근무환경의 변화에 따라 이동이 자유롭지 못한 중증장애인을 재택근무 형태로 고용하는 사업주에게 재택근로자 고용에 따른 작업장비의 설치, 구입, 수리비용을 지원하는 제도이다. 지원대상은 재택근무형태로 중증장애인을 신규고용하는 사업장이며, 재택근로자는 업무의 전반 또는 그 대부분에 대해서 사업장에 출근하지 않고 자신의 거처에서 근무하는 자를 의미한다. 지원범위는 한 사업주당 3천만원(장애인근로자 1인당 3백만원 한도) 이내에서 지원된다.

사) 연계고용 부담금 감면제도

연계고용 부담금 감면제도는 장애인 고용의무 사업주가 연계고용대상 사업체에 도급을 준 경우 부담금을 감면해주는 제도이다. 부담금 감면대상은 연계고용 대상 사업장과 도급계약을 체결한 상시근로자 100명 이상 사업주이고 연계고용 대상 사업체에는 장애인표준사업장, 직업재활시설(장애인복지법 제58조 제1항 제3호), 장애인자립작업장(장애인고용촉진 및 직업재활법 제22조의4에 따라 인증받은 표준사업장)이 있다.

아) 장애인 표준사업장 설립 지원

일반노동시장에서 취업에 어려움을 겪고 있는 장애인에 대한 안정된 일자리 창출과 사회통합 기반 조성하기 위하여 표준사업장 설립 사업주에게 작업시설, 부대시설, 편의시설 등의 설치비용을 지원하는 제도이다. 장애인 표준사업장 요건은 장애인을 10인 이상 고용, 장애인 30% · 중증장애인(규모별 차등) 고용, 최저임금액이상 임금지급, 편의시설을 구비 등이다. 지원내용은 작업시설, 부대시설, 편의시설, 장애인 출퇴근용 승합차 구입 등 실제 투자한 금액의 75%를 무상 지원하고 있다(10억원 한도).

자) 자회사형 표준사업장 설립 지원

장애인을 직접고용하기 어려운 대기업(모회사)에 간접고용 방식으로 일정 요건을 갖춘 자회사를 설립하도록 하여 장애인을 고용하도록 지원하는 제도이다. 대기업에게 새로운 장애인고용모델을 제시하여 기업은 장애인의무 고용을 이행하고 장애인에게는 보다 좋은 일자리를 제공하는 사업이다. 자회사형 표준사업장 설립 지원 및 모회사의 고용부담금을 감면해주고 있다.

지원대상은 장애인고용촉진 및 직업재활법 제28조에 의한 장애인 고용의무가 있는 장애인의무고용사업주(모회사)에서 설립한 자회사(발행주식 총수 또는 출자총액의 50%를 초과소유)이다. 자회사형 표준사업장에서 고용한 장애인원을 모회사의 장애인 인원으로 산입하여 부담금을 감면해 주고 무상지원금을 10억원 내에서 지원한다. 조세특례제한법에 의한 세액감면 혜택, 장애인 표준사업장 생산품 우선구매제 시행, 모회사의 자회사 지원 가능 특례도 신설되었다.

5) 장애인 지원제도

사업주를 지원한 고용촉진 외에도 구직 장애인을 지원하기 위한 다양한 수단들도 고려되고 있다.

가) 장애인 취업지원

장애인 고용의무 사업체의 고용을 유도하고 장애인에 대한 취업 지원을 목적으로 장애인고용공단이 설립된 1990년부터 시행하고 있는 공단의 핵심 사업이다. 장애인 취업지원 사업의 목적은 첫째, 고용의무사업체의 고용의무 이행지원을 통한 양질의 일자리 창출, 둘째, 직업지도상담을 통해 장애인의 직업적 제 특성과 잠재능력발굴, 셋째, 구인 · 구직 상담, 중증장애인 지원고용 등 취업전 프로그램, 취업알선 등 장애인 취업지원이다. 장애인 취업지원 내용에는 ① 취업알선: 의무이행지도, 구직장애인 등에 대한 취업알선관리, ② 중증장애인지원고용: 직무지도원을 활용한 3~7주간의 현장훈련, ③ 시험고용: 고용의무사업체 대상 청년장애인) ④ 직업진로지도(워크투게더센터): 특수학교(급) 장애학생 진로지도컨설팅 제공(13년 신규) ⑤ 직업능력평가 등이 있다.

그리고 온라인 구인구직을 위하여 장애인 고용포털 워크투게더(Work Together)를 운영하고 있다. 워크투게더는 장애인, 사업주, 공단 직원뿐만 아니라, 장애인고용 문제에 관심을 가지고 있는 장애인 가족과 비장애인들까지 장애인고용과 관련된 모든 요구(need)를 원스톱으로 처리할 수 있는 전문 포털을 지향하고 있다.

나) 보조공학기기 지원

보조공학기기 지원 제도는 장애인이 작업을 효율적으로 수행할 수 있도록 위하여 직업생활에 필요한 각종 보조공학기기를 무상으로 지원하는 제도이다. 지원대상은 장애인을 고용하거나 고용하려는 사업주, 장애인인 사업주 및 근로자이다. 단 장애인 근로자는 자동차 개조, 차량용 보조공학기기 지원(1인당 1,500만원 한도)에 한정한다. 장애인 고용유지를 조건으로 장애인 1인당 지원물품가액 최고 1,000만원(중증 1,500만원)을 지원한다. 장애인용 작업장비 · 공구 등의 무상지원은 장애인 1인당 지원물품가액 최고 300만원(중증 500만원) 한도 내에서 지원한다.

다) 근로지원인 지원

담당업무를 수행하는 능력을 갖추었으나 장애로 인하여 업무를 수행하는 데에 어려움을 겪는 중증 장애인근로자에게 근로지원인 지원을 통해 직업생활 안정을 도모함이 목적이다. 즉 중증장애인 근로자가 업무수행능력은 보유하고 있으나 장애로 인하여 하기 어려운 부수적인 업무를 근로지원인의 도움을 받아 처리할 수 있도록 지원하는 제도이다.

지원대상은 중증장애인 근로자이며 중증장애인의 부수적 업무(서류낭독, 물품이동 등)를 지원하는 보조인을 지원한다. 지원시간은 법정근로시간 주 40시간, 1일 8시간 이내(공단 평가를 통하여 결정)이며, 지원 단가는 시간당 2019년기준 8,350원(수화통역 및 점역 근로지원인의 경우 9,980원)이고 본인 부담담은 서비스를 제공받는 시간당 300원이다. 서비스 제외 대상은 월 소정근로시간이 60시간 미만인 장애인근로자, 최저임금 미만을 지급받는 장애인근로자 중 최저임금 적용제외 인가를 받지 않은 자, 고용관리비용 지원을 받고 있는 장애인근로자이다. 중증장애인근로자의 원활한 직장생활을 지원하기 위하여 근로지원인 지원이 2018년 1,200명, 20,726백만원에서 19년 3,000명, 55,477백만원으로 확대되었다.

라) 중증장애인 지원고용

직무수행에 필요한 기술과 직장적응을 위한 현장체험을 통하여 구직 장애인에게 새로운 일자리를 창출해주는 것이 목적이다. 중증장애인의 직무 및 직장적응을 위해 선 배치, 훈련 후 고용하는 방식으로 사전 훈련(6일 이내)후 현장훈련(기본 3주 최대 7주까지 연장)을 실시하고 훈련사업체에 직무지도원을 배치한다. 15세 이상 중증장애인이 대상이며, 2020년도 기준 훈련생에게는 훈련준비금(40,000원) 및 훈련참가수당(1일 17,000원)을 지급하며 사업체에는 훈련보조금으로 훈련생 1인당 1일 19,340원을 지원한다.

마) 장애인 직업능력개발 지원

직업을 희망하는 장애인에게 다양한 직업능력개발 및 직업재활 서비스를 제공함으로써 장애인 의 직업능력개발을 개발함을 목적으로 한다. 지원대상은 5개 직업능력개발원, 7개 맞춤훈련센터, 13개 발달장애인훈련센터, 공공훈련기관(폴리텍) 및 민간훈련기관에서 훈련받은 장애인이다. 훈련장애인에게 훈련수당을 지급하고 있다.

바) 중증장애인 인턴제

사업목적은 취업이 더 어려운 중증의 장애인을 대상으로 인턴 근무기회를 제공하고 직장 적응 및 직무 능력 향상을 통해 정규직으로의 취업가능성 제고하는 것이다. 인턴참여자는 고용률이 현저히 낮은 구직등록 중증장애인[1)]이다 실시사업체는 인턴참여자를 채용한 고용보험 가입 사업장이며 약정기간은 3개월~6개월(인턴과 실시 사업체간 협의 후 결정)이다. 지원내용은 인턴기간 동안 월 약정임금의 80%(최대 한도 80만원)의 인턴지원금 지급, 인턴기간 종료 후 정규직 전환일로부터 6개월 고용 유지 후 정규직전환지원금 일괄지급(월 65만원, 최대 390만원) 등이다. 사업주은 최저임금 이상 지급과 단시간 근로자는 소정근로시간에 비례 지급해야 하며 4대 보험 가입 의무가 있다.

---

1) * 중증장애인의 평균 고용률보다 현저하게 고용률이 낮은 특정 장애유형으로, 뇌병변, 정신, 장루요루, 신장, 언어, 호흡기, 뇌전증, 자폐성, 척수손상 또는 근육병증으로 운동기능장애가 있는 지체장애 해당
** 장애인경제활동실태조사를 근거로 중증장애인 평균 고용률에 미달하는 장애유형으로 매 3년마다 변경, '18년부터 '20년까지 적용

사) 장애인 취업성공패키지

장애인의 개인별 취업활동계획에 따라 취업역량을 강화하고 심층상담 및 훈련, 취업알선 등의 단계별 통합 취업지원 프로그램을 집중 제공하여 성공적인 취업과 고용안정을 지원함이 목적이다. 지원대상은 취업을 희망하는 만 18세 이상 69세 이하 장애인이다. 지원내용을 단계별로 보면, 1단계에서는 장애인 전문상담, 장애인 직업평가, 장애인 집단상담 프로그램 운용 등이다. 2단계에서는 장애인전용 직업훈련, 중증장애인 지원고용, 내일 배움 카드 훈련 연계 등이다. 3단계에서는 집중취업훈련, 직무사전분석 및 적합일자리 동행면접, 취업후 적응지도 실시 등이다.

6) 장애인의 고용의무 및 부담금

장애인 의무고용정책의 장애인 의무고용 적용대상은 국가 및 지방자치단체, 공공기관(공기업, 준정부기관) 그리고 상시 50인 이상 근로자를 고용하는 민간기업이다. 단 50인 이상 100인 미만을 고용하는 사업주에 대해서는 고용의무는 부과되지만 미이행 시 부담금 납부 의무가 없다. 국가와 지방자치단체는 직원을 고용하고 있다는 측면에서 민간기업에 장애인 고용의 협력을 요구하는 이상 솔선수범하여 장애인의 고용을 실행해야만 하는 입장에 있다. 민간 사업주의 장애인 고용의무는 사업주의 사회연대 이념에 기초를 둔 것이고 이는 장애인에게 고용의 장소를 줄 수 있는 사람은 직장을 직접 관리하는 사업주뿐이라는 점에 의한 것이다.

따라서 고용의무의 주체는 원칙적으로 근로자를 고용하여 사업을 운영하는 모든 사업주이다(다만, 국가 · 지방자치단체는 국가 등의 기관으로서 그 특수성에 비추어 법 제27조에 두고 따로 취급하는 것이다). 특히 여기서 고용의무의 주체는 50인 이상의 근로자를 고용하는 사업주이다(건설업에서 근로자수를 확인하기 곤란한 경우에는 공사 실적액이 고용노동부고시금액 이상인 사업주이다). '사업주'라 함은 상기의 근로자를 고용하는 자를 말하는데, 그 사업활동이 영리사업인가, 비영리사업인가를 묻지 않는다. 따라서 공익을 목적으로 하는 사단법인 또는 재단법인(공익법인), 종교를 목적으로 하는 종교법인, 교육을 목적으로 하는 학교법인 등도 근로자를 고용하는 한 사업주이다. 또 '사업주'라 함은 사업활동을 행하는 주체를 말하고 개인기업체에서는 그 기업주 개인, 회사 기타 법인조직에서는 법인이 이에 해당된다.

국가와 지방자치단체에 적용되는 의무고용률은 2017년 1월 1일부터 2018년 12월 31일까지 3.2%, 2019년 이후는 3.4%까지 상향조정되었다. 신규채용 인원에 대하여 장애인이 위 해당 연도 비율 이상 채용하도록 하여야 하며 장애인 공무원의 수가 위 해당 연도 비율 미만이면 그 비율의 2배 이상 채용하여야 한다.

표 4-9 장애인 의무고용률의 변화

기준연도	2016년	2017년	2018년	2019년	2020년
국가 및 지자체(공무원) 공기업 및 준정부기관 기타 공공기관 및 자방공기업	3%	3.2%	3.2%	3.4%	3.4%
민간사업주	2.7%	2.9%	2.9%	3.1%	3.1%
국가 및 지자체(공무원이 아닌 근로자)				3.4%	3.4%

국가와 지방자치단체는 적용되는 의무고용률보다 높은 고용률을 스스로 완수해야 하며 고용률 달성도 민간 사업주에 대해 솔선하여 실행해야만 하는 입장에 있다. 또 국가 등은 법으로 정하는 고용률을 달성해야 하며 이것은 국회 등을 통한 국민에 대한 책임이다. 그래서 국가 등은 의무고용률이 미달인 경우 행정기관에 의한 계획 작성 명령을 기다리지 않고, 스스로 장애인 공무원 채용계획을 작성해야만 하며 그 이행에 대한 고용상황은 당연히 국회 등을 통해 늘 국민에게 명백히 제시되어야 하기 때문에 경우에 따라서는 공표조치가 가능하다.

다만, 공안직군 공무원, 검사, 경찰·소방·경호 공무원 및 군인 등에 대해서는 적용하지 아니하되 공안직군 공무원 등의 직무에 장애인이 고용될 수 있도록 노력하여야 한다. 그리고 응시상한연령을 중증장애인인 경우에는 3세, 그 밖의 장애인인 경우에는 2세 연장하였다.

고용의무 인원의 산정에서 국가 등 기관의 장은 당해 기관에 적용되는 장애인 기준고용률에 기초를 두고 산정된 수 이상의 장애인을 고용해야 하고, 그 고용의무 인원에 미달하는 경우에는 그 인원에 달하도록 장애인의 채용을 포함한 고용에 관한 계획을 수립 · 시행해야 한다. 또한 국가 등은 이 법률에 기초를 두고 고용률에 따라 장애인을 스스로 고용하는 입장이므로 일반 사업주의 경우와 같은 공표규정이 필요 없을 수도 있으나 동법(시행령 제27조) 장애인 고용의무가 있는 사업주에게 전년도 장애인 고용계획에 대한 실시상황과 해당연도 고용계획은 1월 31일까지, 해당 연도 고용계획에 대한 상반기 실시상황은 7월 31일까지 각각 고용노동부령으로 정하는 바에 따라 제출하게 할 수 있도록 하였다. 제출한 계획에 대해서는 변경을 요구할 수 있으며 고용의무의 이행실적이 현저히 부진한 때에는 그 내용을 공표할 수 있도록 함으로써 강력한 국가의 솔선수범을 강조하고 있다.

민간 사업주에 적용되는 의무고용률은 사업주가 고용하는 모든 근로자 총수(건설업에서 근로자 수를 확인하기 곤란한 경우 대통령령이 정하는 바에 따라 공사실적액을 근로자 총수로 환산한다)의 5% 범위에서 대통령령으로 정하는 비율 이상으로 한다. 의무고용률은 전체 인구 중 장애인의 비율, 전체 근로자 총수에 대한 장애인 근로자의 비율, 장애인 실업자 수 등을 고려하여 5년마다 정하도록 하고 있다. 또한 특정장애인의 고용비율을 정하고 있으며 이것은 일반적 취업이 어려운 시각장애인의 안마사직종을 특정직종으로 하여 일정비율 이상 고용토록 하고 있는 중증시각장애인의 고용촉진을 위한 방안이다.

할당고용제도는 법적 의무로 되어 있으나 실제로는 고용률이 미달되는 사업주가 발생할 것이 예상되므로, 이 같은 사업주에 대한 행정조치로서 장애인 고용에 관한 계획(이하 '고용계획')을 작성하여 법의 목적을 달성하고자 한다. 사업주가 고용의무를 이행하지 않은 경우에는 근로자의 고용 및 해고라는 고용관계의 변동을 통하여 자주적으로 의무고용률을 달성하도록 해야 하는 것은 당연하다. 사업주가 장래의 고용관계 변동(특히 근로자의 고용)을 정확하고 확실하게 예측하여 계획적으로 장애인의 고용을 행하게 함으로써 장애인의 고용을 확보해 갈 수 있다. 장애인 고용계획은 해당 연도 첫날부터 90일 이내에, 그 고용계획의 실시상황은 다음 연도 첫 날부터 90일 이내에 한국장애인고용공단에 제출해야 한다. 이 때 고용노동부장관은 계획이 부적절할 경우 변경을 명할 수 있고, 정당한 사유없이 장애인 고용계획의 수립 의무 또는 장애인 고용 의무를 현저히 불이행하면 300만 원 이하의 과태료를 부과하거나 언론공표 등 사회적 제재를 가함으로써 사업주의 고용의무 이행을 강하게 요구하고 있다.

장애인 고용을 의무로서 부과하는 할당고용제도의 경우 벌금의 성격을 띠는 것은 아니지만 사업주의 장애인 고용에 관한 사회연대책임의 이행을 요구하고 개개 사업주간의 장애인고용에 따른 경제적 부담을 조정하기 위한 제도로서 부담금 제도를 채택하게 된다. 이같이 부담금은 목적세 그 자체는 아니지만 일면으로는 일종의 고용세적인 성격을 갖는 것도 부정할 수 없다. 즉, 부담금은 장애인의 고용에 따르는 경제적 부담을 조정하고, 장애인의 고용촉진이 요하는 경비를 충당하기 위한 목적으로 징수된다. 부담금은 아울러 사업주의 공동 각출금으로서의 성격도 갖는다. 소위 조세법정주의를 정한 헌법 제38조에 따라 법률 또는 국회의결에 기초를 두고 정해야 하므로 그 징수근거, 징수요건, 징수액, 용도 등을 법률에서 명문으로 규정하고 있다. 따라서 이 법은 부담금에 관하여 징수근거, 징수요건 등을 구체적으로 정하고, 사업주가 부당한 의무를 지지 않도록 충분히 배려하고 있다.

고용부담금은 장애인 고용의무제의 실효성을 확보하고, 장애인을 고용한 사업주와 미고용 사업주간 장애인 고용에 따른 경제적 부담을 평등하게 조정하기 위하여 1991년부터 시행하고 있다. 부담금 부과대상은 상시근로자를 100명이상 고용하고 있는 국가 및 자치단체, 공공기관 및 민간기업 중 장애인 의무고용률 미만으로 장애인을 고용한 사업주에게 부과한다. 장애인을 고용해야 할 의무가 있는 사업주는 의무고용률을 달성하지 못할 경우 미달 인원에 해당하는 만큼을 다음 년도에 고용부담금을 정산 납부할 의무가 있다. 부담금 납부 총액은 매월 부담금의 연간 합계액이며, 월부담금은 해당 월의 의무고용미달인원에 장애인 고용률에 따른 부담기초액을 곱한 금액이다.

- 부담금 납부총액 = 매월 부담금의 연간 합계액
- 월 부담금 = 해당 월 의무고용 미달인원 × 장애인 고용률에 따른 부담기초액

부담기초액은 장애인을 고용하는 경우에 매월 드는 다음 각 호의 비용의 평균액을 기초로 하여 고용정책심의회의 심의를 거쳐 최저임금법에 따라 월 단위로 환산

한 최저임금액의 100분의 60 이상의 범위에서 결정되며, 중증장애인 고용확대를 도모하고자 사업주가 중증장애인을 고용하는 경우에는 내야 할 부담금 총액의 2분의 1 이내의 범위에서 중증장애인 수에 부담기초액의 2분의 1을 곱한 금액을 감면해 주고 있다. 반면 장애인 고용률이 낮을 경우에는 부담기초액의 2분의 1 이내의 범위에서 가산할 수 있다. 부담기초액은 장애인고용에 소요되는 각종 비용을 기초로 하여 고용정책심의회의 심의를 거쳐 고용노동부장관이 고시하도록 규정되어 있다. 한편, 장애인복지법 및 산업재해보상보험법에 따른 직업재활시설 또는 장애인표준사업장 등에 생산설비와 원료·기술을 제공하고 생산관리 및 생산품의 판매를 전담하거나 도급을 주어 그 생산품을 납품받는 사업주에 대해서는 부담금을 감면해 주고 있다.

7) 한국장애인고용촉진공단

장애인 의무고용정책은 장애인 고용촉진을 위한 전문적인 업무를 수행하기 위해 한국장애인고용공단을 설립(제43조)하도록 하였으며 1990.3.20 공단 설립위원을 위촉하고 1990.8.17 공단의 정관을 인가하고 1990.9.1 동 공단을 설립하였다. 공단은 장애인 전문 직업재활에서 직업상담, 직업능력 평가, 직업능력개발훈련, 취업알선 등의 직접적인 서비스와 전문요원 양성, 사업주 지원, 취업알선 전산망 구축, 홍보·교육, 장애인기능경기대회, 관련기관 업무연계 및 지원 등 종합적인 사업을 추진한다. 정부는 공단으로 하여금 장애인 고용의무 제도 이행지도, 부담금 징수 및 장애인 직업재활사업의 계획수립 등의 종합정책을 추진하도록 하여 일련의 전달체계를 구축하게 하였다.

공단은 수행하는 제반사업의 공공성이 대단히 높고, 국가의 위임 또는 위탁을 받아 사무를 행하며, 그 영속성을 유지하고, 정부의 기금으로 운영하기 때문에 특수공법인 형태를 유지한다. 따라서 그 지위를 보호하기 위하여 (제66조) 공단이 아닌 자는 한국장애인고용공단 또는 이와 비슷한 명칭을 사용할 수 없고 이 명칭 사용금지를 위반한 자에게는 100만 원 이하의 과태료에 처하도록 하고 있다. 또한 공단은 주된 사무소의 소재지에서 설립등기하여 성립되도록 함으로써 권리의무의 발생을 명확히 하고 있으며 주요사항은 정관으로 정하되 주무부 장관의 인가를 받도록 되어 있다. 따라서 공단은 민법에 기초를 두는 일반적인 법인이나 단지 행정청의 형식적인 감독 및 지원을 받는 인가법인의 수준에서 한 걸음 더 나아가 특수공법인으로서의 위상을 갖는다.

고용노동부 장관은 사업계획 등의 승인, 산하기관 설치승인, 자금차입의 승인과 업무, 회계 및 재산에 관하여 지도 · 감독하고, 임원의 겸직제한을 두어 고용노동부 장관의 승인 없이는 다른 직무를 겸할 수 없게 하며, 기타 필요한 사항을 보고하도록 하여 필요한 조치를 취하고 있다.

공단의 임원은 이사장 1인을 포함한 10인 이상 15인 이하의 이사 및 감사 1인을 두며 이사장을 포함한 이사 3인은 상임으로 되어 있다. 이사장의 임기는 3년으로 하고, 이사와 감사의 임기는 2년으로 하되, 1년을 단위로 연임할 수 있다. 공단의 임직원은 형법의 벌칙 적용에서 법의 업무를 위탁받아 행하는 경우 공무원으로 간주하여 처리되는데 이 또한 공단업무의 적정한 수행을 확보하기 위해서이다. 특히 공단의 임원 중 상임이사와 비상임이사의 각각 3분의 1이상은 장애인으로 구성하도록 하여 국제적인 움직임과 함께 장애인의 적극적인 개입을 통한 참여의 보장을 고려하고 있다.

8) 장애인 고용촉진 및 직업재활 기금

장애인 의무고용정책은 공단의 운영, 고용장려금의 지급 등 장애인의 고용촉진 및 직업재활을 위한 사업을 수행하기 위하여 장애인 고용촉진 및 직업재활 기금을 설치한다고 명시하고 있다. 재원은 정부 또는 정부 외의 자로부터의 출연금 또는 기부금, 부담금 · 가산금 · 연체금, 기금의 운용에 따라 생기는 수익금과 그 밖의 공단 수입금, 차입금 등으로부터 조달할 수 있는데 대부분의 기금은 부담금에 의하여 마련되고 있다. 그러나 실제 장애인 고용촉진 및 직업재활이 사업주의 책임이기도 하지만 상당부분 정부의 책임이라는 것을 감안한다면 향후 정부출연금의 비중을 더 높일 필요가 있다. 그리고 기금의 성격상 그 용도를 목적에 부합하도록 제한하고 있고 기금의 운영 및 관리도 엄격한 관리규정을 둠으로써 공적 성격의 기금으로서의 성격을 분명히 하고 있다.

9) 전문요원의 양성

직업재활은 인간의 직업적인 측면을 다루는 인간서비스(human service) 분야이므로 전문성 면에서 어떤 자격을 가진 인력이 서비스하느냐에 따라 결과와 효과성이 크게 달라질 수 있다. 동법에서는 장애인 직업생활 상담원, 직업훈련 교사, 장애인 직업재활 전문요원, 장애인 직업능력 평가사 등의 전문요원을 명시하고 있다.

그러나 사업장에 배치하는 직업생활 상담원을 제외하고는 특별한 자격기준을 두지 않고 있다. 장애인 직업생활 상담원을 선임해야 할 사업주는 상시 20인 이상의 장애인근로자를 고용하는 사업주이며 다만 상시 20인 미만의 장애인근로자를 고용하는 사업주는 장애유형에 따른 특성을 감안하여 노동부 장관이 정하는 바에 의하여 둘 수 있도록 하여 사업장에서 장애인의 직장적응과 적절한 고용관리가 이루어질 수 있도록 하였다.

라. 장애인 의무고용정책의 과제

장애인 의무고용정책은 장애인고용촉진 및 직업재활 기본계획을 매5년 마다 수립하도록 되어 있으며, 제5차 장애인고용촉진 및 직업재활 기본계획(2018~2022)은 노동 수요측면의 양질의 장애인 일자리 확대와 노동 공급 측면의 장애인 역량강화 및 격차 해소와 맞춤형 고용서비스 인프라 구축으로 양질의 일자리 확대와 격차 해소를 통한 포용적 노동시장 구축을 비전으로 4개 분야의 16개 중점과제, 45개 추진과제를 포함하고 있으며 이 과제를 달성하는 것이 우선 과제일 것이다. 4개 분야는 양질의 장애인 일자리 확대, 장애인노동자 지원을 통한 격차 해소, 장애인 맞춤형 지원 확대, 체계적인 장애인 고용서비스 인프라 확충이다.

16개 중점과제는 대기업 의무고용 이행 강화, 공공부문 의무고용 이행 실효성 확보, 표준사업장 장애인 일자리 확대, 직업적 장애기준 마련, 장애인노동자 직접 지원, 장애인 고용 사업장 지원 확대, 중증장애인 지원 확대, 여성 · 장년 · 발달장애인 취업지원 확대, 재학 · 청년 장애인의 취업 · 직업역량 강화, 장애유형별 맞춤 지원 강화, 장애인 직업훈련체계 혁신, 민간취업알선기관 활용 확대, 장애인노동자 지원센터, 인식개선 교육 의무화 현장 안착, 사업주 단체 협력체계 구축, 장애인 고용 행정통계 활용 강화이다.

45개 세부추진과제는 기업규모별 부담금 차등제 도입, 고용개선 계획 제출 의무화, 연계고용 활성화, 고용기여 인정제도 도입, 공공기관 의무고용 전면 확대, 경영평가 반영 확대, 인력채용 지원, 중소기업 컨소시엄형 표준사업장 확대, 대기업 자회사형 표준사업장, 표준사업장 설립 확대, 사회적 경제기업 설립 지원, 판로지원 강화, 직업적 장애기준 마련, 일자리의 질 반영, 고용의무 강화, 인가제도 엄격 운영(1단계), 적용제외제도 자체의 개편(2단계), 작업능력평가 기능 강화, 소규모 사업장 중증장애인 추가비용 지원, 장애인 고용유인 효과제고, 고용유지 지원 강화, 장려금 부정적 사용 방지, 직업재활시설 지원 확대, 중증장애인 지원고용 확대, 맞춤형 취업지원 신설, 보조공학기기 지원 확대, 근로지원인 제도 확대개편, 장애여성 취업가능성 제고, 장년장애인 고용유지 지원, 적합 직무개발 및 훈련과정 확대, 장애학생 통합취업지원 체계 구축, 장애학생 취업지원 확대, 특수교육 인프라 연계, 장애유형별 맞춤형 지원 강화, 장애유형별 맞춤훈련 확대, 공공직업훈련 인프라 확대, 공공훈련기관 역할 강화, 폴리텍의 장애 친화적 운영, 취업지원기관 다양화, 민간훈련 활성화, 장애인 노동권 보호, 교육 인프라 구축, 인식개선 교육 이행 지도, 장애 친화적 진단도구 도입, 장애인 고용 환경 개선 컨설팅, 행정통계를 활용한 통계분석 실시, 빅데이터 고용매칭 서비스이다.

특히 장애인 의무고용 이행 제고'와 '장애인 맞춤형 직업훈련 인프라 확대'는 장애인복지법에 따라 5년마다 수립하는 범정부 계획인 제5차 장애인정책종합계획(2018~2022)에서 세부과제로 제시하고 있다. '장애인 의무고용 이행 제고'는 장애인 일자리를 안정적으로 확보하기 위해 장애인 의무고용률을 상향시키기 위해 법령 개정을 추진하고, 사업주의 자발적인 장애인 고용의무 이행 독려를 위해 사업주의 장애인 인식개선 교육을 의무화하는 것을 포함하고 있다. '장애인 맞춤형 직업훈련 인프라 확대'는 장애인 직업훈련 수요가 가장 많은 수도권 지역에 종합훈련시설을 신설하고('21년), 타 장애유형과 통합 훈련이 어려운 발달장애 대상 전용 훈련센터를 17개 시 · 도에 설치하고, 감각(시 · 청각) 장애인 훈련센터도 확대 추진하는 것을 포함하고 있다.

2. 장애인 보호고용정책

가. 제정배경

보호고용이란 용어가 정책과정에 처음 등장한 것은 1955년 국제노동기구의 제99호 장애인 직업재활에 관한 권고이다. 이 권고는 보호고용을 "통상적인 고용이 될 수 없는 장애인을 위해 보호적인 조건에서 행해지는 훈련과 고용"으로 정의하였다. 따라서 보호고용 정책은 경쟁고용이 어려운 장애인에게 최대의 복지 또는 사회적 권리를 확보하기 위한 수단이며 통상적인 고용이 어려운 장애인을 위해 보호적인 조건 하에서 행해지는 정책이다.

장애인 보호고용정책은 1981년 심신장애자복지법 제15조에서 심신장애자 근로시설을 규정하고 보호작업장을 설립할 수 있는 기본적인 법적 근거를 마련하였고 동 법률은 1989년 장애인복지법으로 개정되면서 동법 제37조에서 장애인근로시설과 보호작업장을 규정하고 제31조(제작품의 판매)에서는 장애인복지시설 등에서 장애인이 제작한 물품의 구매요구가 있을 때에는 최대한 그 요구에 응하도록 노력해야 한다고 규정하고 장애인복지시설은 제37조(장애인복지시설)에서 장애인재활시설, 장애인요양시설, 장애인유료복지시설, 장애인이용시설, 장애인직업재활시설, 점자도서관, 점서 및 녹음서 출판시설까지를 포함한 것이 시작이다.

장애인고용촉진 및 직업재활법에서는 "국가와 지방자치단체는 장애인 중 정상적인 작업 조건에서 일하기 어려운 장애인을 위하여 특정한 근로환경을 제공하고 그 근로환경에서 일할 수 있도록 보호고용을 실시하여야 한다"라고 명시하였고 2008년 도입된 중증장애인생산품우선구매정책은 중증장애인들을 고용하는 직업재활시설 등의 생산품에 대한 우선구매를 지원하기 위하여 구매기관별 총구매액의 1%이상을 중증장애인생산품으로 구매토록 하는 중증장애인생산품우선구매특별법 제정하여 직업재활시설의 판로를 지원함으로써 보호고용 정책이 본격화되었다.

나. 장애인 보호고용정책의 목표

장애인 보호고용정책이 추구하는 목표는 경쟁고용 혹은 통합고용이 어려운 장애인들에게 일자리 기회를 제공하여 사회참여와 국민경제 발전에 기여하는 것이다. 즉, 보호고용정책의 목적은 첫째, 중증장애인의 일자리 기회제공을 통한 노동기본권 확보와 둘째, 중증장애인의 자립이나 사회참여 지원, 셋째, 국민경제 발전 혹은 이 정책을 통한 사회통합을 추구하는 것이 표방하는 중요한 목표이다.

다. 장애인 보호고용정책의 주요내용

1) 정책대상

장애인 보호고용정책의 대상 집단은 장애인복지법에서 비교적 명확하게 규정하고 있다. 이 법률 규정에 의하면 직업재활시설의 이용장애인을 크게 근로장애인과 훈련장애인으로 구분하고 있다. 근로장애인이란 임금을 목적으로 근로를 하는 장애인을 말하며 근로기준법에 따른 근로계약 체결하여야 하며 근로기준법에 따라 근로조건을 명시하여야 한다. 근로장애인의 임금은 객관적인 기준에 근거하여 지급되어야 하며, 최저임금 이상의 임금을 지급하기 위하여 노력하여야 한다. 훈련장애인이란 직업재활시설이 운영하는 작업활동 프로그램 또는 장애인직업적응훈련시설을 이용하는 장애인을 말한다. 장애인보호작업장 또는 장애인근로사업장에서 작업활동 프로그램을 운영하는 경우 및 장애인직업적응훈련시설의 훈련장애인에게는 소정의 훈련수당을 지급할 수 있다.

직업재활시설을 이용할 수 있는 장애인은 장애인복지법 제2조에 따른 장애인이어야 하는데 직업재활시설의 유형별로 그 적격기준이 다르다. 장애인보호작업장

이용 적격 대상은 의료, 직업능력, 심리, 교육 평가 등의 결과와 초기면접의 정보를 토대로 전문가가 참여한 위원회에서 적격 여부를 평가한 결과, 당장 경쟁적인 고용시장이나 장애인근로사업장에서 생산능력을 발휘하기 어려운 장애인을 대상으로 하되, 근로장애인의 80퍼센트 이상은 장애인복지법 시행규칙 별표 1에 따른 장애등급 3급 이상인 장애인으로 유지되도록 하여야 한다.

보호작업장 이용 적격 대상 장애인보다 생산능력이 떨어지는 장애인에 대하여는 작업활동 프로그램에 참여하게 할 수 있도록 하되, 작업활동 프로그램에 참여하는 장애인은 장애등급 3급 이상인 장애인이 80퍼센트 이상 유지되도록 하여야 한다. 이 경우 작업활동 프로그램에 참여한 장애인은 적어도 3년 후의 평가 결과에 따라 장애인보호작업장이나 장애인근로사업장 또는 경쟁적인 고용시장으로 옮겨갈 수 있도록 하여야 하며, 평가 결과 작업활동 프로그램에 참여할 필요성이 인정되면 참여기간을 3년 더 연장할 수 있다.

장애인근로사업장 이용 적격 대상은 의료, 직업능력, 심리, 교육 평가 등의 결과와 초기면접의 정보를 토대로 전문가가 참여한 위원회에서 적격 여부를 평가한 결과, 교통, 건축 환경의 접근성이나 적응의 문제로 경쟁적인 고용시장에서의 취업이 어려운 장애인을 대상으로 하되, 근로장애인의 60퍼센트 이상은 장애등급 3급 이상인 장애인으로 유지되도록 하여야 한다.

장애인직업적응훈련시설 이용 적격 대상은 의료, 직업능력, 심리, 교육 평가 등의 결과와 초기면접의 정보를 토대로 전문가가 참여한 위원회에서 적격 여부를 평가한 결과 당장 장애인보호작업장이나 장애인근로사업장에서 생산능력을 발휘하기 어려운 장애등급 3급 이상인 장애인을 대상으로 하되, 장애인직업적응훈련시설을 이용하는 장애인은 발달장애인 권리보장 및 지원에 관한 법률에 따른 발달장애인이 80퍼센트 이상 유지되도록 하여야 한다.

또한 장애인 거주시설과 동일한 법인이 운영하는 직업재활시설은 장애인 거주시설에서 생활하는 장애인 외의 장애인이 50퍼센트 이상 유지되도록 하여야 한다. 작업이나 서비스 과정상 장애인이 아닌 사람을 고용하여야 할 필요가 있는 경우 그 인원은 현재 근로인원 수의 30퍼센트를 넘을 수 없다.

2) 장애인직업재활시설 설치와 유형별 기능

장애인 보호고용정책의 핵심인 직업재활시설의 설치는 국가와 지방자치단체가 설치할 수 있으며, 그 외의 자가 직업재활시설을 설치·운영하려면 해당 시설 소재지 관할 시장·군수·구청장에게 신고하도록 규정하고 있으며, 신고 시 필요한 기준을 지키도록 하고 있다. 이 기준은 시설의 입지조건, 시설의 구조와 설비, 자격 있는 직원배치, 적격대상 장애인의 배치, 수익금 및 임금관리, 근로기준 및 이용자의 권리, 보건 및 안전관리, 생산 및 품질관리, 운영규정, 장비 등의 비치 등이다.

직업재활시설 유형별 기능은 장애인보호작업장 이용 장애인 최소 인원은 근로장애인 10명이다. 장애인근로사업장 이용 장애인 최소 인원은 근로장애인 30명이다. 장애인직업적응훈련시설 이용 장애인 최소 인원은 훈련장애인 20명이다. 기존 장애인보호작업장 및 장애인근로사업장은 직업재활시설 유형 신설의 취지를 고려하여 장애인직업적응훈련시설로 변경할 수 없도록 하였다. 직업재활시설 유형별 기능은 다음과 같다.

표 4-10 직업재활시설 유형과 기능

유형	역할과 기능
장애인 보호작업장	직업능력이 낮은 장애인에게 직업적응능력 및 직무기능 향상훈련 등 재활프로그램을 제공하고, 보호가 가능한 조건에서 근로의 기회를 제공하며, 이에 상응하는 노동의 대가로 임금을 지급하며, 장애인근로사업장이나 그 밖의 경쟁적인 고용시장으로 옮겨갈 수 있도록 돕는 시설
장애인 근로사업장	직업능력은 있으나 이동 및 접근성이나 사회적 제약 등으로 취업이 어려운 장애인에게 근로의 기회를 제공하고, 최저임금 이상의 임금을 지급하며, 경쟁적인 고용시장으로 옮겨갈 수 있도록 돕는 역할을 하는 시설
장애인 직업적응훈련시설	작업능력이 극히 낮은 장애인에게 작업활동, 일상생활훈련 등을 제공하여 기초작업능력을 습득시키고, 작업평가 및 사회적응훈련 등을 실시하여 장애인보호작업장 또는 장애인근로사업장이나 그 밖의 경쟁적인 고용시장으로 옮겨갈 수 있도록 돕는 역할을 하는 시설

출처: 보건복지부(2019). 2019년 장애인복지사업안내 III권.

직업재활시설의 유형별 기능에서도 알 수 있듯이 모든 직업재활시설은 좀 더 높은 단계의 고용으로 옮겨가, 궁극적으로는 경쟁적인 고용시장으로 옮겨 갈 수 있도록 돕는 것을 목적으로 한다. 예컨대 장애인직업적응훈련시설의 이용자는 장애인보호작업장과 장애인근로사업장을 거쳐 경쟁적인 고용시장으로, 장애인보호작업장의 이용자는 장애인근로사업장을 거쳐 경쟁적인 고용시장으로, 장애인근로사업장의 이용자는 훈련을 통해 경쟁적인 고용시장으로 옮겨갈 수 있도록 돕는 것이 목적이다. 최근에는 이 기능뿐만 아니라 생산성 향상과 장애인근로자의 임금확대가 전제된 보호고용의 기능이 강조되고 있는 추세로 볼 때 직업재활시설의 역할과 기능은 장애인의 잠재능력을 개발하기 위한 준비도 향상과 고용의 기회를 제공하기 위한 생산성과 적절한 임금제공으로 볼 수 있다.

3) 중증장애인생산품 우선구매제도 추진체계

장애인 보호고용정책의 하나인 중증장애인생산품우선구매 정책을 추진하기 위한 추진체계는 이 법률의 주관부처인 보건복지부, 이 법률 제5조의 중증장애인생산품 우선구매촉진위원회, 제11조의 중증장애인생산품 업무수행기관, 중증장애인생산품시설로 이루어진 체계이다(강위영 외, 2019). 여기서 보건복지부는 이 법률의 주관부처로서 중증장애인생산품 우선구매촉진에 관한 계획 수립, 제5조의 중증장애인생산품 우선구매촉진위원회의 설치, 운영, 중증장애인생산품의 인증과 중증장애인생산품시설의 지정, 중증장애인생산품 업무수행기관의 지정과 지도, 감독 등의 역할을 하면서 중증장애인생산품 우선구매제도의 모든 사항을 총괄하는 체계이다.

중증장애인생산품 우선구매촉진위원회는 심의 · 의결기구로 동 위원회는 위원장 및 부위원장 각 1인을 포함한 25인 이내의 위원으로 구성하며, 위원장은 보건복지부차관이 되고 부위원장은 위원 중 호선하며 위원은 당연직 위원과 위촉직 위원으로 구성한다. 당연직 위원은 기획재정부, 교육부, 국방부, 행정자치부, 문화체육관광부, 산업통상자원부, 보건복지부, 고용 노동부, 여성가족부, 국토교통부, 국가보훈처, 중소기업청, 조달청 소속의 고위공무원단에 속하는 공무원 중 에서 소속 기관의 장이 지명하는 사람 각 1인으로 한다. 위촉직 위원은 제11조에 따른 중증장애인생산품 업무수행기관의 장을 포함하여 장애인 관련 학식과 경험이 풍부한 자 11인으로 위원장이 위촉하며, 이 중 5인 이상은 장애인으로 한다. 이 위원회는 최고 의사결정기구로 〈표 4-11〉과 같은 역할을 한다.

표 4-11 중증장애인생산품우선구매촉진위원회의 심의, 의결사항

- 공공기관이 우선구매 할 상품이나 서비스 품목 및 구매비율의 결정
- 조달계약 공공기관 및 조달 납품 대상시설의 지정
- 중증장애인생산품의 인증기준 및 방법의 결정
- 중증장애인생산품시설의 지정기준 및 방법의 결정
- 중증장애인생산품 제도 및 운영에 관한 사항
- 우선구매촉진계획 수립에 관한 사항
- 그 밖에 중증장애인생산품 우선구매와 관련하여 대통령령으로 정하는 사항

중증장애인생산품 업무수행기관은 관련된 기관을 지정하도록 규정하고 있으며 이 기관은 동 법률에서 규정되고 있는 우선구매와 관련한 사항을 총괄적으로 수행하는 중앙기관으로 동 법률에 의해 다음과 같은 역할과 기능을 수행하도록 되어 있다.

가) 한국장애인개발원(지정일자: 2009. 6. 2.)

- 법 제4조 제1항에 따른 우선구매촉진계획의 수립 지원
- 법 제5조 제1항에 따른 위원회 운영에 대한 지원
- 법 제5조의2에 중증장애인생산품 생산시설 등에 관한 실태조사
- 법 제7조 제2항에 따른 공공기관 구매실적 · 구매계획의 취합 · 정리 지원
- 법 제7조 제3항에 따른 수의계약의 대행 등 법 제12조 제6호에 따른 중증장애인생산품 판매촉진 지원
- 법 제9조 제1항에 따른 중증장애인생산품 생산시설 지정 관련 사무 지원
- 법 제14조에 따른 공공기관의 구매담당자 대상 교육에 대한 지원
- 법 제15조에 따른 포상의 실시에 대한 지원
- 법 제18조 제1항에 따른 중증장애인생산품 생산시설에 대한 지도 · 감독의 지원

- 법 제19조에 따라 보건복지부장관이 위탁하는 사업의 수행
- 법 제21조에 따른 청문 실시에 대한 지원
- 중증장애인생산품 우선구매 관리시스템의 구축 · 고도화 · 운영 지원
- 중증장애인생산품 우선구매제도 발전을 위한 조사 · 연구 지원
- 중증장애인생산품에 대한 기술개발의 지원
- 중증장애인생산품 생산시설 임직원에 대한 교육 · 훈련 · 연수 등 중증장애인생산품 생산시설의 역량강화를 위한 사업의 지원
- 중증장애인생산품의 품질인증 획득 및 포장 · 용기 디자인 개발을 위한 사업의 지원
- 기타 중증장애인생산품 우선구매와 관련하여 보건복지부장관이 필요하다고 인정하는 업무

나) **한국장애인직업재활시설협회**(지정일자: 2012. 9. 21.)

- 법 제7조 제3항에 따른 수의계약의 대행 등 법 제12조 제6호에 따른 중증장애인생산품 판매촉진 지원
- 법 제14조에 따른 공공기관의 구매담당자 대상 교육에 대한 지원
- 법 제19조에 따라 보건복지부장관이 위탁하는 사업의 수행
- 중증장애인생산품 우선구매제도 발전을 위한 조사 · 연구 지원
- 중증장애인생산품에 대한 기술개발의 지원
- 중증장애인생산품 생산시설 임직원에 대한 교육 · 훈련 · 연수 등 중증장애인생산품 생산시설의 역량강화를 위한 사업의 지원
- 기타 중증장애인생산품 우선구매와 관련하여 보건복지부장관이 필요하다고 인정하는 업무

중증장애인생산품시설은 직업재활시설과 장애인복지법에 따른 장애인복지단체 그리고 정신건강증진 및 정신질환자복지서비스 지원에 관한 법률의 재활훈련시설 중 이 법률에 따라 보건복지부장관으로부터 지정을 받은 생산시설이다.

생산시설로 지정받기 위해서는 다음 각 요건을 모두 갖추어야 한다.

첫째, 중증장애인생산품의 직접 생산 또는 서비스 제공 과정에 참여하는 장애인이 10명 이상일 것. 다만, 둘 이상 의 품목을 생산하는 생산시설의 경우에는 각 품목별로 참여하는 장애인이 5명 이상이어야 한다.

둘째, 중증장애인생산품의 직접 생산 또는 서비스 제공 과정에 참여하는 장애인이 상시적으로 전체 근로자의 100 분의 70 이상이고, 그 장애인 중 중증장애인이 100분의 60 이상일 것. 다만, 중증장애인의 고용 및 근로를 통한 직접 생산 또는 서비스 제공이 현실적으로 어렵거나 적절하지 아니한 품목으로서 보건복지부장관이 정하여 고시하는 품목의 경우에는 그 품목의 직접 생산 또는 서비스 제공 과정에 참여하는 장애인중 중증장애인이 100분의 30 이상이어야 한다.

셋째, 중증장애인생산품의 직접 생산 또는 서비스 제공 과정에 걸리는 총근로시간 중 장애인의 근로시간이 차지하는 비율이 상시적으로 100분의 50 이상일 것

또한 중증장애인생산품을 우선구매 해야 하는 적용대상기관은 중소기업제품구매촉진 및 판로지원에 관한 법률 제2조 제2호에 따른 공공기관으로, 국가기관, 지방자치단체, 특별법에 따라 설립된 법인 중 대통령령으로 정하는 자(중소기업중앙회, 농업협동조합중앙회, 수산업협동조합중앙회, 산림조합중앙회, 한국은행, 대한상공회의소), 공공기관의 운영에 관한 법률 제5조에 따른 공기업, 준정부기관 및 기타 공공기관, 지방공기업법에 따른 지방공사 및 지방공단, 지방의료원의 설립 및 운영에 관한 법률에 따른 지방의료원이다.

4) 장애인 일자리 사업

장애인 보호고용정책의 또 다른 수단은 장애인일자리사업으로 중증장애인의 소득보장과 사회참여 확대를 위해 2006년 논의된 'Able 2010 프로젝트'로 시작되었다. 'Able 2010 프로젝트'는 2010년까지 10만개의 일자리를 만든다는 목표로 시작되어 지속되어 오고 있다. 장애인일자리사업은 취업 취약계층인 장애인에게 일자리 제공을 통한 사회참여 확대 및 소득보장, 장애유형별 맞춤형 신규 일자리 발굴 및 보급을 통한 장애인일자리 확대, 근로연계를 통한 장애인복지 실현 및 자립생활

활성화를 목적으로 수행되고 있다.

장애인일자리사업은 장애인복지법 제21조(직업)에 근거하여 2007년부터 시작되었으며, 2014년 11월에는 장애인복지법 시행령이 개정됨에 따라 시행령 제13조의 2(장애인일자리사업 실시) 를 신설하여 현재에 이르고 있다. 초기에는 장애인복지일자리사업과 장애인행정도우미사업의 2가지 유형으로 사업이 실시되었으나 2010년부터는 시각장애인이 참여할 수 있도록 시각장애인 안마사 파견사업을, 2011년부터는 장애인복지일자리사업의 세부 유형으로 특수교육-복지연계형 복지일자리사업을 실시함으로써 사업의 규모를 점차 확대하고 있다. 또한 2014년부터는 발달장애인 요양보호사 일자리를 시각장애인 안마사파견 사업과 함께 특화형일자리의 한 유형으로 추가하게 되었다. 장애인일자리사업 유형은 크게 일반형일자리, 복지일자리, 그리고 특화형일자리로 구분되어 있다(한국장애인개발원, 2017).

일반형일자리는 미취업장애인의 일반노동시장으로 전이를 위한 실무능력 습득을 지원하고, 일정기간 소득을 보장하는 일자리고, 2007년부터 장애인행정도우미 일자리로 명명되던 것을 변경한 것이다. 일반형일자리는 원래 전일제 근무(주5일, 40시간)를 원칙으로 하였으나 2017년도부터는 시간제 근무(주20시간)형태를 새롭게 추가하여 운영되고 있다.

세부적인 직무로는 행정도우미, 전담지원 행정도우미, 복지서비스 지원요원으로 구분된다. 행정도우미는 공공 및 복지행정에 대한 업무지원 직무이며, 전담지원 행정도우미는 장애인일자리사업 업무를 전담하는 직무이다. 복지서비스 지원요원은 장애인일자리사업 참여자 직무지원, 사회(장애인)복지 전반의 행정전담 지원 및 직접 서비스(프로그램)를 지원하는 직무이다.

일반형 일자리에 참여할 수 있는 대상은 만 18세 이상의 장애인복지법상의 등록장애인이면 누구나 참여할 수 있다. 일반형일자리 중 전일제 근무에 참여하는 장애인은 점심시간을 포함하여 하루 8시간동안 근무하며, 이에 따라 4대 보험의 보험료 및 부담금을 포함하여 보수가 지급되며, 사업 참여기간은 12개월이다.

복지일자리는 취업이 어려운 중증장애인에게 장애유형별 다양한 일자리를 개발·보급하여 직업 생활 및 사회참여 확대를 위한 직업경험을 지원하는 일자리로,

'참여형 복지일자리'와 '특수교육-연계형 복지일자리'로 구분된다.

'참여형 복지일자리'는 만 18세 이상의 「장애인복지법」상의 등록장애인이 참여 대상이며, 주14시간 이내(월 56시간) 근로에 참여하게 된다. 직무유형으로는 현재 사무보조, 도서관 사서보조, 우편물분류, 보육보조, 문서파기, 홀몸어르신안부확인, 사회서비스사업모니터링, 실버케어, 디앤디케어, 호텔객실관리, 주차단속보조, 기부물품관리, 린넨실보조, 급식보조, 은행서비스안내, 어린이 동화 구연, 환경정리, 버스청결관리, 캠핑장운영코조, 재래시장관리보조, 농림어업관련업무, 교통약자셔틀버스승하차보조, 건강검진센터 보조, 대형서점도서정리, 스포츠이용시설안내, 반려동물돌봄, 장난감세척, 대형마트 매장정리 및 상품관리, 공공자전거 세척, 인식개선교육 보조강사, 이동보조기기 분해세척 및 소독, 템플스테이 업무 보조 등 32개의 직무유형이 있다.

'특수교육-연계형 복지일자리'는 복지일자리사업과 특수교육, 중증장애인직업재활의 연계를 통해 취업의 사각지대에 있는 장애학생에게 맞춤형 직업경험을 지원하는 일자리이다. 참여대상은 특수교육기관 전공과 재학생으로, 주 14시간 이내(월 56시간) 근로에 참여하고 직무유형은 참여형 복지일자리와 동일하다.

특화형일자리는 '시각장애인 안마사 파견사업'과 '발달장애인 요양보호사 보조일자리'로 구분된다. '시각장애인 안마사 파견사업'은 안마사 자격과 기술을 가지고 있으나 미취업 상태로 어려움을 겪고 있는 시각장애인 안마사에게 취업의 기회를 제공하는 일자리이다. 만 18세 이상 「장애인지법」상 등록 시각장애인 중 「의료법」 제82조 및 「안마사에 관한 규칙」 제3조에 의거한 안마사 자격 인증을 받은 자가 참여할 수 있다. 동 사업에 참여하는 시각장애인안마사는 주5일(25시간)을 근무하게 된다.

'발달장애인 요양보호사 보조일자리'는 발달장애인을 요양보호사의 전반적인 업무를 지원하는 일자리에 배치하여 직무능력 습득 및 일자리경험을 제공하는 일자리이다. 만 18세 이상 「장애인복지법」상 등록 지적장애인 및 자폐성장애인이 대상이 되며, 주 5일(25시간) 근무하게 된다. 이들은 식사 지원, 실내 · 외 보행 및 이동지원 등 요양보호사의 전반적인 업무를 보조하고 지원하는 업무를 수행한다.

라. 장애인 보호고용정책의 과제

장애인 보호고용정책은 소득보장 수급을 위한 복지적 차원에서의 접근이 아니라 노동기본권이라는 차원에서 접근될 필요가 있으며 노동의 기본권은 중증장애를 가진 사람들이 일할 의욕이 있다면 이를 광의적 근로자 개념에서 지원하여야 한다는 것으로 이를 위해 국가는 고용보험제도를 비롯한 근로자 직업능력개발, 최저임금법과 같은 제도들로 이를 뒷받침하여야 한다.

장애인직업재활시설은 복지시설의 범주 안에서 생산을 통한 고용창출을 담당하고 있으나 취약한 생산성, 경영역량 부족 등으로 중증장애인 고용확대 및 처우개선 효과가 제한적이다.

제5차 장애인정책종합계획(2018~2022)에서 보건복지부는 장애인직업재활시설 체계화 방안으로는 장애인의 최저임금 지급 가능한 생산성 등을 담보할 수 있는 사회적 경제형 직업재활시설 모형(가칭, 기업형모델) 및 인센티브 제공 방안을 마련할 계획이다. 이에 시범운영(필요시) 및 관련 법규(2020년 이후 장애인 복지법 및 지침 등), 중증장애인 고용 확대 · 전이 등을 촉진할 지원책을 개발할 예정이다. 또한 자생력 강화를 위한 경영컨설팅 지원 확대를 통해 연 30개소에서 50개소 이상을 목표로 진행하며 생산성 확충을 위한 시설 인프라(신 · 중축, 생산장비 등) 구축을 지원하며, 생산성 창출에 한계가 있는 영세사업장에 대해서는 직업훈련, 취업연계 등 중증장애인 보호 · 교육 · 훈련 통합지원 기능을 강화할 계획이다.

중증장애인생산품 우선구매제도는 지난 10여 년간 우선구매 대상품목과 대상기관이 확대되면서 규모도 확대되어 왔다. 중증장애인생산품 우선구매 매출의 성장에도 불구하고 그 혜택이 장애인고용확대 및 처우개선으로 충분히 연결되지 못한다는 문제가 제기되며 원부자재 매입 및 외주하청 증가로 외부로 누수되는 비율이 상승하며 경영역량부족으로 인한 생산성 정체 등의 문제가 발생하였다.

제5차 장애인정책종합계획(2018~2022)에서 보건복지부는 장애인근로자 중심으로 우선구매제도 내실화를 추진과제로 제시하였다. 중증장애인생산품 생사시설 매출이 장애인 고용과 처우에 반영되도록 제정제도를 개선하여 생산시설 진입 시 공공성 검증을 강화하고 매출과 고용 · 임금 간 연계장치를 마련하는 등 생산시설 지정 및 요건을 정비할 계획이다. 예를 들어 복지단체 목적사업 확인, 장애인 직무분석 및 배치 심사 강화, 수익금 등에 따른 고용인원·급여기준 차등 적용, 수익금의 법인전출 비율 제한 등을 정비할 예정이다. 또한 투명성 확보를 위해 기 지정된 생산시설에 대한 사후 감독을 강화하고, 현재 1%인 공공기관의 의무구매비율 상향, 우선구매 대상기관 외연 확대를 추진하며 예를 들어 공공기관의 경우 공공기관 사업을 수행하는 민간기관으로 확대하여 추진할 계획이다.

장애인일자리사업의 확대와 발전을 위해서는 일자리 참여 장애인의 장애유형별 특성을 고려한 직무개발 및 배치, 사업수행기관의 선정, 사업유형별 차별성을 고려한 사업지원 등의 대안이 고려될 필요가 있다. 또한 장애인일자리와 장애인복지시설, 지역사회재활시설, 직업재활시설 등과의 연계를 통한 일자리창출, 괜찮은 일자리의 지속적인 개발과 적용 등 장애인일자리사업의 개선을 위한 지속적인 노력이 요구된다.

현재 추진되는 보호고용정책과 장애인직업재활시설 사업, 환경변화 등을 고려하여 향후 과제를 제시하면 다음과 같다.

첫째, 보호고용 개념의 불분명성에 따른 보호고용 목표, 장애인의 법적 성격 모호성을 개선해야 한다. 현재 우리나라의 법 규정에서는 보호고용에 대한 분명한 정의가 존재하지 않고 있다. 보호고용제도의 목표가 치료나 재활인가 아니면 사회통합 혹은 일반고용으로의 전이인가에 따라 접근의 차이가 존재한다. 치료나 재활의 경우 근로자성을 인정하지 않으나 그렇지 않은 경우 근로자로서의 보호 조치가 마련되는 것이 일반적이지만, 우리나라의 경우 이에 대한 뚜렷한 근거 기준이 없으므로 장애인의 법적 근로자성 문제 역시 혼재되어 있다. 따라서 보호고용 개념의 정의와 목표, 대상자에 대한 규정 법적 규정 마련과 장애인의 근로자성 문제해소를 위한 기준 정립이 필요하다.

둘째, 장애인 등급제 폐지에 따른 직업적 장애의 기준 마련이 필요하다. 2019년 7월 장애인복지법 개정으도 기존 장애 등급(1~6급)이 폐지되고 장애 정도가 심한 장애인과 심하지 않은 장애인 두 단계로 구분하는 이른바 장애인등급제 폐지가 추진되었다. 현재 장애인 등급제 폐지는 중증(장애 정도가 심한 장애인)과 경증(장애 정도가 심하지 않은 장애인)의 이원화이지만 2022년에는 장애등급 완전 폐지를 목표로 하고 있다. 이에 장애인의 근로능력 및 일상생활 능력을 고려하여 장애인 고용 및 직업재활 서비스 대상이 재설정되고, 장애인 소득보장을 위한 새로운 기준이 마련될 필요가 있다. 즉 장애인연금 대상자를 선정함에 있어 필요한 기준을 새로이 만들고, 일할 능력이 있는 장애인과 그렇지 못한 직업적 중증장애인을 구분하여 일할 능력이 있고 욕구가 있는 장애인에게는 적절한 고용 및 직업재활서비스를 제공하고, 일을 할 수 없는 최중증장애인에게는 장애인연금 등 복지서비스를 확대할 수 있도록 해야 한다(한국장애인개발원, 2019).

끝으로 장애인 직업재활서비스의 전달체계가 개선되어야 한다. 우선적으로 직업재활서비스를 직접적으로 전달하는 일선전달체계의 통합과 업무연계, 직업재활 전문가의 배치가 이루어질 수 있도록 개선되어야 한다. 우리나라에서 전달체계의 통합이나 업무연계를 설정하는 기준은 근로자의 해석이 중요한 기준이 되고 있다. 즉, 학생은 교육부, 협의적 근로자는 고용노동부, 광의적 근로자는 보건복지부로 구분되어 있다. 광의적 근로자는 당연히 협의적 근로자를 담당하는 부처에서 담당해야 하지만 현재의 실태는 분리되어 있다. 이 상황을 개선하지 않는다면 당연히 전달체계는 다원화될 수밖에 없을 것이며 이 상황에서는 업무연계를 위한 통합 사례관리체계를 통해 연계되도록 해야 할 것이다. 이를 고려한 직업재활서비스 전달체계를 도식화해 보면 아래와 같다.

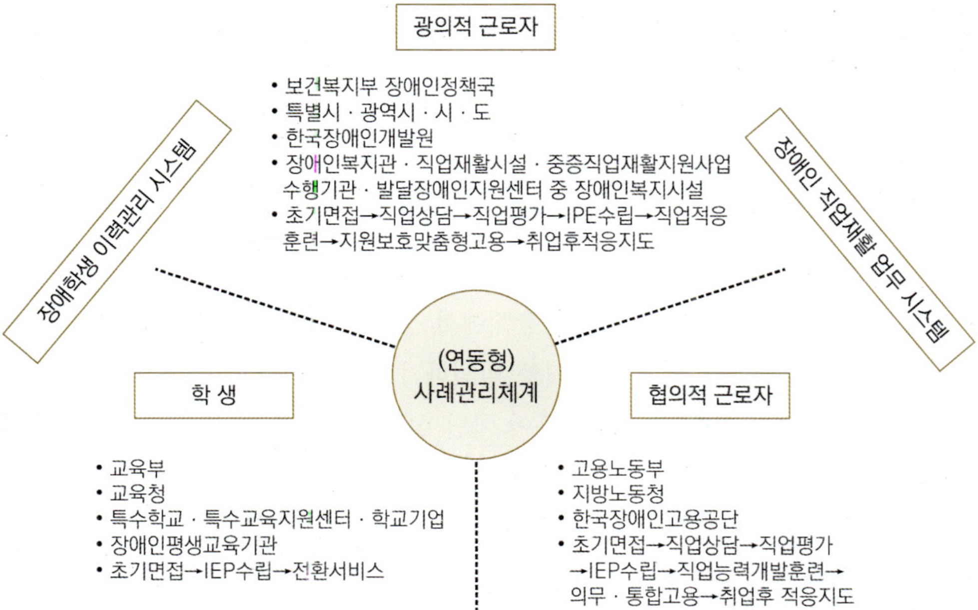

그림 4-2 직업재활서비스 전달 체계도

출처: 나운환 외(2019)

제5절 장애인 자립지원 및 개인지원(활동지원)정책

1. 제정배경

2006년 12월 13일에 개최된 유엔 총회에서 장애인권리협약이 채택되어 2009년부터 1월 10일부터 국내에서도 효력을 발휘하기 시작하였다. 본 협약에서는 장애인이 비차별의 원칙 아래 형식적 평등이 아닌 실질적인 평등을 기초로 자신이 속한 사회에서 비장애인과 동등하게 참여하고 능력을 발휘하여 완전한 통합을 이루는데 주요 목적을 두고 있다. 무엇보다도 장애인의 인권, 자유, 평등, 존엄성의 보장을 본 협약의 목적으로 규정하여 장애인을 시혜적 보호의 대상이 아닌 적극적인 권리의 주체로 인정하였다는 점에서 본 협약의 의의가 크다(유엔인권해설집 장애인권리협약, 2007; 전지혜 외, 2015 재인용). 이러한 장애인권리협약의 제19조에서는 자립생활 및 지역사회에서의 동참을 이루고자 하는 내용을 규정하고 있다.

본 협약 제19조에서의 '장애인 자립생활'은 장애인의 지역사회로의 완전한 통합과 자립적인 삶을 의미하며, 탈시설화, 정상화 등과 함께 장애인정책 패러다임의 변화를 주도하는 장애인정책 이념이다. 역사적으로 자립생활은 격리된 거주시설에 살면서 시혜적인 서비스의 대상이 되는 삶을 거부했던 장애인 당사자들의 운동 이념으로 출발하였지만, 현재는 장애인이 지향하는 삶의 방식인 동시에 장애인 정책 및 서비스의 근본적인 지향점으로 그 개념이 확장되고 있다(한국장애인개발원, 2017)

2000년대 초반 국내에 확산되기 시작한 자립생활은 장애인의 문제를 개인적 문제가 아닌 사회적 문제로 인식하는 동시에 문제 해결의 방법을 전문가에 대한 의존이 아닌 당사자의 선택과 결정으로 전환해 가는 운동이다. 자립생활은 장애인이 단순한 서비스의 수혜자로서의 역할에서 벗어나 인간으로써의 권리와 자신의 삶에 대한 통제권을 가지고 모든 삶의 영역에서 자기결정권을 행사하는 것을 말한다.

또한 장애인의 자립생활은 탈시설화와 관련하여 이해되어야 한다. 국내에서는 자립생활운동이 먼저 일어났고 탈시설화 운동은 더 최근의 일이라고 할 수 있지만, 대체로 자립생활운동은 탈시설화 운동과 같이 시작되었다고 할 수 있다. 자립생활은 장애인의 자립과 선택을 보장하기 위한 것으로, 장애인 스스로 어디에 살지를 결정한다는 점에서 탈시설화와 자립생활은 맥락을 공유한다(서지해 외, 2015). 장애인 활동지원제도 역시 신체적 · 정신적 장애 등의 사유로 혼자서 일상생활과 사회생활하기 어려운 장애인에게 활동지원을 함으로써 지역사회 자립생활을 지원하는 새로운 패러다임에 근거한 서비스이다.

이처럼 한국의 장애인 자립생활 운동은 중증장애인자립생활지원센터가 중심이 되어 중증장애인이 지역사회에 거주하면서 자유와 일상적인 삶을 영위할 수 있도록 활동보조서비스의 법제도화 등을 이루어냈고, 중증 장애인의 자립생활을 실현하기 위해 필요한 각종 지원서비스를 제공하여 왔다. 따라서 이 장에서는 장애인 자립 및 활동지원정책을 자립생활 지원정책과 탈시설정책 그리고 활동지원정책에 대해 살펴보고자 한다.

2. 장애인 자립 및 활동지원정책의 목표

장애인 자립 및 활동지원정책의 목표는 중증장애인의 자기결정에 의한 자립생활을 위하여 중증장애인자립지원센터 지원, 활동보조인의 파견 등 활동보조서비스를 통해 궁극적으로 중증장애인이 자립생활을 실현하기 위한 것이다. 즉, 장애인 자립 및 활동지원정책의 목표는 중증장애인의 자립지원임을 명확히 하였다는 데 의미가 있으나 수단적인 측면에서는 다소 제한적인 성격을 가진다.

3. 장애인 자립 및 활동지원정책의 주요내용

가. 장애인 자립지원정책

1) 정책대상과 전달체계

장애인 자립 및 활동지원정책의 대상은 중증장애인 자립생활지원사업의 서비스 대상은 모든 장애인으로 하며, 시설거주 장애인, 탈시설 장애인, 재가 장애인 등 자립생활을 희망하는 장애인을 우선 지원해야 한다. 센터는 장애의 정도와 유형에 상관없이 모든 영역의 장애인들에게 동등한 서비스를 제공하며. 어떠한 장애유형의 요구에도 인력부족이나 전문성 결여로 특정한 장애유형을 서비스 이용에서 차별하지 못하도록 하고 있다.

사업전달체계는 시 · 군 · 구청장의 추천을 통해 각 시 도지사에 의해서 선정된 '중증장애인자립생활(IL)지원센터'(이하 센터)를 중심으로 수행한다. 센터는 장애인 지법 제 54조에 근거하여 설치된 조직으로서, 2000년대 초반 우리나라에 자립생활이념이 소개된 이후 장애인운동의 중심 조직이었고, 자립생활 지원서비스의 전달체계로서 기능을 확대하고 있으며 장애인의 이동권, 활동보조서비스, 보장구 지원 제도 개선으로 통해 지역사회 환경의 변화를 가져왔다. 센터는 활동보조사업의 확대 등으로 센터들은 지속적으로 증가하게 되어 현재 전국에 약 250여개 이상의 센터가 운영되고 있다.

2) 중증장애인자립생활지원사업 운영의 기본방침

중증장애인자립생활지원사업 운영의 기본방침은 자립생활 철학과 이념의 구현, 개별 자립생활지원, 자립생활 기본 서비스 제공, 지역사회 강화 활동, 자원개발 활동이다.

자립생활지원센터의 평가기준은 최고위원회 구성원의 과반수 이상이 장애인으로 구성되어 있는가, 센터의 동료상담가는 장애인이면서 동료상담 보수교육을 10시간

이상 이수하였는가, 센터를 이용하는 장애인에게 개별적 · 집단별 권익옹호 서비스가 제공되고 있는가, 장애인 권익 향상과 지역사회 역량강화를 위한 활동을 수행하고 있는가, 센터를 이용하는 장애인과 센터 직원 간에 지속적인 동료지원 및 동료상담 등이 수행되고 있는가, 거주시설 장애인의 탈시설 자립지원계획은 적정한가, 자립생활센터로서 미션과 목적은 적합한가?, 각 사업의 목표는 분명한가, 각 사업의 근거(구체적인 문제나 욕구 등)는 잘 제시되어 있는가, 사업 내용은 이용자들의 욕구를 해결할 만한가, 꼭 필요한 사람들에게 서비스가 제공되고 있는가이다.

또한 센터는 의사결정기구의 과반수를 장애인으로 구성하여야 하며, 장애동료상담전문가 1인 이상의 인력을 갖추어야 한다. 센터의 주 업무는 장애인 동료에 의한 서비스 지원, 정보제공 및 의뢰, 지역사회의 물리적 · 사회적 환경개선 사업, 장애인에 대한 차별 해소 및 장애인 인권의 옹호 · 증진 사업이다.

3) 중증장애인자립생활지원센터의 주요 기능 및 사업

중증장애인자립생활지원센터의 기능은 중증장애인에게 자립생활지원을 제공하는 기능과 역할을 충실히 수행하기 위하여 다음 표와 같이 센터의 사업은 기본사업과 선택사업으로 구분된다. 각 센터는 주요기능을 중심으로 지역적 특성 및 개별 장애인들의 욕구를 고려하여 사업을 수행하는데, 주요기능 중 기본은 중분류를 기준으로 1개 이상을 수행하여야 하며, 선택은 센터 여건에 따라 특정 서비스를 1개 이상 제공하거나 제공하지 않을 수 있다고 한다.

기본사업은 권익옹호 지원, 동료상담, 개인별 자립지원, 거주시설 장애인 탈시설 자립지원 등 네 가지 사업을 포함한다. 선택사업은 지역사회 서비스 지원-자립지원서비스로서, 활동보조서비스, 이동서비스 및 보장구지원 등의 구체적인 사업은 선택사업의 "예시"로만 제시하고 있어, 개별 센터의 상황에 따른 재량권을 비교적 넓게 부여하고 있다.

나. 탈시설정책

한국에서의 탈시설 개념은 크게 두 가지로 구분될 수 있다. 하나는 광의의 개념으로, 시설을 벗어나는 것뿐만 아니라 시설의 규모와 기능을 탈시설 이념에 맞게 전환하는 것까지를 포함한다. 즉, 거주시설의 순기능을 근본적으로 부정하지 않은 채 전통적인 대규모시설을 상대적으로 소규모화하고, 탈시설을 지향하는 방식으로 시설의 서비스를 개선하는 것을 탈시설 개념에 포함하는 것이다. 미국정부 일반회계국(General Accountion Office: GAO)의 보고서는 탈시설화에 대한 정의를 다음과 같이 세 가지 측면에서 정의하고 있다. 첫째, 시설에서의 불필요한 수용이나 감금을 방지하는 과정, 둘째, 시설에서 수용되어 있을 필요가 없는 이들을 위한 주거나 치료, 훈련, 교육 및 재활을 위하여 지역사회 내에서 적절한 대안을 마련하거나 발달시키는 과정, 셋째, 시설보호가 필요한 이들을 위한 생활조건, 보호 및 치료를 개선하는 과정이다(US GAO, 1977). 다른 하나는 좀 더 엄격한 협의의 개념정의로서, 시설을 나와 지역사회 내의 보편적인 주택에서 자립생활을 하면서, 거주지의 선택 및 일상생활의 선택권을 장애인 당사자가 행사하는 상태만을 탈시설로 보는 것이다(박숙경, 2016).

자립생활의 이념측면에서도 탈시설은 필요하다. 현재 전문가나 보호자에 대한 의존 현상이 가장심한 장애인 중 하나는 거주시설에 장기간 입소한 장애인이다. 거주시설에 거주하는 장애인의 경우 오랫동안 지역사회와 단절되는 현상, 생활보다는 통제에 초점을 맞춘 일부 시설의 운영 방식, 집단생활에 따라 개인의 주도성이 없어질 수밖에 없는 상황 등에 따라 전문가 및 시설에 대한 의존 현상, 무기력 등의 문제가 발생하고 있다. 결국 자율성이 일정 정도 훼손될 수밖에 없는 거주시설이라는 특성에 의해, 시설 거주 장애인의전문가 및 시설에 대한 의존 현상은 심화될 수밖에 없고, 이에 따라 자립생활 원칙에 따른 당사자의 주도적(Self-directed)인 삶은 어렵게 된다. 따라서 자립생활 원칙을 따를 경우 탈시설은 꼭 필요하게 된다. 이와 같은 논리에 의해 역사적으로도 자립생활은 격리된 대규모 거주시설에 살면서 시혜적인 서비스의 대상이 되는 삶을 거부했던 장애인 당사자들의 운동 이념으로 출발하였다. 자립생활은 장애인의 자립과 선택을 보장하기 위한 것으로 장애인

스스로 어디에 살지를 결정한다는 점에서 탈시설과 맥을 같이 한다(김경미, 2009). 서구에서는 역사적으로 탈시설화의 개념이 확장되면서 자립생활 운동으로 발전되었다. 따라서 탈시설화는 자립생활의 목표를 달성하기 위한 중요한 요소 중의 하나라고 볼 수 있다.

현재 우리나라에서의 탈시설 논의는 지역사회에서 가족과의 생활이나 완전한 독립생활로 나아가는 것을 지향하되, 그것을 준비하는 중간단계로서 새로운 거주시설의 개념을 모색하고 탈시설-자립생활을 준비하는 장애인에게 개별화된 다차원적 지원을 제공하는 것으로 대체로 수렴되고 있다. 한편으로는 기존 거주시설의 지역사회생활 지원시설로의 기능전환, 소규모 거주시설인 공동생활가정의 확대, 거주홈 · 체험홈 · 자립생활가정 · 자립주택 등 지원의 방식과 정도를 달리하는 다양한 명칭의 중간시설이 모색되고 있으며 주로 지방자치단체에서 시설 퇴소 장애인에게 중간주거지원을 하고 있다. 2018년 기준 광역자치단체 단위에서는 세종, 충남, 제주를 제외한 나머지 14개 시 · 도에서 지원하고 있으며(유동철 외, 2018), 기초자치단체 단위에서는 경북 경주시, 경산시, 경기도 성남시와 같은 세 지역에서 지원하고 있다(박숙경 외, 2017). 다른 한편으로는 장애인 개인의 자립생활 역량을 강화하고 자립생활 경험을 축적할 수 있도록 동료성에 기초하여 지원하려는 노력이 병행되고 있는 것이다.

그럼에도 불구하고, 중앙정부 차원에서는 장애인활동지원제도, 발달장애인 공공후견지원 사업 등 탈시설-자립생활을 간접적으로 지원하는 정책이 마련되고 있을 뿐, 탈시설에 대한 명확한 비전 제시나 일관된 지원계획이 제시되지는 않았다.

지방자치단체 차원에서는 서울시가 체험 홈 등 거주시설에서 자립생활로의 전환과정을 지원하는 정책을 추진한 것을 시작으로 각 지자체별로 탈시설 계획을 수립하여 추진하고 있다. 서울 외에도 전주시, 대구광역시, 광주광역시 등이 탈시설 계획을 마련하여 탈시설정책을 추진하고 있다.

1) 정책대상

탈시설정책의 대상은 모든 장애인이나 우선적으로 시설거주 장애인, 탈시설장애인, 재가장애인 등 자립생활을 희망하는 장애인을 우선 지원해야 한다.

장애인복지법상 탈시설의 개념적 대상은 장애인복지법 제58조 장애인복지시설 제1항 1호의 장애인 거주시설 전체로 본다. 장애인 거주시설의 세부 유형을 기준으로 분류할 경우 총 9개 유형으로 구분되며 지체장애인 거주시설, 시각장애인거주시설, 청각장애인 거주시설, 지적장애인거주시설, 중증장애인 거주시설, 장애영유아거주시설, 장애인 단기거주시설, 장애인공동생활가정이며, 모두 탈시설의 대상으로 정의될 수 있다. 다만 장애인 단기거주시설, 장애인공동생활가정은 탈시설의 개념적 정의에서는 대상이 되지만, 단기거주시설은 설립목적에 맞도록 운영할 수 있도록 지원방안을 개선하고, 공동생활가정은 3~4인의 가구를 구성하고 있다는 측면에서 단기적 탈시설정책의 대상으로 포함하지 않을 수 있다(한국장애인개발원, 2018).

2) 주거지원사업

장애인 거주시설에서 퇴소한 장애인에게 탈시 설화를 위한 정책의 수단으로 지방자치단체들은 체험홈, 자립홈, 자립생활가정, 자립주택 등의 형태로 주거지원 사업을 실시하고 있다.

자립생활 체험홈의 법적 근거는 「장애인복지법」 제34조 제1항 제3호, 제35조, 제57조, 제58조 제1항 제1호이다. 보건복지부의 장애인복지사업 안내에는 2013년부터 자립생활 체험홈 설치 및 운영이 제시되었다. 체험홈 운영은 중증장애인자립생활센터의 기본사업 중 하나로서, 센터가 거주시설 장애인의 탈시설을 지원하기 위한 주요 서비스로서 확대하고 있다. 센터에서 운영하는 체험홈은 가족이나 거주시설의 의존적인 삶에서 벗어나 주체적인 삶을 살려고 하는 중증장애인에게 자립생활을 실제로 체험할 수 있도록 일정기간 지역사회 내의 임시 주거 공간을 제공하는 서비스이며, 중증장애인에게 자립생활 기술훈련, 동료상담 등 다양한 영역의 기술서비스를 제공하는 곳이다. 보건복지부가 지원하는 중증장애인자립생활지원센터에서는 탈시설을 위한 체험홈 운영과 함께 탈시설장애인의 자립지원 기획과 관리 업무를 수행한다. 그러나 현재 센터에서 운영하는 체험홈에 지원 등에 관한 근거는 지자체에 따라 별도의 조례에 의거 지원하고 있는 실정이다.

3) 서울시 장애인전환서비스지원사업

서울시가 수행하고 있는 장애인거주시설 탈시설 추진 사업은 '서울시 장애인 인권증진에 관한 조례'에 의한 기본계획을 토대로 시행된다. 서울시는 2009년 「장애인 거주시설 개선 및 자립생활 지원계획」을 수립하였고, 이를 바탕으로 시설장애인의 자립생활 지원을 위하여 자립생활 체험홈 및 자립생활가정을 각각 2009, 2010년도에 최초 설치하였다. 그 운영 및 관리지원은 2010년 5월 서울시복지재단 내 설치된 장애인전환서비스지원센터에서 맡게 되었다.

장애인전환서비스지원사업은 지역사회 자립을 희망하는 거주시설 이용 장애인에게 맞춤형 전환서비스(자립생활주택)을 제공하여 지역사회 적응을 지원하고 삶의 질 향상과 통합을 지원하는 사업이다. 장애인의 특성에 맞는 거주 시설 입소 지원 및 지역사회 자립생활을 위한 개별적 전환서비스의 체계적 연계와 관리를 통해 장애인의 정상화 및 삶의 질 향상을 도모한다. 즉, 장애인의 거주시설 입소부터 퇴소, 지역사회 정착까지 체계적으로 지원하는 통합적(ONE-STOP) 서비스 지원체계 구축을 목표로 하고 있다.

서울시 장애인전환서비스지원센터는 장애인의 지역사회 자립생활 강화를 위해 탈시설을 희망하는 시설 거주 장애인을 상담하여 전환서비스를 지원하고, 자립생활주택의 운영사업자를 선정하고 입주자의 역량을 강화하며, 금융복지상담센터 · 주거복지지원센터 등 자원을 연결하여 실질적인 전환서비스를 제공한다.

서울시는 자립생활 체험 홈 등 관련 사업을 지속적으로 확대해 왔다(서울시복지재단, 2011). 서울시는 체험홈, 자립생활가정을 운영해오다 거주시설 체험홈과의 구분을 위해 2015년부터 자립생활주택 가형, 나형으로 명칭을 변경하였다. 2016년부터는 최중증 발달장애인을 입주대상으로 한 자립생활주택 다형을 운영 중이다(박숙경 외, 2017).

서울시 장애인자립생활주택은 장애인 거주시설에서 퇴소하여 지역사회 자립생활을 희망하는 장애인에게 일정기간 동안 거주하면서 지역사회 내 일상생활 및 사회적응을 체험하는 주거공간이다. 장애인은 일정기간 동안 자립생활체험을 통해 개별자립지원계획을 수립하고 이에 따른 일상생활 및 사회활동 준비를 지원받게 된다.

자립생활주택 이용 절차는 장애인 거주시설에서 생활하는 장애인은 먼저 자립욕구를 가지고 자립생활주택을 신청하여 자립생활주택의 이용권한이 부여되며. 자립생활주택에서 1인 1실을 원칙으로 생활을 하게 된다. 자립생활주택 생활 이후 지역사회에서 자립하는 과정으로 시설에서 퇴소한 장애인의 지원이 이루어진다.

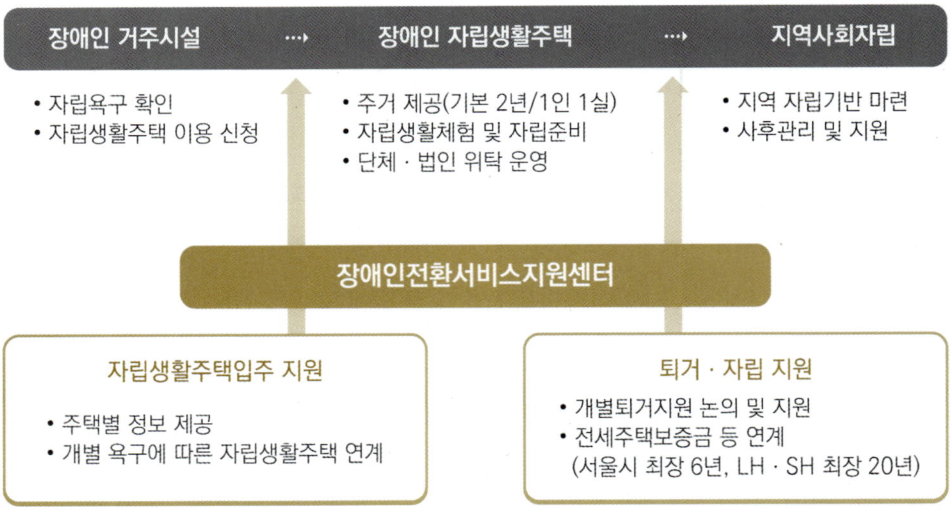

그림 4-3 전환서비스 지원체계

출처: 한국장애인개발원(2019). 2019 서울시 장애인 탈시설 종단연구.

자립생활주택 운영 현황은 2020년 기준 자립생활주택 가형, 다형 중심으로 운영되며 이용자는 주택별 2~3인이 이용하고 있다. 기본적인 자기관리가 가능하며 일정기간 경험과 훈련을 통해 사회적 자립역량을 지원하는 유형으로 지원인력의 간헐적 지원형태인 자립생활주택 가형은 총 38개의 주택이 운영되고 있다. 위생관리에 상당한 지원이 필요하나 일정기간 경험과 훈련을 통해 개인적 자립역량 향상을 지원하는 유형으로 지원인력의 집중적 지원형태인 다형은 2개의 주택이 운영되고 있다.

자립생활주택의 운영주체는 서울시, 자치구, 전환서비스지원센터, 운영사업자이다. 서울시는 장애인전환서비스지원사업 총괄, 예산 및 주택확보를 하며, 자치구는 운영사업자의 추진을 위한 행정지원 및 지도감독을 실시한다. 전환서비스지원센터는 장애인전환서비스지원사업 운영총괄, 자립생활주택 운영지원하며, 전환서비스

지원위원회를 구성하여 주택입주를 결정하고, 입주주택 확정, 이용자 만족도 조사를 실시한다. 운영사업자는 주택관리, 장애인의 주택입주에 따른 지원, 연계기관 정보공유, 입주 장애인 욕구파악 및 개별계획수립, 개별계획에 따른 지원, 자립생활지원을 위한 정보제공, 역량강화 프로그램을 지원한다.

다. 장애인 활동지원정책

장애인 활동지원정책은 신체적 · 정신적 장애 등의 사유로 혼자서 일상생활과 사회생활하기 어려운 장애인에게 제공하는 활동지원 급여 등에 관한 사항을 규정하여 장애인의 자립생활을 지원하고 그 가족의 부담을 줄임으로써 장애인의 삶의 질을 높이는 것으로 목적으로 시행되는 정책이다. 장애인 정책 패러다임의 변화와 더불어 장애인의 자립, 사회참여, 인권보장에 있어 중요한 제도 중의 하나이다. 우리나라는 2007년 시범사업으로 장애인 활동지원사업을 시작한 이후, 2011년 4월에 '장애인활동지원에 관한 법률'이 제정되면서 장애인활동지원 제도가 도입되었다.

정부는 2019년 7월 1일부터 장애등급제를 단계적으로 폐지하고, 수요자 중심의 장애인 지원체계로 전환한다고 발표한 바 있다(보건복지부 보도자료, 2019). 구체적인 변경사항은 첫째, 장애 여부에 대한 객관적인 인정을 위해 장애인 등록은 현행대로 유지되지만, 종전의 1~6급의 장애등급은 없어지며 장애등급이 폐지되더라도 장애정도에 따라 '장애의 정도가 심한 장애인'과 '심하지 않은 장애인'으로 구분함으로써, 종전에 1~3급 중증 장애인에게 인정되어 오던 우대혜택은 유지되도록 한다.

둘째, 장애인 욕구 · 환경 등을 고려한 서비스 지원을 위해 '장애인 서비스 지원종합조사(이하 '종합조사')'를 도입한다. 종합조사는 장애인 서비스의 지원수준을 결정하기 위한 것으로 서비스 신청인의 일상생활 수행능력, 인지 · 행동특성, 사회활동, 가구환경 등을 종합적으로 평가하게 된다. 종합조사는 활동지원급여, 장애인 보조기기, 장애인 거주시설, 응급안전서비스, 발달장애인 주간활동서비스 등 5개 서비스에 우선으로 적용된다.

이와 같이 최근 장애등급제 단계적 폐지와 함께 서비스 지원종합조사가 도입됨에 따라 활동지원제도에도 많은 변화가 있을 것으로 예상된다. 즉, 기존의 활동지원 인정조사가 서비스 지원종합조사로 대체됨과 더불어 신청 대상자 확대, 급여체계 개선, 본인 부담금 인하, 월 한도액 등이 변경됨에 따라 앞으로 활동지원 제도의 변화에 더욱 주목할 필요가 있다.

장애인활동지원 제도는 장애인의 선택권과 자기결정권을 존중하고 지역사회 참여와 자립 생활을 지원함으로써 장애인의 삶의 질을 향상시키고자 하는 대표적인 사회서비스로 자리 잡고 있다(최인덕 · 김경란 · 김정희, 2017). 또한 장애인활동지원 제도는 최근 자립생활의 패러다임과 함께 찾아가는 서비스로서 지역사회복지서비스의 확대에 따라 앞으로 지속적으로 발전할 것으로 기대된다(전지혜, 2018).

1) 정책대상과 전달체계

장애인 활동지원정책의 대상은 만 6세 이상부터 만 65세 미만의 「장애인복지법」상 등록 장애인으로 혼자서 일상생활이 어려운 전체 장애인이다. 2019년 7월 이전에는 장애등급 1등급에서 3등급까지만 신청 지원이 가능했지만, 2019년 7월 1일부터 기존의 3등급까지만 신청 가능했던 것이 전체 등록 장애인으로 확대되어 기존의 1등급부터 6등급까지 전체 장애인이 신청할 수 있게 되었다. 장애인활동지원 제도 도입이전까지는 1급 중증장애인을 대상으로 했으며 2011년 이후는 대상을 1~3급 중증장애인으로 확대되었으며, 급여내용도 기존 활동보조 지원에서 방문간호, 방문목욕 등이 추가되었다.

표 4-12 장애인 활동지원제도 대상

구분	제도도입 전(~2010년)	제도도입 후 (2011년 10월 이후)	등급제 폐지 후 (2019년 7월 이후)
지원 대상	1급 중증장애인	1~3급 중증장애인	만 6세 이상~65세 미만 등록 장애인
제공급여	활동보조	활동보조, 방문간호, 방문목욕	활동보조, 방문간호, 방문목욕

장애인 활동지원정책의 전달체계는 국가와 지방자치단체, 국민연금공단, 활동지원기관, 사회보장정보원이다.

장애인 활동지원정책은 대상장애인이 시·군·구에 활동지원급여를 신청하는 데에서 시작된다. 활동지원급여 신청을 받은 시·군·구는 국민연금공단 장애인센터에 자격심의를 의뢰하고 국민연금공단은 방문조사 등을 통해 활동지원 수급자격을 심의하여 시·군·구에 통보한다. 시·군·구에서 대상장애인과 사회보장정보원에 급여심의 결과를 통보하면 사회보장정보원에서는 대상장애인에게 바우처를 생성하고, 대상장애인은 활동지원기관과 계약을 맺어 활동지원서비스를 제공받으며 자부담 비용을 사회보장정보원에 납부한다. 이후 활동지원기관이 활동지원인의 서비스 제공내역을 사회보장정보원에 제출하면 사회보장정보원에서 이용비용을 활동지원기관에 정산한다.

2) 서비스 지원종합조사

장애인 활동지원정책의 서비스 적격자를 결정하기 위하여 2019년 7월 1일부터 장애등급 기준 대신 서비스 지원종합조사가 도입되었다. 우선적으로 일상생활지원 분야 5종인 활동지원, 보조기기, 거주시설, 응급안전, 주간활동지원 서비스에 한해서 서비스 지원종합조사가 도입되었다. 서비스 지원종합조사는 장애인의 서비스 필요도를 파악하여 필요한 서비스를 지원하기 위해 개인의 욕구·환경을 포괄적으로 평가하는 조사이다. 조사표는 아동용(6~18세), 성인용(19~64세)으로 구분되며, 조사 주체는 국민연금공단으로 1회 조사된 내용을 각 서비스별로 선택적 활용된다.

2019년 7월 이전에는 활동지원 수급자격 인정 및 활동지원 등급 결정을 위해서는 국민연금공단에서 활동지원 인정조사를 받아야 했지만, 7월 이후 부터는 활동지원 인정조사 대신 서비스 지원종합조사(방문조사)를 받으면 된다.

서비스 지원종합조사의 평가 항목은 기능제한, 사회활동, 가구환경의 3가지 영역에 거쳐 총 36개 평가지표로 구성된다. 기능제한(X1)은 일상생활동작(ADL) 관련 13개 지표, 수단적 일상생활동작(IADL) 관련 8개 지표 및 인지행동특성 8개 지표로 구성되며, 사회활동(X2)은 직장생활, 학교생활 2개 지표로 구성, 가구환경(X3)은 1인 독거가구, 취약가구, 지하 거주 등 5개 지표로 구성된다. 한편, 아동지표는 총 27개로 구성되어 있으며, 기능제한 관련 20개 지표, 사회활동 영역 2개, 가구환경은 5개로 구성되어 있다. 다음으로 평가방법은 연금공단의 직원이 가정을 방문해 평가 매뉴얼에 따라 관찰 및 설문을 통해 평가하게 된다. 평가를 통해 평가지표별, 영역별 가중치를 반영하여 종합 점수를 산출하게 된다.

한편 기존의 서비스 재판정 대상 서비스인 장애인 연금, 장애수당, 장애아동수당, 장애인활동지원 중에 활동지원만 서비스 재판정이 폐지된다. 다만, 신규 신청자 중 공단의 장애등록심사 이력이 없는 자는 장애유형별 진단서 및 의사소견서를 제출해야 한다. 활동지원 재판정 기간도 기존의 2년에서 3년으로 확대된다.

3) 활동지원급여의 종류

장애인 활동지원정책의 급여의 종류는 활동보조, 방문목욕, 방문간호 등으로 구분된다.

활동보조는 활동지원사가 수급자의 가정 등을 방문하여 신체활동, 가사활동 및 이동보조 등을 지원하는 활동지원 급여이다.

방문목욕은 활동지원 인력인 요양보호사가 목욕설비를 갖춘 장비를 이용하여 수급자의 가정 등을 방문하여 목욕을 제공하는 활동지원 급여이다. 이동목욕용 차량을 이용하여 차량 내에서 목욕을 제공하거나 욕조, 펌프, 호스릴 등 장비 일체와 차량 내 온수를 사용하여 가정 내에서 목욕을 제공한 경우에만 인정한다. 다만, 가정 내 목욕은 차량의 접근성 및 거주지의 형태 등으로 차량 내 온수를 이용할 수 없고 수급자가 동의하는 경우에는 인정한다.

방문간호는 활동지원 인력인 간호사 등이 의사 · 한의사 또는 치과의사의 지시서(방문간호지시서)에 따라 수급자의 가정 등을 방문하여 간호한다. 진료의 보조, 요양에 관한 상담 또는 구강위생 등을 제공하는 활동지원 급여이다.

4) 활동지원서비스 제공기관과 인력

활동지원서비스는 장애인자립생활센터, 장애인지역사회재활시설, 지역자활센터 등 지정된 활동지원기관을 통해 제공되는데 서비스 대상자가 이용을 원하는 제공기관과 계약 후 서비스를 이용할 수 있다. 활동지원기관은 자격을 갖춘 활동지원을 모집하여 장애인의 신청에 따라 활동지원인을 연결시켜 준다.

제공서비스의 내역에 따라 활동보조급여, 방문목욕급여, 방문간호급여의 종류가 구분되어 지원되는데, 급여의 종류에 따라 활동지원을 제공할 수 있는 인력의 자격조건이 아래 표와 같이 각기 다르다.

또한 활동보조를 제공하는 활동지원인력을 활동지원사라 한다. 활동지원사교육기관에서 이론 및 실기교육 40시간, 현장실습 10시간으로 총 50시간의 활동지원사 교육과정을 수료한 사람을 말한다.

표 4-13 급여종류별 활동지원인력의 범위

급여종류	급여내용	활동지원인력 범위
활동보조	수급자의 가정 등을 방문하여 신체활동, 가사활동 및 이동보조 등을 지원	• 활동보조인 교육기관에서 교육과정을 수료한 자 • '노인복지법'에 따른 요양보호사, '사회복지 사업법'에 따른 사회복지사, '의료법'에 따른 간호사·간호조무사 및 유사 경력자 중 이론 및 실기(32시간), 현장실습(10시간)을 이수한 자
방문목욕	목욕설비를 갖춘 차량을 이용하여 수급자의 가정 등을 방문하여 목욕을 제공	• 노인복지법에 따른 요양보호사 중 1급 자격을 가진 자
방문간호	의사·한의사·치과의사의 '방문간호지시서'에 따라 수급자의 가정 등을 방문하여 간호, 진료보조, 요양상담 또는 구강위생 등을 제공	• 방문간호사 - 의료법에 따른 간호사로서 2년 이상의 간호업무 경력자 - 의료법] 따른 간호조무사로서 3년 이상의 간호보조업무 경력자 및 노인장기요양보험법 시행령 제11조 제3호 나목에 따른 교육이수자 - 의료기사 등에 관한 법률에 따른 치과위생사

* 유사 경력자: 정부(지자체)의 재정이 투입된 돌봄사업에 참여한 경력이 최근 1년간 360시간 이상인 자(예: 아이돌보미, 가사간병도우미 등)

출처: 보건복지부(2019). 장애인복지사업안내(개정판).

5) 본인 부담금

장애인 활동지원정책은 개인의 수준에 따라 본인부담금이 발생하는데 2019년 7월 이후 활동지원급여 본인 부담금 상한액은 현행 32만 2,900원에서 15만 8,900원으로 인하 되었다. 소득구간은 '전국가구평균소득'에서 '기준중위소득'으로 변경됐으며, 기본급여와 추가급여에서 일정비율에 따라 산정되었던 부분에서, 활동지원급여에서만 산정되는 것이 달라지는 사항이다.

「국민기초생활보장법」 제7조 제1항 제1호에 따른 생계급여 수급자 또는 제7조 제1항 제3호에 따른 의료급여 수급자는 본인 부담금이 면제되며, 기초생활보장 수급자 외 「의료급여법」상 수급권자, 「국민기초생활보장법」상 차상위 계층(다만, 「국민기초생활 보장법」 제7조 제1항 제1호 및 제3호에 따른 생계 또는 의료급여를 받지 아니하는 수급자와 그 가구원 포함)은 2만원 정액 부과하게 된다. 차상위 초과 계층의 경우 소득 수준에 따라 활동지원급여에 대한 본인 부담금을 차등적으로 부과하게 되며, 특별지원급여에 대해서는 별도의 본인 부담금이 없다.

또한 본인 부담금은 「국민연금법」 제51조에 따른 금액의 100분의 7에 해당하는 금액에 따라 매년 변동될 수 있다. 기준중위소득은 70~180%에 4~10%의 본인 부담금이 있다.

4. 장애인 자립 및 활동지원정책의 과제

가. 자립지원정책

자립생활은 단순히 서비스를 제공하는 것이 아니라 사회인식을 변화시키는 이념의 연장선상에 있는 만큼, 장애인 당사자들과 사회 전반의 인식이 개선될 수 있도록 지속적인 교육과 홍보가 이루어져야 한다. 따라서 자립을 지원하기 위해서는 기존의 모든 지원과 더불어 의사결정지원 등과 같은 새로운 지원도 필요하지만, 더욱 중요한 것은 장애인의 선택과 통제 하에 지원이 이루어지도록 하여야 한다. 따라서 장애인, 특히 발달장애인의 자립을 지원할 때 가장 중요한 점은, 자립이 곧 지원체계 없이 홀로 사는 것이 아니고, 필요한 모든 지원을 받되 당사자가 그 지원을 통제하는 것을 의미한다는 것을 반드시 인식하는 것이다.

지역사회에서의 자기 주도적 삶을 위해서는 다양한 지원이 필요할 수밖에 없다. 또 아무리 많은 지원이 필요하더라도 모든 장애인들은 지원에 대한 자기통제를 통해 지역사회에서 주체적으로 살아가야 한다. 하지만 모든 지원을 한 제공기관에서 제공할 수는 없다. 기관이 고유사업으로 잘할 수 있는 지원 외의 지원이 필요할 경우 연계를 통한 지원이 가능하다. 지역사회의 다양한 지원에 대한 연계를 위해서는 평소 주변 자립생활센터, 장애인복지관, 주거복지기관, 장애인권익옹호기관, 발달장애인지원센터 등 관련 기관들의 네트워크 확립이 필요하다(한국장애인개발원, 2019).

자립생활정책이 자리잡기 위해서는 주요 전달체계의 기능을 수행하는 중증장애인자립생활센터의 역할과 위상 강화가 요구된다. 중증장애인자립생활지원센터는 2005년 보건복지부의 시범사업을 시작으로 지금까지 지속적으로 확대되면서 현재 전국에 250여개가 설치 · 운영되고 있으며 그동안 양적인 발전을 넘어 장애인당사자의 자기결정권을 강화하는 질적인 발전을 도모해왔다.

중증장애인자립생활지원센터가 중증장애인 자립생활의 실질적인 지원을 수행하기 위한 서비스 전달체계로서의 위상마련과 함께 과제는 다음과 같다. 첫째, 센터가 장애인의 자립을 향상하기 위한 역할을 수행하기 위해서는 센터에 대한 운영비와 사업비 그리고 인건비가 안정적으로 지급되어야 한다. 둘째, 장애인자립생활의 질적 도약을 위해서는 센터의 정체성이 잘 유지되면서 사업들이 체계적이고 질적으로 발전되어야 한다. 셋째, 장애인자립생활센터의 이용자 대부분이 지체장애인이므로 모든 장애유형을 포괄할 수 있도록 확대되어야 한다. 넷째, 탈시설과 관련하여 현재 거주시설에서 살고 있는 장애인이 지역사회에서 삶을 시작할 수 있도록 지원하는 기관이 많아져야 한다. 마지막으로 중중장애인에게 자립생활을 지원하기 위해서는 관련법에도 명시되어 있듯이 장애동료 간 상담이 무엇보다 중요하다. 자립생활지원과 관련하여 장애 동료상담자 양성기관 등을 담은 구체적인 시행규칙이 조속히 만들어질 것을 기대한다.

나. 탈시설정책

장애인이 탈시설 자립생활을 통해 지역사회에서 통합적인 삶을 살 수 있도록 거주시설 중심의 지원정책을 축소하고 지속적으로 지역사회 통합을 유도하는 정책이 강화되어야 할 것이다. 우선 중앙정부 차원에서 탈시설정책을 수립할 필요가 있다. 이에 따라 중앙, 광역, 지역 단위에서 탈시설지원센터를 설립 · 운영하여야 한다(유동철 외, 2018).

탈시설 체계 수립을 위해 중앙정부는 정책적인 탈시설 추진과 제도적 지원을 담당하면서 법률적 기초를 마련하고 국가계획을 수립하여야 한다. 광역 지자체는 지역에서 탈시설정책을 직접적으로 추진하는 핵심 주체로서 탈시설지원센터를 설립하여 실무적인 지원을 받는다. 광역 탈시설지원센터는 개개인의 거주인이 탈시설을 준비하여 시설에서 독립하여 지역사회에 정착하기까지 지원하는 전체과정을 총괄적으로 관리하고 중앙 센터는 광역센터를 관리감독 및 지원을 하면서 연구개발, 필요인력 교육훈련 등의 역할을 수행한다. 시 · 군 · 구 기초지자체는 지역사회 생활보장을 위한 서비스를 책임지고, 시설 및 운영법인은 거주인의 탈시설에 협력하면서 단계적으로 지역사회 서비스기관 등으로 전면 전환한다.

이와 더불어 현재 많은 시 · 도에서 제공하고 있는 체험홈과 같은 전환지원서비스에 대해서는 고민이 필요하다. 1981년부터 접근 가능한 거주 지원, 지원 네트워크 구성 등을 통해 장애인 옹호 사업을 수행하였고, 미국 내 장애인 가정폭력 분야에서 선도적인 프로그램을 시행하고 있는 'Barrier Free Living(이하 BFL)'이라는 단체에서 시행하고 있는 영구거주 아파트 프로그램은 우리에게 시사하는 바가 크다. 거주공간이 필요한 장애인에게 독립생활의 가능성 유무와 상관없이 일단 아파트를 제공하고, 이후 필요한 지원을 자립생활의 철학에 맞게 제공하는 것이다. 이처럼 시설에서 나오는 경우, 체험하기 위한 집으로 가는 것이 아니라, 바로 일반 아파트와 같은 장기적으로 거주할 수 있는 공간으로 가야 한다. 그리고 그곳에서 자신이 주도적으로 살기 위해 필요한 지원을 받아야 한다. 자립의 개념에 따라 우선 거주서비스를 제공하고, 이후 가사지원서비스 등을 제공하는 식이다. 우리나라도 활동지원서비스가 있기 때문에 이를 활용하면 된다. 만약 활동지원서비스를 받지 못하거나 또는 활동지원서비스 외에 가사관리서비스가 필요하다면 이 서비스를 제공할 수 있는 기관을 지정하고 예산을 지원함으로써 장애인이 지원을 받도록 할 필요가 있다(한국장애인개발원, 2019).

탈시설화를 위해서는 Bradley와 Knoll(1991)이 지적한 것과 같이 첫째, 거주시설에 살던 장애인이 지역사회의 삶을 선택했을 때 거주이전의 자유가 보장되어야 하며, 지적장애나 인지적 기능이 낮다고 판단되어지는 장애인들에 대해서는 자기결정권이 보장되어야 한다. 장애인은 거주 선택의 자유를 가지며 장애인의 인지적 기능과는 관계없이 이를 국가가 규제할 수 없다는 것이다. 둘째, 장애인을 기존에 존재하는 프로그램에 맞출 것이 아니라 장애인 개개인에 중심을 두는 가치로 접근하며 각 개인의 독특한 상황을 고려하여 새로운 지원이 제공되어야 한다. 셋째, 탈시설화의 행정적인 절차가 보장되어야 하는데 이를 위해 각 지자체 안에 '가칭 서비스 전환국'이라는 부서를 설치하여 거주시설에서 지역사회의 삶이 자연스럽게 이행될 수 있도록 행정적인 도움을 제공하여야 한다. 마지막으로 예산 지원방식이 기존의 형태에서 개인별 예산제도로 변화되어 지역사회에 살든, 거주시설에 살든 장애인 개개인에게 직접적으로 예산이 지원되어 장애인의 선택을 강화할 수 있는 방향으로 변화되어야 할 것이다.

장애인이 시설이 아닌 지역사회에 통합되어 자립적인 삶을 살아가기 위해서는 장애인 인권에 대한 근본적인 관점의 변화가 수반되어야 한다. 뿐만 아니라 단편적인 지원에 그치지 않고 한 인간의 삶의 질 유지를 위한 종합적이고 총체적인 지원이 필요하다. 즉, 소득, 고용, 주거, 교육, 의료 등 모든 사회보장 영역에서의 차별 없는 접근이 보장되지 않는다면, 장애인의 탈시설은 사실상 불가능한 것이다. 그러므로 탈시설이 거주시설의 기능전환에 그치지 않고 실제적인 자립생활로 이어지도록 지원하는 정부의 의지와 총체적인 지원방안 마련이 절실하다고 하겠다(한국장애인개발원, 2017).

다. 활동지원정책

2019년 7월 1일에 장애등급제가 단계적으로 폐지되고, 장애인 개개인의 욕구와 사회환경 등을 면밀히 고려하여 지원하는 수요자 중심의 장애인 지원체계를 새롭게 마련함으로써 장애인 복지정책의 대 전환점이 되는 시점이라고 볼 수 있다. 서비스지원종합조사가 도입되고 이에 따라 맞춤형 서비스 지원이 가능할 것으로 기대된다는 것이다. 이러한 장애인 정책의 환경적 변화와 함께 장애인활동지원 제도의 일부분이 개편된 것은 상당히 바람직하다고 볼 수 있다. 다만 개편의 주요 내용이 신청 대상자의 확대, 서비스 이용 시간의 증가, 서비스지원종합조사 도입, 본인부담금의 인하, 급여체계 개편 등에 국한되었기 때문에 기존의 활동지원 제도가 가지고 있는 문제점은 여전히 존재한다.

따라서 향후 활동지원제도 분야의 과제들을 제시하면 다음과 같다.

첫째, 서비스지원종합조사표를 장애특성과 장애유형에 적합하게 수정 및 보완해야 할 것이다. 또한 장애인의 일생생활 수행 능력의 정도에 따라 요양과 보호에 초점을 맞추기보다는 장애인의 지역사회참여와 활동을 통한 사회통합과 자립생활 실현을 위한 내용들로 개선되어야 할 것이다.

둘째, 활동지원 신청 대상이 전체장애인으로 확대됨에 따른 맞춤형 서비스 지원을 위한 활동지원 급여의 다양성을 강화할 필요가 있다. 활동보조, 방문간호, 방문목욕 등의 급여의 유형은 전체장애인의 개별적 특성을 고려되지 못하여 표준화된 획일적 서비스가 제공되고 있으며, 이용자의 관점이 아닌 행정중심적인 관점에서 시행되고 있다는 점 등이 문제점으로 제기되어 왔다(황주희, 2015; 조현수, 2016). 장애인활동지원서비스에는 개인적 서비스, 준의료 활동, 가사서비스, 커뮤니케이션 서비스, 인지적·정서적 지지 서비스, 활동지원 매니지먼트 서비스, 교통서비스 그리고 직업 관련 서비스 등의 6가지 요소로 구분하고 있어(이진아, 2013), 향후 활동지원 급여의 협소함을 해결하기 위해서는 활동지원 급여의 다양화를 추진할 필요가 있다.

셋째, 활동지원 제도의 근본적인 취지에 맞게 이용자의 서비스 선택권이 강화되는 방향으로 개선되어야 할 것이다. 활동지원 제도는 서비스 제공이 서비스를 제공받는 당사자 중심으로 이루어져야 하며, 이용자의 선택권과 통제, 자기결정권이 보장되어야 한다(변경희, 2014).

넷째, 활동지원제도 시행 시 시간당, 회당 동일한 수가제에서 서비스 단가 차등 기준 장애중증도, 서비스 난이도, 장애유형 등을 고려한 차등수가제가 도입되어야 할 것이다. 주로 업무 강도가 상대적으로 높아 활동지원사들이 기피하는 와상장애인 등 최중증장애인을 대상으로 이 제도 도입이 필요하다.

다섯째, 이용자가 만족할 수 있도록 서비스 제공인력의 역량이 강화되어야 한다. 이는 근로기준법과 연계된 급여비용의 기준을 정하고 이를 기반으로 활동보조인의 처우를 현실화함으로써 시작될 수 있다(임소연 · 이진숙, 2016; 한국장애인개발원, 2017).

여섯째, 서비스 품질 보장이 이루어질 수 있는 서비스 질 관리체계가 도입되어야 한다. 활동지원제도의 출발은 장애인 당사자의 요구에서 비롯되었으며 서비스 제도의 개선은 이들의 입장에서 이루어져야 한다. 국내 장애인복지분야에 자립생활 이념과 당사자 모델이 도입되면서, 이들과 이들 가족이 원하는 서비스를 어떻게 제공할 것인가의 과제는 결국 품질관리체계(Quality assurance systems)로 해결되어야 한다(Reinders, 2014).

제6절 장애인 연금정책

1. 제정배경

장애인도 사회구성원의 한사람으로서 인간다운 삶을 누릴 권리가 있으며, 인간다운 삶의 기본조건 중 하나로서 기본적인 생활수준이 보장되어야 한다. 하지만 장애인의 삶은 그러지 못하고 있다. 장애인의 빈곤율이 높고 소득이 낮다는 것은 대부분 국내외 연구에서 입증되어 왔다.

이처럼 장애인들이 빈곤에 처해 있을 수밖에 없는 이유는 두 가지 요인에서 찾을 수 있다. 장애인가구는 생활비가 비장애인가구에 비해 많이 들고, 가구소득은 상대적으로 낮기 때문이다. 장애인의 가구 경우 장애에서 비롯된 낮은 교육수준, 직업능력의 부족으로 상징되는 인적자본의 취약성과 함께 우리 사회 전반의 장애에 대한 부정적인 인식에서 발생되는 장애인에 대한 차별로 인해 취업기회를 얻지 못하거나 취업하더라도 저임금직종에 종사하고 있어 소득수준이 낮을 수밖에 없다. 여기에 장애인 수발로 인해 장애인가구의 구성원들은 취업하기가 어렵고 임시직 등 저임금 일자리에 종사하고 가구소득을 높이는데 크게 기여하지 못하고 있다. 한편 장애인가구의 생활비 지출비용도 상대적으로 높게 나타나고 있다. 의료비, 교육비, 재활보조기구 구입비, 교통비 등 장애로 인한 추가비용이 발생하기 때문이다. 이러한 가구의 특수성으로 인해 장애인의 소득수준은 전체가구의 2/3에 불과하고, 절대적 빈곤층 비율은 전체 국민의 5.1배에 이를 만큼 장애인 가구의 열악한 경제적 상태는 지속되고 있다.

우리나라는 국민들의 인간다운 삶을 보장하기 위한 사회제도로서 사회보험과 공공부조 등 사회보장제도들을 운영하고 있다. 그러나 장애인들은 이러한 제도들로부터 현실적으로 배제되고 있다. 현재 우리나라의 대표적인 장애인관련 소득보장제도로는 국민연금의 장애연금, 산재보험의 장해급여, 장애수당 및 장애아동수당

등이 있다. 그러나 이 제도들 중 국민연금은 1차적 사회안전망이라고 할 수 있으나 장애인 중 국민연금 가입한 비율은 34.1%에 불과하고 장애인 수급자가 전체 등록 장애인의 3.3%에 불과한 점을 볼 때 장애인을 위한 1차 사회안전망의 역할을 하는 데 한계가 있다. 그리고 산재보험의 장해급여는 급여수준은 높지만 업무 중에 발생한 장애에 대해서만 급여가 주어지기 때문에 일반 재해 및 질병으로 인한 장애인은 급여대상에 포함되지 못한다. 장애수당도 국민기초생활보장제도 수급자 및 차상위 계층의 저소득층에만 지급되고, 급여수준 책정을 위한 최저생계비 계측 시에 장애인 가구의 특성은 반영되지 않아 설령 장애인이 수급자가 된다 하더라도 주어진 급여를 가지고 삶을 영위하기가 어렵다. 그 밖에 각종 세금제도도 모두 수급대상자가 제한적이기 때문에 현재의 제도들은 전체 장애인을 위한 소득보장제도로서는 한계가 있다고 볼 수 있다.

이와 같은 배경에서 OECD 회원국과 같이 공적연금의 사각지대를 해소하고 중증 장애인의 생활안정에 실질적으로 기여할 수 있는 장애급여로서 장애인소득보장제도에 다층 안정망을 한 축을 담당할 장애인연금법이 제정의 필요성이 대두되었다.

또한 우리사회에서 장애인 빈곤문제에 대해 본격적으로 사회적 이슈가 된 계기는 2001년 최옥란 사건이다. 뇌성마비 1급 중증장애인으로서 기초생활수급자였던 최씨는 당시 국민기초생활급여로 23만원을 받아 영구임대주택의 관리비로 13만원을 지급하고, 나머지 10만원으로 의료비와 기본적인 생활비를 감당해야만 했었다. 이처럼 그녀는 매우 열악한 빈곤현실을 개선하기 위해 최저생계비의 보장을 요구하며 온 몸으로 저항하였고, 또한 국민기초생활보장제도가 헌법에 보장되어 있는 행복추구권과 평등권을 침해한다며 헌법재판소에 위헌확인소송을 제기하기도 하였다. 이 사건으로 인해서 우리사회는 장애인의 빈곤문제에 대해 서서히 관심을 갖기 시작하였고, 이어 2002년에는 30개 장애인단체가 모여 '장애인연금제정공동대책위원회'을 결성하였다.

당시 장애계의 대안으로 제시된 장애인연금법안은 2002년 대선에서 모든 대통령후보자의 선거공약으로 채택되었다. 하지만 당선된 노무현 대통령은 장애계 요구인 장애인연금제도 마련이 아닌 기존 장애수당와 장애아동수당을 중심으로 급여

수준을 인상하는 정책을 추진하게 된다. 하지만 이 시기에 장애계의 가장 활발한 정책활동으로 어느 정도 장애인연금제도에 대한 내용의 틀이 형성되고 있었다. 2004년 한국보건사회연구원을 중심으로 '장애인 연금제도 도입방안 연구'를 추진하였고, 제17대 국회에서는 한나라당 정화원의원이 '중증장애인기초연금법안'을 그리고 열린우리당 장향숙 의원은 '장애인소득보장법안'을 각각 대표발의하였다. 그러나 이 법안들은 아쉽게도 국회회기의 만료로 인해 다음의 이명박 정부와 제18대 국회의 아젠다로 넘어가게 된다.

새롭게 시작하는 이명박 정부는 100대 국정과제 중 하나로 '중증장애인에 대한 기초연금 지급'이란 목표를 제시하였다. 또한 18대 국회에서는 장애인 국회의원들의 활동이 중요한 역할을 담당하였는데, 민주당 박은수 의원은 2009년 4월 장애계와 함께 장애인연금법안을 대표발의하였다. 장애인 전체를 대상으로 소득보전성격급여 수준을 최저임금의 1/4 이상 지급 등이 법안의 주요골자이다. 이어 2009년 9월에는 한나라당 윤석용 의원이 '중증장애인연금법안' 대표발의하였다. 이러한 흐름 속에서 이명박 정부는 2009년 4월부터 '기초장애인연금 도입추진을 위한 TF팀'을 구성하여 2009년 7월에 '중증장애인기초장애인연금법'을 입법예고하였고, 기획재정부와 예산에 대한 협의를 거쳐 2009년 10월 29일 '중증장애인연금법안'을 국회에 제출하였다.

이상의 과정을 통해 박은수 의원 발의안과 정부 발의 안이 보건복지위원회와 법안 소위원회에서 치열하게 논의되어 2009년 12월 29일 보건복지위원회의의 의결을 거치고 마침내 2010년 3월 31일 정부안이 국회 본회의에서 의결되었다. 2010년 7월 1일부터 이를 '장애인연금법'으로 개칭하여 제도를 시행하고 있다.

2. 장애인 연금정책의 목표

장애인 연금제도는 장애인의 소득보장이라는 측면 이외에도 다양한 의미를 내포하고 있는데, 첫째, 장애인 소득보장에 있어 다층적 안정망의 기본적 골격을 갖추게 되었다. 일반적으로 복지선진국에서는 소득보장제도를 하나의 제도보다는 다층제도망으로 운영하고 있는데, 안정망이 다층으로 구축될 경우 장애인의 빈곤의 위험(Risk)을 대처하는데 보다 용이하기 때문이다. 다층적 안정망은 가장 아래층의 공공부조제도가 있으며, 그 위층(1층)에 국민연금 가입 이전에 장애가 발생하거나 장애연금 수급요건이 되지 않은 경우를 포괄하는 무기여 방식의 기초연금 혹은 장애부조제가 있으며, 2층은 기여에 기반한 제도(국민연금 내 장애)인 사회보험제도가 구축되어 있다. 이 중 장애인연금은 1층에 해당되는 2차 소득보장안정망이라 할 수 있다. 근로능력이 없거나 장애로 소득이 상실된 장애인에 대해 소득보전 급여를 제공하기 때문이다. 현재 국민연금을 비롯한 공적연금제도에 가입한 장애인의 비율은 34%에 불과하며, 최근 국민연금제도의 장애연금을 수급하고 있는 등록장애인은 3%에 불과하다. 대부분 장애인들이 공적연금의 사각지대에 놓여 있기 때문에 장애인연금제도가 도입됨으로써 적절한 소득을 제공할 수 있는 토대가 마련되었다고 볼 수 있다.

둘째, 장애인연금(장애수당)의 급여수준에 대한 법적 근거가 마련되었다. 장애수당에 대한 규정은 장애인복지법 제49조 시행령(30조)에 있는데, 장애수당의 성격과 대상자의 기준에서만 제시하고 있지 급여수준에 대한 법적 기준은 없었다. 따라서 장애인연금법의 제정으로 인해 그동안 행정적 재량조치로 결정된 급여수준에 대해 법률적 안전장치를 마련하였다는 점에 의의가 있다. 여기에 장애인연급의 기초급여수준은 국민연금급여산식에서 A값에 해당되는 연금수급직전 3년간 전체국민연금가입자의 평균소득과 연동하여 자동적으로 급여수준이 향상될 수 있는 장치가 마련되었다는 점에서 의미가 있다. 이 A값은 노령연금급여에도 동일하게 적용되어 향후 장애인연금은 노령연금과 함께 기초연금의 전면적 도입의 가능성을 보여주고 있다.

끝으로 장애인연금제도는 소득보전에 보상과 추가비용보전의 성격을 규정하는데 일부 기여하였다. 그동안 장애수당은 장애인복지법에서 소득보전을 위해 지급한다고 규정되어 있지만, 시행령에서 추가지출비용을 고려해 지급한다는 규정이 있어 두 성격이 불분명하게 존재해 왔다. 하지만 장애인연금법에서는 이를 분명하게 성격을 규정하고 있다. 기초급여는 소득보전의 성격을 갖고, 부가급여는 추가비용보전의 성격을 지닌다고 명확히 규정하고 있다.

이 같은 의미를 가진 장애인 연금정책이 추구하는 목적은 법 제1조에서 제시하고 있는데 장애로 인하여 생활이 어려운 중증장애인에게 장애인연금을 지급함으로써 중증장애인의 생활 안정 지원과 복지 증진 및 사회통합을 도모하는 데 이바지함을 목적으로 한다. 여기서 중증장애인이란 「장애인복지법」 제32조에 따라 등록한 장애인 중 근로능력이 상실되거나 현저하게 감소되는 등 장애 정도가 중증인 사람으로서 대통령령으로 정하는 사람을 말한다. 즉, 생활안정과 복지증진을 위하고 결국 이를 통해 사회통합을 지향한다는 것이다.

3. 장애인 연금정책의 주요 내용

이 법은 경제활동이 어려운 18세 이상 근로무능력 중증장애인에 대한 사회보장 사각지대를 해소하고 사회통합에 기여하고자 하는 법으로서 이 법률의 구성은 총 27조와 및 부칙으로 구성되어 있으며, 그 내용은 다음과 같다.

가. 수급자의 범위

수급권자는 18세 이상의 중증장애인으로서 소득인정액이 그 중증장애인의 소득·재산·생활수준과 물가상승률 등을 고려하여 보건복지부장관이 정하여 고시하는 금액(이하 "선정기준액") 이하인 사람으로 한다. 보건복지부장관은 선정기준액을 정하는 경우에 18세 이상의 중증장애인 중 수급자가 100분의 70 수준이 되도록 한다.

다만 다음에 해당되는 연금을 받을 자격이 있거나 받고 있는 사람과 배우자에게는 장애인연금을 지급하지 않는다.

① 「공무원연금법」, 「공무원 재해보상법」, 「사립학교교직원 연금법」에 따른 퇴직연금, 퇴직연금일시금, 퇴직연금공제일시금, 장해연금, 장애보상금, 유족연

금일시금, 순직유족연금 또는 유족일시금

② 「군인연금법」에 따른 퇴역연금, 퇴역연금일시금, 퇴역연금공제일시금, 퇴역유족연금, 퇴역유족연금일시금 또는 「군인 재해보상법」에 따른 상이연금, 상이유족연금, 순직유족연금, 순직유족연금일시금

③ 「별정우체국법」에 따른 퇴직연금, 퇴직연금일시금, 퇴직연금공제일시금, 유족연금 또는 유족연금일시금

④ 「국민연금과 직역연금의 연계에 관한 법률」에 따른 연계퇴직연금 또는 연계퇴직유족연금에 따른 직역재직기간이 10년 이상인 경우의 연계퇴직연금 또는 연계퇴직유족연금

나. 장애인연금의 종류 및 내용

장애인 연금정책에서 장애인연금의 종류 및 내용은 다음과 같다.

① 기초급여: 근로능력의 상실 또는 현저한 감소로 인하여 줄어드는 소득을 보전하여 주기 위하여 지급하는 급여이다.

② 부가급여: 장애로 인하여 추가로 드는 비용의 전부 또는 일부를 보전하여 주기 위하여 지급하는 급여이다.

기초급여의 금액은 보건복지부장관이 그 전년도 기초급여액에 대통령령으로 정하는 바에 따라 전국소비자물가변동률을 반영하여 매년 고시한다. 수급권자와 그 배우자가 모두 기초급여를 받는 경우에는 각각의 기초급여액에서 기초급여액의 100분의 20에 해당하는 금액을 감액한다. 소득인정액과 기초급여액을 합한 금액이 선정기준액 이상인 경우에는 대통령령으로 정하는 바에 따라 기초급여액의 일부를 감액하여 지급할 수 있다. 수급권자 중 「기초연금법」에 따른 기초연금 수급권자에게는 기초급여를 지급하지 아니한다.

부가급여액은 월정액으로 하며, 수급권자와 그 배우자의 소득 수준 및 장애로 인한 추가비용 등을 고려하여 대통령령으로 정한다.

다. 장애인연금의 신청

장애인연금을 지급받으려는 사람은 관할 특별자치시장 · 특별자치도지사 · 시장 · 군수 · 구청장에게 장애인연금의 지급을 신청할 수 있다. 특별자치시 · 특별자치도 · 시 · 군 · 구 소속 공무원은 이 법에 따른 장애인연금을 필요로 하는 사람이 누락되지 아니하도록 하기 위하여 관할 지역에 거주하는 수급희망자 또는 수급권자에 대한 장애인연금의 지급을 신청할 수 있다. 이 경우 그 수급희망자 또는 수급권자의 동의를 받아야 하며, 그 동의는 수급희망자 또는 수급권자의 신청으로 본다.

장애인연금을 신청할 때나 특별자치시 · 특별자치도 · 시 · 군 · 구 소속 공무원이 장애인연금을 신청하는 것에 수급희망자 또는 수급권자가 동의하였을 때에는 그 수급희망자 또는 수급권자와 그 배우자는 필요한 자료 또는 정보를 보건복지부장관 및 특별자치시장 · 특별자치도지사 · 시장 · 군수 · 구청장에게 제공한다는 것에 대하여 동의한다는 뜻을 서면으로 제출하여야 한다.

라. 신청에 따른 조사

보건복지부장관 또는 특별자치시장 · 특별자치도지사 · 시장 · 군수 · 구청장은 장애인연금의 신청을 받으면 소속 공무원으로 하여금 장애인연금의 지급 결정 및 실시 등에 필요한 다음 각 호의 사항을 조사하게 할 수 있다.

① 수급희망자 또는 수급권자와 그 배우자의 소득 및 재산에 관한 사항
② 수급희망자 또는 수급권자의 가구 특성 및 장애 정도에 관한 사항
③ 수급희망자 또는 수급권자의 지급계좌 등 장애인연금의 지급에 필요한 사항

또한 연금신청을 받은 경우에는 해당 수급희망자 또는 수급권자의 장애 상태와 장애 정도를 확인하기 위하여 장애 정도를 재심사할 수 있고, 재심사를 하기 위하여 필요한 자료를 확보하기 곤란한 경우에는 보건복지부령으로 정하는 바에 따라 수급희망자 · 수급권자, 그 배우자 또는 그 밖의 관계인에게 소득 · 재산 및 장애 정도 등의 확인에 필요한 자료의 제출을 요구할 수 있다. 보건복지부 또는 특별자치

시 · 특별자치도 · 시 · 군 · 구의 소속 공무원 또는 소속 공무원이었던 자와 업무를 위탁받은 자는 얻은 정보와 자료를 이 법에서 정한 목적 외의 다른 용도로 사용하거나 다른 사람 또는 기관에 제공하거나 누설하여서는 아니 된다.

마. 장애인연금 지급결정 등

특별자치시장 · 특별자치도지사 · 시장 · 군수 · 구청장은 신청에 따라 조사를 하였을 때에는 지체 없이 장애인연금 지급의 여부와 내용을 결정하여야 한다. 장애인연금 비급의 여부와 내용을 결정하였을 때에는 그 결정의 요지, 장애인연금의 종류 및 지급 개시시기 등을 서면으로 해당 수급희망자 또는 수급권자에게 통지하여야 한다. 수급희망자 또는 수급권자에 대한 통지는 장애인연금 지급의 신청일부터 30일 이내에 하여야 한다. 다만 ① 수급희망자 또는 수급권자와 그 배우자의 소득 · 재산의 조사나 수급희망자 또는 수급권자의 장애 정도의 재심사에 시일이 필요한 특별한 사유가 있는 경우 ② 수급권자등이 신청에 따른 조사나 자료제출 요구를 거부 · 방해 또는 기피하는 경우에는 신청일부터 60일 이내에 통지할 수 있다. 이 경우 통지서에 그 사유를 분명하게 밝혀야 한다.

바. 수급자의 대한 사후관리

보건복지부장관은 수급자에 대한 장애인연금 지급의 적정성을 확인하기 위하여 매년 연간조사계획을 수립하고, 전국의 수급자를 대상으로 수급권자와 그 배우자의 소득 및 재산에 관한 사항, 수급자의 가구 특성 및 장애등급에 관한 사항 등을 조사하여야 한다. 특별자치시장 · 특별자치도지사 · 시장 · 군수 · 구청장은 연간조사계획에 따라 관할 지역의 연간조사계획을 수립하고, 관할 지역의 수급자를 대상으로 제9조 제1항 각 호의 사항을 조사하여야 한다. 특별자치시장 · 특별자치도지사 · 시장 · 군수 · 구청장은 수급자, 그 배우자 또는 그 밖의 관계인이 조사 및 자료제출 요구를 두 번 이상 거부 · 방해 또는 기피한 경우에는 수급자에 대한 장애인연금 지급 결정을 취소하거나 장애인연금 지급을 정지할 수 있다. 이 경우 서면으로 그 이유를 분명하게 밝혀 수급자에게 통지하여야 한다.

사. 장애인연금의 지급기간 및 지급시기

특별자치시장 · 특별자치도지사 · 시장 · 군수 · 구청장은 장애인연금의 지급이 결정되면 해당 수급권자에게 장애인연금을 신청한 날이 속하는 달부터 수급권이 소멸한 날이 속하는 달까지 매월 정기적으로 지급한다. 장애인연금은 그 지급을 정지하여야 할 사유가 발생한 경우에는 그 사유가 발생한 날이 속하는 달의 다음 달부터 그 사유가 소멸한 날이 속하는 달까지는 지급하지 아니한다. 다만, 정지 사유가 발생한 날과 그 사유가 소멸한 날이 같은 달에 속하는 경우에는 그 지급을 정지하지 아니한다.

아. 지급되지 아니한 장애인연금

수급자가 사망한 경우 그 수급자에게 지급되어야 할 장애인연금으로서 아직 지급되지 아니한 것이 있을 때에는 수급자의 사망 당시 생계를 같이 한 유족의 청구에 의하여 그 미지급 장애인연금을 지급한다. 그리고 수급권자가 다음 어느 하나에 해당하게 되면 그 수급권은 소멸한다.

① 사망한 경우
② 국적을 상실하거나 외국으로 이주하기 위하여 출국하는 경우
③ 제4조에 따른 수급권자의 범위에 해당하지 아니하게 된 경우
④ 장애 정도의 변경 등으로 중증장애인에 해당하지 아니하게 된 경우

또한 특별자치시장 · 특별자치도지사 · 시장 · 군수 · 구청장은 수급자가 다음 각 호의 어느 하나에 해당하게 되면 장애인연금의 지급을 정지한다.

① 수급자가 금고 이상의 실형을 선고받고 교정시설 또는 치료감호시설에 수용 중인 경우
② 수급자가 행방불명 또는 실종 등의 사유로 사망한 것으로 추정되는 경우

③ 수급자의 국외 체류기간이 60일 이상 지속되는 경우. 이 경우 국외 체류 60일이 되는 날을 지급 정지의 사유가 발생한 날로 본다.

또한 수급자는 ① 수급권의 소멸, ② 대통령령으로 정하는 기준에 해당하는 수급자 또는 그 배우자의 소득 또는 재산의 변동, ③ 수급자의 결혼 또는 이혼 등의 사유가 발생한 경우에는 보건복지부령으로 정하는 바에 따라 특별자치시장 · 특별자치도지사 · 시장 · 군수 · 구청장에게 신고하여야 한다. 다만, 수급권 소멸의 경우에는 신고의무자가 30일 이내에 그 사망 사실을 특별자치시장 · 특별자치도지사 · 시장 · 군수 · 구청장에게 신고하여야 한다.

그리고 특별자치시장 · 특별자치도지사 · 시장 · 군수 · 구청장은 이 법에 따라 장애인연금을 받은 자가 ① 거짓이나 그 밖의 부정한 방법으로 장애인연금을 받은 경우, ② 장애인연금을 받은 후 그 장애인연금을 받게 된 사유가 소급하여 소멸한 경우, ③ 잘못 지급된 경우에 해당되면 그가 받은 장애인연금의 전부 또는 일부를 환수하여야 한다.

다만, ①에 해당하는 경우에는 대통령령으로 정하는 이자를 가산하여 환수하여야 한다. 환수하여야 할 장애인연금을 받은 사람(그 사람이 사망한 경우에는 제14조에 따른 유족을 말한다)에게 지급할 장애인연금이 있는 경우 그 지급할 장애인연금을 환수할 장애인연금과 상계할 수 있다.

특별자치시장 · 특별자치도지사 · 시장 · 군수 · 구청장은 장애인연금을 반환하여야 할 사람이 기간 내에 이를 반환하지 아니하면 국세 또는 지방세 체납처분의 예에 따라 징수할 수 있다. 그리고 장애인연금을 징수할 때 반환하여야 할 자가 행방불명되거나 재산이 없거나 그 밖의 불가피한 사유가 있어 환수가 불가능하다고 인정할 때에는 결손처분할 수 있다.

자. 이의 신청과 시효

장애인연금의 지급 결정이나 그 밖에 이 법에 따른 처분에 이의가 있는 사람은 특별자치시장 · 특별자치도지사 · 시장 · 군수 · 구청장에게 이의신청을 할 수 있다.

이의신청은 그 처분이 있음을 안 날부터 90일 이내에 서면으로 할 수 있다. 다만, 정당한 사유로 그 기간 내에 이의신청을 할 수 없음을 증명한 경우에는 그 사유가 소멸한 날부터 60일 이내에 이의신청을 할 수 있다.

그리고 수급자에게 장애인연금으로 지급된 금품이나 이를 받을 권리는 압류할 수 없고, 장애인연금수급계좌의 예금에 관한 채권은 압류할 수 없다. 또한 수급자는 장애인연금을 받을 권리를 다른 사람에게 양도하거나 담보로 제공할 수 없다.

수급자의 장애인연금을 받을 권리와 장애인연금을 환수할 지방자치단체의 권리는 5년간 행사하지 아니하면 시효의 완성으로 소멸된다.

4. 장애인 연금정책의 과제

가. 제도 성격의 명확화

당초 보건복지부에서 장애인연금과 장애수당을 분리하여 운영하는 것을 검토하였으나 제도 분리에 따른 행정비용의 낭비문제와 더불어 중복수혜자 발생 등을 이유로 중증장애인 대상의 장애수당을 장애인연금으로 흡수 통합하여 운영하기로 결정되었다. 여기서 장애수당과 장애인연금에 대해 통합운영 내지 분리운영에 있어 타당성을 진단하기 위해서는 무엇보다 장애급여유형에 대한 성격을 이해하는 것이 필요하다. 대부분 국가에서는 장애급여를 두 가지로 구분하고 있는데, 하나는 장애로 인한 추가비용 지출을 보전하기 위한 급여(추가비용급여)이며 다른 하나는 '장애로 인한 소득상실을 보전하기 위한 급여(소득보전급여)이다.

첫째, 추가비용 급여는 특정 인구학적 범주(노인, 아동, 장애인 등)에 속한 계층이면 누구나 가지게 되는 특별한 욕구 즉, 추가적인 생활비 지출에 대응하기 위한 보편적 소득보장제도라고 볼 수 있다. 노인을 대상으로 지급되는 사회수당이 주로 노인의 장기요양(간병)욕구로 인한 추가적인 지출을 보전하기 위한 것이라면, 아동을 대상으로 지급하는 사회수당은 아동의 양육이라는 추가적인 지출요인에 대응하는 성격을 지니고 있다. 반면에 장애인을 대상으로 지급하는 사회수당은 장애로 인한 이동, 돌봄, 치료, 교육, 보조기기 구입 및 유지 등 다양한 생활영역에서 발생하는 추가적인 지출을 보전하는 것을 목적으로 하는 특별한 급여이다.

따라서 일반적으로 사회수당제도를 데모그란트(Demo-grant)라고 하는데 데모그란트는 인구학적 요소만 충족되면 소득수준에 상관없이 지급하는 것이 원칙이다. 즉 인구학적 특성에 따라 발생하는 문제는 그 특징이 있는 모든 사람에게 공통적으로 소득에 상관없이 국가에서 지원해 주는 것이다. 영국의 장애생계수당(Disability Living allowance), 개호수당(Attendance allowance), 호주의 이동수당(Mobility allowance)과 장애아동수당(Child allowance) 등이 대표적이다.

둘째 소득상실을 보전하기 위한 급여이다. 이는 소득을 얻을 능력이 없는 사람들에 대해 보상을 해 주는 것이다. 이는 모든 장애인에게 지급되는 것이 아니라 장애로 인해 소득 획득능력이 떨어지는 사람에게만 지급하게 된다. 여기서 소득능력 결핍이 소득의 상실로 연결되는지 여부에 견해가 다르며, 이 견해에 따라 두 가지 형태의 제도가 운영되고 있다. 첫 번째는 소득획득능력이 감소한다고 해서 반드시 소득이 낮은 것이 아니다 라는 견해이다. 이 경우에는 소득이나 자산조사를 하지 않고 중증장애인에게만 지급될 수 있다. 영국의 중증장애수당(Severe Disablement Allowance)이 대표적이다. 또 다른 견해는 소득능력의 상실이 소득의 상실로 연결된다고 보는 입장이다. 이 경우는 소득이나 자산조사를 거쳐 수당이 제공되기도 한다. 대표적인 사례로 영국의 자립생활기금(Independent Living Fund)이나 장애노동수당(Disability Working Allowance), 호주의 장애지원연금(Disability Support Pension)과 보호자급여(Carer Payment) 등을 들 수 있다. 여기에서 소득 및 자산조사를 하더라도 급여대상 기준을 공공부조의 기준보다 높게 설정하여 생활비의 추가지출을 보충해 주고 있다.

위 내용을 토대로 볼 때 장애수당은 추가비용에 대한 보상의 성격을 띠며, 장애인연금은 소득능력 상실에 대한 보상의 성격을 갖고 있다고 볼 수 있다. 하지만 현행 장애인연금제도에서 앞에서 제시한 특별한 비용에 대한 보상에 대한 급여(부가급여)와 소득능력 결핍에 대한 보상에 대한 급여(기초급여)가 한 제도에 공존하고 있어 제도성격에 논란은 계속될 전망이다. 이러한 논란을 최소화하기 위해서는 장애인연금제도가 해당 근거에 맞게 급여수준을 현실화시키는 것이 필요할 것이다.

나. 급여수준 인상

급여수준도 지속적으로 인상이 불가피하다. 최근 법률 개정으로 기초급여의 지급액이 법제정 당시보다 2배 수준인 최고 25만원까지 인상되었다. 하지만 우리나라의 장애인연금과 유사한 주요 선진국의 급여수준은 평균소득 대비 23%에 이르고 있고 있는 반면 우리나라의 장애인연금 급여수준은 평균소득 대비 비중이 현재 6.8% 수준에 머물고 있어 장기적으로 급여수준을 최소한 10%에 도달할 때까지 단계적으로 확대해야 할 것이다. 더불어 지급액의 단기적 목표로는 부가급여수준이 현실화되어야 할 것이다. 기초급여의 경우 물가변동율과 연동되어 매년 지급액이 인상될 수 있는 가능성을 담보하고 있지만 부가급여는 지급액 인상이 불확실하다는 점에서 중증장애인의 월평균 추가비용인 21만원을 목표로 매년 지속적으로 인상할 수 있는 법적 장치를 마련해야 할 것이다.

다. 급여대상의 확대

장애계에서 주장한 박은수 의원 법률안에서 대상자의 범위는 18세 이상 중 소득인정액이 하위 70% 이하의 장애인으로 설정하였다. 당시기준으로 볼 때 전체 장애인의 약 60%가 장애인연금을 받을 수 있도록 설계하였다. 하지만 현행 장애인연금제도는 선정기준액이 인상되어 왔지만, 중증장애인으로 한정하고 있어 그 급여대상자는 전체장애인의 약 14%에 불과하다. 이는 장애인 10명 중 8명 이상이 장애인연금 대상에서 제외되었다고 볼 수 있는 수치이다. 반면 노인 10명 중 7명이 기초노령연금을 받고 있는데 이러한 현실과 비교하면, 노인보다 소득수준이 더 열악하며 노동시장에 접근조차 어려운 대다수 장애인을 외면하는 것이라 하지 않을 수 없다. 이와 같이 수급대상이 제한되어 있어 국민연금의 사각지대 문제를 해소하고 장애인에 소득보장 확대에 기여한다는 당초 장애인연금의 취지에 부합하지 않는다고 볼 수 있다.

앞에서 살펴본 바와 같이 장애인연금의 성격은 소득획득능력의 상실한 사람에게 보상하는 성격의 급여이므로 중증장애인에게 지급하는 것은 일면 타당할 수 있다. 하지만 이를 위해서 소득획득능력을 측정할 수 있는 기준이 필요하다. 영국의 중증장애수당(Severe disablement allowance)의 경우 소득수준과는 상관없이 장애인으로서 28주 이상을 일할 수 없거나 만 21세 이상에서 장애가 발생한 사람은 노동력의 80%이상을 상실했다는 것이 증명되면 지급한다. 즉 소득획득능력(장애정도)만 고려하는 것이다. 또한 호주의 장애지원연금(Disability support pension)은 상시근로(일주일에 30시간 이상)를 할 수 없으며, 소득과 자산 수준이 일정기준 이하여야 한다. 소득획득능력과 소득기준을 동시에 적용하고 있다. 소득획득능력을 적용할 경우 소득수준 적용에서 발생할 부작용을 최소화할 수 있다. 소득수준을 엄격히 적용할 경우 장애인근로자는 급여대상이 되기 위해 근로소득을 감소하려는 경향을 보이는데, 소득획득능력을 적용할 경우 이러한 역기능을 극복하고 장애인 근로자의 노동동기를 강화할 수 있다.

하지만 기존의 장애등급은 철저하게 의료적, 해부학적 관점에서 적용되고 있기 때문에 소득획득능력을 측정할 적절한 기준이라 할 수 없어 노동력 상실률을 측정할 수 있는 새로운 시스템이 필요하다.

제7절 장애접근성정책

UN 장애인권리협약은 접근성을 장애인을 포함하여 모든 사람들이 쉽게 접근할 수 있고, 신체적 · 시각적 · 청각적 · 인식적 수준에서 사용할 수 있는 사물과 서비스의 수단 혹은 상황을 의미하는 것으로 정의하면서 여기에는 물리적 혹은 이미 만들어진 환경 혹은 대중교통에 대한 접근성과 정보, 의사소통에 대한 접근성을 포함시키고 있다.

장애인의 접근성 보장은 먼저, 장애인이 자율적으로 건물을 출입할 수 있고, 어떤 장소에 접근가능하고, 교통수단을 이용하는 물리적 환경에 대한 접근성 보장이다.

둘째, 물리적 환경에 대한 접근성에서 나아가 정보를 얻고 의사소통을 할 수 있는 자유의 보장까지 그 범위는 확장된다. 결국 모든 지역에서의 장애인의 자립적인 생활과 참여를 저해하는 모든 장애 요인을 제거하고, 지하철, 버스, 정보 혹은 의사소통 이용과 같은 모든 형태의 환경 및 조건들에 대한 구조적인 차별을 근절하도록 적극적이고 긍정적인 조치들을 세부적으로 규정하게 되는 것이다. 즉 장애인에게는 교육, 의료, 정보이용, 근로 등 삶의 모든 영역에서 비장애인과 동등하게 권리를 행사하기 위한 적절한 조정과 변형이 필요하며 궁극적으로 모든 사람의 접근성을 보장하는 구조적 변화가 요구되는 것이다. 또한, 특징적으로 의사소통이나 감각기능에 장애가 있는 장애인을 위한 별도의 조치 마련을 규정하여 시각 및 청각장애인의 기본적인 접근성 향유권을 보장하고 있다.

특히 정보접근성은 변화하는 현대사회에서 필수적인 부분으로 떠오르고 있다. 이와 관련하여 장애인권리협약은 각 당사국이 장애인이 인터넷을 비롯한 새로운 정보습득 및 공유수단, 새로운 의사소통 수단을 이용 및 활용할 수 있도록 정보 및 정보기술에 대한 접근성을 보장하는 구체적인 방안을 마련하도록 하기 위해 장애인의 정보접근성의 보장을 강조하고 있다. 장애인 정보화의 증진은 사회통합의 한 방편으로서 장애인이 스스로 정보통신을 활용하여 사회 환경에 적응하게 하고, 정보통신기술과 서비스 역시 장애인을 이용자로서 배려하도록 돕게 될 것이다. 따라서 궁극적으로 정보통신기기와 서비스를 장애인도 접근·이용할 수 있고, 장애인에게 정보통신기기와 특수한 하드웨어, 소프트웨어를 개발, 보급, 교육하며 비용을 보조해 주는 노력이 진행되어야 할 것이다.

따라서 이 절에서는 장애인의 정보접근성을 편의시설과 이동, 정보로 구분하여 살펴보았다.

1. 장애인 편의시설정책

가. 제정배경

장애인편의시설에 대한 접근성정책의 시작은 1981년 심신장애자복지법에 관련 규정은 있었지만 실제적인 수단이 없었기 때문에 실제적으로는 이 법률에 의해 1994년 보건복지부령으로 제정된 장애인편의시설 및 설비의 설치기준에 관한 규칙이며 이 규칙의 시행으로 편의시설과 이동권에 대한 장애인들의 욕구가 점차 증대하기 시작하고 김영상정부에서 제1야당의 국회의원이던 이성재 의원을 중심으로 현 편의증진 정책의 시초가 된 "장애인·노인·임산부 등 이동약자의 자유로운 사회적 이동, 접근과 사회적 정보에의 접근을 보장하기 위한 접근보장기본법(안)"을 발의하게 되었고 여당도 "장애인·노인·임산부 등의 편의증진 보장에 관한 법률"을 발의하게 되어 병합심사 후 1997년 4월 10일 편의증진정책이 도입되게 되었다.

나. 장애인 편의시설정책의 목표

장애인 편의시설정책이 추구하는 목표는 장애인·노인·임산부 등이 일상생활에서 안전하고 편리하게 시설과 설비를 이용하고 정보에 접근할 수 있도록 보장함으로써 이들의 사회활동 참여와 복지 증진을 제시함으로써 편의시설정책의 대상집단을 장애인만이 아니라 포괄적인 개념을 대상으로 하며 또한 이 정책의 접근성은 시설과 설비만이 아니라 정보까지를 포함하며 이 정책의 기본 이념은 사회참여임을 명확히 제시하고 있다.

다. 장애인 편의시설정책의 주요 내용

1) 대상 시설과 편의시설 설치기준

장애인 편의시설정책에서의 접근권은 인간으로서의 존엄과 가치 및 행복을 추구할 권리를 보장받기 위하여 장애인 등이 아닌 사람들이 이용하는 시설과 설비를 동등하게 이용하고, 정보에 자유롭게 접근할 수 있는 권리임을 명시함으로써 우리 헌법이 추구하는 행복추구권이라는 국민으로서 기본적 권리임을 명시하고 있으며 대상시설은 공원, 공공건물 및 공중이용시설, 공동주택, 통신시설, 그 밖에 장애인 등의 편의를 위하여 편의시설을 설치할 필요가 있는 건물, 시설 및 구 부대시설이다. 여기서 공원이란 「자연공원법」 자연공원과 공원시설, 「도시공원 및 녹지 등에 관한 법률」 도시공원과 공원시설을 의미하며, 공공건물 및 공중이용시설은 불특정 다수가 이용하는 건축물, 시설 및 그 부대시설로서 「건축법 시행령」 규정의 용도별 건축물의 종류에 따른 건축물 중 제1종 근린생활시설 및 제2종 근린생활시설, 문화 및 집회시설, 종교시설, 판매시설, 의료시설, 교육연구시설, 노유자시설, 수련시설, 운동시설, 업무시설, 숙박시설, 공장, 자동차관련시설, 교정시설, 방송통신시설, 묘지 관련 시설, 관광 휴게시설 및 장례식장을 의미한다.

또한 공동주택은 「주택법」의 공동주택을 의미하며, 통신시설은 「전기통신기본법」의 전기통신설비와 「우편법」의 우편물 등 통신을 이용하는 데에 필요한 시설을 의미한다.

편의시설의 설치하여야 하는 편의시설의 종류는 대상시설별로 차이가 있는데 먼저 편의시설의 종류는 공원의 경우는 출입구, 보도, 화장실, 점자블록, 시각장애인 유도 및 안내 설비, 장애인 등의 이용이 가능한 매표소, 판매기 또는 음료대이며, 공공건물 및 공중이용시설의 경우 일반시설의 경우는 접근로, 장애인 전용주차구역, 건축물 출입구, 복도, 계단, 승강기, 에스컬레이터, 리프트, 경사로, 화장실, 욕실, 샤워실, 탈의실, 점자블록, 시각장애인 유도 및 안내 설비, 시각, 청각장애인 경보, 피난설비, 객실 또는 침실, 관람석, 열람석, 무대, 접수대 또는 작업대, 매표소, 판매기 또는 음료대, 임산부를 위한 휴게시설이다. 또한 제1종 근린시설, 생활시설, 제2종 근린시설, 문화 및 집회시설, 종교시설, 판매시설, 의료시설, 교육연구시설, 노유자시설, 수련시설, 운동시설, 업무시설, 숙박시설, 공장, 자동차 관련시설, 방송통신시설, 교정시설, 묘지 관련시설, 관광휴게시설, 장례식장 등의 따라 매개시설, 내부시설, 위생시설, 안내시설, 그 밖의 시설별로 차이가 있다.

공동주택이 설치해야 하는 편의시설의 종류 중 일반사항은 접근로, 장애인 전용주차구역, 건축물 출입구, 복도, 계단, 승강기, 에스컬레이터, 리프트, 경사로, 화장실, 욕실, 샤워실, 탈의실, 점자블록, 시각장애인 유도 및 안내 설비, 시각, 청각장애인 경보, 피난설비, 부대시설 및 복리시설이며 아파트, 연립주택, 다세대 주택, 기숙사에 따라 매개시설, 내부시설, 위생시설, 안내시설, 그 밖의 시설별로 차이가 있다.

통신시설은 공중전화와 우체통이 해당되는 편의시설의 종류이다.

장애인전용주차구역에 대하여는 편의시설 외에 주차구역 표지 등의 기준들이 제시되고 있는데 먼저, 국가보훈처장과 특별자치시장 · 특별자치도지사, 시장 · 군수 · 구청장은 보행에 장애가 있는 사람이 신청하는 경우 장애인전용주차구역에 주차할 수 있음을 표시하는 장애인전용주차구역 주차표지를 발급하여야 하며, 둘째, 국가보훈처장과 특별자치시장 · 특별자치도지사, 시장 · 군수 · 구청장은 장애인전용주차구역 주차표지를 발급받은 자가 그 표지를 양도 · 대여하는 등 부당한 목적으로 사용한 경우에는 그 표지를 회수하거나 재발급을 제한할 수 있다. 셋째, 누구든지 장애인전용주차구역 주차표지가 붙어 있지 아니한 자동차를 장애인전용주차구역에 주차하여서는 아니 된다. 장애인전용주차구역 주차표지가 붙어 있는 자동차에 보행에 장애가 있는 사람이 타지 아니한 경우에도 같다.

넷째, 누구든지 장애인전용주차구역에 물건을 쌓거나 그 통행로를 가로막는 등 주차를 방해하는 행위를 하여서는 안 된다.

다섯째, 시설주관기관은 복지 또는 교통 관련 공무원 등 소속 공무원에게 이 조항을 위반하여 장애인전용주차구역에 주차하고 있는 자동차를 단속하게 할 수 있다.

그리고 장애인전용주차구역의 주차방해 행위를 한 자나 주차한 사람, 주차표지를 붙이지 아니하고 주차한 자동차, 장애인전용주차구역 주차표지가 붙어 있는 자동차로서 보행에 장애가 있는 사람이 타지 아니한 자동차에 대하여는 과태료를 부과하도록 하여 장애인의 접근권을 보장하기 위한 노력을 하고 있다.

2) 국가와 지방자치단체 등 책무

장애인 편의시설정책은 장애인 등의 접근성을 효율적으로 확보할 수 있도록 국가와 지방자치단체, 시설주의 책무를 규정하고 있는데, 먼저, 국가와 지방자치단체는 장애인등이 일상생활에서 안전하고 편리하게 시설과 설비를 이용하고, 정보에 접근할 수 있도록 각종 시책을 마련하여야 하며, 둘째, 민간의 편의시설 설치 부담을 덜고 그 설치를 촉진하기 위하여 금융 지원과 기술 지원 등 필요한 조치를 마련하여야 하며, 셋째, 편의시설에 관한 연구개발을 촉진하기 위한 시책을 마련하여야 함을 규정하여 국가와 지방자치단체의 책무가 장애인 등의 접근권을 위한 중요한 위치에 있음을 제시하고 있다.

시설주는 대상시설을 설치하거나 대통령령으로 정하는 주요 부분을 변경(용도변경을 포함)할 때에는 장애인등이 대상시설을 항상 편리하게 이용할 수 있도록 편의시설을 설치기준에 적합하게 설치하고, 유지 · 관리하여야 하는 책무를 규정하고 있다. 이 경우 세부기준에 적합한 편의시설을 설치하기가 구조적으로 곤란한 경우나 세부기준에 적합하게 편의시설을 설치하면 안전 관리에 중대한 위험을 초래할 우려가 있는 경우, 대상시설의 용도와 주변 여건에 비추어 볼 때 세부기준을 완화하여 적용하는 것이 더 적절하다고 인정되는 경우, 세부기준에 적합한 편의시설을 설치할 경우, 「문화재보호법」에 따른 문화재로서의 역사적인 가치를 손상할 우려가 있는 경우, 과학기술의 발전 등에 따라 세부기준보다 안전하고 편리한 대안을 제시하는 경우는 시설주관기관의 승인을 받아 완화된 기준을 적용할 수 있다.

여기서 시설주관기관이란 편의시설의 설치와 운영에 관하여 지도하고 감독하는 중앙행정기관의 장과 특별시장 · 광역시장 · 특별자치시장 · 도지사 · 특별자치도지사 및 교육감을 의미한다.

또한 시설주관기관은 편의시설 설치기준의 적합성 확인과 부적합 경우에는 상당한 기간을 정하여 시설주등에게 보완을 요구하여야 하며 이 경우 장애물 없는 생활환경 인증(BF)을 받은 대상시설은 적합성 확인을 받은 것으로 본다.

3) 실태조사와 편의시설 설치계획의 수립

장애인 등의 편의시설 활성화 정책의 기초자료 확보와 접근권을 개선하기 위하여 시설주관기관은 매년 전수조사 또는 표본조사의 방법으로 실태조사를 실시하되, 5년마다 1회는 전수조사의 방법으로 하며 그 결과는 공표하도록 하여 국가나 지방자치단체, 시설주가 모두 책무를 이행할 수 있도록 유도하고 있다.

실태조사의 내용은 대상시설별로 설치하여야 하는 편의시설의 설치 여부와 편의시설의 구조 · 재질 등에 관한 세부기준에의 적합 여부, 그 밖에 보건복지부장관이 장애인등의 편의증진을 위하여 필요하다고 인정하는 사항이며 조사과정에서 필요하면 시설주에게 자료제출을 요구할 수 있으며 이 경우 시설주는 정당한 사유가 없으면 이에 따라야 한다.

또한 공표 시에 포함되어야 할 내용은 조사개요 및 조사방법, 편의시설 종류별 설치 현황, 건축물 유형별 편의시설 설치 현황, 시설주별 편의시설 설치 현황, 지역별 편의시설 설치 현황, 그 밖에 보건복지부장관이 필요하다고 인정한 사항 등이다.

편의시설 설치를 촉진하기 위한 수단의 하나로 편의시설 설치계획 수립과 보고를 하도록 하고 있는데 시설주관기관은 편의시설 설치를 촉진하기 위하여 소관 대상시설에 대한 편의시설 설치계획을 수립 · 시행하여야 하며, 이 계획에는 대상 시설의 편의시설 설치실태 및 정비계획, 대상 시설의 건축 · 대수선(大修繕) · 용도변경 등에 따른 편의시설 설치계획, 대상시설 및 편의시설 설치 기준에 관한 홍보가 포함되어야 하며 5년마다 수립하여 보건복지부장관에게 제출하도록 하고 있으며 시행실적의 경우는 매년 보고하도록 하고 있다.

4) 장애물 없는 생활환경 인증

장애물 없는 생활환경 인증제도는 장애인등이 대상시설을 안전하고 편리하게 이용할 수 있도록 편의시설의 설치·운영을 유도하기 위하여 계획·설계·시공 여부를 공신력 있는 기관이 평가하여 인증하는 제도이며 인증대상은 개별시설과 지역인증으로 구분되며 개별시설은 도로, 공원, 여객시설, 건축물, 교통수단이다. 이 시설 중 의무적으로 인증을 받아야 하는 시설은 국가나 지방자치단체가 지정·인증 또는 설치하는 공원 중 「도시공원 및 녹지 등에 관한 법률」의 도시공원 및 공원시설과 국가나 지방자치단체가 신축하는 청사, 문화시설 등의 공공건물 및 공중이용시설이나 국가나 지방자치단체 외의 자가 신축하는 공공건물 및 공중이용시설로서 시설의 규모, 용도 등을 고려하여 적용시설을 대통령령으로 정하고 있다.

인증의 종류는 예비인증과 본 인증으로 구분되며 예비인증은 인증대상 사업의 사업계획 또는 설계도면 등을 참고하여 본인증 전에 신청하며 본 인증은 건출물의 공사완료 후에 신청하여 인증을 받아야 한다.

인증등급은 최우수와 우수, 일반으로 구분되며 인증기관은 한국장애인개발원, 한국장애인고용공단, 한국토지주택공사이다.

5) 이행장치

장애인 편의시설정책의 이행을 위한 여러 가지 장치를 두고 있는데 설치계획과 시행 실적 제출과 함께 자료제출 요구와 검사, 시정명령, 이행강제금제도를 도입하고 있다.

자료제출요구와 검사는 보건복지부장관과 시설주관기관은 이 시설주에게 편의시설의 설치와 운영에 관련된 자료의 제출을 요구하거나 소속 공무원에게 설치된 편의시설이 편의시설의 설치기준에 적합한지를 검사하게 할 수 있다. 이 경우 시설주는 정당한 사유가 없으면 이에 따라야 하도록 규정하고 있다.

또한 시설주가 이 정책에 위반된 경우에는 그 시설주에게 기간을 정하여 이 법에 적합하도록 편의시설을 설치하거나 관리·보수 또는 개선하는 등 필요한 조치를 할 것을 명할 수 있으며 또한 시설주관기관에 소관 대상시설에 대한 편의시설을 설치하거나 관리 · 보수 또는 개선하는 등 시정조치를 할 것을 요청할 수 있으며, 시설주관기관은 정당한 사유가 없으면 이에 따라야 한다.

만약 시정명령을 받고 기간 내에 그 명령을 이행하지 아니한 시설주에게 편의시설 설치비용 등을 고려하여 3천만원 이하의 이행강제금을 부과하며, 최초로 시정명령을 한 날을 기준으로 하여 매년 1회 그 시정명령이 이행될 때까지 반복하여 이행강제금을 부과 · 징수할 수 있다. 이 과정에서 시정명령을 받은 자가 그 명령을 이행하면 새로운 이행강제금의 부과를 즉시 중지하되, 이미 부과된 이행강제금은 징수하여야 한다. 이행강제금을 부과 받은 자가 이행강제금을 기한까지 내지 아니하면 국세 체납처분의 예 또는 「지방세외수입금의 징수 등에 관한 법률」에 따라 징수하도록 하여 이행촉진을 유도하고 있다.

라. 장애인 편의시설정책의 과제

장애인 편의시설정책은 접근권이라는 측면에서 장애인의 사회참여와 삶에 중요한 역할을 하게 된다. 그러나 이 정책은 건축법이나 관련한 주류화 법률이 아니기 때문에 설계에서부터 반영되기보다 시공 후 이루어지는 경우가 있는 등 많은 과제를 가지고 있다. 이와 같은 측면에서 우선적으로 개선되어야 하는 과제를 정리하면 다음과 같다.

첫째, 편의시설정책의 보편적 설계와 서비스라는 주류화 관점의 접근이 필요하다.

둘째, 인증대상 시설이 전국적으로 증대하는 상황에서 인증기관이 확대되어야 한다.

셋째, 적용 대상 시설과 시설기준이 확대되어야 한다.

넷째, 민간 대상 시설과 이외의 시설이 장애인 편의정책을 이행할 수 있도록 인센티브 등의 유도정책 마련이 필요하다.

2. 장애인 이동편의정책

가. 제정배경

이동편의 접근성정책도 장애인 편의시설정책과 마찬가지로 1981년 심신장애자복지법에 선언적 의미의 접근권이 명시되었으나 구체적인 정책수단은 만들어지지 않았으며 1997년 「장애인·노인·임산부 등의 편의증진 보장에 관한 법률」에서 교통시설과 교통수단에 대한 접근성외에는 없었다. 그러나 장애인의 자립생활이나 사회참여에 대한 인식이 확산되면서 점차 이동권에 대한 장애인 당사자의 강한 욕구가 표출되기 시작하였고 2002년 제2차 장애인복지발전5개년계획을 수립하는 과정에서 장애인, 고령자 등의 교통약자의 이동편의를 체계적으로 지원하기 위한 법률의 필요성이 계획되고 이 계획에 기반하여 장애인·고령자·임산부 등 교통수단의 이용 및 보행에 어려움을 겪고 있는 교통약자의 비율이 증가함에 따라 이들이 생활을 영위함에 있어 안전하고 편리하게 이동할 수 있도록 교통수단·여객시설 및 도로에 이동편의시설을 확충하고 보행환경을 개선하여 인간중심의 선진교통체계를 구축함으로써 이들의 사회참여와 교통복지 증진에 이바지하려는 교통약자의 이동편의 증진법이 2005년 1월 제정되고 2006년 1월 28일부터 시행되었다.

나. 장애인 이동편의정책의 목표

장애인 이동편의정책의 목표는 교통약자가 안전하고 편리하게 이동할 수 있도록 교통수단, 여객시설 및 도로에 이동편의시설을 확충하고 보행환경을 개선하여 사람중심의 교통체계를 구축함으로써 교통약자의 사회 참여와 복지 증진에 이바지하는 것으로 이동편의정책은 이동과 관련한 교통수단만이 아니라 관련 시설과 도로를 포함하는 개념으로 확산하여 이동권을 보장할 것을 목표로 설정하였다. 특히 이 정책의 목표에서의 이동권이 인간으로서의 존엄과 가치 및 행복을 추구할 권리를 보장받기 위하여 교통약자가 아닌 사람들이 이용하는 모든 교통수단, 여객시설 및 도로를 차별 없이 안전하고 편리하게 이용하여 이동할 수 있는 권리를 의미함을 규정함으로써 편의시설정책과 마찬가지로 국민의 기본권으로서의 목표를 제시하고 있다.

다. 장애인 이동편의정책의 주요 내용

1) 교통약자와 이동편의에 대한 정의

장애인 이동편의정책에서 교통약자는 장애인, 고령자, 임산부, 영유아를 동반한 사람, 어린이 등 일상생활에서 이동에 불편을 느끼는 사람으로 특정인을 지칭하기보다는 이동에 불편을 느끼는 광의적 개념을 사용함으로써 보편적 접근을 하고 있다.

이동편의에 적용되는 영역은 교통수단, 여객시설, 도로, 이동편의 시설이 해당되는데 여기서 교통수단이란 사람을 운송하는 데 이용되는 것으로서 「여객자동차 운수사업법」에 따른 노선 여객자동차운송사업에 사용되는 승합자동차, 「도시철도법」에 따른 도시철도의 운행에 사용되는 차량, 「철도산업발전기본법」에 따른 철도차량 중 여객을 운송하기 위한 철도차량, 「항공안전법」에 따른 항공기 중 민간항공에 사용되는 비행기, 「해운법」에 따른 해상여객운송사업에 사용되는 선박, 「대도시권 광역교통 관리에 관한 특별법」에 따른 도시철도 또는 철도이다.

여객시설은 여객의 교통수단 이용을 위하여 제공되는 시설 또는 인공구조물로서 「여객자동차 운수사업법」에 따른 여객자동차터미널 및 노선 여객자동차운송사업에 사용되는 정류장, 「도시철도법」에 따른 도시철도 중 차량을 제외한 도시철도시설, 「철도산업발전기본법」에 른 철도시설, 「도시교통정비 촉진법」에 따른 환승시설, 「공항시설법」에 따른 공항 및 공항시설, 「항만법」에 따른 무역항에 설치되어 있는 항만시설, 광역철도의 시설 중 여객을 위하여 제공되는 시설이다.

이동편의시설은 휠체어 탑승설비, 장애인용 승강기, 장애인을 위한 보도, 임산부가 모유수유를 할 수 있는 휴게시설 등 교통약자가 교통수단, 여객시설 또는 도로를 이용할 때 편리하게 이동할 수 있도록 하기 위한 시설과 설비이다.

2) 국가와 교통사업자 등의 책무

이동편의정책의 이행과 확산을 촉진하기 위하여 정책의 책임이 있는 국가와 교통사업자 등의 책무를 규정하고 있는데 국가의 책무는 교통약자가 안전하고 편리하게 이동할 수 있도록 교통수단과 여객시설의 이용편의 및 보행환경 개선을 위한 정책을 수립하고 시행하여야 한다. 또한 교통사업자는 교통약자의 이동편의 증진을 위하여 이 법에서 정하는 이동편의시설 설치기준을 준수하고 교통약자에 대한 서비스 개선을 위하여 지속적으로 노력하여야 하며, 교통수단을 제작하는 사업자는 교통약자가 편리하게 이동할 수 있는 구조 · 설비 또는 장치를 갖춘 교통수단을 개발 · 제조하기 위하여 노력하여야 함을 규정함으로써 이동편의정책이 성과를 내기 위해서는 국가 및 지방자치제만이 아니라 교통사업자의 역할이 중요함을 강조하고 있다.

3) 이동편의정책의 대상과 설치기준

이동편의정책의 대상은 교통수단과 여객시설, 도로이며 설치기준은 대상 시설의 규모와 용도에 따라 다르나 교통시설은 버스(시내버스, 농어촌 버스, 마을버스, 시외버스), 철도차량, 도시철도차량, 항공기, 선박, 광역철도이며 여객시설은 터미널, 버스 정류장, 역사, 환승시설, 공항 시설, 항만 시설, 광역철도 역사이며 도로는 도로와 준용도로를 모두 포함한다. 편의시설유형은 교통시설은 안내시설, 내부시설, 그 밖의 시설, 여객시설은 매개시설, 내부시설, 위생시설, 안내시설, 그 밖의 시설, 도로는 교통약자가 통행할 수 있는 보도, 교통약자가 통행할 수 있는 지하도 및 육교, 장애인 전용주차구역, 교통약자가 이용할 수 있는 휴게실 및 지하도 상가, 교통약자가 이용할 수 있는 음향신호기 등의 이동 편의시설에 따라 다르게 적용된다.

그리고 이와 같은 설치기준이 잘 적용되고 있는 지를 확인하기 위하여 교통행정기관은 교통수단과 여객시설에 대한 면허 · 허가 · 인가 등을 하는 경우 교통수단과 여객시설에 설치된 이동편의시설이 설치기준에 맞는지를 심사하여야 하며 시 · 도지사 또는 시장 · 군수 · 구청장이 실시하는 이동편의시설의 설치 및 관리 등에 관한 교육을 받아야 하도록 하여 설치대상 시설이 설치기준에 적합하도록 이동권 보장을 실행하도록 하고 있다.

여기서 교통사업자의 의미는 「여객자동차 운수사업법」, 「도시철도법」, 「철도사업법」, 「항공사업법」, 「공항시설법」, 「항만법」, 「해운법」 등의 관계 법령에 따라 교통행정기관으로부터 면허 · 허가 · 인가 · 위탁 등을 받거나 교통행정기관에 등록 · 신고 등을 하고 교통수단을 운행 · 운항하거나 여객시설을 설치 · 운영하는 자를 말하며, 교육의 대상은 교통사업자와 승무원을 의미하며 승무원은 「항공안전법」에 따른 객실승무원과 「철도안전법」에 따른 여객승무원이다.

4) 실태조사와 이동편의 증진계획의 수립

교통약자의 이동편의 증진을 위한 정책을 효과적으로 수립하는 데 필요한 기초자료를 생성하고 궁극적으로 장애인의 이동권을 보장하기 위하여 실태조사와 연구, 개발 사업을 하도록 하며 실태조사는 교통약자의 숫자 등 현황, 교통약자의 이동 실태, 이동편의시설의 설치 및 관리 현황, 보행환경 실태, 교통수단, 여객시설, 이동편의시설 및 보행환경에 대한 교통약자의 만족도, 교통이용편의서비스의 제공 현황, 그 밖에 교통약자의 이동편의 증진을 위하여 필요한 사항이 포함되도록 하며 조사는 기초자치단체별로 실태조사를 매년 전수조사 또는 표본조사의 방법으로 실시하되, 5년마다 1회는 전수조사의 방법으로 하도록 하고 있다.

연구, 개발 사업은 교통약자의 이동편의를 위한 교통수단, 여객시설 및 이동편의시설의 기준에 관한 사항이나 저상버스 및 휠체어 탑승설비를 장착한 버스의 표준모델 개발, 장애인이나 고령자가 직접 운전하는 데에 필요한 운전장치 또는 차량의 개발, 특별교통수단으로 이용할 수 있는 차량의 개발, 특별교통수단에 장착되는 휠체어 탑승설비의 표준모델 개발, 보행환경의 개선, 그 밖에 교통약자의 이동편의 증진을 위하여 이동편의시설의 유지 · 관리 방법에 관한 사항, 교통이용 정보체제에 관한 연구를 하도록 하고 있다.

5) 특별교통수단, 자가운전지원과 보행우선 구역 및 보행안전시설물

장애인 등의 이동편의를 증진하기 위한 서비스 중에는 특별교통운송 수단과 자가운전 지원이 있다.

특별운송 수단은 기초자치단체별로 이동에 심한 불편을 느끼는 교통약자의 이동편의를 위하여 장애의 정도가 심한 장애인 150명당 1대를 특별교통수단을 운행하도록 규정하고 특별운송수단이란 이동에 심한 불편을 느끼는 교통약자의 이동을 지원하기 위하여 휠체어 탑승설비 등을 장착한 차량을 의미한다. 또한 특별교통수단을 이용하려는 교통약자와 특별교통수단을 운행하는 자를 통신수단 등을 통하여 연결하여 주는 이동지원센터를 설치하도록 하였다.

특별교통수단을 이용할 수 있는 교통약자의 범위는 「장애인복지법 시행규칙」에 따른 보행상의 장애인으로서 장애의 정도가 심한 장애인으로서 버스·지하철 등의 이용이 어려운 사람과 65세 이상의 사람으로서 버스·지하철 등의 이용이 어려운 사람, 교통약자에 준하는 사람으로서 지방자치단체의 조례로 정하는 사람, 교통약자를 동반하는 가족 및 보호자이며 특별교통수단으로 운행되는 차량의 종류는 현재 위치에서 목적지까지의 이동을 지원하는 차량이나 정기적으로 지정된 노선을 순회 이동하는 차량이며 특별교통수단에 장착하여야 하는 탑승설비의 구조·재질 및 성능 등에 관한 규격 및 기준은 구체적으로 제시하고 있다.

자가운전 지원은 장애인이나 고령자가 직접 운전하여 안전하고 편리하게 이동할 수 있도록 운전면허제도를 정비하는 등 필요한 시책과 장애인의 경제적 부담을 덜어 주기 위하여 관계 법령에서 정하는 바에 따라 운임이나 요금을 감면하는 것이다.

보행우선 구역은 교통약자를 포함한 보행자의 안전하고 편리한 보행환경을 위하여 필요하다고 인정할 때에는 도로의 일정 구간을 보행우선구역으로 지정할 수 있으며 이를 위해 시장이나 군수는 보행우선구역의 지정 및 유지·관리를 위한 계획을 수립하여야 하며, 이 계획에는 해당 보행우선구역의 위치·면적, 그 밖에 교통현황의 조사·분석에 관한 사항, 보행우선구역에 설치하여야 하는 속도 저감시설 및 횡단시설 등 보행안전시설물의 종류·수량에 관한 사항, 보행우선구역에서 자동차의 일방통행 등 보행자의 안전 및 편의를 위한 조치계획에 관한 사항, 보행우선구역에 설치된 도로 점용물의 이설계획에 관한 사항, 보행우선구역에 도로 점용허가를 받지 아니하고 설치된 시설물의 정비계획에 관한 사항, 보행우선구역의 정비에 필요한 예산에 관한 사항이 포함되어야 한다.

또한 지정된 보행우선 구역에서는 자동차의 일방통행 등 통행 제한, 자동차 운행속도 제한, 자동차의 정차나 주차의 금지 등의 조치를 요청할 수 있으며, 보행우선구역에서 보행자가 안전하고 편리하게 보행할 수 있도록 속도 저감시설, 횡단시설, 대중교통정보 알림시설 등 교통안내시설, 보행자 우선통행을 위한 교통신호기, 자동차 진입억제용 말뚝, 교통약자를 위한 음향신호기 등 보행경로 안내장치, 그 밖에 보행자의 안전과 이동편의를 위하여 보호형 방호 울타리 등을 설치하도록 하고 있다.

6) 장애물 없는 생활환경 인증

국토교통부장관은 교통약자가 안전하고 편리하게 이동할 수 있도록 이동편의시설을 설치한 교통수단 · 여객시설 및 도로에 장애물 없는 생활환경 인증을 할 수 있으며 세부적인 사한은 장애인 편의시설정책의 인증과 동일하다.

7) 이행장치

장애인 이동편의정책의 이행을 위한 여러 가지 장치를 두고 있는데 보고, 검사와 시정명령, 이행강제금제도를 도입하고 있다.

보고 및 검사는 교통사업자에 대하여 이동편의시설의 설치 또는 유지 · 관리와 관련되는 사항에 관하여 보고하게 하거나 관련 자료를 제출하게 할 수 있으며 필요하다고 인정할 때에는 소속 공무원으로 하여금 이동편의시설이 설치기준에 맞게 설치되거나 유지 · 관리되는지에 관하여 검사하게 하거나 관계인에게 질문하게 할 수 있다.

또한 교통사업자가 이 정책에 위반된 경우에는 그 교통사업자 1년 이내의 기간을 정하여 이동편의시설을 설치하도록 명하거나 설치기준에 맞게 이동편의시설을 개선할 것을 명할 수 있다.

만약 시정명령을 받고 기간 내에 그 명령을 이행하지 아니한 대상시설에 이동편의시설의 설치 비용을 고려하여 3천만원 이하의 이행강제금을 부과하며, 최초의 시정명령을 한 날을 기준으로 하여 매년 1회 그 시정명령이 이행될 때까지 반복하여 이행강제금을 부과·징수할 수 있으며 시정명령을 받은 자가 시정명령을 이행하면 새로운 이행강제금 부과를 즉시 중지하되 이미 부과된 이행강제금은 징수하여야 한다. 이 경우 이행강제금 부과처분을 받은 자가 납부기한까지 이행강제금을 내지 아니하면 국세 체납처분의 예 또는 「지방세외수입금의 징수 등에 관한 법률」에 따라 징수한다.

라. 장애인 이동편의정책의 과제

장애인 이동편의정책은 접근권이라는 측면에서 장애인의 사회참여와 삶에 중요한 역할을 하게 된다. 그러나 이 정책은 교통법이나 관련한 주류화 법률이 아니기 때문에 설계나 제작과정에서부터 반영되기보다 시공이나 제작 후 이루어지는 경우가 있는 등 많은 과제를 가지고 있다. 이와 같은 측면에서 우선적으로 개선되어야 하는 과제를 정리하면 다음과 같다.

첫째, 이동편의정책의 보편적 설계와 서비스라는 주류화 관점의 접근이 필요하다.

둘째, 인증대상 시설이 전국적으로 증대하는 상황에서 인증기관이 확대되어야 한다.

셋째, 적용 대상 이동편의 시설과 시설기준이 확대되어야 한다.

넷째, 민간 대상 시설과 이동차량이 정책을 이행할 수 있도록 인센티브 등의 유도정책 마련이 필요하다.

다섯째, 특별수단을 통한 이동권을 증진하는 경우라 하더라도 주류화 이동수단과의 통합이나 연계가 이루어질 수 있도록 해야 한다.

3. 장애인 정보접근성정책

가. 제정배경

정보통신기술(Information-telecommunication technology)이 우리 생활 속으로 급속히 스며들면서 가정생활이나 사회생활은 물론 장애인의 재활 환경에도 많은 변화를 가져다주고 있다. 원래 이 기술은 정보, 통신의 질적 수준을 높이고 정보를 보다 편리하게 활용하기 위한 기술적 수단과 그것이 제공하는 새로운 서비스까지 통칭하는 개념으로 이해할 수 있을 것이며, 특히 다음과 같은 특성을 갖기 때문에 장애인들에게 있어서 많은 기대와 희망을 던져 주는 것이다.

첫째, 정보통신기술은 고도의 객관성을 기본으로 하고 있다는 것이다. 이 기술은 장애인의 일상생활뿐만이 아니라 감정이나 희망, 적성과 같은 추상적인 부문까지도 객관화하고 수치화한다는 특성을 가지기 때문에 장애인들이 장애를 극복하는데 있어 새로운 패러다임을 제시하고 있다.

둘째, 폭넓은 호환성이다. 정보, 통신매체에 의해 디지털(Digital) 방식으로 처리된 정보는 원칙적으로 자유롭게 서로 다른 종류의 정보로 변형되며, 따라서 상이한 영역 간에 호환적으로 이용될 수 있어, 장애인들 간의 의사소통을 가능하게 하고 사회참여의 폭을 넓힌다.

이런 상황으로 인해 재활환경은 다른 어떤 환경보다도 정보공학의 많은 영향을 받고 있으며, 실제 정보공학이 재활현장에 소개되고 공유(Interface)된다면 장애인의 사회통합은 훨씬 더 용이해질 것이다. 이를 반영하듯 정부는 1998년 12월 21일 급격히 진전되고 있는 정보화 환경변화를 수용하고 21세기 지식 정보화 사회에 대응하기 위해 정보화촉진기본법 개정안을 입법예고함으로써 장애인들이 정보화 혜택을 누릴 수 있도록 하기 위해 정보통신 요금인하, 정보통신기기개발, 정보이용능력 제고방안 등을 마련해서 시행할 수 있도록 법적 근거를 마련하였다.

또한 1998년 12월 9일 장애인의 인권존중, 사회참여와 평등을 보장하기 위해 선포된 장애인 인권헌장은 13개항으로 구성되었는데 제4항에서 장애인은 자유로운 이동과 시설이용에 필요한 편의를 제공받아야 하며, 의사표현과 정보이용에 필요한 통신 · 수화통역 · 자막 · 점자 및 음성도서 등 모든 서비스를 제공받을 권리를 가진다라고 선포하였다.

이를 기초로 정보화촉진기본법이 1998년 12월 24일 개정되면서 동법 제16조의 2(보편적 역무의 제공과 복지정보통신의 실현)에서는 "1. 정부는 정보통신망에 대한 자유로운 접근과 이용을 보장하고 지역적 · 경제적 차별이 없는 균등한 조건의 보편적 역무가 제공될 수 있도록 필요한 시책을 강구하여야 한다. 2. 정부는 장애인, 노령자, 저소득자 등 사회적 약자들이 자유로운 정보접근의 기회를 누리고 정보화의 혜택을 향유할 수 있도록 하기 위하여 정보통신요금, 정보통신 기기의 사용편의성 및 정보 이용능력의 개발 등에 필요한 시책을 강구하여야 한다"고 규정함으로써 정부의 보편적 서비스와 보편적 설계에 대한 책임을 명시하였으며, 1998년 9월에 개정된 전기통신사업법에서는 보편적 서비스정책에 대해 구체적으로 규정하고 있는데, 동법 제2조(정의)에서 "보편적 역무라 함은 모든 이용자가 언제 어디서나 적정한 요금으로 제공받을 수 있는 기본적인 전기통신역무를 의미한다"고 규정하고 제3조의 2에서 모든 전기통신사업자는 보편적 역무의 제공에 기여할 의무가 있음을 규정하고 보편적 역무의 구체적 내용 중 첫째, 정보통신기술의 발전 정도, 둘째, 전기통신역무의 보급 정도, 셋째, 공공의 이익과 안전, 넷째, 사회복지증진, 다섯째, 정보화촉진 등을 고려하도록 규정하였으며 2001년 1월 통과된 「정보격차 해소에 관한 법률」은 장애인 · 노령자 · 여성 등 경제적 · 지역적 · 신체적 또는 사회적 여건으로 인하여 생활에 필요한 정보통신 서비스에 접근하거나 이용하기 어려운 자에 대하여 정보통신망에 대한 자유로운 접근과 정보이용을 보장하기 위해 제정되어 정보격차 해소를 위한 국가의 역할을 규정하였다. 그러나 접근권이 특수성보다는 포괄적, 주류화 관점에서 접근되어야 보다 실효성을 확보할 수 있다는 측면에서 이 정책은 2009년 주류화 정책인 국가정보화 기본법에 통합되어 개정되기에 이른다.

나. 장애인 정보접근성정책의 목표

장애인정보화정책은 보편적인 국가정보화정책의 목표와 함께하며 이 정책이 추구하는 목표는 지속가능한 지식정보사회의 실현에 이바지하고 국민의 삶의 질을 높이는 것으로 이를 위한 기본이념을 인간의 존엄을 바탕으로 사회적, 윤리적 가치가 조화를 이루는 자유롭고 개방적인 지식정보사회를 실현하고 이를 지속적으로 발전시키는 것이라 정의하고 있다. 따라서 장애인의 정보접근성정책은 사회적, 경제적, 지역적 또는 신체적 여건으로 인하여 정보통신서비스에 접근하거나 정보통신서비스를 이용할 수 있는 기회에 차이가 생기는 정보격차 문제를 포함하는 지식정보사회의 실현을 목표로 하고 있다는 점에서 접근성 중에 가장 주류화 혹은 포괄적 관점의 목표를 정립하고 있다. 그리고 이를 실행하기 위하여 기본원칙으로 국가정보화 추진을 위한 시책을 수립 · 시행함에 있어 국민이 국가정보화의 성과를 보편적으로 누릴 수 있도록 편의성, 접근성을 개선하는 등 필요한 조치를 하도록 하고 있다.

다. 장애인 정보접근성정책의 주요내용

1) 국가정보화 기본계획 수립과 조정, 정보화 책임관

국가정보화의 효율적, 체계적 추진을 위하여 5년마다 국가정보화 기본계획을 수립하도록 하고 이 계획에는 정보격차 해소를 위한 계획이 포함되도록 하였으며 이 계획이 실행되도록 중앙행정기관의 장과 지방자치단체의 장은 전년도 시행계획의 추진 실적과 다음 해의 시행계획을 과학기술정보통신부장관에게 제출하도록 하였으며 이 시행계획이 국가정보화정책이나 사업 추진에 지장을 줄 우려가 있다고 인정될 때에는 과학기술정보통신부장관에게 조정을 요청할 수 있도록 하여 장애인의 정보 접근권이 사전에 조율될 수 있도록 하고 있다.

또한 국가기관과 지방자치단체의 장은 해당 기관의 국가정보화 시책의 효율적인 수립 · 시행과 국가정보화 사업의 조정 등의 업무를 총괄하는 정보책임관 임명하도록 하고 있으며 이 책임관이 정보문화의 창달과 정보격차의 해소의 업무를 담당하도록 하고 있다.

2) 정보격차 해소와 장애인의 정보 접근권 보장

국가기관과 지방자치단체는 모든 국민이 정보통신서비스에 원활하게 접근하고 정보를 유익하게 활용할 기본적 권리를 실질적으로 누릴 수 있도록 필요한 시책을 마련하여야 하며, 특히, 장애인 · 고령자 등의 정보 접근 및 이용 보장을 위해 국가기관 등은 정보통신망을 통하여 정보나 서비스를 제공할 때 장애인 · 고령자 등이 웹사이트와 이동통신단말장치에 설치되는 응용 소프트웨어 등 쉽게 이용할 수 있도록 접근성을 보장하여야 하며, 이를 위해 웹사이트와 이동통신단말장치에 설치되는 응용 소프트웨어에 대한 접근성 실태조사, 웹사이트와 이동통신단말장치에 설치되는 응용 소프트웨어에 대한 접근성 표준화 및 기술개발 지원, 웹사이트와 이동통신단말장치에 설치되는 응용 소프트웨어에 대한 접근성 보장을 위한 교육 및 컨설팅을 해야 한다.

정보통신 관련 제조업자는 정보통신기기 및 소프트웨어, 제작, 가공할 때 장애인 · 고령자 등이 쉽게 접근하고 이용할 수 있도록 노력하여야 한다. 이 경우 장애인 · 고령자 등이 별도의 보조기구 없이 정보통신제품을 이용할 수 없는 경우에는 정보통신제품이 보조기구와 호환될 수 있게 노력하여야 하며, 이용 편의성을 촉진하기 위해 국가기관 등은 정보통신제품을 구매할 때 장애인 · 고령자 등의 정보 접근과 이용 편의를 보장한 정보통신제품을 우선하여 구매하도록 노력하여야 과학기술정보통신부장관은 장애인 · 고령자 등의 정보 접근 및 이용 편의 증진을 위한 정보통신서비스 및 정보통신제품 등의 종류 · 지침 등을 정하여 고시하도록 하고 있다. 이에 따라 웹이나 통신기술 접근성 지침을 제정, 시행하고 있다.

또한 과학기술정보통신부장관은 장애인 · 고령자 등의 정보 접근 및 이용 편의를 증진하기 위하여 인증기관을 지정하여 웹사이트와 이동통신단말장치에 설치되는 응용 소프트웨어를 통하여 제공되는 정보통신서비스에 대한 접근성 품질인증을 해야 한다.

또한 정보격차 해소를 위하여 국가기관과 지방자치단체는 장애인 · 고령자 등의 정보 접근 및 이용환경 개선을 위한 관련 기술을 개발하기 위하여 필요한 시책을 마련하여야 하며, 과학기술정보통신부장관은 관련 기술의 개발을 지원하기 위하여 장애인 · 고령자 등의 정보 접근 및 이용환경 개선을 위하여 정보통신제품을 개발 · 생산하는 사업자, 장애인 · 고령자 · 농어민 · 저소득자를 위한 콘텐츠를 제공하는 사업자, 관련 기술을 개발 · 보급하는 사업자를 지원할 수 있도록 하고 있으며, 정보격차의 해소를 위하여 필요한 교육을 장애인에게 실시하도록 하고 있다.

3) 한국정보화진흥원과 정보격차사업

국가기관 등의 국가정보화 추진과 관련된 정책의 개발과 건강한 정보문화 조성 및 정보격차 해소 등을 지원하기 위하여 한국정보화진흥원을 설립하도록 하였으며 진흥원은 주요사업 중의 정보격차의 해소를 위한 지원, 건강한 정보문화의 확립 및 정보격차의 해소를 위한 교육 및 홍보, 국가정보화, 정보문화 및 정보격차 해소와 관련된 정책 개발을 지원하기 위한 동향 분석, 미래예측 및 법 · 제도의 조사 · 연구, 국가정보화, 정보문화 및 정보격차 해소와 관련된 국제협력 및 홍보 등을 주요 사업으로 규정하고 실시하도록 하고 있다.

라. 정보접근성정책의 과제

장애인의 사회참여와 통합은 사회의 변화와 흐름에 직접적으로 관련되어 있다. 지식정보사회와 제4차 산업혁명이라 일컫는 사회에서 장애인들이 자연스러운 사회통합을 위해서는 정보접근성은 아무리 강조해도 지나침이 없을 것이다. 이 같은 의미에서 정보접근성 측면에서 해결되어야 할 과제는 상당하다.

우선적으로 정보접근성 문제가 보편적 서비스문제로 다루어질 수 있도록 인식과 제도적 개선이 이루어져야 한다.

둘째, 정보접근성 기준이 보다 광범위하게 적용되고 이행될 수 있도록 제도개선이 이루어져야 한다.

셋째, 저작권에 대한 정보격차부분의 예외 규정이 확대되어야 한다.

넷째, 공공 및 대중서비스는 보편적 서비스를 의무화하는 정책 개선이 이루어져야 한다.

다섯째, 정보접근성은 공공부분보다는 민간영역이 크기 때문에 규제하기보다는 인센티브 정책으로 적극적인 참여가 가능하도록 해야 할 것이다.

마지막으로 장애인의 정보접근성 기기와 소프트웨어가 적극적으로 개발될 수 있도록 지원과 체계가 확대 구축되어야 한다.

제8절 장애아동 복지지원정책

1. 제정배경

우리나라의 장애아동의 복지를 위한 정책은 보육사업을 제외하고는 근본적으로 장애아동에 대한 보편적 복지가 아니라 저소득층 장애아동에 대한 선별적인 복지의 성격이 강하고, 복지정책도 주로 성인기 장애인들을 중심으로 수립되고 있으며, 복지지원 전달체계나 연계협력 체계가 미비하여 분절된 복지서비스가 이루어지고 있어서 장애아동과 그 가족에 대한 종합적인 지원 대책이 필요하다. 이에 국가와 지방자치단체가 장애아동의 특별한 복지적 욕구에 적합한 지원을 통합적으로 제공함으로써 장애아동이 안정된 가정생활 속에서 건강하게 성장하고 사회에 활발하게 참여할 수 있도록 하며, 장애아동 가족의 부담을 줄이는 노력이 필요하다는 것이 장애아동의 부모를 중심으로 강한 욕구가 표출되었다. 이 과정에서 2005년 지방분권정책에 의해 복지정책의 지방역할이 강조됨에 따라 2007년부터 지방자치단체 중심의 장애아동바우처 사업이 시작되고 2009년부터 전국적으로 확대 실시되자 더 이상 장애아동의 복지를 위한 정책이 부모나 가족에게 전가되어서는 안 된다는 의식이 팽배하게 되었고 2011년 8월 장애아동 복지지원법이 제정 · 공포되고 2012년 8월 5일부터 시행되었다.

2. 장애아동 복지지원정책의 목표

이 정책의 목적은 장애아동의 특별한 복지적 욕구에 적합한 지원을 통합적으로 제공함으로써 장애아동이 안정된 가정생활 속에서 건강하게 성장하고 사회에 활발하게 참여할 수 있도록 하며, 장애아동 가족의 부담을 줄이는 데 이바지함을 목적

으로 규정함으로써 정책의 목적은 첫째, 장애아동의 특별한 복지적 욕구에 대한 통합적 지원,

둘째, 장애아동이 안정된 가정생활에서 건강한 성장 유도,

셋째, 장애아동의 활발한 사회 참여 지원

넷째, 장애아동 가족의 부담 경감을 통한 국가의 역할 강화이다.

그리고 이 같은 목적을 달성하기 위하여 제3조에서 장애아동의 이익을 최우선적 고려와 장애아동의 자유로운 견해 표현, 권리 보장을 기본이념으로 제시하고 있다.

3. 장애아동 복지지원정책의 주요내용

가. 장애아동의 정의와 권리

이 정책에서는 장애아동과 장애아동보호자를 주요 대상으로 정의하고 있는데 장애아동이란 18세 미만의 사람 중 「장애인복지법」 제32조에 따라 등록한 장애인을 의미하며, 다만, 6세 미만의 아동으로서 장애가 있다고 보건복지부장관이 별도로 인정하는 사람도 포함한다.

장애아동보호자는 친권자, 후견인, 장애아동을 보호 · 양육 · 교육하거나 그 의무가 있는 자 또는 업무 · 고용 등의 관계로 사실상 장애아동을 보호 · 감독하는 자를 의미한다.

장애아동의 권리에 대하여는 여섯 가지로 규정하는데 첫째, 모든 형태의 학대 및 유기 · 착취 · 감금 · 폭력 등으로부터 보호 받을 권리와 둘째, 부모에 의하여 양육되고, 안정된 가정환경에서 자랄 수 있는 권리, 셋째, 인성 및 정신적 · 신체적 능력을 최대한 계발하기 위하여 적절한 교육을 제공받을 권리, 넷째, 가능한 최상의 건강상태를 유지하고 행복한 일상생활을 영위하기 위한 의료적 · 복지적 지원을 받을 권리, 다섯째, 휴식과 여가를 즐기고, 놀이와 문화예술활동에 참여할 수 있는 기회를 제공받을 권리, 여섯째, 의사소통 능력, 자기결정 능력 및 자기권리 옹호 능력을

향상시키기 위한 교육 및 훈련 기회를 제공받을 권리를 규정하고 있다. 그러나 이 권리들은 권리의 보장을 위한 실효적인 조치를 규정하지 않음으로 선언적 의미로서 의미를 가진다.

나. 장애아동 복지지원정책의 국가와 지방자치단체의 책무

장애아동 복지지원정책의 책임은 국가와 지방자치단체에 있음을 명확히 하고 이 책임의 범위에는 장애아동과 그 가족을 위한 복지지원대책의 강구, 장애아동을 위한 복지지원 사업의 연구 · 개발, 장애의 조기발견을 위한 홍보, 복지지원 전달체계의 구축, 복지지원 이용권의 수급 및 이용에 대한 관리 · 감독, 그 밖에 장애아동과 그 가족의 복지지원을 위하여 필요하다고 인정하는 사항을 규정하고 있다.

또한 이와 같은 책무를 수행하는 합리적인 정책결정이 이루어지기 위해 장애인복지법의 장애인정책조정위원회와 지역의 경우는 지방장애인복지위원회에서 중요한 사항은 심의를 거치도록 규정하여 국가의 책무를 이행할 수 있도록 하고 있다.

다. 장애아동 복지지원서비스의 전달체계 및 실태조사

장애아동 복지지원서비스를 위한 전달체계는 중앙과 지역에 장애아동 복지지원 센터를 설치하여 제공하도록 하고 있으며 연계, 협력 체계를 구축하여 전달체계의 효율성을 고려하도록 하고 있으며 중앙과 지역의 센터는 〈표 4-14〉와 같은 역할을 하도록 하고 있다.

표 4-14 중앙과 지역 장애아동 복지센터의 역할

중앙센터	지역센터
• 장애아동의 복지지원에 관한 조사 · 연구 • 제9조에 따른 지역장애아동지원센터에 대한 평가 및 운영지원 • 장애아동의 복지지원정책에 관한 정보 및 자료 제공 • 장애아동의 장애유형별 지원 프로그램의 개발 • 제23조 제2항에 따른 가족지원업무 수행기관에 대한 운영지원 및 평가 • 지역장애아동지원센터, 복지지원을 제공하는 기관(이하 "복지지원 제공기관"이라 한다) 등 복지지원 관련 기관에 대한 정보의 수집 및 제공 • 그 밖에 보건복지부장관이 필요하다고 인정하는 업무	• 장애의 조기발견을 위한 홍보 • 장애아동의 복지지원 사업에 관한 정보 및 자료 제공 • 장애아동과 그 가족에 대한 복지지원 제공기관의 연계 • 장애아동의 사례관리 • 장애아동 및 그 가족을 지원하기 위한 가족상담 및 교육의 실시 • 그 밖에 시장 · 군수 · 구청장이 위탁하거나 필요하다고 인정하는 업무

장애아동 복지지원서비스의 효율성을 위해 연계, 협력해야 하는 기관은 어린이집, 장애인복지시설, 아동복지시설, 유치원, 초 · 중등학교, 전공과, 의료기관 및 공공보건의료기관, 보건소, 특수교육지원센터, 육아종합지원센터와 복지지원과 관계된 기관 또는 단체이다.

또한 장애아동 및 그 가족의 복지지원과 관련한 실태조사를 실시하도록 하고 있으며 이 조사에서는 장애인실태조사에 포함하여 일상생활, 치료 및 교육, 보조기기 및 자원연계 등 다양한 내용으로 조사가 이루어지며 이 조사는 장애인복지법 규정의 장애인실태조사에 포함되어 이루어지고 있다.

라. 대상자 선정 및 복지지원 과정

장애아동 복지지원정책에서 가장 중요한 것은 장애아동의 조기발견을 통해서 대상자를 선별하는 것이다. 즉, 영유아에 대하여 정기적인 건강검진 · 예방접종을 실시하는 경우 장애의 유무를 조기에 발견하기 위하여 선별검사를 실시할 수 있으며 이 사전검사를 통해 조기발견을 하게 된다.

서비스 대상자의 선정은 장애아동 및 보호자는 시장, 군수, 구청장에게 복지지원을 신청하면 신청서비스별 소득, 재산, 장애정도, 가구특성을 고려한 심사 후 대상자를 결정하게 된다. 서비스 적격성 대상자로 결정이 되면 지역센터를 통해 복지지원 제공기관과 연계를 하게 된다. 이 과정에서 모든 대상자는 개인별 지원계획이 수립되며 이 과정에는 보호자, 복지지원을 제공하는 인력, 복지 관계 전문가 등이 참여하게 된다.

또한 이 과정에서 장애아동의 부 또는 모가 「장애인복지법」 제2조의 장애인인 경우나 한 가정에 장애아동이 2명 이상인 경우, 장애아동이 「한부모가족지원법」 제4조 제2호의 한부모가족의 자녀인 경우, 장애아동이 부모와 떨어져 조부 또는 조모가 세대주이거나 세대원을 사실상 부양하는 경우, 장애아동이 「다문화가족지원법」 제2조 제1호의 다문화가족의 자녀인 경우, 장애아동이 「도서 · 벽지 교육진흥법」 제2조의 도서 · 벽지에 거주하는 경우, 그 밖에 보건복지부장관이 우선하여 지원할 필요가 있다고 인정하는 경우는 복지지원서비스를 우선하여 제공하도록 하고 있다.

마. 복지지원서비스의 내용

장애아동 복지지원서비스의 대상자는 의료비, 보조기구, 발달재활서비스, 보육, 각족, 돌봄 및 일시적휴식, 지역사회전환서비스, 문화, 예술 등 복지, 취약가정 복지지원 우선제공 등의 지원을 받게 된다.

먼저, 의료비 지원은 국민건강보험법과 의료급여법에 따라 의료서비스에 들어가는 비용을 지원 받게 되는데 1차 의료기관 외래진료에서는 의료기관 이용 시 발생하는 급여항목 본인부담금 일부 또는 전액 지원(비급여 제외)하고 2차, 3차 의료기관 진료에서는 의료급여수가 적용 본인부담금 진료비 15%(차상위 14%, 암환자 5%, 입원 10% 등)를 지원하게 된다.

보조기기 지원은 장애아동의 학습과 일상생활 활동에 필요한 보조기구를 교부, 대여 또는 수리하거나 구입 또는 수리에 필요한 비용을 장애상태와 진단기관의 처방에 따라 지급하게 된다. 보조기기는 장애인 · 노인 등을 위한 보조기기 지원 및 활용촉진에 관한 법률의 품질관리 대상 품목의 규정에 적합한 기기를 지급해야 하며 부득이한 사유가 있으면 동 법률이 허용하는 기준에서 지급할 수 있다.

발달재활서비스 지원은 성장기의 장애아동의 인지, 의사소통, 적응행동, 감각 · 운동 등의 정신적 · 감각적 기능향상과 행동발달을 위한 적절한 발달재활서비스 지원 및 정보 제공이 필요하거나 높은 발달재활서비스 비용으로 인한 장애아동 양육가족의 경제적 부담 경감이 필요한 경우 중위소득기준에 따라 시각, 청각, 언어, 지적, 자폐성, 뇌병변, 중복장애 아동을 대상으로 소득조사를 통해 소득기준에 따라 5등급으로 구분하여 차등 지원한다.

서비스 내용은 언어 · 청능 · 미술심리재활 · 음악재활 · 행동 · 놀이심리 · 재활심리 · 감각발달재활 · 운동발달재활 · 심리운동 등 발달재활서비스이며 의료행위인 물리치료와 작업치료 등 의료기관에서 행해지는 의료지원 서비스는 제공하지 않는다.

보육지원은 어린이집 이용 대상이 되는 장애아동에 대하여 보육료 그리고 유치원을 이용하지 아니하는 장애영유아에게는 양육수당을 지급하는 것이다. 지급과정은 서비스신청과 사실조사 및 심사 후 제공하게 되며 양육수당의 경우는 월령이나 농어촌에 따라 차등 지급한다.

가족지원서비스는 장애아동의 가족이 장애아동에게 적합한 양육방법을 습득하고 가족의 역량을 키울 수 있도록 가족상담 · 교육 등의 가족지원 서비스를 제공하며 이 서비스는 필요한 경우 지방자치단체가 비영리법인에 위탁할 수 있으며 예산의 범위 내에서 그 비용을 지원하게 된다.

돌봄 및 일시적 휴식지원 서비스는 양육자의 상시적인 돌봄 부담으로 비장애 형제자매 등 다른 가족원에게 필요한 가족 기능이 제대로 수행되지 못하는데 따른 가족갈등 등 문제 발생을 사전에 예방하고 기존 장애인 정책이 장애 당사자의 자립, 생활안정, 사회활동지원을 중심으로 하고 있어 장애아 가족을 위한 지원강화 필요성에 따라 실제로 돌봄이 필요한 장애아동에게 적기에 돌봄 서비스가 제공되도록 지원하고, 장애아 가정에 대해 실질적인 휴식지원 제공을 추진하는 것이다. 돌봄서비스의 선정기준은 만 18세 미만의 장애아와 생계, 주거를 같이하는 가족으로 소득수준과 맞벌이 가구를 기준으로 하며, 휴식지원 프로그램은 돌봄 서비스 대상 가정을 우선으로 지원하고 단순 캠프, 소풍 형식은 지양하고 자조모임, 가족치료·상담, 부모교육, 휴식, 박람회 등 전문 프로그램을 포함하여 구성 운영한다.

지역사회 전환서비스 지원은 장애아동이 18세가 되거나 초, 중등교육법에 의한 고등학교와 이에 준하는 각종 학교 그리고 장애인 등에 대한 특수교육법의 전공과를 졸업한 후 주가, 직업체험 등의 지역사회 전환서비스를 제공하는 것이며, 문화·예술 등 복지지원서비스는 장애아동에게 필요한 복지지원서비스외의 관련한 문화, 예술 등의 서비스가 필요한 장애아동에게 서비스를 지원하는 것이다.

마지막으로 언어재활서비스이다. 이 서비스는 장애아동 복지지원법에 의한 서비스는 아니지만 장애인복지법에 의한 장애아동에게 제공되는 중요한 서비스로서 감각적 장애 부모의 자녀에게 필요한 언어발달지원서비스를 제공하여 아동의 건강한 성장지원 및 장애가족의 자체 역량 강화를 목적으로 만12세 미만 비장애아동(한쪽부모 및 조손가정의 한쪽 조부모가 시각·청각·언어·지적·자폐성·뇌병변 등록장애인)이며 소득수준에 따라 서비스 적격자를 결정하며 이 경우 양쪽 부모 및 조손가정의 양쪽 조부모 가 시각·청각·언어·지적·자폐성·뇌병변 등록장애인인 경우는 우선하여 서비스를 받을 수 있다.

서비스내용은 언어발달진단서비스와 언어재활, 청능 재활 등 언어재활서비스 및 독서지도, 수어지도(논술지도·학습지도 등 교과목 수업 불가, 학습지를 사용한 지도 불가)이다.

4. 장애아동 복지지원정책의 과제

장애아동 복지지원정책은 지역에서 시작된 서비스가 정책으로 전환된 경우이기 때문에 정책의 내용들이 비교적 다양화되어 있다. 그리고 이 서비스들은 이 정책이 도입되기 전까지는 지역사회재활시설 등에서 무료로 제공되었던 서비스들이었기 때문에 정책도입 후 서비스 제공기관들과 상당한 혼선이 있을 수밖에 없었다. 이런 상황에도 불구하고 이 정책이 조기에 정착될 수 있었던 것은 이용자 입장에서는 시급하고 욕구가 있었기 때문이다.

그러나 장애아동 복지지원정책이 장애아동이나 부모들에게 더욱 민감성 있고 서비스의 질을 높이기 위해서는 다음과 같은 측면들의 과제가 개선되어야 한다.

첫째, 이용료 지원서비스와 무료서비스, 그리고 이용료 적격성 기준 개선이 필요하다.

아직도 지역사회재활시설이나 특수교육 등의 서비스 기관에서는 필요에 의해 이 서비스들이 기본 서비스로 제공되고 있기 때문에 이용료 대상 서비스와의 적격성 기준을 명확하게 할 필요가 있으며 이용료 대상 자격기준도 소득기준보다는 장애 정도에 따라 차등화하는 방안 등이 고려되어야 한다.

둘째, 장애아동 복지지원서비스의 전문 인력 기준이 개선되어야 한다.

장애아동에게 제공되는 복지서비스는 장애와 필요한 재활서비스에 대한 전문성과 윤리성을 갖춘 인력에 의해 제공되어야 성과를 기대할 수 있다. 장애인재활상담사가 이 서비스의 사례관리자와 전문 인력으로 배치되고 중심 역할을 할 수 있도록 하는 방안이 마련되어야 하며 전문 인력에 대한 체계적인 재교육과 인증제도 등의 도입이 검토되어야 한다.

셋째, 이용료 지원수준이 현실화되어야 한다.

장애아동 복지지원서비스는 장애와 장애 정도에 따라 필요한 시간과 서비스가 결정되는 만큼 이용료 지원도 이 기준에 의해 지원될 수 있도록 하는 방안이 마련되어야 한다.

제9절 발달장애인 지원정책

1. 제정배경

발달장애인은 전체 등록장애인 중 소수에 불과하지만 성인이 되어서도 세면, 화장실 사용 등의 간단한 일상생활조차도 타인의 도움이 없이 영위하기가 어려워 일생 돌봄이 필요한 경우가 대부분이고, 발달장애인은 인지력·의사소통능력 등이 부족하여 자신의 권리를 주장하거나 스스로 보호하는 것에 상당한 어려움이 있어 학대·성폭력, 인신매매, 장기적인 노동력 착취 등의 피해자가 되는 경우가 지속적으로 발생하고 있다.

그러나 발달장애인에 대한 복지서비스와 인프라는 그 필요량에 비해 지원 규모가 부족하여 발달장애인을 돌보고 있는 부모나 보호자들의 신체적·정신적·경제적·정서적인 부담이 상당히 높은 수준이고, 발달장애인 직업훈련이나 평생교육 등 능력개발을 위한 지원체계도 상당히 미흡한 실정이다. 이런 상황을 반영하여 서구사회는 이미 30여 년 전부터 발달장애인들을 지원하고 권리를 찾아주기 위한 운동과 제도적 장치가 마련되고 있음에도 우리나라는 지체나 감각중심의 정책과 권리운동이 지배적이었다. 이에 2012년부터 전국장애인부모연대를 중심으로 발달장애인의 권리지원을 위한 법률제정의 필요성을 사회에 알리고 공감대 확산을 위한 운동을 한 결과 박근혜정부가 대선공약으로 제시하고 140대 국정과제 중의 하나로 선정하여 제19대 국회 개원에서 새누리당 국회의원인 김정록 의원이 제1호 법안으로 제출하고 다른 야당들도 관련 법안이 제출되어 2014년 5월 병합하여 정책결정이 이루어졌다.

정책도입과정에서 법률 제정의 필요성은 몇 가지가 중요하게 사회적 이슈로 제시되었다.

첫째, 발달장애를 가진 사람들을 위한 친화적 환경구축이 필요하다는 것이다.

대한민국의 장애인복지정책은 그동안 지체와 감각장애 중심으로 변천해 오면서 발달장애인들은 소외되어 왔으나 제 선진국들은 발달장애인을 위한 종합적인 접근을 시도하고 있음을 주지하여 발달장애인들을 위한 정책 도입의 필요성이 강조되었다.

둘째, 발달장애인을 위한 지원은 개인과 가족이 아니라 국가라는 책무성의 필요성이다.

그동안 복지정책의 사각지대에 놓여 있었던 발달장애인들은 다른 장애유형보다 사회참여를 위해 더 많은 관심과 지원이 필요함에도 철저하게 소외되어 온 결과 더욱 사회로부터 격리되게 된 바 이에 대한 책임의식은 국가가 분명하게 규명할 필요가 있음이 강조되었다.

셋째, 개인별 맞춤형 지원체계를 통한 지원이 절실하다는 것이 강조되었다.

현, 장애진단과 등급체계와 이를 기반으로 한 서비스 지원결정은 발달장애를 가진 사람들의 특성을 반영하지 못하고 개인별 필요한 서비스가 제공될 수 없다. 진단과 등록과정에서 다면적 과정을 통해 다양한 욕구를 파악하고 개인별 적절한 서비스를 제공한다면 적은 비용으로 발달장애인들에게 사회참여 기회를 확대할 수 있다는 것이다.

2. 발달장애인 권리보장 및 지원정책의 목표

발달장애인 권리보장 및 지원정책이 표방하는 목표는 발달장애인의 의사를 최대한 존중하여 그들의 생애주기에 따른 특성 및 복지 욕구에 적합한 지원과 권리옹호 등이 체계적이고 효과적으로 제공될 수 있도록 필요한 사항을 규정함으로써 발달장애인의 사회참여를 촉진하고, 권리를 보호하며, 인간다운 삶을 영위하도록 하는 것이다. 즉, 이 정책이 추구하는 목표는 첫째, 발달장애인의 자기결정권의 존중과 둘째, 생애주기별 개인별 맞춤형 지원서비스 제공, 셋째, 발달장애인의 권리기반 사회참여 지원과 개인별 특성과 욕구에 기반한 서비스 제공이다.

3. 발달장애인 권리보장 및 지원정책의 주요내용

가. 발달장애의 정의와 권리

이 정책에서는 발달장애인과 보호자를 주요한 정책의 대상으로 규정하고 있으며 발달장애인이란 장애인복지법의 장애인으로서 정신 발육이 항구적으로 지체되어 지적 능력의 발달이 불충분하거나 불완전하여 자신의 일을 처리하는 것과 사회생활에 적응하는 것이 상당히 곤란한 지적장애인과 소아기 자폐증, 비전형적 자폐증에 따른 언어 · 신체표현 · 자기조절 · 사회적응 기능 및 능력의 장애로 인하여 일상생활이나 사회생활에 상당한 제약을 받아 다른 사람의 도움이 필요한 자폐성장애인, 그 밖에 통상적인 발달이 나타나지 아니하거나 크게 지연되어 일상생활이나 사회생활에 상당한 제약을 받는 사람이며 보호자란 장애아동의 보호자나 성년인 발달장애인의 후견인, 성년인 발달장애인의 후견인이 아닌 사람 중 「민법」 제779조에 따른 가족 또는 같은 법 제974조에 따른 부양의무자로서 사실상 해당 발달장애인을 보호하는 사람, 성년인 발달장애인 중 성년인 발달장애인 후견인이나 부양의무자로서 사실상 해당 발달장애인을 보호하는 사람이 없는 경우 지방자치단체의 장이 발달장애인의 보호자로 지명하는 사람이다.

그리고 이 정책에서는 발달장애인의 다음과 같은 권리를 중요한 이념으로 규정하고 있다.

첫째, 발달장애인은 원칙적으로 자신의 신체와 재산에 관한 사항에 대하여 스스로 판단하고 결정할 권리를 가진다.

둘째, 발달장애인은 자신에게 법률적 · 사실적인 영향을 미치는 사안에 대하여 스스로 이해하여 자신의 자유로운 의사를 표현할 수 있도록 필요한 도움을 받을 권리가 있다.

셋째, 발달장애인은 자신과 관련된 정책의 결정과정에서 자기의 견해와 의사를 표현할 권리가 있다.

나. 발달장애인 권리보장 및 지원정책의 국가와 지방자치단체의 책무

발달장애인 권리보장 및 지원정책의 책임은 발달장애인 개인이나 가족이 아닌 국가와 지방자치단체에 있으며 구체적으로 국가와 지방자치단체는 발달장애인의 적절한 발달과 원활한 사회통합을 촉진하기 위하여 장애를 최대한 조기에 발견하여 지원할 수 있도록 필요한 조치를 강구하여야 하며, 둘째, 발달장애인의 장애를 완화하고 기능을 향상시키는 방안을 마련하기 위한 연구와 조사를 지원하여야 하며, 발달장애인의 복지수준 향상과 그 가족의 일상적인 양육부담을 경감하기 위하여 필요한 조치를 강구하여야 한다.

셋째, 발달장애인이 장애로 인하여 차별을 받는 등 권리가 침해받지 아니하도록 권익옹호에 필요한 지원을 실시하여야 한다.

넷째, 발달장애인과 그 가족이 이용할 수 있는 복지시책을 적극적으로 홍보하여야 하며, 국민이 발달장애인을 올바르게 이해하도록 하는 데에 필요한 정책을 강구하여야 한다.

다섯째, 책무를 효율적으로 수행하기 위하여 필요한 인력 및 예산을 확보해야 한다.

즉, 조기발견지원과 연구조사, 가족 부담 경감, 권익옹호, 이해와 인식개선, 실효적 지원방안 등 여섯 가지의 의무를 구체화하면서 국민들도 발달장애인의 인격을 존중하고 사회통합의 이념에 기초하여 발달장애인의 복지향상에 협력하여야 한다는 책임을 명시하고 있다.

다. 발달장애인 권리보장 및 지원정책의 전달체계 및 실태조사

발달장애인의 권리보장 및 지원정책을 집행하기 위한 전달체계는 중앙과 지역에 발달장애인지원센터를 설치하여 제공하도록 하고 있으며 관계 기관과 협력 체계를 구축하여 전달체계의 효율성을 고려하도록 하고 있으며 중앙과 지역의 센터는 〈표 4-15〉와 같은 역할을 하도록 하고 있다.

표 4-15 중앙과 지역 발달장애인지원센터의 역할

중앙 센터	지역 센터
• 발달장애인에 대한 연구수행 지원 • 발달장애인이 이용 가능한 복지정보 데이터베이스 구축 및 정보 제공 • 발달장애인 가족 및 관련 서비스 종사자에 대한 지침·편람 마련 및 교육지원 • 발달장애인에 대한 인식개선 홍보 • 발달장애인 지원 프로그램 개발 • 지역발달장애인지원센터의 지원 • 후견인 후보자의 추천 • 발달장애인 권리침해의 모니터링 및 권리구제의 지원 • 그 밖에 보건복지부장관이 필요하다고 인정하는 사항	• 발달장애인에 대한 개인별지원계획의 수립 • 발달장애인을 위한 복지지원 정보의 제공 및 연계 • 발달장애인 가족 및 관련 서비스 종사자에 대한 교육지원 • 발달장애인에게 서비스를 제공하는 기관에 대한 정보의 축적 및 관리 • 발달장애 조기 발견과 발달장애인에 대한 인식개선을 위한 지역사회 홍보 • 발달장애인 및 그 가족에 대한 상담지원 • 보호자에 대한 감독 • 선임된 후견인에 대한 감독지원 및 후견업무의 지원 • 현장조사 및 보호조치 등 발달장애인의 권리구제 지원 • 그 밖에 보건복지부장관이 필요하다고 인정하는 사항

또한 지역발달장애인지원센터는 발달장애인의 권리보장과 지원 업무의 효율적인 전달을 위하여 직업재활시설, 평생교육기관, 발달장애인을 위한 서비스를 제공하는 기관, 장애인복지시설, 「장애아동 복지지원법」에 따라 지정된 발달재활서비스 제공기관, 돌봄 및 일시적 휴식지원 서비스를 제공하는 기관, 장애인활동 지원기관, 장애인 직업재활 실시 기관, 어린이집, 유치원, 학교, 노숙인복지시설 등과 협력하여야 한다.

또한 보건복지부장관은 발달장애인의 실태파악과 복지정책 수립을 위한 기초자료로 활용하기 위하여 3년마다 발달장애인과 그 가족에 대한 실태조사를 실시하여야 하며, 이 조사는 장애인실태조사에 포함하여 함께 실시할 수 있으나 조사 시의 포함되어야 할 내용은 첫째, 발달장애인의 장애 유형, 장애 정도 및 장애 발생원인 등 장애 특성에 관한 사항,

둘째, 발달장애인과 그 가족에 대한 보육, 교육, 고용, 의료, 문화, 예술, 여가,

체육 및 복지 지원과 그 지원에 관한 이용 상황 등 발달장애인의 현황에 관한 사항

셋째, 그 밖에 보건복지부장관이 발달장애인과 그 가족의 실태파악과 복지정책 수립을 위하여 필요하다고 인정하는 사항이다.

라. 발달장애인의 권리보장

발달장애인의 권리보장을 위한 정책은 자기결정권의 보장과 의사소통의 지원, 권리구제 지원, 공공후견인 지원 등으로 나누어볼 수 있다.

1) 자기결정권 보장과 의사소통의 지원

발달장애인의 권리보장 정책에서 가중 중요한 부분은 자결결정권의 존중이다. 특히 다음과 같은 조치는 이들의 자기결정을 위한 반드시 필요하다.

첫째, 발달장애인은 자신의 주거지의 결정, 의료행위에 대한 동의나 거부, 타인과의 교류, 복지서비스의 이용 여부와 서비스 종류의 선택 등을 스스로 결정한다.

둘째, 누구든지 발달장애인에게 의사결정이 필요한 사항과 관련하여 충분한 정보와 의사결정에 필요한 도움을 제공하지 아니하고 그의 의사결정능력을 판단하여서는 아니 된다.

셋째, 위의 사항에도 불구하고 스스로 의사를 결정할 능력이 충분하지 아니하다고 판단할 만한 상당한 이유가 있는 경우에는 보호자가 발달장애인의 의사결정을 지원할 수 있다. 이 경우 보호자는 발달장애인 당사자에게 최선의 이익이 되도록 하여야 한다.

그리고 이 같은 결정을 하거나 권리가 보호될 수 있도록 의사소통을 지원하여야 하며 특히, 다음과 같은 영역에서 의사소통지원이 이루이 지도록 해야 한다.

① 발달장애인의 권리와 의무에 중대한 영향을 미치는 법령과 각종 복지지원 등 중요한 정책정보를 발달장애인이 이해하기 쉬운 형태로 작성하여 배포하여야 한다.

② 발달장애인이 자신의 의사를 원활하게 표현할 수 있도록 학습에 필요한 의사

소통도구를 개발하고 의사소통지원 전문인력을 양성하여 발달장애인에게 도움이 될 수 있도록 「초 · 중등교육법」 제2조 각 호의 학교와 「평생교육법」 제2조 제2호의 평생교육기관 등을 통하여 필요한 교육을 실시하여야 한다.

③ 행정안전부장관은 국가와 지방자치단체의 민원담당 직원이 발달장애인과 효과적으로 의사소통할 수 있도록 의사소통 지침을 개발하고 필요한 교육을 실시하여야 한다.

2) 발달장애인의 권리구제 지원

발달장애인이 유기 또는 존속유기, 학대 또는 존속학대, 약취, 유인, 인신매매, 상해 · 치상, 살인 · 치사, 수수 · 은닉 등이나 성폭력범죄, 아동학대범죄, 그 밖에 발달장애인에게 특히 빈번하게 발생하는 범죄에 피해자가 된 경우 이를 구제하기 위한 신고, 전담조사 등의 형사, 사법 정차상의 권리구제를 위한 정책수단들을 강구하고 있으며 이 경우 권리구제의 원칙은 발달장애인의 권리실현과 당사자 중심, 신속성, 적법절차, 책임성, 비밀보장이라는 것이 중요하다는 것은 관련한 이해당사자와 기관들이 인식하여야 한다.

권리구제의 과정은 [그림 4-4]와 같이 누구든지 발달장애인에 대한 유기 등의 발생 사실을 알게 된 경우에는 발달장애인지원센터 또는 수사기관에 신고하면 서 시작된다.

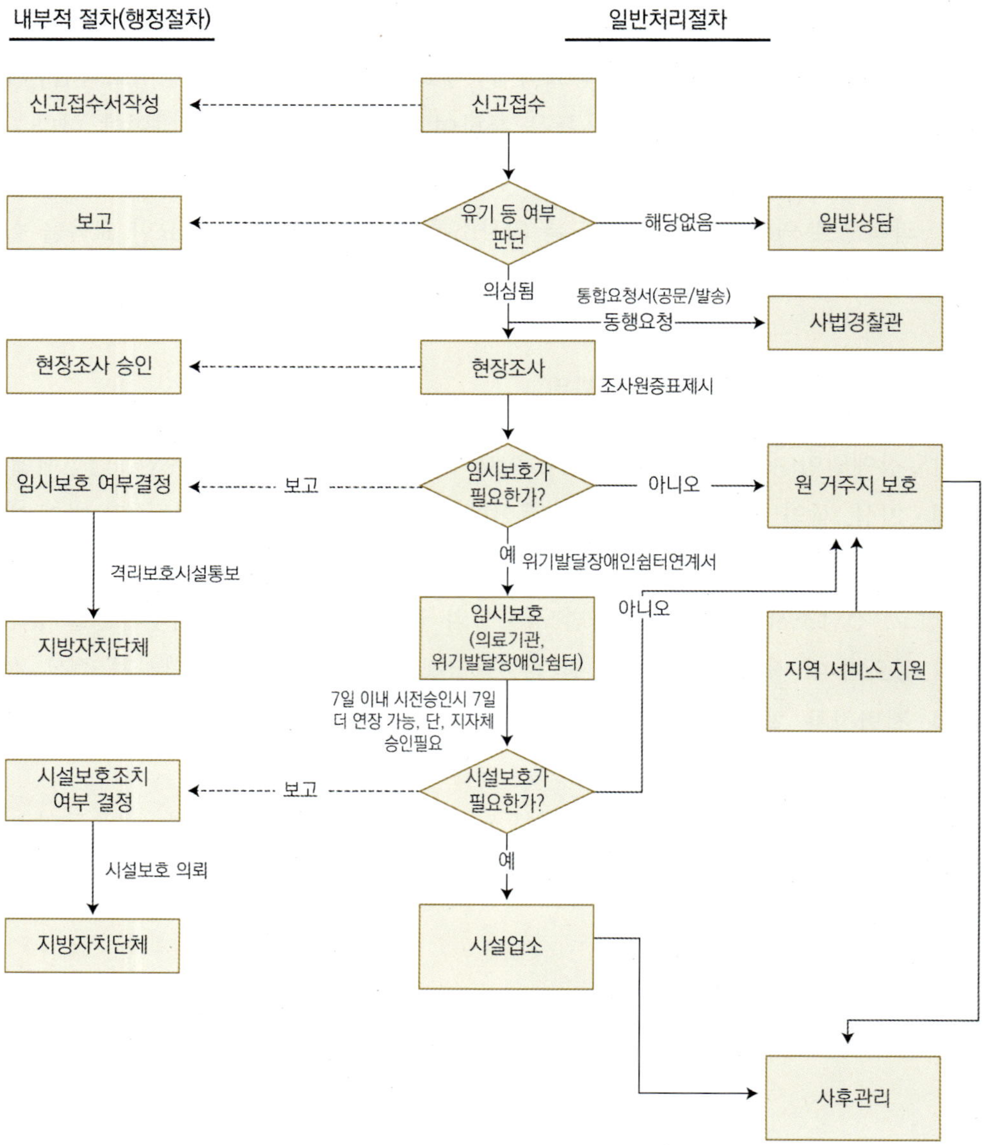

그림 4-4 발달장애인 권리구제 과정

현장조사는 발달장애인에 대한 유기 등의 신고를 접수한 발달장애인지원센터의 직원이나 사법경찰관리는 지체 없이 그 현장에 출동하여야 한다. 이 경우 발달장애인지원센터의 장이나 수사기관의 장은 서로 발달장애인에 대한 유기 등의 현장에

동행하여 줄 것을 요청할 수 있고 요청받은 발달장애인지원센터의 장이나 수사기관의 장은 정당한 사유가 없으면 그 소속 직원이나 사법경찰관리가 동행하도록 조치하여야 한다. 이 과정에서 신고를 접수한 발달장애인지원센터의 직원이나 사법경찰관리는 발달장애인에 대한 유기 등의 행위가 행하여지고 있는 것으로 신고 된 현장에 출입하여 발달장애인 또는 유기 등 행위자 등 관계인에 대하여 조사를 하거나 질문을 할 수 있다. 이 경우 발달장애인지원센터의 직원은 그 발달장애인의 보호를 위한 범위에서만 조사 또는 질문을 할 수 있다. 이 경우 조사 또는 질문을 하는 발달장애인지원센터의 직원이나 사법경찰관리는 그 권한을 표시하는 증표를 지니고 이를 관계인에게 보여 주어야 하며 누구든지 발달장애인지원센터의 직원이나 사법경찰관리가 제1항 및 제2항에 따른 업무를 수행할 때에 폭행이나 협박을 하거나 현장조사를 거부하는 등 업무수행을 방해하는 행위를 하여서는 아니 된다.

또한 조사과정에서 전담조사제를 운영하도록 규정하고 있다. 즉, 검찰총장은 각 지방검찰청 검사장으로 하여금 발달장애인 전담 검사 지정하도록 하여 특별한 사정이 없으면 이들로 하여금 발달장애인을 조사 또는 심문하게 하여야 한하며, 경찰청장도 각 경찰서장으로 하여금 발달장애인 전담 사법경찰관을 지정하도록 하여 특별한 사정이 없으면 이들로 하여금 발달장애인을 조사 또는 심문하게 하여야 한다. 그리고 검찰총장 및 경찰청장은 전담검사 및 전담사법경찰관에게 발달장애인의 특성에 대한 전문지식과 의사소통 방법 및 발달장애인 보호를 위한 수사방법 등에 관한 교육을 실시하여야 한다.

그리고 조사나 사법정차에서 발달장애인이 권리구제가 이루어질 수 있도록 경찰공무원과 자치경찰공무원에게 발달장애인에 대한 올바른 인식확산을 위한 교육을 실시하여야 하며, 발달장애인이 재판의 당사자가 된 경우 그의 보호자, 중앙발달장애인지원센터 및 지역발달장애인지원센터의 직원이나 그 밖에 발달장애인과 신뢰관계에 있는 사람은 법원의 허가를 받아 법원의 심리과정에서 발달장애인을 위한 보조인이 될 수 있으며, 법원은 발달장애인을 증인으로 신문하는 경우 발달장애인 본인, 검사, 보호자, 발달장애인지원센터의 장의 신청이 있는 때에는 재판에 중대한 지장을 줄 우려가 있는 등 부득이한 경우가 아니면 발달장애인과 신뢰관계에 있는 사람을 동석하게 하여야 한다.

조사 후 발달장애인에 대한 유기등이 발생하였다고 믿을 만한 상당한 이유가 있고, 발달장애인을 그 가해자로 추정되는 사람으로부터 격리하거나 치료할 필요가 있는 경우 보호조치를 할 수 있으며 이 조치에는 발달장애인을 임시로 보호하기 위하여 위기발달장애인쉼터 또는 의료기관에 인도하는 등 발달장애인이 안전한 곳에서 보호받을 수 있도록 하거나 「장애인복지법」 제60조의2, 「성폭력방지 및 피해자보호 등에 관한 법률」 제15조 또는 「가정폭력방지 및 피해자보호 등에 관한 법률」 제7조의3에 따른 시설 입소를 통한 보호조치를 시 · 도지사 또는 시장 · 군수 · 구청장에게 의뢰할 수 있다.

3) 공공후견인 이용 지원

기존 금치산 · 한정치산제도는 개인별 특성의 고려 없이 행위능력을 획일적으로 제한하여 자기결정권을 심각하게 훼손하기 때문에 프랑스, 영국, 독일, 일본 등 선진국들은 성년후견제를 도입되었고 UN 장애인권리협약 제12조 역시 기존 금치산 · 한정치산제도의 개정을 요구에 의해 도입된 정책으로 법원의 심판으로 선임된 후견인이 정신적 제약으로 사무처리 능력이 결여되거나 부족한 성인의 의사결정을 지원하는 제도로 후견인의 종류는 성년후견(능력 결여), 한정후견(능력 부족), 특정후견(일시 후원 필요)으로 구분되며, 후견인의 임무는 재산관리 대리, 의료행위 동의 등 신상결정의 대행, 혼인 · 이혼 등 신분결정 동의 등이다.

공공후견인 지원제도는 의사결정능력 부족으로 어려움을 겪고 있는 성인 발달장애인에게 공공후견 서비스를 제공하여 궁극적으로 발달장애인의 자립생활 지원을 도모하기 위한 것으로 지원은 후견심판 청구지원과 공공후견인 활동지원으로 이루어진다.

공공후견인의 자격은 지정기관에서 공공후견인 후보자 양성 교육을 받거나 받을 예정인 사람 또는 보건복지부가 지정한 공공후견법인으로, 피후견인과의 관계 및 공공후견인 활동 적합성을 고려하여 중앙발달장애인지원센터의 장이 추천하는 자이다.

공공후견인 지원대상은 19세 이상 발달장애인 및 긴급하게 후견이 필요하다고 지자체·법원에서 판단한 기타 유형 장애인이다.

선정은 신청대상자의 조사와 사례회의를 통해 결정하게 되며 이 과정에서 기초생활보장 수급 대상 가정(특히, 기초수급자 중 급여를 본인·가족이 아닌 제3자가 받는 경우)이나 가족(사건본인 포함) 중 장애인이 2명 이상인 경우(특히, 가족 전원이 장애인인 경우), 범죄 피해 우려, 혹은 피해 보상을 위해 긴급히 후견이 필요한 경우, 재가 및 시설 거주 발달장애인으로 보호자가 없거나 사실상 보호자가 없는 경우(가족의 방임, 방치 등), 차상위계층, 개인별지원계획수립에 의해 해당 서비스 지원이 필요한 경우에 한해서는 우선하여 선정할 수 있다.

마. 발달장애인의 개인별 지원계획과 복지지원서비스

발달장애인은 발달장애인 권리보장 및 지원에 관한 정책의 대상자 선정이나 복지서비스 내용을 결정하기 위하여 개인별지원계획을 지역의 발달장애인지원센터에서 수립하도록 하고 있으며 이 계획을 수립할 경우에는 발달장애인에게 적합한 의사소통의 방식으로 의견진술의 기회가 충분히 제공되어야 하며 의견이 발달장애인의 최상의 이익과 부합하지 아니하다고 판단되는 경우에는 지역발달장애인지원센터 운영위원회의 심의를 거쳐 개인별지원계획을 수립하여야 하며 수립된 계획은 지방자치단체장의 적합성 심사를 거쳐 승인을 얻어야 하며 발달장애인 및 그 보호자에게 통보하여야 한다.

이 계획에 기반하여 발달장애인은 필요한 활동지원급여서비스나 장애아동 복지지원서비스, 재활 및 발달지원, 고용 및 직업훈련지원, 평생교육지원, 문화예술 등의 지원, 부모상담 지원, 가족휴식 지원 등의 서비스를 제공하도록 하고 있다. 활동지원이나 장애아동 복지지원은 관련 정책에서 살펴보았으며 이 장에서는 부모상담 지원과 가족휴식 지원서비스를 살펴보았다.

1) 부모상담 지원서비스

발달장애인은 일상생활에도 도움이 필요한 중증장애인이 많고, 발달장애인 돌봄을 주로 담당하는 부모 및 보호자들은 여가, 경제적 · 사회적 활동이 사실상 곤란하며 자녀에 대한 부담은 정서적 어려움과 더불어 이혼 · 별거 등 가정해체까지 초래하기 때문에 발달장애인의 삶의 질 향상을 위해서도 돌봄 관련 사회적 지원 확대와 더불어 보호자에 대한 정서적 지원 필요하다. 따라서 이 서비스는 과중한 돌봄 부담을 가지고 있는 발달장애인 부모에게 집중적인 심리 · 정서적 상담서비스를 제공하여 우울감 등 부정적 심리상태를 완화시켜 궁극적으로 발달장애인 가족의 기능 향상을 도모하기 위한 것이다.

서비스의 대상은 「장애인복지법」상 지적 · 자폐성 장애인으로 등록된 자녀의 부모 및 보호자이며 이 경우 지적장애 또는 자폐성 장애를 부장애로 가진 경우도 포함하며, 발달장애인 자녀의 부모 동시 지원도 가능하다. 단, 우선적으로 부모를 지원하는 것이 원칙이나, 부모가 발달장애인과 생계주거를 함께하지 못하는 경우나 발달장애인과 거주를 같이하면서 부모를 대신하여 발달장애인을 돌보는 보호자(2촌 이내)도 이용 가능하다.

지원 결정과정은 신청과 서류심사 과정을 거쳐 결정하며 이 과정에서 기초생활수급자나 차상위 계층, 가족 중 장애인이 2명 이상인 경우, 개인별지원계획수립에 의한 해당 서비스 지원이 필요한 경우는 우선할 수 있다.

지원 내용은 발달장애인 부모 및 보호자 상담을 지원하며 지원액과 본인부담금은 매년 조금씩 달라진다.

2) 발달장애인 가족휴식 지원서비스

이 서비스는 24시간 지원이 필요한 발달장애인의 양육으로 인한 부모의 심리적 부담, 비장애 형제자매의 스트레스 등 가족 붕괴의 위험을 사전에 차단하고 또한 발달장애인의 양육과 보호의 역할을 담당하는 가족의 기능을 회복하고 양육부담을 줄일 수 있도록 가족의 휴식 지원과 양육기술 역량강화를 위한 부모교육 필요에 의해 도입되었다.

지원대상은 발달장애인 및 그 가족으로 신청과 상담 및 조사과정을 통해 결정되며 이 과정에서 기초생활보장 수급대상 등 저소득 가정, 차상위 계층, 가족 중 장애인이 2명 이상인 경우, 양부모 참여가정(부모+자녀), 학령기 발달장애인이 있는 가정, 많은 가족이 참여 가능한 가정, 신규 참여가정, 개인별지원계획에 의해 해당 서비스 지원이 필요한 경우는 우선하여 제공할 수 있다.

지원내용은 힐링 캠프와 테마 여행으로 힐링 캠프는 가족캠프, 인식개선 캠프, 동료상담 캠프로 구분된다.

4. 발달장애인의 권리보장 및 지원정책의 과제

발달장애인의 권리보장 및 지원정책은 발달장애인의 부보연대가 중심이 되고 이용자 입장에서 정책의제에서 정책결정까지 영향을 미치는 과정에서 이 분야의 전문가나 정책이해당사자들의 정책에 있어 충분한 수단들을 강구하지 못한 측면에 있다. 또한 장애아동 복지지원정책이나 장애인복지정책이나 아동복지정책 등에서의 정책들과도 상충성 등의 문제가 있으며, 또한 정책집행이 이루어지는 과정에서 전달체계 구축 중심으로 이루어지고 있어 개선되어야 할 부분들이 있다. 우선적으로 다른 정책들과의 중복성과 연계성이라는 측면에 고려하고 연계체계를 구축하는 것이 필요하다.

둘째, 발달장애인의 권리보장과 지원을 위한 전문 인력의 전문성과 책임성이다.

발달장애인의 권리구제를 위한 인력들은 사법, 경찰 등의 인력이나 상담서비스는 민간자격으로 관리되는 전문 인력들이다. 이들을 대상으로 한 장애이해교육이나 재활상담교육이 재교육으로 성과를 내기에는 제한점이 있다. 따라서 관련한 인력들은 채용할 수 있는 제도적 근거 마련과 국가자격인 장애인재활상담사를 배치하는 등의 개선이 이루어져야 한다.

마지막으로 지원서비스의 확대이다. 발달장애인의 사회참여를 위한 지원은 발달장애인의 삶의 주기별 모든 영역들이 관련되므로 서비스 범위를 점차 확대하는 노력이 필요하다.

5 장애정책의 국제적 동향

장애정책은 각 국의 상황에 의해 변화, 발전되는 측면도 있지만 UN을 중심으로 한 국제사회의 변화와 함께하는 경우가 많으며 우리나라의 경우는 특히, 국제사회의 흐름에 따라 변화되어 온 동력이 크다. 유엔(UN)의 장애와 관련된 정책적 노력은 1948년 세계인권선언(Universal Declaration of Humans Rights)에서 장애를 이유로 한 모든 분야의 차별을 금지할 것을 권고한 것을 시작으로 1955년 ILO의 장애인의 직업재활에 관한 권고(Recommendation 99, Concerning Vocational Rehabilitation of the Disabled), 1971년의 UN의 정신지체인의 권리선언(Declaration of the Rights of the Mental Retardation), 세계농아연맹의 농아인의 권리선언(Declaration of Rights of Persons with Impaired Hearing), 1975년의 UN의 장애인의 권리선언(Declaration of the Rights of the Disabled Persons), UN 경제사회이사회(ESCAP)의 장애인의 예방과 재활에 관한 결의(Prevention of Disability and Rehabilitation of Disabled Person), ILO의 장애인의 직업재활과 사회통합에 관한 결의(Social Integration and Vocational Rehabilitation of Disabled Persons), 1976년의 UN의 세계장애인의 해 선언(Proclamation of International Year of Disabled Persons), 1980년 세계장애인의 행동계획 결의(Plan of Action for International Year of Disabled Person), 1982년 장애인에 관한 세계 행동계획 및 UN 장애인10년 선포(World Programme of Action Concerning Disabled Persons, Decade of Disabled Persons), 1983년의 ILO의 장애인의 직업재활과 고용에 관한 협약, 1992년 UN ESCAP의 아시아·태평양 장애인

10년 결의(Vocational Rehabilitation and Employment 〈Disabled Persons〉 Convention), 1993년 UN의 장애인의 기회균등에 관한 표준규칙(Standard Rules on the Equalization of Opportunities for Disabled Persons), 2002년 UN ESCAP의 아시아 · 태평양지역의 또 다른 장애10년 선언(Biwako Millennium Framework for Action Towards an Inclusive, Barrier-Free and Rights-Based Society for Persons with Disabilities ib Asia and the Pacific), 2006년 12월 3일 전 세계 모든 장애인들의 기본적인 인권과 자유를 동등하게 누릴 수 있도록 하기 위한 국제장애인권리협약(Convention on right of persons with disabilities), 2012년 아시아태평양 지역의 제3차 장애인 10년의 행동전략인 인천전략(Incheon Strategy to "Make the Right Real" for Persons with Disabilities in Asia and the Pacific)이 채택되었다.

UN을 비롯한 UN 산하의 ESCAP, ILO, WHO 등과 같은 국제기구의 장애와 관련한 정책은 선언(declaration), 권고(recommendation), 규칙(regulation), 협약(convention) 등으로 발표되는데 이 중 협약은 국회가 비준을 하게 되면 헌법 제6조 규정에 의해 국내법과 동일한 효력을 가짐으로 이 책에서는 국회에서 그동안 비준된 장애인고용과 직업재활에 관한 협약과 장애인 권리협약 그리고 인천전략은 협약이 아니기 때문에 비준의 대상은 아니지만 우리나라가 주도국이라는 측면에서 살펴보았다.

1. 장애인권리협약

가. 제정배경

장애인의 권리와 인권문제는 UN이 지속적으로 관심을 가지고 선제적으로 대응하였다. 장애인권리협약의 채택은 1948년 세계인권선언 이후 노력의 산물이며 장애인의 권리라는 측면에서 가장 진일보한 협약이다. 이 협약의 논의가 시작된 것은 1987년에 개최된 UN총회에서 이탈리아 정부가 36개 조항으로 구성된 장애인의 인권에 관한 국제 협약을 제안하면서부터이다. 그러나 호주, 일본, 영국 등의 국가에서는 각 당사국에 돌아갈 재정적인 부담을 이유로 반대하였고, 북유럽 등의 국가에서는 이와 유사한 기존의 국제인권조약이 존재하고 있으므로 새로운 국제협약의 제정은 불필요하다는 부정적인 의견을 제시하는 등 많은 지지를 받지 못하였다. 그 후 1989년 스웨덴, 2000년 중국 정부가 다시 장애인 인권 협약 제정을 제안하였으나 미국 등 일부 선진국들의 반대로 무산되었다.

여러 당사국들의 반대에 맞서 세계 장애인 단체는 2000년 중국 북경에서 개최된 "장애인의 참여 및 평등권을 위한 신세기 전략을 개발하기 위한 장애인 세계 비정부기구의 정상회담"에서 베이징 선언을 채택하여 장애인의 인권을 보호하고 촉진하기 위해 법적 구속력이 있는 국제협약을 제정할 것을 요청하였다. 이후 2003년 11월 중국 북경에서 열렸던 아시아·태평양경제사회이사회(UNESCAP) 지역회의에서 장애인의 권리와 존엄 증진 및 보호를 위한 국제조약 상세화에 대한 북경 선언을 발표하였다. 이러한 선언을 통해 장애인 당사자들은 장애인의 인권 보장을 위한 국제인권협약의 제정 필요성을 재차 강조하였다.

2001년 제56차 UN총회에서 멕시코의 빈센트팍스(Vincent Fox) 대통령은 기조연설을 통해 국제장애인권리협약의 성안을 위한 특별위원회의 설치를 제안하였는데, 이 제안이 2001년 12월 총회에서 채택되었으며, 동시에 장애인의 권리와 존엄을 보호하고 촉진하기 위한 총체적이고 통합적인 국제협약에 관한 특별위원회의 설립이 결정되었다. 그 결정에 따라 2002년 8월부터 8차례의 특별위원회가 개최되어 협약안을 만들어내는 작업을 수행하였다. 특별위원회는 협약의 형태, 성격, 구조, 비차별 및 장애인의 실질적 권리 등 협약의 주요한 쟁점들을 집중적으로 토의하였다.

장애인권리협약은 각 조항별로 제출된 의장안에 대하여 각국 정부대표와 국가인권기구 그리고 국제장애인연맹 및 장애시민단체들이 자신들의 입장과 견해를 개진하고 이를 각 조항별 조정자가 취합하여 완성된 조문을 발표하면 동 조문에 대하여 국가들이 만장일치 또는 찬반투표를 통해 합의하는 방식으로 성안되었다. 합의를 이끌어내기 위한 회의장 안팎에서의 각 당사국과 장애인 단체들의 지속적인 논의와 토론 끝에 마침내 2006년 8월 제8차 특별위원회에서 장애인권리협약안이 완성되었으며, 이 안은 동년 12월에 개최된 UN 총회에서 192개국의 만장일치로 채택되었다. 이 협약은 장애인권리협약 본문 50개 조항과 선택의정서 18개 조항으로 구성되며 우리나라는 2008년 12월 2일 국회를 통과하여 2019년 1월 10일 발효가 되었다. 이 때 우리나라는 선택의정서와 본문 제25조 (e)항의 생명보험 관련 조항은 비준을 유보하였다.

나. 장애인권리협약의 목표

이 협약이 추구하는 정책의 목표는 모든 장애인이 모든 인권과 기본적 자유를 완전하고 동등하게 향유하도록 증진 · 보호 · 보장하고, 장애인의 고유한 존엄성에 대한 존중을 증진하기 위한 것임을 천명하면서 장애인은, 다양한 장벽과의 상호작용으로, 다른 사람들과의 동등한 기초 위에서 완전하고 효과적인 사회 참여를 저해하는 장기간의 신체적, 정신적, 지적 또는 감각적 손상을 가진 사람을 포함하는 것으로 정의하였다.

즉 이 협약의 목표는 장애인의 인권과 보통의 국민으로서 기본적인 인간의 존엄성이며 여기에서 장애인은 의학적 기준에 의한 사람만을 의미하는 것이 아니라 세계보건기구가 정의하는 활동과 참여의 제한을 가진 광범위한 개념을 사용하였다.

다. 협약의 주요내용

협약은 50개 조항에서 기본적 권리를 규정하고 있는데 이 권리를 보장하기 위한 기본원칙을 먼저 제시하고 있다. 협약에서의 기본원칙은 첫째, 개인의 천부적인 존엄성, 선택의 자유를 포함한 자율, 자립에 대한 존중과 둘째, 차별 금지, 셋째, 완전하고 효과적인 사회 참여 및 통합, 넷째, 인간의 다양성과 인류의 한 부분으로서의 장애인에 대한 차이의 존중과 수용, 다섯째, 기회의 균등, 여섯째, 접근성, 일곱째, 남성과 여성의 평등, 여덟째, 장애아동의 발전적인 역량의 존중과 정체성 유지에 대한 권리의 존중의 원칙을 제시함으로써 인간으로서 완전한 개인으로서의 존엄성과 사회참여의 평등성을 강조하고 있다.

주요한 협약의 내용은 크게 일반의무와 평등과 차별금지원칙, 장애여성과 아동, 접근성, 사법적 평등, 안전보장, 자립생활, 교육권, 건강권, 노동권, 문화권 등으로 구분된다.

1) 일반의무

이 협약은 제4조에서 당사국은 장애로 인한 어떠한 형태의 차별 없이 장애인의 모든 인권 및 기본적 자유의 완전한 실현을 보장하고 증진해야 한다. 이를 위해 당사국은 이 협약에서 인정된 권리의 이행을 위한 모든 적절한 입법적, 행정적 및 기타 조치를 채택 하며, 장애인에 대한 차별이 존재하는 기존의 법률, 규정, 관습 및 관행을 개정 또는 폐지하기 위한 입법을 포함한 모든 적절한 조치를 취하며, 모든 정책 및 프로그램에서 장애인 인권의 보호와 증진을 고려하며, 이 협약과 일치되지 않는 어떠한 행동이나 또는 실행에 관여하는 것을 금지하고, 공공 당국 및 공공기관들이 본 협약에 따라 행동하도록 보장하며, 모든 개인, 기관 또는 민간기업에 의해 이루어지는 장애로 인한 차별을 철폐하기 위한 모든 적절한 조치를 취하며, 장애인의 특별한 욕구를 충족하기 위해 보편적으로 설계된 재화, 서비스, 장비 및 시설의 이용가능성과 사용을 증진하기 위하여, 본 협약 제2조에서 정의된 바와 같이 가능한 최소한의 개조와 비용이 요구되는 보편적으로 설계된 재화, 서비스, 장비 및 시설에 대한 연구 및 개발을 수행하고 장려하며, 장애인에게 적합한 정보통신기술, 이동보조기구, 보장구, 보조기술을 포함한 신기술의 이용가능성 및 사용의 촉진과 연구·개발을 수행하고 촉진할 것과 적정가격의 이러한 기술에 우선순위를 부여하며, 그 밖의 다른 형태의 보조, 지원 서비스 및 시설뿐만 아니라 새로운 기술을 포함하여 이동보조수단, 보장구 및 보조 기술에 대한 접근 가능한 정보를 장애인들에게 제공하며, 이 협약에서 인정되는 권리들에 대해 장애분야의 직원 및 전문가에 대한 훈련을 촉진함으로써 이러한 권리들에 의해 보장되는 보다 나은 지원과 서비스를 제공하도록 규정하고 있다.

또한 각 당사국은 경제적, 사회적 및 문화적 권리와 관련하여, 국제법에 따라 즉각적으로 적용 가능한 본 협약에 포함된 의무들에 대하여, 편견 없이, 필요한 경우 국제협력의 틀 안에서, 이러한 권리의 완전한 실현을 점진적으로 달성하기 위하여 자국의 가용자원이 허용하는 최대한도까지 조치를 취할 것을 약속하며, 당사국은 이 협약을 이행하기 위한 입법과 정책 개발 및 이행, 그리고 장애인과 관련된 문제에 대한 기타 의사결정 과정에서 장애인 대표 단체들을 통하여, 장애아동을 포함한 장애인들과 밀접하게 협의하고 이들을 적극적으로 참여토록 할 것을 의무로 규정하고 있다.

2) 평등과 차별금지

이 협약은 제5조에서 당사국은 모든 사람은 법 앞에서 그리고 법 아래에서 평등하며 어떠한 차별 없이 법의 동등한 보호와 혜택을 받을 자격이 있음을 인정하며, 당사국은 장애로 인한 모든 차별을 금지하고, 모든 유형의 차별에 대하여 동등하고 효과적인 법적보호를 장애인들에게 보장 하며, 차별을 철폐하고 평등을 증진하기 위하여 합리적 편의가 제공되도록 보장하는 모든 적절한 조치를 취하며, 장애인의 사실상의 평등을 촉진시키거나 성취하기 위해 필요한 구체적인 조치들은 이 협약의 조항 하에서 차별로 간주되지 않음을 규정함으로써 평등과 우호적 차별에 대해 포괄적으로 규정하여 실천적인 평등이 이루어질 수 있도록 하고 있다.

3) 여성과 장애아동

이 협약은 제6조와 7조에서 당사국은 장애여성과 장애소녀들이 다중적인 차별을 겪고 있음을 인정하고, 이러한 관점에서 장애여성과 장애소녀들의 모든 인권과 기본적 자유의 완전하고 동등한 향유를 보장하기 위한 조치를 취하며 이 협약에서 규정된 인권과 기본적 자유의 향유와 이행을 보장하기 위해 여성들의 완전한 개발, 향상 및 역량강화를 위한 모든 적절한 조치를 취할 것을 규정하였다.

또한 당사국은 장애아동이 다른 아동들과 동등한 기초 위에서 장애아동의 모든 인권과 기본적 자유를 완전히 향유하도록 보장하기 위한 모든 필요한 조치를 취하며 장애아동과 관련된 모든 활동에 있어서 아동의 최선의 이익을 최우선적으로 고려해야 하며, 장애아동들이 자신에게 영향을 미치는 모든 문제들에 대해 자신의 견해를 자유롭게 표현할 권리와 그러한 견해에 대하여 다른 아동들과 동등한 기초 위에서 그들의 연령과 성숙도에 따라 적절한 비중을 둘 것을 보장하며 그러한 권리를 실현하도록 장애와 연령에 적합한 지원을 제공하도록 하여 여성과 장애아동이 이중의 차별을 선제적으로 예방할 수 있도록 하고 있다.

4) 장애인식 개선

이 협약은 제8조에서 장애인의 인식제고를 위하여 당사국은 가족 단위를 포함하여 사회 전반에서 장애인에 관한 인식을 향상시키고 장애인의 권리와 존엄성에 대한 존중 고양하고 성별과 연령을 기반으로 하는 것을 포함하여 삶의 모든 영역에서 장애인에 대한 고정관념, 선입견, 그리고 유해한 관습의 근절, 장애인의 능력과 공헌에 대한 인식의 증진이 자연스럽게 나타날 수 있도록 장애인의 권리에 대한 감수성 증진, 장애인에 대한 긍정적 인식과 사회적 인식개선 증진, 직장과 고용시장에서 장애인의 기술, 실적, 능력과 기여에 대한 인식 장려를 위한 인식개선 조치와 유아기부터의 모든 아동을 포함하여 모든 단계의 교육제도에서 장애인의 권리를 존중하는 태도의 양성, 본 협약의 목적에 부합하는 방향으로 장애인을 묘사하도록 모든 대중매체에게 권장, 장애인과 이들의 권리에 대한 인식 훈련 프로그램의 장려 등의 노력을 하도록 함으로써 장애인의 인식 개선이 중요함을 규정하고 있다.

5) 접근성

이 협약은 제9조에서 당사국은 장애인이 자립적으로 생활하고 삶의 모든 영역에 완전히 참여할 수 있도록 도시 및 농촌지역에서 장애인의 물리적 환경, 대중교통, 정보통신기술 및 체제를 포함한 정보통신 그리고 대중에게 개방 또는 제공되는 기타 시설이나 서비스에, 다른 사람들과 동등한 기초 위에서, 접근하도록 보장하는 적절한 조치를 취해야 한다. 접근성에 대한 장애와 장벽의 식별 및 철폐를 포함하는 이러한 조치들은 학교, 주거, 의료시설과 근무지를 포함한 건물, 도로, 대중교통 및 기타 실내외 시설, 전자서비스와 응급서비스를 포함한 정보, 통신 및 기타 서비스가 포함된다. 또한 당사국은 대중에게 개방 또는 제공되는 시설과 서비스의 접근성을 위한 최소한의 기준 및 지침의 이행을 위한 개발 공표 및 점검, 대중에게 개방되거나 제공되는 시설과 서비스를 제공하는 민간 주체들이 장애인의 접근성을 위하여 모든 측면을 고려하도록 보장, 모든 당사자들에게 장애인이 직면한 접근성의 문제에 대한 훈련제공, 대중에게 개방되는 건물과 기타 시설에 점자 및 읽고 이해하기 쉬운 형태의 표지판 설치, 대중에게 개방되는 건물과 기타 시설에 대한 접근성을 용이하게 하기 위하여 안내인, 낭독인, 전문수화통역사를 포함한 현장지원과 매개체의 제공, 장애인의 정보접근성을 보장하기 위한 기타 적절한 형태의 지원과 보조를 장려, 장애인이 인터넷을 포함한 새로운 정보통신기술 및 체제에 대해 접근하도록 장려, 최소한의 비용으로 기술 및 체제에 접근 가능하도록 초기단계에서 접근 가능한 정보통신기술과 체제의 설계, 개발, 생산 및 유통을 장려하는 조치들을 규정하여 모든 영역에서 장애인의 접근성을 보장할 것을 규정하였다.

6) 사법적 평등

이 협약은 제12조와 제13조에서 법 앞의 평등과 사법의 접근성을 규정하고 있다. 당사국은 장애인이 모든 영역에서 법 앞에서 인간으로서 인정받을 권리가 있음을 재확인 하며 장애인이 삶의 모든 영역에서 다른 사람들과의 동등한 기초 위에서 법적 능력을 향유한다는 것을 인정 하며, 장애인이 그들의 법적능력을 행사하는데 필요한 지원에 접근할 수 있도록 적절한 조치를 취하고 법적능력의 행사와 관련한 모든 조치들이 오용되는 것을 방지하기 위해 국제인권법에 따라 적절하고 효과적인 보호제도를 제공하도록 보장해야 한다. 이러한 보호제도는, 법적 능력 행사와 관련된 조치들이 개인의 권리, 의지, 선호도를 존중하고, 이해관계의 상충과 부당한 압력으로부터 자유롭고, 개인의 상황에 비례하고 적합해야 하며, 가능한 최단기간 동안 적용되어야 하며, 권한을 지닌 독립적이고 공정한 국가기관이나 사법기구에 의해 정기적으로 검토 되도록 보장하며, 보호제도는 그러한 조치들이 개인의 권리와 이익에 영향을 미치는 정도에 비례한다.

또한 이 조항의 규정에 따라 당사국은 장애인의 재산 소유 또는 상속에 있어 동등한 권리를 보장하고, 이들의 재정적 사항들을 관리하고, 은행대출, 담보 및 기타 재무신용에 있어 동등한 접근성을 보장하기 위한 모든 적절하고 효과적인 조치를 취해야 하며, 장애인의 재산이 자의적으로 박탈당하지 않도록 보장하며, 수사와 기타 예심단계를 포함한 모든 법적 절차에서 장애인이 증인을 포함한 직 · 간접적인 참가자로서 효과적인 역할을 촉진하기 위하여 절차와 연령에 적합한 편의의 제공을 포함하여 다른 사람들과 동등한 기초 위에서 효과적으로 사법절차에 접근할 수 있도록 보장하며, 장애인의 효과적인 사법접근권의 보장을 돕기 위하여 경찰과 교도관을 포함한 사법행정에 종사하는 이들을 위한 적절한 훈련을 장려하도록 함으로써 법 앞의 평등권과 사법정차에서의 접근성을 보장하여 진정한 평등권이 실현될 수 있도록 하고 있다.

7) 개인의 자유와 안전보장

이 협약은 제14조에서 18조에 이르기까지 개인으로서 자유와 생활에서의 안전을 보장할 것을 규정하고 있다. 당사국은, 다른 사람들과 동등한 기초 위에서, 개인의 자유와 안전에 관한 권리를 향유하며, 장애인의 자유가 불법적으로 또는 자의적으로 박탈당해서는 아니 되며, 모든 자유의 박탈은 법률에 따라야 하며, 어떠한 경우에도 장애의 존재로 자유가 박탈되어서는 아니 되며 애인의 자유가 박탈되는 경우, 장애인이 다른 사람들과 동등한 기초 위에서 국제인권법에 따라 보호 받으며, 합리적 편의제공을 포함한 이 협약의 목적과 원칙에 부합하는 대우를 받도록 보장하도록 하고 고문이나 잔혹한 또는 비인도적이거나 굴욕적인 취급 및 형벌에서의 자유, 착취, 폭력 및 학대로부터의 자유, 개인의 고유성 보호와 이주 및 국적의 자유를 규정하고 있다.

8) 자립생활과 지역사회 통합

이 협약은 제19조에서 모든 장애인이 다른 사람들과 동등한 선택권을 가지고 지역사회에서 살 수 있는 동등한 권리를 인정하고, 장애인의 이러한 권리와 지역사회의 완전한 통합 및 참여의 완전한 향유를 촉진하기 위한 다른 사람들과 동등한 기초 위에서, 거주, 거주지 및 동거인에 대한 선택의 자유를 가지며 특정한 주거형태에서 살도록 강요받지 않으며, 지역사회 내에서의 생활과 통합을 지원하고 지역사회로부터 소외 또는 격리되는 것을 예방하기 위한 개인적인 지원을 포함하여, 다양한 형태의 가정 내, 거주지, 그리고 기타 지역사회 지원서비스에 접근할 수 있으며 대중을 위한 지역사회 서비스와 시설은 동등한 기초 위에서 이용 가능해야 하며 장애인의 욕구에 부합해야 한다고 규정함으로써 완전한 지역사회에서의 자립생활을 중요한 수단으로 규정하였다.

9) 의견, 표현 및 정보접근의 자유

이 협약은 제21조에서 장애인이, 다른 사람들과 동등한 기초 위에서, 자신이 선택한 모든 의사소통의 방법을 통해 정보와 사상을 추구하고 접수하며 전달하는 자유를 포함한 의견 및 표현의 자유에 대한 권리를 행사할 수 있도록 보장하기 위하여 대중을 위한 정보를 다양한 장애유형에 적합하게 접근 가능한 형태 및 기술을 통해 적절한 방법으로 별도의 추가비용 없이 장애인에게 제공할 것, 공식적인 교류에 있어 수화, 점자, 보완적이고 대안적인 의사소통 그리고 장애인의 선택에 의한 기타 모든 접근 가능한 수단, 방법, 형태를 사용하도록 수용하고 촉진할 것, 인터넷을 포함해 대중에게 서비스를 제공하는 민간주체가 장애인을 위한 접근 및 이용 가능한 형식으로 정보와 서비스를 제공하도록 촉구할 것, 인터넷을 통해 정보를 제공하는 자를 포함하여 대중매체에게 장애인에게 접근 가능한 서비스를 만들도록 권장할 것, 수화사용을 인정하고 증진할 것 등의 조치를 규정하여 의사표현의 자유를 중요한 정책수단으로 규정하고 있다.

10) 교육권

이 협약은 제24조에서 당사국은 차별 없이 그리고 동등한 기회에서 교육의 권리를 실현하기 위하여 모든 단계에서의 통합교육체제와 평생교육을 인간의 잠재성, 존엄성 및 자아 가치에 대한 개발과 기본적 자유와 인간의 다양성에 대한 존중의 강화, 가능한 최대한도로 장애인의 정신적 · 신체적 능력뿐 아니라 그들의 인성, 재능 및 창의성의 개발, 장애인이 자유 사회에 효과적으로 참여토록 할 것을 기본이념으로 하여 시행해야 하며 이러한 권리를 실현하는 데 있어서 장애인은 장애를 이유로 일반교육체제에서 배제되지 않으며, 장애 아동이 장애를 이유로 무상의 의무 초등 교육 및 중등 교육에서 배제되지 않으며, 그들이 사는 지역사회에서, 다른 사람들과 동등한 기초위에서, 통합적이고 양질의 무상 초등 교육 및 중등 교육에 접근할 수 있어야 하며, 개별적인 요구조건에 따른 합리적인 편의가 제공되어야 하며, 일반 교육체제 내에서 효과적인 교육을 촉진하는 데 필요한 지원을 받을 수 있어야 하며 효과적인 개별화된 지원들은 완전한 통합이라는 목표에 부합하여 학문 및 사회 개발을 최대화시키는 환경 내에서 제공되어야 한다.

또한 당사국은 장애인이 지역사회 구성원으로서 완전하고 평등한 교육 참여를 촉진하기 위한 생활 및 사회 개발 기술을 학습할 수 있도록 점자, 대체 문자, 보완적이고 대안적인 방식, 의사소통 수단 및 형식, 적응 및 이동기술에 대한 학습의 장려와 동료집단의 지원 및 멘토링, 수화 학습과 청각장애인 공동체의 언어 정체성의 증진을 장려, 시각, 청각, 또는 시청각 장애를 가진 장애인, 그중에서도 특히 아동에 대한 교육은 개인에게 가장 적절한 언어형태와 의사소통의 방식 및 수단을 통해 그리고 학문 및 사회 개발을 최대화시키는 환경에서 제공되도록 보장 등의 조치가 있어야 하며 이러한 권리의 실현을 돕기 위하여 장애가 있는 교사를 포함하여 수화 그리고/또는 점자를 사용할 수 있는 교사의 채용과 각 교육단계별 전문가 및 직원의 훈련을 위한 적절한 조치를 취한다. 이러한 훈련은 장애에 대한 인식과 적절하고 보완적이며 대안적인 의사소통의 방식, 수단, 그리고 형식과 교육기술 및 장애인을 지원하기 위한 교재의 사용이 통합적으로 이루어져야 하며 장애인들이 차별 없이 그리고 다른 사람들과 동등한 기초위에 제3차 교육, 직업훈련, 성인교육 및 평생교육에 접근할 수 있도록 보장한다. 이를 위해 당사국은 장애인에게 합리적인 편의제공을 보장하도록 교육에 있어 완전한 평등과 접근성을 규정하였다.

11) 건강권

이 협약은 제25조에서 모든 장애인이 장애로 인한 차별 없이 도달 가능한 최고 수준의 건강을 향유할 권리가 있음을 인정한다. 당사국은 건강과 관련된 재활을 포함하여, 성별을 고려한 보건 서비스에 대한 접근을 보장하는 모든 적절한 조치를 취한다. 특별히 각 당사국은, 장애인에게 성적·생식적 보건 분야 및 인구에 기초한 공중 보건프로그램을 포함하여, 다른 사람들과 동일한 범위 및 질과 수준의 무상 또는 적정한 가격의 건강관리 및 프로그램을 제공하며, 아동과 노년을 포함하여 조기 발견과 적절한 예방 및 추가적인 장애를 최소화 하고 예방하기 위한 서비스를 포함하여 특히 장애로 인해 장애인이 필요로 하는 보건 서비스를 제공하며, 농촌 지역을 포함하여, 장애인이 속한 지역사회와 가장 인접한 곳에서 이러한 보건서비스를 제공 하며, 의료전문가가, 공공 및 민간보건에 대한 윤리적 기준의 보급과 훈련을 통한 장애인의 인권, 존엄성, 자율성 및 욕구에 대한 인식의 개선에 기초한 자유로운 사전 동의에 입각하여 다른 사람들과 동일한 수준의 치료를 제공해야 하며, 건강보험과 공정하고 합리적인 방식으로 규정된 국내법에 의하여 인정된 생명보험이 장애인에게 차별적으로 제공되는 것을 금지하며 장애를 이유로 건강관리, 보건서비스 또는 음식과 음료의 차별적인 거부를 금지하는 규정을 하고 있다.

12) 노동권

이 협약은 제27조에서 당사국은 다른 사람들과 동등한 기초 위에서 장애인이 노동할 권리를 인정하며, 이는 장애인이 장애인에게 개방적이고 통합적이며 접근 가능한 노동시장과 근로환경에서 자유롭게 선택하거나 받아들인 직업을 통해 삶을 영위할 기회를 가질 권리를 포함한다. 당사국은, 고용 기간 중에 장애를 입은 사람을 포함하여, 입법을 포함한 모집, 채용 및 고용의 조건, 고용의 연장, 경력 개발, 안전하고 건전한 근무환경을 포함한 모든 형태의 고용과 관련된 제반 사안에 대해 장애를 이유로 한 차별 금지, 다른 사람들과 동등한 기초 위에서, 동등한 기회 및 동등한 가치의 노동에 대한 동등한 보상, 괴롭힘으로부터의 보호를 포함한 안전하고 건강한 근로환경과, 불편사항의 시정을 포함하는 공정하고 유리한 근로조건에 대한 장애인들의 권리 보호, 장애인이, 다른 사람들과 동등한 기초 위에서, 노동권 및 노동조합의 권리를 행사할 수 있도록 보장, 장애인이 일반적인 기술 및 직업 지도 프로그램, 직업소개 서비스 그리고 직업 훈련과 지속적인 훈련에 효과적으로 접근할 수 있도록 보장, 구직, 취업 및 지속적인 근무와 복직에 대한 지원뿐만 아니라 노동시장에서 고용의 기회와 경력개발 장려, 자영업, 창업, 협력개발 및 개인사업을 시작할 수 있는 기회 증진, 공공부문에서 장애인 고용, 적극적 우대조치, 정책, 장려금 그리고 기타 조치를 포함한 적절한 정책과 대책을 통해 민간부문에서 장애인의 고용 증진 등의 조치를 하여야 하며 또한 장애인이 노예상태나 예속상태에 놓이지 않도록 하며 다른 사람들과 동등한 기초 위에서 강제근로로부터 보호되도록 보장하도록 하여 근로기회의 보장과 함께 근로조건에 있어서도 평등을 주지함으로써 근로권 보호를 지원하고 있다.

13) 사회적 보호

이 협약은 제28조에서 장애로 인한 차별 없이 적절한 식량, 의복 및 주택을 포함하여 자기 자신과 가정을 위한 적절한 생활수준을 누릴 권리와 생활조건을 지속적으로 개선할 권리를 가지는 것을 인정하며, 장애로 인한 차별 없이 이러한 권리의 실현을 보호하고 증진하기 위한 적절한 조치를 취하며, 장애로 인한 차별 없이 사회적 보호와 이러한 권리를 향유하기 위한 장애인의 권리를 인정하고 이러한 권리의 실현을 보호하고 증진하기 위한 수질의 정화비스에 대해 장애인의 동등한 접근을 보장하고, 장애 관련 욕구를 위한 적절하고 적정한 가격의 서비스, 장치 및 기타 지원에 대한 접근 보장, 사회보호 프로그램과 빈곤감소 프로그램에 대한 장애인 특히 장애여성과 장애소녀, 장애노인의 접근 보장, 빈곤 상태에 있는 장애인과 그들의 가정이 적절한 훈련, 상담, 재정적 지원과 일시적 위탁을 포함한 당사국의 장애인 관련 지출이 이루어지는 지원에 대해 접근할 수 있도록 보장, 공공주택 프로그램에 대한 장애인의 접근 보장, 퇴직 급여 및 프로그램에 대한 장애인의 동등한 접근 보장 등의 조치를 통해 생활 활동과 사회참여에 있어 차별 없이 평등한 삶을 살아가도록 지원을 규정하고 있다.

14) 문화권

이 협약은 제30조에서 당사국은 다른 사람들과 동등한 기초 위에서 문화생활에 참여할 장애인의 권리를 인정하고 장애인을 위하여 접근 가능한 형태로 된 문화적인 자료에 대한 접근, 접근 가능한 형태로 된 텔레비전 프로그램, 영화, 연극 및 기타 문화적 활동에 대한 접근, 극장, 박물관, 영화관, 도서관과 여행 서비스와 같은 문화 행사 또는 서비스를 위한 장소에 대한 접근과, 국가의 문화적 명소 및 유물에 대한 접근을 최대한 향유하는 조치를 취해야 하며 또한 당사국은 장애인이 자신의 이익 뿐 아니라, 사회의 번영을 위해서, 그들의 창의적이고 예술적이며 지적인 잠재력을 개발할 수 있는 기회를 가지도록 적절한 조치를 취하며, 문화적인 자료에 접근하는 데 있어서 지적 재산권을 보호하는 법률이 불합리하고 차별적인 장벽의 요소가 되지 않도록 국제법에 따라 모든 적절한 조치를 취하며 다른 사람들과 동등한 기초 위에서, 수화 및 농문화를 포함하여 그들의 특수한 문화 및 언어 정체성에 대한 인지 및 지원을 받아야 하며 장애인이, 다른 사람들과 동등한 기초 위에서, 레크리에이션, 여가와 스포츠 활동에 참여하도록 하기 위해서 장애인이 주류 스포츠 활동의 전 영역에서 최대한 참여할 수 있도록 권장하고 증진하며, 장애 특화 스포츠와 레크리에이션 활동을 조직하고 개발하며 참여할 기회를 보장하고, 이를 위해, 다른 사람들과 동등한 기초 위에서, 적절한 지침, 훈련 및 자원의 공급을 장려하며, 장애인이 스포츠와 레크리에이션을 위한 장소 및 여행지에 대해 접근할 수 있도록 보장하며, 장애아동이 교내 활동을 포함하여 놀이, 레크리에이션, 여가 및 스포츠 활동에 참여하는 데 있어서 동등하게 접근할 수 있도록 보장하며, 장애인이 레크리에이션, 여행, 여가 및 스포츠 활동의 구성과 관련된 서비스에 접근할 수 있도록 보장하도록 규정하고 있다.

이 규정 외에도 이 협약은 각 당사국이 협약 내용의 이행촉진을 위하여 제31조에서 제50조에 이르기까지 통계와 자료수집, 국제협력, 이행 및 모니터링, 장애인 권리위원회 설치, 당사국 보고, 보고서 심사, 당사국과 위원회 간의 협력, 위원회와 기타 기구와의 관계, 위원회 보고서, 당사국 회의 등의 내용들을 규정하고 있다.

선택의정서는 18개 조항으로 구성되어 있으며 협약 규정 위반으로 피해를 입었다고 주장하는 개인 및 집단이 UN 장애인권리위원회에 진정할 수 있고, 개인 청원 시 협약 당사국에 대한 장애인권리위원회의 직권조사 및 조사절차 등의 내용이 포함되어 있다.

2. 장애인고용과 직업재활에 관한 협약

가. 제정배경

국제노동기구는 1955년 직업재활(장애인) 권고가 채택된 이후 재활의 필요성에 대한 이해, 재활서비스의 범위 및 조직, 협약에서 다루는 문제와 관련된 많은 회원국의 법률 및 관행에 있어서 괄목할 만한 발전이 이루어졌음에 주목하고, 1981년이 국제연합 총회에서 “완전한 참여와 평등”을 주제로 한 세계 장애인의 해로 선언되었고, 장애인에 관한 포괄적인 세계행동강령이 사회생활과 발전에 있어서의 장애인의 “완전한 참여”와 “평등”이라는 목표를 실현하기 위하여, 국제적 · 국가적 차원에서 효과적인 조치를 제공하도록 하고 있음을 고려하고, 이러한 발전으로 인하여 도시와 농촌에서의 고용과 사회로의 통합문제에 있어서 모든 종류의 장애인에게 기회와 처우의 균등보장의 필요성을 특별히 고려한 새로운 국제기준을 채택함이 적절하다는 점을 고려하고, 이러한 발전으로 인해 장애인의 고용과 사회로의 통합을 위하여 도시와 농촌 지역 모두에서의 모든 범주의 장애인에 대한 특히 기회 및 처우 균등 보장의 필요성을 고려한 주제에 대한 새로운 국제기준을 채택함이 적절해졌음을 고려하여 1983년 6월 20일 채택하였으며 우리나라는 2000년 12월 13일 국회에서 비준하였다.

나. 장애인고용과 직업재활에 관한 협약의 목표

이 협약의 목적은 장애인이 적절한 고용을 확보 · 유지 · 증진하는 것을 가능하게 함으로써 장애인의 사회에 통합 또는 재통합되는 것을 촉진시키는 데 두어야 함을 명확히 규정하고 이를 실행하기 위한 기본원칙으로 장애인의 직업재활 및 고용에 관한 정책 수립 및 정기적인 검토와, 모든 장애인에게 통합 고용기회의 제공, 장애가 없는 사람과 남, 여의 차별 없는 동등한 기회 균등 원칙과 장애인에게 제공되는 적극적 우대정책(Affirmative action)은 차별로 간주되지 아니함과 장애인과 대표단체의 참여를 목표실행을 위한 기본원칙으로 제시하고 있다.

다. 장애인고용과 직업재활에 관한 협약의 주요내용

이 협약은 전체 제4부 17개 조항으로 구성되며 제1조에서 제5조까지는 목적과 기본원칙을 제시하고 있으며 제10조에서 제17조는 이행을 위한 조치들을 규정하고 있다. 협약의 주요내용은 제3부 장애인을 위한 직업재활 및 고용업무의 발전을 위한 국가적 차원의 조치로 제6조에서는 각 회원국은 법령이나 국내조건 및 관행에 부합하는 그 밖의 방법에 따라 이 협약 제2조 · 제3조 · 제4조 및 제5조의 시행을 위하여 필요한 조치를 취하는 것으로 협약을 비준한 국가들의 이행과 통합고용을 위한 평등이나 적극적 우대조치들의 각국의 이행을 규정하고 있다. 우리나라는 이 협약을 비준하였기 때문에 협약을 이행할 의무가 있으며 이를 위해 지금보다 통합고용과 노동에서의 평등을 보장하기 위한 제도개선과 이행을 위한 노력이 필요하며 이를 규정하고 있다.

제7조와 제8조에서는 각 국의 행정부처는 장애인이 고용을 확보 · 보유하고 승진할 수 있도록 직업안내 · 직업훈련 · 직업소개 · 고용 및 그 밖의 관련된 업무를 제공 · 평가하기 위한 조치를 취하며 농촌지역 및 외딴 지역사회의 장애인을 위한 직업재활 및 고용 업무의 확립과 발전을 증진하기 위한 정책들이 마련되어야 함을 규정하고 있다. 장애인의 고용을 위한 직업재활서비스와 농촌지역 장애인을 위한 정책들을 규정함으로써 지역사회의 소외 없는 장애인의 노동권 보장을 규정하고 있다.

마지막으로 제9조에서는 전문 인력을 규정하고 있다. 각 회원국은 장애인의 직업안내 · 직업훈련 · 직업소개 및 고용을 책임질 적절한 자격을 갖춘 재활상담사(Rehabilitation counsellor) 및 그 밖의 직원들에 대한 훈련 및 인력확보를 보장하는 것을 목표로 함을 규정함으로써 적절한 자격을 갖춘 재활상담사가 관련 업무를 수행하도록 함으로써 궁극적으로 장애인의 노동기회 보장과 평등 실현을 추구하는 협약의 중요한 사항임을 규정하고 있다.

3. 인천전략

가. 제정배경

인천전략은 제3차 아태장애인 10년(2013~2022), 즉 새로운 10년(New Decade) 동안 장애인의 진정한 권리실현을 위한 UN ESCAP 62개국 회원국의 공동행동전략이다. 인천전략의 수립과정은 지난 2009년 12월 한국장애인재활협회가 주도하여 UN ESCAP 새로운 10년 전략연구를 진행하여 2010년 9월 아·태지역 장애인 인권의 효과적 실천을 위한 전략보고서를 작성하였고 2010년 5월 제66차 UN ESCAP 총회에서 UN ESCAP 정부간고위급회의 한국 유치확정 및 제3차 아·태 10년('13~22'년) 이행계획 수립 필요성을 제기하고 동년 9월 한국정부는 한국장애인개발원으로 하여금 제3차 아태장애인 전략기획단을 구성(정부, 연구단체, 장애인단체, 장애전문가 등)하여 운영하도록 하였고 2011년 8월 한국정부의 인천전략 초안(9대 목표, 25개 세부목표, 28개 측정지표)이 마련되었다.

이후 2011년 12월 14~16일 UN ESCAP 인천전략 수립을 위한 이해당사자회의를 개최하여 전략안은 10대 목표, 22개 세부목표, 35개 측정지표로 수정되었고 2012년 3월 14~16 UN ESCAP 인천전략수립을 위한 지역준비회의에 UN ESCAP 회원국 및 15개 시민사회 대표단체가[1] 참여하여 전략안에 대한 논의가 있었으며 2012년 5월 17~23일 제68차 UN ESCAP 총회에서 인천전략(안)이 채택되고 2012년 10월 29~11월 2일 UN ESCAP 정부 간 고위급회의에서 인천전략이 선포되었다.

1) 15개 대표단체는 장애인당사자단체 11개 Disabled Peoples'International Asia-Pacific(아태장애인연맹), Inclusion International Asia-Pacific(아태 국제통합협회), World Blind Union (세계시각장애인연합회), World Federation of the Deaf Regional Secretariat for Asia and the Pacific(아태 농아인연합회), World Federation of the Deafblind Asia and the Pacific(시청각장애인협회), World Network of Users and Survivors of Psychiatry Asia-Pacific(정신장애인사회복귀네트워크), Asia and Pacific Disability Forum(아태장애포럼), ASEAN Autism Network(아시아 자폐장애인네트워크), ASEAN Disability Forum(아시아장애포럼), Pacific Disability Forum(태평양장애포럼), South Asian Disability Forum (남아시아장애포럼)와 장애인지원단체 4개 Asia-Pacific Development Center on Disability (아태장애센터), CBR Asia-Pacific Network(아태 CBR네트워크), DAISY Consortium(데이지 컨소시움), Rehabilitation International Asia-Pacific(아태재활협회)

고위급회의에서 선포된 인천전략은 채택과정에서 몇 가지 의미를 제시하고 있는데 우선, 아시아 태평양 지역 그리고 세계에서 처음으로 지역차원에서 합의된 장애 포괄적인 개발목표를 제시하고 있다는 점과 장애인권리협약에 기반하고 있다는 점, 제3차 아태장애인 10년이 끝나는 2022년까지 매 3년마다 장관선언 및 인천전략의 이행정도를 보고해야 함을 제시하고 있다. 즉, 인천전략이 갖는 의미는 첫째, 장애인의 권리실현, 장애인의 평등을 위해 주류화 관점(장애 포괄적 관점)에서 문제해결에 접근하고 시도해야 한다는 점을 분명히 하였다는 것이다. 2012년 UN총회는 '사회개발 의제에서의 장애주류화'라는 제목으로 사회개발 의제에서의 장애주류화 이행 현황 및 이의 이행 방안을 제시하였다. 이 방안에서 개발에 있어서의 장애이슈를 환경과 성(gender) 같은 범 분야(cross-cutting)성격의 이슈로 정의하였다. 범 분야 이슈란, 현재 국제사회에서 국제개발을 언급할 때 모든 분야와 영역에서 공통적으로 고려해야 하는 과제를 의미한다. 즉, 장애주류화관점이란 모든 정책이나 서비스에서 장애문제를 사회문제와 동일시하고 보편적 서비스, 보편적 문제의 하나로 접근을 시도하는 것으로 이해될 수 있을 것이다.

둘째, 장애인 권리협약에 기반 한다는 것으로 이것은 모든 문제를 평등관점에서 접근을 시도한다는 것이다. 평등은 일반적으로 세 가지 의미를 갖는데, 첫째는 기회(opportunity)에 있어서 평등, 둘째는 조건(endowment)에 있어서의 균등, 셋째는 결과(outcome)에 있어서의 균등을 의미하는데(赤松良子, 1985) 이 세 가지 조건을 충족하지 못할 때 차별이라고 본다. 따라서 평등관점에서의 접근은 차별금지와는 다른 접근으로 차별이 발생하기 전의 상황을 시도해야 한다는 것이다.

셋째, 3년마다 장관선언 및 이행정도를 보고하도록 함으로써 선언으로서 끝나는 것이 아니라 이행을 하라는 의미를 담고 있다. 그 이전 UN 권고에서도 이행정도를 보고하는 사례가 있었지만 고위급회의에서 장관선언을 하도록 하므로 최대한 이행장치를 담보하고 있어 적어도 3년마다 인천전략은 UN ESCAP에서 중요한 아젠다로 다루어진다는 의미를 가지고 있다.

마지막으로 인천선언은 한국 정부에 의해 주도되고 한국에서 채택되었다는 것이다. 따라서 인천전략은 상당부분 한국정부가 이니셔티브를 가지고 주도해야 할 책임 있는 자리에 있다는 의미도 가지고 있다.

나. 인천전략의 목표

인천전략의 목표는 아태지역의 장애인의 권리실천(Make the Right Real)으로 이를 실행하기 위한 기본원칙으로 장애인 권리협약의 개인의 천부적인 존엄성, 선택의 자유를 포함한 자율 및 자립에 대한 존중, 비차별, 완전하고 효과적인 사회참여와 통합, 인간의 다양성과 인류의 일부로서 장애인의 차이에 대한 존중과 수용, 기회의 균등, 접근성, 남성과 여성의 평등, 장애아동의 발전적인 역량에 대한 존중과 정체성 유지를 위한 권리의 존중을 제시하고 있다.

다. 인천전략의 주요내용

인천전략은 장애인의 권리실천을 위한 주요한 수단으로 〈표 5-1〉과 같이 10개의 역역에서의 목표와 이를 실행하기 위한 세부목표 27개와 62개 이행을 위한 지표를 설정하고 있다.

목표 1은 '빈곤 감소 및 고용 전망의 증진'으로 장애인의 빈곤, 장애인의 일자리와 고용, 직업훈련 등의 내용을 포함하는 3개의 세부 목표, 목표 2는 '정치 과정 및 의사결정에 대한 참여의 증진'으로 정부 의사결정기구에서 장애인의 대표성 보장과 정치 과정에 장애인의 참여 등의 내용을 포함하는 2개의 세부 목표가 있다. 목표 3은 '물리적 환경, 대중교통, 지식, 정보 및 의사소통에 대한 접근성의 향상'으로 물리적 환경의 접근성, 대중교통의 접근성, 정보 및 의사소통 접근성, 보조기구 등의 내용을 포함하는 4개의 세부 목표가, 목표 4는 '사회적 보호의 강화'로 보건의료 서비스 접근성, 사회보호 프로그램, 활동보조와 동료상담 등의 내용을 포함하는 3개의 세부 목표가 있다. 목표 5는 '장애아동에 대한 조기개입 및 교육의 확대'로 장애아동의 조기발견, 장애아동의 취학률 등과 관련된 세부 목표 2개, 목표 6은 '성평등과 여성의 역량강화 보장'으로 장애소녀 및 여성의 기회, 의사결정기구에서 장애여성의 대표성 보장, 장애소녀 및 여성의 보호 등과 관련된 세부 목표

4개가 있다. 목표 7은 '장애 포괄적 재난 위험 감소 및 관리의 보장'으로 장애 포괄적 재난 감소 계획, 적절한 조치 등에 대한 세부 목표 2개, 목표 8은 '장애 데이터의 신뢰성 및 비교가능성 개선'으로 비교 가능한 통계 생산·배포, 세부목표의 이행성과 측정을 위한 장애통계 구축 등의 2개 세부 목표가 있다. 목표 9는 '장애인권리협약 비준 및 이행과 협약과 국내법의 조화 촉진'으로 2개의 세부 목표가, 목표 10은 하위지역·지역 간 협력의 강화로 3개의 세부 목표가 수립되어 있다.

표 5-1 인천전략의 주요 내용

목표	세부 목표	이행측정지표(핵심지표 및 보충지표)
1. 빈곤 감소 및 고용 전망의 증진	1.A. 장애인의 극심한 빈곤을 해소한다. 1.B. 일할 수 있고 또 일하기를 원하는 근로 연령의 장애인을 위한 일자리와 고용을 늘린다. 1.C. 정부가 재정 지원을 하는 직업훈련과 기타 고용지원 프로그램에 대한 장애인의 참여를 증진한다.	1.1. 세계은행에 의해 갱신되는 일일 1.25달러(구매력 평가) 국제 빈곤선 이하로 생활하는 전체 인구 대비 장애인의 비율 1.2. 전체 고용 인구 대비 고용된 장애인의 비율 1.3. 훈련받은 모든 인구 대비, 정부의 재정지원을 받는 직업훈련 및 기타 고용지원 프로그램에 참여하는 장애인의 비율 1.4. 국내 빈곤선 이하로 생활하는 장애인의 비율
2. 정치 과정 및 의사결정에 대한 참여의 증진	2.A. 정부의 의사결정기구에서 장애인의 대표성을 보장한다. 2.B. 정치 과정에 대한 장애인의 참여를 증진하기 위해 정당한 편의를 제공한다.	2.1. 의회 또는 그에 상응하는 국가입법기구에서 장애인의 의석 비율 2.2. 장애관련 국가조정기구에서 다양한 장애인 집단을 대표하는 구성원의 비율 2.3. 성평등 및 여성의 역량강화를 목적으로 하는 국가기구에서 장애 여성의 비율 2.4. 장애인 투표자의 접근이 가능하고 이들의 비밀투표를 보장하는 국가 수도 내 투표소의 비율 2.5. 중앙정부 각료 중 장애인의 비율 2.6. 대법원 판사 중 장애인의 비율 2.7. 국가 선거관리당국이 다양한 유형의 장애인이 접근 가능한 방식으로 선

목표	세부 목표	이행측정지표(핵심지표 및 보충지표)
		거 과정을 관리할 것을 규정하는 입법의 가용성
3. 물리적 환경, 대중교통, 지식, 정보 및 의사소통에 대한 접근성의 향상	3.A. 국가 수도에서 공공에게 개방된 물리적 환경의 접근성을 향상시킨다. 3.B. 대중교통에 대한 접근성 및 이용성을 향상시킨다. 3.C. 정보 및 의사소통 서비스에 대한 접근성과 이용성을 향상시킨다. 3.D. 적합한 보조기구나 생산품이 필요하나 이를 갖지 못한 장애인의 비율을 반으로 줄인다.	3.1. 국가 수도에서 접근 가능한 정부 청사의 비율 3.2. 접근 가능한 국제공항의 비율 3.3. 공영 텔레비전 뉴스 프로그램에 대해 매일 제공되는 자막 및 수화통역의 비율 3.4. 접근 및 이용 가능한 공공 문서와 국제적으로 인정된 접근성 표준을 충족시키는 웹사이트의 비율 3.5. 보조기구나 생산품을 필요로 하고 이를 보유한 장애인의 비율 3.6. 장애를 가진 전문가의 참여를 의무화하는 정부의 접근성 검사 프로그램의 가용성 3.7. 국제표준화기구(ISO) 기준 등 국제적으로 인정된 표준을 고려한, 공중이 이용할 수 있는 건물의 모든 설계의 승인을 규제하는 의무적인 BF(barrier-free) 접근 기술 표준의 가용성 3.8. 수화통역사의 수 3.9. 국제표준화기구(ISO) 기준 등 국제적으로 인정된 표준을 고려한, 공공을 위한 웹사이트 등 모든 정보통신기술 관련 서비스의 승인을 규제하는 의무적인 BF(barrier-free) 접근 기술 표준의 가용성
4. 사회적 보호의 강화	4.A. 재활을 포함한 모든 보건의료 서비스에 대해 모든 장애인의 접근성을 향상시킨다. 4.B. 사회보호 프로그램에서 장애인의 수혜 범위를 늘린다. 4.C. 지역사회에서 자립적인 생활하는 장애인, 특히 중복장애인, 광범위 장애인, 그	4.1. 정부지원의 보건의료 프로그램을 이용하는 전체 인구 대비 장애인의 비율 4.2. 사회보험 및 사회적 지원프로그램 등 사회보호 프로그램에서 장애인의 수혜 범위 4.3. 장애인이 지역사회에서 자립적으로 생활하기 위해 필요한 활동보조, 동료상담 등 정부 지원 서비스 및 프

목표	세부 목표	이행측정지표(핵심지표 및 보충지표)
	리고 다양한 장애를 가진 개인들을 지원하는 활동보조, 동료상담 등의 서비스 및 프로그램을 강화한다.	로그램의 가용성 4.4. 휴식지원서비스 등 돌봄서비스를 위한 정부 지원 프로그램의 수 4.5. 국가의 지역사회 기반 재활 프로그램의 가용성 4.6. 장애인을 위한 건강보험의 가용성 4.7. 장애인 보조·지원 서비스에 대한 충족되지 못한 욕구의 감소
5. 장애아동에 대한 조기개입 및 교육의 확대	5.A. 출생부터 취학 전까지 장애아동을 위한 조기발견 및 조기개입 조치를 향상시킨다. 5.B. 초중등 교육 취학률에서 장애아동과 비장애아동의 격차를 반으로 줄인다.	5.1. 유아기 조기개입 서비스를 받는 장애아동의 수 5.2. 장애아동의 초등교육 취학률 5.3. 장애아동의 중등교육 취학률 5.4. 장애의 조기발견과 장애아동의 권리보호에 관한 정보와 서비스를 제공하는 산전 돌봄 시설의 비율 5.5. 수화로 교육을 받는 청각장애아동의 비율 5.6. 쉽게 접근할 수 있는 형태의 교육 자료를 보유하고 있는 시각장애학생의 비율 5.7. 보조기구, 적절하게 변경된 교과과정, 적절한 학습 자료를 보유하고 있는 지적장애, 발달장애, 시청각장애, 자폐성장애 및 기타 유형의 장애학생 비율
6. 성평등과 여성의 역량강화 보장	6.A. 장애 소녀 및 여성이 주류의 개발 기회에 동등하게 접근할 수 있도록 한다. 6.B. 정부의 의사결정기구에서 장애 여성의 대표성을 보장한다. 6.C. 모든 장애 소녀 및 여성이 비장애 소녀 및 여성과 동등하게 성 및 생식보건서비스에 접근할 수 있도록 보장한다. 6.D. 장애 소녀 및 여성을 모든	6.1. 성평등 및 여성 역량강화에 관한 국가행동계획에 장애 여성 및 소녀의 참여를 증진하는 내용을 포함시킨 국가의 수 6.2. 의회 또는 그에 상응하는 국가입법기구에서 장애 여성의 의석 비율 6.3. 정부와 시민사회의 성 및 생식 관련 보건서비스를 이용하는 비장애 소녀 및 여성 대비 장애 소녀 및 여성의 비율 6.4. 장애 소녀 및 여성에게 자행되는 성적 학대 및 착취 등의 폭력을 제거

목표	세부 목표	이행측정지표(핵심지표 및 보충지표)
	형태의 폭력과 학대로부터 보호하기 위한 조치를 늘린다.	할 목적으로 정부 및 유관기관이 주도하는 프로그램의 수 6.5. 여하한 폭력 및 학대의 피해자가 된 장애 소녀 및 여성을 위해 재활 등 돌봄과 지원을 제공하는 정부 및 유관기관 주도의 프로그램 수
7. 장애 포괄적인 재난 위험 감소 및 관리의 보장	7.A. 장애 포괄적인 재난 위험 감소 계획을 강화한다. 7.B. 재난에 대응할 때 장애인에게 적시에 적절한 지원을 제공하는 조치의 이행을 강화한다.	7.1. 장애 포괄적인 재난 위험 감소 계획의 가용성 7.2. 모든 관련 서비스 인력을 대상으로 하는 장애 포괄적인 훈련의 가용성 7.3. 접근 가능한 긴급 피난처 및 재난대피소의 비율 7.4. 재난으로 중상을 입거나 사망한 장애인의 수 7.5. 재난의 피해를 입은 장애인에게 심리사회적 지원 서비스를 제공할 수 있는 인력의 가용성 7.6. 재난 대비 및 대응 시 사용할 수 있는 장애인 보조기구 및 기술의 가용성
8. 장애 데이터의 신뢰성 및 비교가능성 개선	8.A. 장애인이 접근할 수 있는 형태로 신뢰할 수 있고 국제적으로 비교가 가능한 장애통계를 생산하여 배포한다. 8.B. 인천전략의 목표와 세부목표의 이행 성과를 측정하기 위해서, 새로운 아·태 장애인 10년의 중간시점은 2017년까지 신뢰할 수 있는 장애통계를 구축한다.	8.1. '기능·장애·건강에 대한 국제분류(ICF)'에 따라 산출한 연령·성별·인종·사회경제적 지위별 장애 출현율 8.2. 인천전략의 목표 및 세부목표를 달성해 나가는 진행 상황을 측정하기 위하여 2017년까지 기본 데이터를 구축한 아·태지역 정부의 수 8.3. 주류 개발프로그램과 건강·성·생식 보건 프로그램 등의 정부 서비스와 관련하여, 다른 데이터와 분류된 장애 여성 및 소녀에 대한 데이터의 가용성
9. 장애인권리협약 비준 및 이행과 협약과 국내법의 조화 촉진	9.A. 새로운 아·태장애인 10년의 중간시점(2017년)까지 10개의 아·태지역 정부가 추가로 장애인권리협약을 비준 또는 가입하고, 종료시점	9.1. 장애인권리협약을 비준 또는 가입한 정부의 수 9.2. 장애인의 권리를 옹호하고 보호하기 위한 차별금지법의 가용성 9.3. 장애인권리협약 선택의정서를 비준

목표	세부 목표	이행측정지표(핵심지표 및 보충지표)
	(2022년)까지 또 다른 10개의 정부가 협약을 비준 또는 가입한다. 9.B. 장애인의 권리를 옹호하고 보호하기 위한 차별금지조항, 기술적 표준 및 기타조치를 포함하는 국내법을 제정하고, 장애인권리협약과 국내법의 조화를 위해 장애인을 직·간접적으로 차별하는 내용의 국내법을 개정 또는 폐지한다.	한 아태지역 국가의 수 9.4. 장애인을 직·간접적으로 차별하여 개정 또는 폐지된 법의 수
10. 하위지역·지역·지역간 협력의 강화	10.A. 장관선언 및 인천전략의 이행을 지원하기 위한 에스캅 다자간 기금 또는 기타 계획 및 프로그램에 기여한다. 10.B. 아·태지역의 개발협력기구는 그 정책과 프로그램에 장애 포괄성을 강화한다. 10.C. 유엔지역위원회는 장애이슈 및 장애인권리협약의 이행에 대한 지역 간의 경험과 모범사례 공유를 강화한다.	10.1. 장관선언 및 인천전략의 이행을 지원하기 위한 아·태지역 다자간 기금에 대한 정부·기타 공여자의 자발적인 연간 기부액 10.2. 장관선언 및 인천전략의 이행을 지원하기 위한 아·태지역 다자간 기금에 기여하는 연간 공여자 수 10.3. 장관선언 및 인천전략의 이행을 지원하기 위한 계획 및 프로그램에 대한 정부·기타 공여자의 자발적인 연간 기부액 10.4. 장관선언 및 인천전략의 이행을 명시적으로 지원하기 위해 남남 협력 등 지역 협력 프로그램을 운영하는 유엔기구의 수 10.5. 남남협력 등 장관선언 및 인천전략의 이행을 지원하기 위한 프로그램을 운영하는 하위지역 정부간 기구의 수 10.6. 장관선언 및 인천전략의 이행을 지원하기 위해 장애인의 단체와 장애인을 위한 단체의 참여 하에 수행하는, 남남협력 등의 지역 또는 하위지역 사업의 수 10.7. 장애인권리협약의 비준 및 이행과 후속조치 검토를 지원하며, 장애

목표	세부 목표	이행측정지표(핵심지표 및 보충지표)
		포괄개발과 관련하여 임무 및 정책, 행동계획, 숙련된 담당조직을 보유하고 있는, 아·태지역에서 활동하는 개발협력기구의 수 10.8. 유엔의 5개 지역위원회가 장애인권리협약 이행을 지원하기 위해 공동으로 수행하는 사업의 수 10.9. 에스캅 및 기타 관련 기관에게 ICF 접근법 등 장애통계에 대한 교육을 받은 아·태지역 통계전문가의 수 10.10. 국가차원에서 유엔 프로그램에 장애인의 권리를 포함시키기 위한 유엔개발그룹(UNDG) 지침에 따라, 장애 포괄개발을 표방하는 국가 또는 지역차원의 유엔개발원조계획(framework)의 수

인천전략은 측정지표를 통한 이행 외에도 이행을 모니터하기 위한 다양한 장치를 두고 있는데 먼저, 국가차원에서는 3년마다 장관선언 및 이행정도를 평가하도록 하며 이 과정에서 이 일의 중심체계는 국가조정기구로서 이 기구가 인천전략의 로드맵 수립, 홍보, 계몽, 이행상황 평가, 보고 등의 일을 주도 하도록 하고 있다.

둘째, UN ESCAP 차원에서는 동남아시아국가연합(ASEAN), 경제협력기구(ECO), 태평양도서국포럼(PIF), 남아시아지역협력연합(SAARC) 등 하위지역 정부 간 기구들이 인천전략을 적극 지원하도록 함을 규정하였으며, 아태장애인 10년에 관한 지역 실무그룹을 구축하도록 하였다. 이 실무그룹은 ESCAP 회원 및 준회원국에게 기술적 자문과 지원을 제공하여 아태장애인 10년 이행을 지원하는 역할을 한다. 즉, 장관선언과 이행사항의 검토, 지역 간 협력 및 네트워크 구축, 관련 연구 활동을 하며 실무그룹의 구성은 ESCAP 회원 및 준회원국가에서 활동하는 시민사회단체로 구성하도록 하고 있다.

참고문헌

강위영 · 나운환 · 박경순 · 류정진 · 김동주 · 정승원 · 강윤주(2019). 직업재활개론. 정민사.

김경미.(2009). 자립생활 체험홈에서 장애인의 자립에 대한 경험과 변화에 대한 연구. 한국장애인복지학, 11, 151-182.

김상균(1993). 현대사회와 사회정책. 서울대학교출판부.

김정열 · 김주영 · 나운환 · 남용현 · 박종운 · 배융호 · 정일교 · 조한진(2010). 장애인 법률, 그 비판과 전망. 장애우권익문제연구소.

관계부처합동(2017). 제5차 장애인정책종합계획 2018~2022. 관계부처합동.

고용노동부(2018). 제5차('18~'22) 장애인고용촉진 및 직업재활 기본계획.

고용노동부(2018). 양질의 일자리 활대와 격차해소를 위한 장애인 고용대책.

교육부(2019). 장애특성 및 요구를 고려한 맞춤형 평생교육 지원강화. 보도자료.

나운환(2016). 장애학. 나눔의 집.

나운환 · 박경순 · 류정진 · 김동주 · 강윤주(2014). 재활행정. 집문당.

남찬섭(2007). 장애인차별금지법 제정의 의의와 과제. 보건복지포럼.

박숙경(2016). 한국의 장애인 탈시설 현황과 과제, 지적장애연구, 18(1), 205-234.

박숙경 · 김명연 · 김용진 · 구나영 · 문혁 · 박지선 · 정진 · 정창수 · 조아라(2017). 장애인 탈시설 방안 마련을 위한 실태조사: 시설에서 지역사회로의 전환을 위한 정책 연구. 국가인권위원회

방귀희(2008). 방귀희 불교의 장애인 인식. 불교평론.

보건복지부(2019). 2018년 장애인직업재활시설 운영현황(2019). 보건복지부 내부자료.

보건복지부(2019). 2019 장애인복지사업안내.

보건복지부(2019). 2019년 제1차 중증장애인생산품 우선구매촉진위원회 자료.

보건복지부(2019). 장애인직업재활시설 운영현황(2014~2018). 보건복지부 내부자료.

보건복지부(2019). 중증장애인생산품 생산시설 현황(2008~2018). 보건복지부 내부자료.

보건복지부(2019). 중증장애인생산품 우선구매촉진위원회 자료(2009~2019) 내부자료.

보건복지부(2019). 보건복지통계연보.

보건복지부(2018). 장애등급제 폐지 추진방향 및 민관협의체 논의현황 토론회 자료.

보건복지부(2019). 2019년 발달장애인지원 사업안내.

보건복지부 · 한국보건사회연구원(2017). 2017년 장애인 실태조사보고서. 한국보건사회연구원.

보건복지부 · 한국장애인개발원(2019). 장애등급제 폐지 시행을 위한 장애인단체 토론회 자료.

서울복지재단(2017). 장애인전환서비스지원센터 운영 발전방안 연구: 자립생활주택 운영을

중심으로
서울시복지재단(2011). 장애인자립생활체험홈 운영 매뉴얼.
서해정 · 신미화 · 이연희 · 서욱영(2015). 중증장애인 자립생활 지원체계 강화방안 연구. 한국장애인개발원.
이승기(2007). 장애인차별금지법의 제정과정, 쟁점, 그리고 함의. 한국보장연구, 23(3), 227-250.
이진숙 · 이석형(2010). 장애인연금법의 정책결정과정 분석. 사회복지정책, 37(3), 1-25.
유동철(2010). 장애인복지. 인권관점에서 보는 장애인복지. 학지사.
유동철 · 김미옥 · 김보영 · 김용진 · 김정하 · 박숙경 · 윤상용 · 이주언 · 이왕재 · 전근배 · 정진 · 조아라 · 이진아(2013). 장애인활동지원제도에 관한 한일 비교 연구. 재활복지, 17(1), 17-44
임소연 · 이진숙(2016). 장애인활동지원 사업에서 여성의 돌봄노동 실태에 관한 연구. 인문사회 21, 7(2), 533-559.
우주형(2009). 우리나라 장애인연금제 도입방안 연구. 재활복지 13(1), 135-162.
장애인차별금지법제정추진연대(2008). 장애인차별금지법백서.
조윤화 · 김용진 · 오윤지 · 왕영민 · 김태용(2018). 2018년 장애통계연보, 한국장애인개발원.
전지혜(2018). 미국의 장애인활동지원제도와 시사. 국제사회보장리뷰 2018 여름호, 5, 42-52.
전지혜, 최승철, 이선화(2015). 장애인 권리보장에 관한 국제인권규범 연구. 한국장애인개발원.
정정길 · 성규탁 · 이장 · 이윤식(2006). 정책평가. 법영사.
정정길 · 최종원 · 이시원 · 정준금(2014). 정책결정론. 대명출판사. pp.44-60
최인덕 · 김경란 · 김정희(2017). 장애인활동지원 급여체계 개편에 따른 이용자 수요 및 재정추계에 관한 연구. 비판사회정책, 55, 219-256.
한국장애인개발원(2018). 서울시 장애인 탈시설 종단 연구.
한국장애인개발원(2018). 장애인백서.
한국장애인개발원(2019). 중증장애인생산품 우선구매제도의 사회적 가치 및 효과성분석 연구.
한국장애인고용공단 고용개발원(2018). 한 눈에 보는 2018 장애인통계.
한국장애인재활협회(2006). 한국장애인복지 50년사. 한국장애인재활협회.
황성주(2016). 장애인직업재활시설의 경제적 가치추정에 관한 연구. 대구대학교 대학원 박사학위논문.
황주희(2015). 장애인의 일상생활 지원 현황과 정책 과제. 보건복지포럼, 27-37.
Anderson, J. E.(1984). *Public Policy Making, 3rd ed.*, NY: Holt, Rinehart and Winston.
Aimond, G. A., & Powell, G. B. Jr.(1980). *Comparative Polities, 3rd ed.* Bostone Little Brown.
Brewer, G. D., & deLeon, P.(1983). *The Foundation of Policy Analysis.* Homewood:

Dorsey Press.

Bradley, V. J., & Knoll, J. A.(1991). *Shifting Paradigm in Services for People with Developmental Disabilities*, Cambridge, MA.

Brown, I., & Brown, R. I.(2003). *Quality of Life and Disability*. London: Jessoca Kingsley Publishers Ltd.

Bunker, D. R.(1972) Policy Sciences Perspectives on Implementation Processes. *Policy Sci* 3, 71-80.

Burkhauser, R.(1991). United States Public Policy and Elderly: The disproportionate risk to the well-being of women. *Journal of Population Economics*, 4, 217-221.

Dror, Y.(1968). P*ublic Policy-Making Reexamined*. Scranton, penn.: Chandler publishing Company.

Druke, R. F.(1999). *Understanding Disability Policies*. London: MACMILLAN Press Ltd.

Dunn, W.(1981). *Public Policy Analysis*, Englewood Cliffs: Prentice Hall.

Easten, D.(1963). *The Political System*. N.Y.Alfred A. Knopf, Inc.

Etzion, A.(1983). *The Active Society: A Theory of Society and Political Processes*. N.Y.: the free press.

General Accounting Office(1977). *Returning the Mentally Disabled to the Community: Government Needs to do More*. Washington, DC: U.S. Government Pinrting Office.

Grover, C., & Piggott, L.(2015). *Disabled People, Work and Welfare is Employment Really the Answer ?*. Bristol: Policy Press.

Hagglund, K. J., & Heinemann, A. W.(2006). *Applied Disability and Rehabilitation Research*. New York: Springer Publishing Company.

Henry, N.(1980). *Public Administration and Public Affairs 2nd ed*. englewood Cliffs, N.J,: Prentice-Hall.

Hill, M.(1997). *The Policy Process in the Modern State*. London: Prentice Hall.

Jones, C. O.(1977). *An Introduction to the Study of Public second ed*. North Scituate, Mass.: Duxbury press.

Kleinman, M., & Piachaud, D.(1993). European Social Policy, *Journal of European Social Policy*, 3(1) 1-19.

Lasswell, H. D., & Kaplan, A.(1970). *Power and Society*. New Haven: Yale Uni. press.

Levin, P.(1997). *Making Social Policy*, Buckingham: Open University Press.

Levin. H. M., & Mcewan(2001). *Cost-effectiveness Analysis2*. Sage Publications, Inc.

Lindablom, C. E.(1965). *The Intelligence of Democracy*. N.Y. The Free pres.

Lowi, T. J.(1964). *American Business, Public Policy, Case-Studies and Political Theory,* World Politice, Vol.16.

Martin L. L., & Kettner P. M.(1996). Measuring the Performance of Human Service Program. SAGE Publications. pp.11-19.

Nachmias, D.(1979). *Public policy evaluation: Approaches and Methods.* NY: st. Martin's press, Inc.

Nakamura, R. T., & Smallwood, F.(1980). *The Politics of Policy Implementation*, NY: St. Martin's Press.

Racino, J. A.(1999). *Policy, Program Evaluation and Research in Disability.* The Haworth Press, Inc.

Reinders, H. S.(2014). "Disability and Quality of Life: An Aristotelian Discussion." pp. 199-218. *in Disability and the Good*

Ripley, R. B., & Franliin, G. A.(1986). *Policy Implementation and Bureaucracy.* Chicago: Dorsey.

Suchman, E. A.(1967). *Evaluative Research.* New York: Russell Sage Foundation.

Shah, S., & Priestley, M.(2011). *Disability and social change: Private lives and public policies.* Bristol, UK: Policy Press.

Rossi, P. H., & Freeman, H. E.(1982). *Evaluation: A System Approach, 3nd ed.*, CA: Sage Publications.

Schwarzmantel, J.(1994). *The State in Contemporary Society.* Hemei Hempstead: Harvester Wheatsheaf.

Simon, H. A.(1976). *Administrative Behavior, 3rd ed.* NY.: McMillan.

Van Meter, D. S., & Van Horn, C. E.(1975). The Policy Implementation Process, *Administration and Society*, Vol.6No4.

WHO(2001). *International Classification of Functioning, Disability and Health.* World Health Organization. Geneva.

Wholey, J. S., Nay, J. N., Scanlon, J. W., & Schmidt, R. E.(1975). Evaluation: When is really need? *Evaluation*, Vol.2.

Wildavsky, A., & Pressman, J. L.(1979). *Implementation, 2nd ed.* LA: University of California Press.

Wolfensberger, W.(1972). *The Principle of Normalization in Human Services.* Toronto: National Instituter on Mental Retardation.

www.law.go.kr

찾아보기

저자약력

나운환(羅雲煥)

대구대학교 재활과학대학 직업재활학과 교수로 대구대학교와 단국대학교에서 사회복지를 전공하고 광운대학교에서 행정학으로 박사학위를 받았으며 주요 저서는 장애인복지개론(1997), 복지정보체계론(1998), 직업재활개론(2001), 장애학(2008), 재활상담과 사례관리(2008), 재활행정(2014), 직업재활시설론(2014), 직업재활개론: 재활상담관점(2019), 직무개발과 배치(2019) 등이 있으며 역서로는 장애인의 성과 결혼(1994)이 있다. 주요 활동으로는 한국직업재활사협회 회장, 한국직업재활학회 회장, 한국장애인재활협회 부회장과 보건복지부, 국토교통부를 비롯한 정부 부처와 대구광역시, 경상북도 등의 지방자치단체 위원회, 직업재활시설, 장애인복지관 등의 자문위원으로 활동하고 있으며 주요 관심영역은 직업재활, 재활정책, 장애학, 정보격차 등이다.

권선진(權善進)

평택대학교 사회서비스대학 재활상담학과 교수로 연세대학교에서 사회복지 전공으로 박사학위를 받았으며 주요 저서는 장애인복지론(2007), 2017년 장애인 실태조사(공저, 2017), 장애인 개인별지원 실무과정(2018) 등이 있다. 주요 활동으로는 한국직업재활학회 회장(제10대)과 한국장애인재활상담사협회, 한국장애인재단, 한국장애인복지학회, 서울특별시 사회보장위원회, RI Korea, 경기도 등에서 이사와 위원 등으로 활동하고 있으며 주요 관심영역은 재활행정과 정책, 재활프로그램 등이다.

박경순(朴景淳)

대구사이버대학교 재활상담학과 교수로 대구대학교와 단국대학교에서 직업재활, 사회복지를 전공하고 대구대학교에서 이학박사학위를 받았으며 주요 저서로는 직업재활개론(2009), 재활행정(2014), 직무개발과 배치(2019) 등이 있다. 주요 활동으로는 한국장애인재활상담사협회장, 한국직업재활사협회장, 한국직업재활학회 부회장, 국제재활협회 한국위원회 직업분과위원장을 비롯한 정부 부처의 위원회와 장애인 재활기관의 운영위원 및 자문위원으로 활동하고 있으며 주요 관심영역은 직업재활, 재활정책 등이다.

남정휘(南晶揮)

문경대학교 재활상담복지과 교수로 중앙대학교에서 사회복지(사회정책) 전공으로 박사학위를 받았으며, 주요저서는 전국시도지역장애인복지비교연구(2005, 공저), 장애인복지종사교육실태 및 개선방안(2009, 공저) 등이 있다. 주요활동으로는 한국장애인단체총연맹 정책팀장, 한국장애인재활협회 기획실장을 거쳐 한국직업재활학회 이사 및 편집위원을 역임하였고, 현재 RI Korea 직업분과 전문위원, 장애인거주시설에서 운영위원장으로 활동하고 있다. 주요 관심영역은 장애인복지정책 및 재활정책이다.

이혜경(李惠卿)

한국장애인개발원 연구개발팀장으로, 대구대학교에서 직업재활을 전공하여 석 · 박사학위를 받고 장애인 정책 및 직업재활 분야를 연구하고 있다. 주요 연구실적은 장애인직업재활시설 실태조사, 중증장애인생산품 우선구매 실태조사, 장애인차별금지법 이행 모니터링, 장애영향평가 도입을 위한 기초 연구 등으로 장애정책 분야에 대하여 지속적으로 관심을 갖고 연구하고 있다. 주요 활동으로는 한국장애인재활협회 직업분과 위원과 한국장애인직업재활학회 이사로 활동하였으며, 주요 관심 영역은 직업재활, 복지정책, 장애인차별 등이다.

송창근(宋昌根)

부산디지털대학교 재활상담복지학과 교수로 대구대학교에서 직업재활을 전공하였으며 동 대학에서 재활과학(직업재활전공)을 전공하여 석 · 박사학위를 받았다. 주요 활동으로는 장애인직업재활시설 팀장, 한국장애인개발원 연구원, 한국직업재활사협회 사무국장을 역임하였다. 현재 RI KOREA 직업분과 전문위원, 대구장애우권익문제연구소 연구원 등으로 활동하고 있으며, 주요 관심영역은 직업재활, 재활정책, 장애인복지 등이다.

장애정책의 이해

1판 1쇄 인쇄 2020년 2월 25일
1판 1쇄 발행 2020년 3월 1일

저 자 나운환 권선진 박경순 남정휘 이혜경 송창근
발 행 인 회장 박철용 · 대표 박세원
발 행 처 정민사
출 판 등 록 1979년 1월 22일 No. 406-2004-000130호
주 소 경기도 파주시 직지길 522 파주출판도시
전 화 031-955-8030
팩 스 031-955-8025
홈 페 이 지 http://www.jmpub.co.kr
이 메 일 jmpub@chol.com

I S B N 978-89-5809-821-8
정 가 24,000원